U0959699

伯林文集

伯林文集

卡尔 · 马克思（1939）
启蒙的时代（1956）
俄国思想家（1978）
概念与范畴（1978）
反潮流（1979）
个人印象（1980）
扭曲的人性之材（1990）
现实感（1996）
人类的恰当研究（文选，1997）
浪漫主义的根源（1999）
观念的力量（2000）
启蒙的三个批评者（2000）
自由及其背叛（2002）
自由论（2002）
苏联的心灵（2004）
浪漫主义时代的政治观念（2006）
伯林书信集 卷一（2004）
伯林书信集 卷二（2009）
伯林书信集 卷三（2013）
伯林书信集 卷四（2015）

特别收录

伯林谈话录（1992）
伯林传（1998）
未完的对话（2006）

以赛亚·伯林爵士

（Sir Isaiah Berlin，1909—1997）

英国哲学家、观念史学家、20世纪著名自由主义知识分子。生于俄国犹太家庭，童年目睹俄国革命，1921年随父母前往英国。1928年进入牛津大学攻读哲学，1939年撰写《卡尔·马克思》，1944年转向观念史研究。1957年就任牛津大学社会与政治理论教授，发表具有开创性的“两种自由概念”演说，同年获封爵士。1966年参与创办牛津大学沃尔夫森学院并出任首任院长。作为杰出的观念史学家和学科主要奠基人，先后被授予耶路撒冷文学奖和伊拉斯谟奖。

叶礼庭

（Michael Ignatieff，1947— ）

俄裔加拿大人，一位敏锐而具有影响力的政治家和知识分子，曾任教于剑桥大学、多伦多大学、哈佛大学等校，也曾担任战地记者和政治评论员多年，出任多国政府顾问，被公认为人权、民主、公共安全、国际事务的资深专家。2009—2011年间任加拿大自由党党魁。其文章多见于《纽约书评》《金融时报》《新共和》等媒体，著有《伯林传》《血缘与归属：探寻民族主义之旅》《战士的荣耀：民族战争与现代良知》《火与烬：政治中的成与败》《陌生人的需求》《俄罗斯相册》等作品。曾获得加拿大文学最高奖——总督奖，乔治·奥威尔奖，汉娜·阿伦特奖。2016年11月获得加拿大勋章。

伯林传

Isaiah Berlin: A Life

[加拿大] 叶礼庭 —— 著
罗妍莉 —— 译

译林出版社

图书在版编目（CIP）数据

伯林传/（加）叶礼庭著；罗妍莉译. —南京：译林出版社，2019.10
(2025.2 重印)
（伯林文集）
书名原文：Isaiah Berlin: A Life
ISBN 978-7-5447-7924-1

Ⅰ.①伯⋯　Ⅱ.①叶⋯ ②罗⋯　Ⅲ.①伯林（Berlin, Isaiah, 1909–1997）—传记
Ⅳ.①B561.59

中国版本图书馆 CIP 数据核字（2019）第 146226 号

Isaiah Berlin: A Life by Michael Ignatieff
Copyright © 1998 by Michael Ignatieff
This edition arranged with Michael Ignatieff c/o United Agents
through Andrew Nurnberg Associates International Limited
Simplified Chinese translation copyright © 2019 by Yilin Press, Ltd
All rights reserved.

著作权合同登记号　图字：10–2015–357 号

伯林传　［加拿大］叶礼庭／著　罗妍莉／译

责任编辑　陶泽慧
装帧设计　韦　枫
校　　对　孙玉兰
责任印制　董　虎

原文出版　Chatto & Windus, 1998
出版发行　译林出版社
地　　址　南京市湖南路 1 号 A 楼
邮　　箱　yilin@yilin.com
网　　址　www.yilin.com
市场热线　025–86633278
排　　版　南京展望文化发展有限公司
印　　刷　南京爱德印刷有限公司
开　　本　850 毫米 ×1168 毫米　1/32
印　　张　16.25
插　　页　12
版　　次　2019 年 10 月第 1 版
印　　次　2025 年 2 月第 4 次印刷
书　　号　ISBN 978–7–5447–7924–1
定　　价　88.00 元

版权所有 · 侵权必究

译林版图书若有印装错误可向出版社调换。质量热线：025–83658316

中译本序

胡传胜

在20世纪的思想家中，以赛亚·伯林可以说是既无做大师的抱负，也自认没有下过大师的苦功，却在有生之年成为当之无愧大师的人。对那些寻求以思想改变世界的思想家来说，伯林是成功的，也是幸运的。《卡尔·马克思》使他一举成名；50年代关于自由的几次讲演更使他名声大振；1979年，在他七十寿辰的时候，第一部纪念文集《自由的观念》编辑出版，内收哈特、泰勒、威廉斯等人的文章；1991年，第二部纪念文集《以赛亚·伯林：生日庆典》编辑出版，内收罗蒂、泰勒等人的文章；70年代以后，他几乎就是在不断的获奖与致辞中度过的。他的许多名篇竟是答谢词，如作为他一生思想总结的《理想的追求》。他一生共获英美二十三所大学的荣誉博士学位，还获得文学、道德、人权等方面的国际奖项。

在20世纪中期以来的西方实践哲学中，伯林的印记是明显的。在强调自由高于平等、个性高于群体的冷战式自由主义转向中，伯林对消极自由的辩护是一种时代精神；他是当代多元主义，特别是从价值多元主义到文化多元主义的最有力倡导者，而这种多元主义已经成为晚近实践哲学的纲领。特别是在英美，伯林的思想态度与思想方向已经深深融入潮流。格雷承认，他的思想受惠于伯林之处是不能尽言的；罗尔斯则承认，《正义论》的基本假定，即良序社会是一个公民可以在哲学、宗教、道德伦理等方面形成共识的社会，之所以是不现实的，就是因为没有认真考虑伯林的学说。

然而伯林本人出奇地低调，他说自己一直被过誉。越到晚年，他越有虚度年华的感觉。就像前一世纪的自由主义大师阿克顿一样，他一直为没有自己的鸿篇巨制而深有失败感——他一生篇幅最长的著作是他在三十岁时写下的《卡尔·马克思》，其余的都是文集。这些文集并不是像我们一般所谓的论文那样“做出来的”的，而是面对广大公众被激发出来的。在学术分工极端细致的今天，那些写作书斋式哲学论文的学者们羡慕伯林的才华，羡慕他信手拈来的妙语和灵光一闪的思想火花，伯林却无疑羡慕他们的材料功夫和严密论证。

无论是在自己还是在别人眼里，伯林都不是一个独创性的思想家。如果独创性意味着黑格尔和弗洛伊德式的发现世界，或意味着找到一个人类生活的至上原则，然后在所有的领域发挥这种原则的话；如果独创性意味着像维特根斯坦和胡塞尔那样，独出机杼发现一种新的思考方式与哲学语言的话，那么，伯林的确不是一个独创性的思想家。他是一个关注人的现实生活的实践哲学家。如果我们处在他那种思考环境中，体会他的思考方向，我们也就会原谅甚至欣赏他对独创性的拒绝。独创性在纯粹理性中也许是一种美德，在实践理性中却可能是一种邪恶。伯林一生最重要的工作之一，就在于审视为什么独创性的、书斋式的哲学或社会思想，用于改造人类现实时，会导致灾难性的结果。用大观念的社会历史后果来检视大观念，暴露出大观念的残酷本性，揭示人的一种现代境遇，在这方面，伯林是无与伦比的。伯林不是在人类观念的疆域中向外开拓的思想家，而是对观念进行反思的思想家。他发展的是一种关于观念的观念。

鉴于深刻的、试图彻底解决人类根本问题的那些观念对人的生活是毁灭性的，我们可能会倾向于得出这样的结论：对观念施以猛烈的压制也许是个好办法。但伯林说，这是最糟糕的方法。人的存在是观念性的存在，人不可能压制所有的观念。所有对观念的压制，必然是用某一种绝对观念压制其他观念，从而让这种观念或者基于这种观念的某一生活方式居于绝对统治地位。在伯林看来，再没有比这种做法更危险、更有辱人类自由本性的了，因为这意味着关闭人类所有的选择，只留下一条出路。

观念的冲突是价值的冲突，是人的本性的冲突。我们，或者说不同的个人、不同的群体，天生就追求不一致的目标，有着不可通约的关于人生与社会的理想，这就是大观念的起源。对观念的压制，对以观念为媒介的价值和生活方式的压制，也就是对人性的压制。

通过对观念的检视，通过将观念史与人类史对照，伯林给了我们不同于启蒙主义，也不同于19世纪主流思想家的关于人性与社会的想象。他是反启蒙的。在价值、善或生活方式上，无论是个人的还是群体的，没有人比他更远离普遍性。没有确定的人性，人类没有确定的未来，历史并不是一种走向至善的进程；不存在全部的善都结合在一起的状态，当我们强调自由的时候，就有可能损害平等，反之亦然。用他自己的格言来说，

“无所损失的世界是不存在的，人类注定要选择；而任何一种选择，都有可能带来不可挽回的损失”。这可以说是典型的20世纪思想（与18世纪的启蒙主义、19世纪的大观念或意识形态—社会运动相对照）。伯林是把这种思想说得最深刻也最雄辩的人。

在多元论的框架中，自由或解放受到了新的审视。从启蒙运动到19世纪的社会运动，自由或彻底的解放都意味着达到一种真善美统一的境界。如果用19世纪保守主义者喜欢用的船、船员和目的地的比喻来说，启蒙主义的自由观是目的地的自由观。但是，如果所有问题得到解决、所有愿望得到满足、所有善和谐相处的状态无法实现的话，那么，自由该如何理解呢？如果你的理想状态与我的理想状态根本就不相容，你的天堂只是我的地狱，解放又应当如何理解呢？伯林说，这意味着解放的着眼点应从目的地转到船与船员身上。人类不会在全福状态中获救，而只能在审慎与平衡中获救；解放意味着在有限的、充满冲突与危机的世界中，通过节制与平衡而保持一种体面、人道的生活。

与18世纪以来西方大多数书斋学者不同，伯林是一个在公众中思考的思想家。他的思想产生于对话，一般意义上的对话。在这方面，伯林与康德形成对比。当接受名牌大学或公众的讲演邀请以后，他就花上一段时间阅读，然后即兴发挥。他的那些深刻的思想并非产生于书桌前，而是产生于会场中。他是灵感型的思想家。当有人说他是沙龙学者时，这个刺伤他自尊心的判断还是部分符合实际的。

这是一本根据伯林自己的回忆，以及与伯林长达十年的交谈写成的伯林生活传记。在晚年，与不同的仰慕者共同追忆自己的一生，几乎成了伯林的生活。他也从中体会到某些乐趣。这里呈现出的是个活生生的伯林。纪实性是本书的特点。它既不是门徒对大师言行的追忆，也不是从文献中重建出来的伯林，而是伯林所回忆的伯林。我们看到的是一生没有克服自卑感的伯林，一个极有女人缘却因自卑而逃避并对她们造成伤害的伯林，一个通过与朋友的妻子私通才恢复自己在性方面自信的伯林，一个喜欢交响乐到了“实在没办法”的地步的伯林。有的地方显得像喜剧，有的地方却像传奇。他的苏联之行，他与阿赫玛托娃的彻夜长谈，她对他的期待，他的造访给她的生活乃至她的家庭造成的毁灭性影响，因他从她的生活中消失而产生的怨恨——这个深刻地改变了他的思考方向的人生插曲，被描述得极富悲剧性和传奇色彩。

伯林是个公众人物。他与20世纪几乎所有重要人物都有交往。在这方面，他的生活传记具有不同的含义。有的人的生活属于思想传记，有的人的思想却属于生活传记。伯林是后一种人的典型。从中我们可以看到他对弗洛伊德的拜访，他与维特根斯坦的不成功沟通以及维特根斯坦对他的不算高的评价，可以看到爱因斯坦对他极其准确的描述（“上帝让伯林只成为这个世界的旁观者”），看到他与凯恩斯夫妇的友谊，他与艾略特的争论，他与牛津哲学同仁艾耶尔的暗中较劲，他对施特劳斯的恶感，他对阿伦特的攻击，他与弗吉尼亚·伍尔夫带有情怨的误会与冷淡，等等。因此，这本书已不单纯是伯林的个人传记，而是以伯林的生活串连起来的20世纪思想大师的群像。

这位生于1909年、卒于1997年的伟人，是20世纪名副其实的见证人。第二次世界大战时他在英国的情报部门任职，深得丘吉尔和罗斯福的信任（虽然他与后者从未谋面）；在他享有盛名的晚年，他是女王与唐宁街10号的常客；他担任牛津大学沃尔夫森学院院长以及不列颠学会主席之职，使他更有机会接触知识界的人物；此外，与爱因斯坦一样，他还是20世纪最热切的犹太复国主义运动支持者。这些极其广泛的阅历，加之他非凡的社交本领，特别发达的倾听与观察能力，使得这部按时间顺序描述生平的传记不可避免地成为历史记述。

致 S.Z.

目　录

一

阿尔巴尼

阿尔巴尼位于皮卡迪利大道旁一间小小的马车房背后，哈切兹书店和福特南与玛森百货公司的对面。它建于18世纪晚期，是那些在乡间有自己的地产又想在城市里有一个落脚点的有钱人的住处。在通向花园的狭长大厅里有一座拜伦的胸像，1816年他曾经在这里住过。墙上还挂有饰板，纪念墨尔本勋爵、埃尔顿大法官和帕默斯顿子爵等维多利亚时期的知名人士。英国所有清一色由男性成员组成的机构——公立学校、牛津和剑桥各学院、伦敦的俱乐部以及律师学院——都有一种家族相似性，阿尔巴尼也属于这个家族：高高的走廊简朴肃穆，带着冷冰冰的味道；脚下是闪烁的嵌花瓷砖；墙上高挂着磨光的墙板，开列着上至1799年的历任管理委员会秘书长的名单。

沿着在花园中蜿蜒而过、为枝叶所掩蔽的木板小径走到尽头，就来到了伯林的房间。透过窗框，在层层窗帘之间，可以看见绅士们在客厅中喝茶。伯林终其一生都是在类似这样的地方度过的——在带有英国机构特权痕迹的高墙拱卫的花园中，以及有着高高落地窗的房间里。

给我开门的是伯林本人。他没有拒绝我用俄国人的方式吻他：两边脸颊各一下，然后再来一下。这算是对我们共同的俄国血统的声明，我每次来的时候和走的时候都会很郑重地这么做。他永远穿着那件朴素的深色外套，里头是扣上纽扣的背心，再配上一条翻边的裤子。衣服样式保守，料子却是上好的精纺毛料。他的黑色系带皮鞋擦得很仔细，由于年深日久而有了细微的裂纹。他一般总扎着一条带黑便士邮票图案的领带。他的背心口袋上挂着一根链子，链上吊着一副长柄眼镜般的玳瑁放大镜，用来加在眼镜外面阅读小字体的文章。

他把我领进了一间舒适的屋子，从这里能看见外面的小径，墙上挂着一套精致的18世纪法国铜版画。壁炉架上摆着一排凸印着姓名的精美请柬。他慢慢地在壁炉旁边一张破旧的白色安乐椅里坐下。电话在他的肘边不时响起。每当电话响时，他都会重复一遍同样的动作。先是咕哝着："好的，好的，请稍等。"然后把电话夹在脖子和肩膀之间，从背心口袋里掏出记事本，把眼镜推到眉毛上面，把夹鼻眼镜架在鼻梁上，翻着记事本，稍加考虑，然后说："星期三下午三点。"在记事本上潦草地划几笔，重新把本子放进口袋，放下电话，这才眨眨眼对我说："我们说到哪儿了？"他的社交网远至耶路撒冷和华盛顿，既有同龄人，也不乏忘年交，包括学术、出版、政治和艺术等各界人士。现在他的很大一部分时间都用来与他的社交圈中的阴谋、戏剧、争吵与和解保持同步。

他面前的咖啡桌上摆着一溜盛有盐腌杏仁和一种芬兰式脆面包的罐头，他在出席晚宴的时候就把它们装在衣服口袋里兴高采烈地带去。在离他的椅子最近的书柜上堆着一大堆巧克力。他嗜吃零食，坐着的时候身子前倾，右手在那堆罐头里翻来找去，一边说话一边不停地把坚果和巧克力往嘴里扔。他的左臂则弯曲着，挨近身体。

在罐头的旁边总有一本刚出版的书，一般是某个以前的学生的作品，（他叹着气说："我现在什么也不读了。"）还有他自己的一大堆手稿，经过他的编辑亨利·哈代的修订，正等着他做出反应。（"我连自己写的东西都读不下去，更别提其他人的了。”）不过，每天早上他都会如饥似渴地细读《泰晤士报》。讣告栏里，一张张面孔仿佛还在注视着人们——某位上议院司法议员的夫人，物理学教授，还有一次是他爱过的一个女人[1]。他的目光在她脸上流连：“她虚伪至极。虚伪至极。可是又可爱至极。”然后摇头道：“到我这样的年龄，所做的一切好像就是参加葬礼。”我用揶揄的口气告诉他，在巴黎，人们说：“Mais Berlin est mort, n'est-ce pas?”（法语：“可是伯林不是已经死了吗？”）他微笑着回答：“可能是吧。”

在30年代的照片里，漫步于马格达伦花园或是站在全灵学院方庭中，为一道斜斜的光线所照亮的伯林，身材微胖，肩膀不宽，穿着三件套，一头黑色的鬈发，黑眼睛，戴着厚厚的眼镜，右手托着左肘。他总是不正面面对镜头，或是摆出假装严肃的姿势。和他相识最早的老朋友们说他几乎没有变。斯蒂芬·斯彭德对我说：“一头小象，始终是同一头小象。”[2]在1910年里加一位上流社会摄影师为他拍下的最早的照片里，年仅一岁的他已经有了一双惹人注目的眼睛——又大又黑，顽皮而聪明，总有一种愉快的表情。身为一个犹太富商家庭中受宠的独子，他始终保持着这种与生俱来的信心。八十七年后注视着世界的仍然是同样的目光。

他说话快得出奇，不熟悉他的人根本听不懂。约瑟夫·布罗茨基曾说过，伯林讲的英语跟他的俄语差不多，只是还要

[1] 他指的是帕特里西娅·德·本德恩，本姓道格拉斯。见第八章。
[2] 根据对斯蒂芬·斯彭德的访谈，1992年。

快，“简直像在追赶光速”。[1] 他说起话来就像一只炉子上的俄国茶炊，咕噜咕噜，喋喋不休。弗吉尼亚·伍尔夫1933年12月在新学院的一次宴会上初次见到伯林，她说他外表像个黑黝黝的葡萄牙籍犹太人，说起话来则有着年轻的梅纳德·凯恩斯的活泼与自信。[2] 伯林个性中的所有层面都显现于他的声音之中，这在他发音习惯的变化中得到表现。在他最早的那些演说中，他的声音是对牛津上层阶级语言的俄式模仿，全是闭唇音和清脆快速的元音，他不自觉地受到了30年代的完美典型，他终身的朋友和对手莫里斯·鲍拉的影响。他的老朋友们，像乔治·韦登费尔德，则还从伯林抑扬顿挫的急促语流和匆忙的节奏中听出一些大卫·塞西尔的风格来。具有讽刺意味的是，被英国前后两代广播收听者们认为是牛津知识分子的声音的，实际上却是一个里加犹太人对与他同时代的英国人的无意模仿。随着时间的流逝，他所模仿的这种声音逐渐变成了他自己的一部分。现在，在他生命的最后二十年，他的俄国旧习重新抬头。老式斯拉夫人和犹太人的响亮声音又在他口头出现，语速缓慢下来，从急促含糊一变而为轻声低语。

他说起话来简直会让打字员和速记员们无计可施：似乎完全没法把捉，没有停顿或句点，也没有段落。但是，一段时间

[1] 约瑟夫·布罗茨基，“以赛亚·伯林：颂词”，见阿·马加利特与埃·马加利特（合编），《以赛亚·伯林：生日庆典》（伦敦，1991），208；又见所罗门·沃尔科夫，《布罗茨基谈话录》（纽约，1998），230—231，268。

[2] 弗吉尼亚·伍尔夫，《书信集》，卷5（伦敦，1991），410—411：“与以赛亚争论，他是一个非常聪明的，简直聪明得过了头的人，就像梅纳德年轻时一样，是个教授：一个激烈的犹太人。”

之后，你就会发现，他的低语中自有一种不可思议的精确。其实始终有句子，也有段落。即使从句带出的插入语表面上似乎没完没了，但在思想陈述的最终完成之处，它们实际上就结束了。其间虽有限定语错综盘绕，每个句子的主干却总是清晰的。这种秩序带有音乐性，与其说它是逻辑的，倒不如说是直觉的和联想的更为合适。他这种跳跃飞奔的说话风格其实是一种思维方式：他一边陈述自己的主张，一边预想着各种反对意见和限定条件，于是就把命题和条件综合到一起，在同一个句子里同时进行表述。因为他所有的作品都是用口述的方式写成，所以他作品中的语言风格和他的说话方式是一致的：都是华赡精细，有前人遗风，同时又不失深刻清晰。从他在学校的作文来看，他从十一岁起就已经形成了这样的风格。

不善辞令的学者们在越过语言与思想之间的天堑时，总不免一番挣扎；对伯林而言，语言和思想则是相携而行，无有窒碍。他对自己的这种轻松自如感到怀疑，总觉得拙于言辞的知识分子可能更为深刻，更值得信任。不过他的挥洒自如乃是他的一个秘密。对伯林来说，词语总是招之即来，在他脑海里以与说话同样快的速度组成句子和段落。自有浪漫派以来，思考就一直和孤独、苦闷以及内心分隔联系在一起。对于他，思考则意味着智慧、讽刺和愉悦。

要像伯林这样热爱思考，就必须是既敏捷又合群的人物。他憎恶独自思考，并视之为畸形行为。在他看来，思考与交谈、对话中闪现的灵感火花以及调侃、躲闪和游戏都是密不可分的。伯林的长于言谈是很出名的，因为他不仅机警敏锐，而且更能让人觉察到思想是通向未知的一个突破口。与他交谈过的人们记住的并非是他说过的话——他不是智者，也没有说过什么警句——而是被他带入他的思想客厅的经历。因此他的谈话从来就不是表演，他并不借此哗众取宠，而是通过谈话来过群体生活。

伯林总是说自己“丑得让人无法忍受”。当然，他的脸虽有一种高贵感，但确实称不上英俊。不过岁月使得他瘦削下来，渐疏的头发日益灰白，双眉、富于表情的鼻子以及有力的脸颊和下颏线条越发突出。如果他不缩着嘴唇，皱着眉，或是做出不赞成的嘲弄神情，他的脸部轮廓就是精细而饱满的。伯林现在的样子看起来好像他一直就该是这样，好像他整个一生都是在朝着这种希伯来式的智慧外表变化。但这样的结果是具有讽刺意味的，因为无论他的观念还是气质在老犹太人中都是最不希伯来式的。

到目前为止，他的衰老还不怎么严重，但正在变得日渐迅速起来。他现在肩膀弯垂下来，背也驼了。他的听力也不如以前了：他发现，在全灵学院进行公开选举用的那张铺着粗呢的长桌旁边，要听懂人们七嘴八舌的谈话变得困难起来；大型宴会变得像是考验，但音乐会仍然一如既往地给他和妻子艾琳带来欢乐。每场演出都在他脑海里按照由近及远的顺序详细地记忆存档，直至 30 年代的萨尔茨堡，皇后大厅，废弃已久的礼堂和早已故世的表演者——肯普夫，施纳贝尔，所罗门，利帕蒂。

以头脑的敏锐著名，就意味着朋友们都提防着他（他自己也提防着自己）出现任何迟钝的迹象。他觉得自己的头脑每天都在不断地衰退。他会说："我什么也想不起来。"然后，仅仅为了赶走自己的恐惧，他会重新开始努力回忆1932年8月萨尔茨堡一场节日演出中一位指挥的名字。（"等一下，等一下，想起来了。"）他的记忆力极为奇特，细密得简直不像是属于人类的，回忆起自己的过去来不费吹灰之力，以至于他给人的印象是什么都保存了下来，什么都没有丢失。

伯林总说他觉得自己一点儿也算不上是个有趣的人。这无疑是个狡猾的谎言，因为他最好的故事中许多都是关于自己的。不过，事实上他给人的感觉与其说是一个热衷于自己想法的人，毋宁说是一个自足的人。虽然他只是以一种好奇的而非格外热切的方式倾听别人的话，虽然这种倾听更像是他自己的话语之间的停顿，但他确实是在听，而且似乎确实听见他们都说了些什么。他那些主张行动主义的朋友们常常批评他对内在体验比对献身公共事业更感兴趣。但他这个人就是这样：对人类自欺行为的多样性比对realpolitik（德语：现实政治，强权政治的委婉语）更好奇。

伯林唯一明显的自恋形式是他的疑病症。他喜欢生一些无关紧要的小病。他对医生、养生和疗养院十分喜爱，只要受一点点刺激就会上床休息。学生们还记得他在床上给他们上课，被子上到处是书、纸、茶杯和饼干。在他妻子的房间隔壁那张他现在睡的小单人床的床头柜上，放着一排药瓶、药膏、盒子和玻璃水杯。他会对你说他自己情况很不好，但实际上身体的疾病让他获得了几乎是完全的特权。不管是在这方面还是在差不多其他任何一个方面，他的运气都让人羡慕得发疯。就好运是改变人的生活的一个真正范畴而言，伯林可说是世界上最幸运的人之一。

写回忆录的想法使他十分慌乱。“决不。”他一边说，一边像喜剧结尾时那样耸耸肩。而且，他害怕自己的坦率，不愿将自己的一切原原本本形诸文字。可是他的朋友们说，如果不是由他来写自己的生活的话，那么又有谁能够在他的部分谈话消失之前将之记录下来呢？这便是这本书于1987年9月开始写作的缘起。我并非他以前的学生或养子：他似乎生来就没有父性本能。我一开始只是去那儿和他见面。我一小时一小时地记录下他的谈话，如同一个提着桶去泉边汲水的仆人。我们在一起合作了几年以后，伯林同意我写一本他的传记，并决定在自己身后出版，他一个字也不看。他的说法是：“Après moi le déluge.”[1]

我在下午来阿尔巴尼的习惯持续了整整十年。在他不断的低语声中，放在矮咖啡桌上的打字机也加快了杏仁在罐头里的碰撞声，并且记录下了壁炉上法国大钟的整点鸣声。我提一个问题会让他漫无边际地讲上一个小时，讲述着、重复着那些老故事，穿越数十年的时间，提起些显赫的人物，也在无名之人身上逗留，高兴地向自己证明并没有忘记他们。我雄心勃勃地想要将他所有的经历——确切地说也就是每一封以前的信、每一张公共汽车票、每一个还记得的笑话和每一句评论——都干

[1] 法语：“在我身后任凭洪水滔天。”这是法国国王路易十五临终时的遗言。——译注

脆利落地囊括在一个故事中；一旦经过精心的加工和润色，道出其中的关键，这个故事就可以从他头脑中迷宫般的档案库里清理出来，从此免于光阴的毁坏。这需要表现出艺术鉴赏家与遗忘做斗争的巨大才智。

同样的故事我听过很多遍，似乎这样的重复就证明了他掌握着自己的命运，穿透了它那些最阴暗的角落，也驱散了它的阵阵沉默。而他之所以从未写过自传的原因也变得明了起来：因为他的这些故事已经获得了成功，它们既保存了他的过去，又使他可以免于反省。

他对自己的过去就像对自己的疾病一样，表现出一种典型的俄国式的坦率态度。只要我懂得如何发问，他就会毫无保留地把一切都告诉我。他允许我阅读他的信件，这些信都和他的谈话一样自然而然。他既不惜笔墨，也不吝时间。在给俄勒冈一个无名研究生的信中，他可以详细解说自己对两种自由观念的区分，其兴味不减与小阿瑟·施莱辛格津津有味的闲谈。在这样无休无止的流畅的言语之流中，伯林似乎诚恳地相信自己几乎无论跟谁都能够以一种私人的态度进行交往。

他对待性和自身失败的态度也十分直率；对朋友则更不止是襟怀坦白。他喜欢把自己的成功——教授地位、骑士头衔、荣誉勋章——都归因于人们对他的能力的整体性高估。“但愿这种情况长久持续下去。”他总是说。

自我贬低是很自然的事情，但其实也是对批评来个先下手为强。每当人们追问他的思想纲领时，伯林至多会说：“在学术上，我就像是一辆出租车。人们打个手势，我就停；人们给我一个指定的目的地，我就走。”但事实并非如此。他有许多文章的确都是机会和环境的需要，但他只接受那些符合自己既定路线的任务。毋庸置疑，他还是有自己的路线的，当他走完了这条路线之后，就形成了一套独特而连贯的著作体系。如果用他那个著名的区分方法来划分的话，他的作品覆盖面之广可能使他显得像是一只知道许多事情的狐狸；实际上，他却是一只知道一件大事的刺猬。本书的目的之一也在于阐明这件大事到底是什么。

要想知道一件大事，伯林就必须把握住自己身上的几条主线。兼有三种矛盾的身份——俄国人、犹太人、英国人，他将这三者编结为一个密不可分的整体。他本来有可能会对自身的某个部分加以压抑。为流亡生涯所迫，许多人确实通过压抑他们自己的某个部分才得以生存下来。他却从没有压抑过自己，而是允许自身的所有要求都得到满足，并因而形成了一种宽容的性情，这一点也许是和他的作品同样重要的一项遗产。

人们常说伯林的镇定和自由主义主张都是特权的产物。他一直十分幸运地过着优渥的生活——宠爱他的双亲，并未给他留下任何伤害的流亡生涯，二十三岁即入选全灵学院，并与一位有才智且能给他以支持的富有女子结婚——这一切使得他有可能展现出某些在其他人身上常常受挫的东西。但我们也得承认，他确实做了一些事情；如果换作别的人，则很可能会白白浪费这些有利条件。在伯林的性情中有某种难解的健康与安宁之源。他在自己所处的地位上游刃有余，世事练达，即使在步步逼近的死亡面前也仍然安逸自得。这种近乎冷酷的平静在我眼里显得神秘，难以接近，也无从获得；在我们共度的那些下午，这一点是我最希望能够理解的。做一个知识分子常常意味着过不幸的生活，因此他的幸福是一项值得探究的成就。

有一次，他问我："你希望自己能永生吗？"他的母亲活到了九十四岁。我的回答是这种念头让我充满恐惧。他听我说完以后，说："我的朋友们都这么想。可我不一样，我希望自己的生命永无休止。为什么不呢？"阿尔伯特·爱因斯坦曾经见过伯林一次，事后他评论说，伯林看上去就像是"上帝的巨大但是一般来说不怎么吸引人的剧院里的一名观众"。[1] 他对生活在这个剧院从未厌倦过，并且想象自己永远注视着聚光灯下的舞台。

在我们共度的那些日子即将结束之时，他经常陪我一块儿出去。我帮他穿上外套，这时他总是先把有残疾的左臂伸进去，再一耸肩，把衣服甩到右边。他把一顶褐色的软顶浅呢帽猛地往头上一扣，将雨伞挂到右臂上，就这样出门来到皮卡迪利大道，进入众人的目光和噪音的包围中。他习惯用脚跟的后部着地慢慢地走，两脚成绝对垂直的外八字，脑袋不停地转来转去，不放过眼前逐渐展开的场景中的任何一个细节。"看，"他会这么说一个背着背包大步流星地从我们身边走过的浅色头发的魁梧女子，"她肯定是个挪威人。白得可怕。"他会停下脚步，以一种友善的好奇态度仔细审视柯丁斯男装店里的雨衣，打量那些黄绿相间的厚实的灯芯绒灯笼裤以及其他的乡绅

[1] 阿尔伯特·爱因斯坦致菲利克斯·法兰克福特，1952 年 3 月 12 日。

式外衣。他会在经过梅里迪安饭店门口时瞅着一位美国商人。要不是长着一丛精心整理过的长长的上翘的褐色小胡子，此人的脸就会像20世纪后期的人们一样毫无表情、平淡无奇。当这个商人走得再也听不见我们说话以后，以赛亚就会把手拢在嘴上，像演员在舞台上对观众煞费苦心地高声耳语那样说道："多奇怪的胡子！"然后再自言自语般加上一句："生活是无穷无尽的。"

我们在皮卡迪利马戏团那儿分手，他前往位于蓓尔美尔林荫道上的雅典娜神庙俱乐部，去和一位想听他讲讲与安娜·阿赫玛托娃共度的那一夜的俄国学者一起喝茶。在贩卖色情杂志、塑料仿制伦敦警察头盔和成堆的《标准晚报》的报摊前，我拥抱了他；伯林后退一步，嘲讽地朝我鞠个躬，然后轻快地转身离开，他在两辆出租车之间闪避前行，将雨伞指向川流不息的车辆，让它们停下来，一边无声地对自己吹着口哨。

二

里加，1909—1915

在以赛亚的记忆中，他的出生地是以两座斯芬克司像为背景的。这两座向后倾斜的石膏像长有爪子和突出的胸部，戴着法老头饰，像门神一样立在阿尔伯特街公寓的入口处。它们现在还在那儿——因潮湿而长满了苔藓，并且由于年深日久而有些破碎——守护着通向阿特努沃公寓街区的入口，1909 年 6 月 6 日，以赛亚就出生在这所公寓的四楼。[1] 和世界上所有的孩子没什么两样，以赛亚出生在他父母的床上，旁边有一位德国医生兼护士照料。他出生时父亲也在外面的镶木地板上踱来踱去，氯仿的气味溢出门外。

他能活下来算是幸运。在忙碌了几个钟头以后，为他接生的德国医生——“你想知道他的名字吗？他叫‘哈赫’”——用镊子夹住婴儿的左臂，狠狠地把以赛亚拽入了这个世界，由于用力过猛，左臂的韧带遭到了永久性的破坏。

以赛亚不是头生子。他母亲在 1907 年曾经产过一个死婴，医生告诉她以后再也不能生孩子了。因此，他的父母在迎接他的到来时不免怀着看到奇迹出现时的惊异。这些情况——死于母腹中的姐姐、双亲长久以来愿望的实现、出生时的受伤、身为独子——都具有极端的重要性，虽然要对这些情况的意义做出解释并非易事。以赛亚自己从不喜欢对它们进行诠释。但

[1] 我于 1991 年来到里加，我想感谢拉脱维亚犹太文化协会的马戈·维斯特曼在大屠杀前对重建里加犹太社会提供的帮助。又见《里加犹太史片断》，1991 年，拉脱维亚犹太文化协会博物馆及资料中心出版。有关伯林家系的细节以及他在里加的早期生活主要根据伯林本人的记忆。根据对伯林的访谈，见沃尔夫森学院亨利·哈代的伯林档案，1988 年 10 月 20 日，1989 年 10 月 11 日及 1990 年 9 月 27 日。

《圣经》中有一个故事也许可以视为对他的人生开端的间接寓示。那就是哈拿的故事。这个不能生育的女人去庙里祈求一个儿子，她狂热得让大祭司以为她发了疯：“她的灵魂浸于愁苦之中，一面向主祈求，一面痛哭流涕。”在绝望中，哈拿起誓，如果上帝肯赐给她一个儿子，那么她必使他终身归于耶和华。她的信仰——她那对孩子原始而强烈的渴望——最终获得了报偿。她和丈夫以利加拿有了一个孩子，他长大以后就是先知撒母耳。[1] 以赛亚的母亲穆萨·玛丽·伯林被这些诗句和它们所包含的希望而深深打动，因为它们直接触动了她自己的绝望之情：失去了一个孩子，又被告知再也无法生育。当医生做出这一判决时，她已经二十九岁，要算是相对高龄的产妇了。不难理解，为什么每当伯林想起哈拿绝望的信念之时，他的眼中就会充满泪水。

在看电影或是引用葛底斯堡演说的时候，以赛亚很容易流泪。尽管如此，他对自身的真实感情却十分注意。在回忆起他母亲的时候，他既对她坚强的性格保留着某种类似敬畏的感情，又混杂着因她对自己加以管教时那种潮水般强大的力量而引起的不满情绪。对于里加，他近乎漠不关心。这或许是因为他待在那里的时间离现在实在太遥远，也可能是因为它太过拉脱维亚化了。在他心里几乎谈不上有什么怀旧情绪，而且虽然身为流亡之人，他也并没有什么明显的失落感。童年时代的歌谣和流行歌曲他现在仍然可以信手拈来，用一种音乐般的低语

[1]《旧约·撒母耳记上》，第1，2章。

愉快地唱出来。但并没有太多的东西让他流露出哀惋和伤怀，过去并未给他留下痛苦的痕迹。

人生最初的六年，以赛亚一直住在阿尔伯特街的公寓里。他的家庭女教师是拉脱维亚人，她常常用学步用的扶手索带着他出去，从那两座斯芬克司像之间穿过，沿着街道走到公园（大家称之为游憩场）里去，克里木老兵们在那儿一面晒太阳，一面回味英克曼和塞瓦斯托波尔的生活。里加当时是沙俄帝国利沃尼亚省的省会。俄国沙皇在这里的势力代表包括一支驻军、一支骑兵特遣队、一座新建的东正教大教堂，以及一个由办事员和抄写员组成的小小的行政部门，其中除了全体职员还有一帮侍从和一辆马车，统统由一位地方长官率领。俄国人几乎没有改变里加过去作为一座中世纪商业同业公会贸易城市的身份，德语在这里仍然是文化和商业中使用的语言。这儿有一个交易所，主要由讲德语的商人们操纵，还有一座科林斯式的德国歌剧院。19 世纪 50 年代，年轻的瓦格纳曾担任里加交响乐团团长，而布鲁诺·瓦尔特于 1900 年在这里开始了他的指挥生涯。在 1909 年的里加，俄语是官方语言，但俄国人的数量很少；人们在街上听到的语言除了德语之外，还有拉脱维亚语和意第绪语。

在沙皇统治下的里加，位于社会金字塔顶端的是波罗的海贵族和讲俄语的德国人——科尔夫、本肯道夫、凯泽林、布德伯格等通过效忠彼得大帝及其继承者们而建立起来的家族王朝。他们拥有当地的大片地产和城里的豪华住宅。在他们下面是交易所里的德国商人和外国木材商；然后是犹太商人和各个阶层的犹太手艺人；再其次是住在红色德维那聚居区的犹太工匠。在社会的最底层是拉脱维亚人：未脱农村习气的刚进城的农民们。他们占人口的大多数，却在自己的土地上被剥夺了公民权。在里加，他们充当着家仆、苦力和家庭女教师。

阿尔伯特街位于里加新城，和汉萨同盟时代的老城区里那些铺着鹅卵石的街道隔着一条河，在巴黎风格的阿特努沃公寓住宅区内。谢尔盖·爱森斯坦的父亲——一个改信了基督教的里加犹太人——曾经设计过这些社区中的一部分，而爱森斯坦本人则是在里加度过他的童年时代的。[1] 在里加新区中设有犹太学校，但这里并非专门甚或排外的犹太社区。

里加位于“栅栏区”以外，亦即不在沙俄帝国西部和波兰诸省的那些范围之内，自从 18 世纪末分割波兰以来法令规定把犹太人限制在那些区域。[2] 只要他们安分守己，里加的犹太人就可以免受沙皇治下那些歧视性条款的限制，例如禁止他们拥有土地、从事某些特定行业、改用教名，以及禁止犹太人进入高级文科中学和各大学的法律系等。[3]

即使是当伯林一家搬到其他地方时，也没有受到过任何禁令的限制。以赛亚的父亲是第一同业公会的一位商人，多少也算个精英人士，在帝国中享有荣誉公民权，不受那些适用于次

[1] S.M. 爱森斯坦著，《不朽之回忆：我的自传》（伦敦，1986），26；玛丽·西顿编，《S.M. 爱森斯坦》（伦敦，1952），17—30。
[2] 门德尔·勃贝，《拉脱维亚犹太人》（特拉维夫，1971），243—261。
[3]《犹太文献与文物百科全书》，第 14 卷，“里加”条目；H.D. 洛，《历代沙皇与犹太人》（库尔，1993），85—101。

等犹太人的法律的限制。他们一家人可以在帝国各地自由旅行及贸易。门德尔·伯林的锯木厂和木材场则坐落在犹太人贫民区内，雇用那里的工人，对于这个出生在两座斯芬克司像之间的孩子来说，贫民区仍然是 terra incognita（拉丁语：未知的地方）。

伯林的文件中有一份1946年3月的八十六页手稿[1]，以细长的笔迹写在一本会计用的副本上。在这份文稿中，以赛亚的父亲吩咐他恢复与他们一家在里加时的旧交的联系，其中包括本家亲戚，沃尔什沃诺克和施内尔森这些家族，以及俄国犹太人中的拉比、学者和商业巨子们。我曾经问过以赛亚是否知道他父亲的回忆录，结果他完全想不起来了。

从照片上看，门德尔·伯林是个短小精干、略显矮胖的人，穿着做工精细的三件套，胡子剪得很短，头发有些稀疏。在以赛亚的记忆中，父亲是个和善、聪明而又胆怯的人，被他容易激动的专横的妻子所支配。革命前他在里加做木材生意，革命后则改行买卖猪鬃。他一生的爱好不是犹太法典或圣歌，而全在于他的妻子和成功的儿子，以及法国喜剧和弗兰茨·莱哈尔的轻歌剧。

从以赛亚的这些回忆看来，他的父亲是个被同化了的欧洲商人，只是偶然地被命运生为犹太人罢了。但门德尔在回忆录中对自己的描写则并非如此。门德尔于1883年出生于沙俄治

[1] 门德尔·伯林，“自传笔记”，1946年3月11日，亨利·哈代转录，伯林档案，沃尔夫森学院。

下波兰境内的维捷布斯克省佩尔市。在回忆录中，他追忆起自己在那座城市时虔诚和渴盼的心情，也说起他的祖父——一位茫茫然专注于精神世界的拉比——如何把有生之年所有清醒的时间都用来研读圣书。门德尔还记得自己每当晚上从希伯来学校回家，路过那儿的波兰天主教堂时，就会绕道而行，以免衣服偶然碰到教堂的墙。他也记得希伯来学校里令人昏昏欲睡的课程，记得每次忘记希伯来字母时拉比就戳他一下作为提醒，记得在犹太教堂里穿戴的长长的、丝质的黑色卡夫坦[1]和绣花无边便帽，也记得公羊角吹出的哀鸣。所有这一切让我觉得门德尔的童年时代距离传统犹太世界要比以赛亚更近一些。

在我的催促之下，以赛亚读了他父亲的回忆录。读过以后，他像是给一篇大学生的蹩脚文章打分一样严苛地认为它完全不可靠："纯粹是伤感的落叶归根。他这些犹太情结全都是在晚年逐步形成的。"1946 年写回忆录的时候，门德尔六十三岁，事业接近尾声；他已经在英国流亡了二十五年；苏联占领拉脱维亚意味着他可能再也无法重访里加；大屠杀则使他的过去化为灰烬。因此，如果说门德尔突然觉得自己在英国一向凭附的根基虚幻不实，于是转而试图抓住自己对之怀有更深忠诚的对象，这也并不令人惊疑。

可他的儿子不吃这一套。"他与犹太传统完全决裂了。他彻底解放了，既不吃'可食'[2]，也从来不去教堂。"当我指出

[1] 一种有腰带的长袖衣服。——译注
[2] 犹太教义认为清洁可食的食品。——译注

他的父亲在回忆录中因为他不读犹太法典而对他略有微词的时候，以赛亚就反击说："他自己也不读。"

犹太性格可能是伯林身上一个核心的特点，不过他心中自然知道自己是什么样的犹太人，因此父亲想要把自己的期望强加在他身上的做法让他觉得十分厌恶。在他们这个儿子出生之前，伯林一家已经升入了一个更高的世界，远离了维捷布斯克的虔诚。这种距离不只是社会上的，同时也是语言上的。门德尔自己小时候曾经说过意第绪语，在以赛亚面前他却从未说过。在阿尔伯特街时，他们家的第一语言是俄语，第二语言则是德语。

历史学家刘易斯·纳米耶曾经将东欧犹太人比作一块坚冰，欧洲的教化之光开始照到上面时才开始融化。当这块坚冰融化的时候，犹太世界的条条溪流——犹太复国主义运动、同盟运动（世俗的或宗教的）——便流入了资产阶级文化的大河之中。[1] 里加的伯林、沃尔什沃诺克和施内尔森等家族也被这种种欧化思潮所席卷。

伯林的母亲是沃尔什沃诺克家族的成员，在里加犹太聚居区一个严守教律的家庭中长大。但即便是她那信奉东正教的父亲也无力阻止她接受欧式教育并且形成了要当一位歌唱家的强烈愿望。这种理想在她自己身上没能得到实现，于是便一股脑

[1] L.B. 纳米耶，"犹太复国主义运动"，《新政治家》，1927 年 11 月 5 日，103—104；重印于《摩天大楼及其他文章》（伦敦，1931）；又见伯林给 L.B. 纳米耶的信，《个人印象》，亨利·哈代编，诺埃尔·安南序，伦敦，1998 年第 2 版，91—111。

儿倾注到了她儿子的身上。伯林的父亲本来可能在维捷布斯克的希伯来学校接受传统的犹太式教育，但他在十多岁时就搬到了里加，进了高级文科中学，接受了当时世俗化的德国式教育。然后他又到他爷爷兄弟的木材行工作，在那儿做生意时使用的语言是德语和俄语。很快他就开始到巴黎、伦敦、柏林等地旅行了。

以赛亚声称，要成为一个像自己这样世俗的、抱怀疑主义态度的人，并不需要同家庭的过去决裂。但是，让我们来看看他父亲回忆录中的这些细节吧：1904 年，在从巴黎到曼顿的夜车上，门德尔和他叔叔在异教徒们睡着的时候穿上祈祷用的披肩做礼拜；或是有一年，门德尔·伯林来到俄国西部斯摩棱斯克省一个名叫“路巴维奇”[1] 的小村子，向一位拉比请教生意上的事情，并求他赐福。这样的场面未免有些奇特：一个穿西装的身影在一所乡村教堂外面和需要安慰与建议的穷人们一起排着队。

他去求见的这位哲人并非普通的拉比，[2] 而是东欧哈西德派犹太人中最重要的几派之一，即所谓“犹太教仪式派”（路巴维奇派）的领袖，这一派是因为该派宗教领袖所居住的波兰东部犹太小镇而得名的。犹太教仪式派成立于 18 世纪 80 年代，创始人为拉比施努尔·扎尔曼·施内尔森，是哈西德各派中最神秘、最虔诚的派别之一。哈西德派主张通过歌舞及

[1] 意第绪语：爱之城。——译注

[2] 见《犹太文献与文物百科全书》，第 14 卷，“（利奥兹纳）利亚迪的施努尔·扎尔曼，1745—1813”；阿达·拉波波特-阿尔伯特编，《再评哈西德派》（伦敦，1997），298—299，433—434，356，436。

其他形式与神直接而欢乐地交流，以恢复一种古老的、制度化的信仰。犹太教仪式派及其他的哈西德教派在传统的犹太正统教派中遭到激烈的抵制，这既是因为它们把注意力集中在单独的人与神及其同道的个人关系上，而不是在错综复杂的犹太法律上，也是因为这些教派将非凡的力量和伟大归之于它们的领袖。

以赛亚的养曾祖母是施内尔森家族的成员，是这一教派创始人的直系传人。因此，一生下来，以赛亚就属于哈西德派中的皇族。在一年一度到路巴维奇的朝圣中，伯林家的人总会受到礼遇。门德尔·伯林在回忆录中显然为这些属于哈西德派的祖先感到十分骄傲，以赛亚则抱着更为怀疑的态度。他总是说：血统这种东西是一个确切存在的事实，（停顿，）但绝非一种自傲的资本。为自己的出身感到自豪就相当于向可疑的血统决定论投降。门德尔曾经将儿子的记忆力和学术成就归功于他的讲希伯来语的祖先。以赛亚则视此为荒谬。至于现代哈西德派的犹太教仪式派信徒——穿着大半身长的黑色双排扣常礼服，戴着宽边帽，留着胡子和鬈发——则被他认为是令人惊恐的盲目信仰者。只要提到哈西德派中的犹太教仪式派，无论是他们与布鲁克林的黑人持续的暴力争斗，还是他们对毫不妥协地为希布伦[1]而与巴勒斯坦人进行斗争所表示的支持，都会让他绷起脸，露出一副少见的厌恶表情。不过他们的领袖施内尔森拉比是他的一个表亲。

以赛亚这个名字是他父母为了向他的养曾祖父表示敬意而

[1] 即哈利勒，约旦河西岸城市。——译注

起的。这位商业巨子是犹太教仪式派的成员，出生于维捷布斯克，但在年轻时搬到里加，以躲避“栅栏区”对犹太人从事商业活动的禁令。他与当时犹太教仪式派的领袖——泽马赫·扎德克的一个女儿沙耶塔·施内尔森结了婚。与犹太教仪式派领袖的联姻使老以赛亚得以进入强大的商业关系网，从而获得经济方面的情报。像每个哲人一样，这位拉比也是有用的机密信息的接收者兼传播者。这样一来，原名沙耶的老以赛亚·伯林也就成了一个复杂的人物，兼具古人的虔诚与现代资本家的工于心计。他靠着给德国和俄国工业提供铁路枕木和矿井巷道临时木支柱起家。到 19 世纪 90 年代，他已经在德维纳河两岸拥有了一条宽阔的带状林地，占地 75 000 英亩，这片地产一直延伸到安德里亚波尔周围的“栅栏区”内。在这些森林里，犹太伐木工人把松树砍倒，装上筏子，沿着德维纳河撑到里加港，然后沙耶·伯林在里加贫民区的锯木厂再把它们加工成木材，运往圣彼得堡、汉堡和伦敦等地。19 世纪末，他在锯木厂和森林中已经雇用了好几百个工人，多数为犹太人。[1]

在沙耶·伯林到来以前，波罗的海的德国人控制着出口生意，因为犹太人普遍缺乏在对外贸易中取得成功所必需的语言和文化素养。正是这个极端虔诚的哈西德派教徒打破了这种局面。他把以赛亚的父亲收为己用，让其担任对欧贸易中的主要谈判者。他自己没有孩子，因此他把十五岁的侄孙门德尔从维

[1] 对德维纳犹太伐木工人的令人难忘的描述，见西蒙·沙玛，《风景与记忆》（伦敦，1995），26—32。

捷布斯克带到里加，安排进德国设立的高级文科中学。当门德尔表现出可供造就的潜力后，沙耶又带他进入商界，同时将门德尔的父亲多夫·贝尔·祖克曼和这个孩子过继为子孙，改姓伯林。

19世纪末，沙耶的木材生意做得如火如荼，并因此成了第一同业公会成员，还被授予了可世袭的沙俄帝国荣誉子民身份。每天早上，俄国地方长官都会派一名信使前来问安；下午，伯林则会打发锯木厂的门房前去回礼致意。这位老商人总是早早起身，坐着两匹马拉的四轮大马车前去巡视工厂，到交易所与异族同僚们闲谈一阵，然后吃午饭，在工厂楼顶上的公寓里睡个午觉，下午再到下面的办公室里写写信，给他的随从们讲讲故事。夜晚的时间则消磨在饭馆和俱乐部里。很快，他的财产就足够他每年冬春两季带上二十岁出头的门德尔，由众位拉比、几个专门的“可食”屠夫以及一群会计陪同，到欧洲各地的温泉疗养区和游览胜地做一次气派的巡游。在曼顿，老商人暂时从克己禁欲的生活中解脱出来，吃喝自娱。门德尔则靠读俄国境内无缘得见的禁书——陀思妥耶夫斯基的被禁作品和俄国社会民主主义者的小册子——打发时间。老人的妻子沙耶塔疲乏地躺在楼上一间巨大的休息室里，轻轻地哼着小调。

沙耶是在巴特洪堡过逾越节的，他去当地的“可食”餐馆吃饭，然后在咖啡馆和泵房里跟外国商人们用意第绪语和德语谈生意。他去了法兰克福的犹太教堂，在那儿，门德尔注意到，当地的犹太信徒特别喜欢夸耀自己的虔诚，为了不违犯在安息日不得做工的戒条，他们专门雇了一个异教徒，在教堂门口为他们开伞和关伞。而在里加，沙耶的所有雇员在安息日都必须到他的私人教堂里来；他的门房也会在阿尔伯特街出现，吩咐全家人前去做礼拜。沙耶是老式学校里出来的一个顽固的旧家长。

在老沙耶的注视下，门德尔逐渐成为他出口业务的负责人。这时门德尔也开始追求穆萨·玛丽·沃尔什沃诺克，他的嫡亲表姐妹，也是伯林木材公司的一位雇员、恪守教义的哈西德派教徒伊萨克·所罗门·沃尔什沃诺克的女儿。穆萨·玛丽身材娇小而丰满，一头黑发，无穷的活力、动听的嗓音和热情而执着的性格是她的特点。门德尔从十多岁的时候就开始向她献殷勤，有时晚上就住在她家，睡在楼下客厅里的两把椅子上。她拒绝了他的第一次求婚——这使得门德尔“又惊又怕，并且觉得大失面子”。几个月以后，她又改变了主意，最后还是答应了他。他则毫不怀疑——正如他在回忆录中伤心地承认的那样——“以赛亚的妈妈之所以答应我，只不过是因为经过一番算计之后，她觉得自己迟早得嫁人，如果不嫁给我，可能还会嫁得更糟”。他知道自己胆子既小人又不好看，但是有前途（作为沙耶·伯林的继承人），并且显然对她十分宠爱。

1906 年 3 月 13 日，他们在里加举行了婚礼。她二十六，他二十三。结婚以后，既在阿尔伯特街有一套新房，又有作为一家伦敦公司保险代理人的额外收入，门德尔进入了他生命中最幸福的时期。但他同时也开始厌恶起养祖父的专制来。这个老人会在半夜里毫不犹豫地用电报把他的孙子叫到德国的温泉疗养区，而目的只不过是为了翻译一封商业信件。现在门德尔有了自己的家庭，不愿再被沙耶呼来唤去。所幸这样的不自由状态很快就结束了。1908 年，也就是七十六岁时，老沙耶去世了，把生意留给了门德尔，他迅速卖掉了这摊东西，用所得的钱创立了一家新的木材公司，和别人进行合伙经营。

第二年，以赛亚出生，并以已故的养曾祖父的名字命名。他出世之时家庭正处于鼎盛时期。门德尔很快就成了里加木材商人联合会的领袖，增加了在伦敦木材市场的销售额。

溺爱以赛亚的双亲自幼对他呵护备至，因此他始终喜欢感觉到自己受人宠爱。终其一生，他都喜欢以种种最舒服不过的形式来享受身体上的衰弱，只要一有可能就会上床休息，特别喜欢睡在暖烘烘的小房间里。同时，他又不相信自己是他所谓的那种“恋母”的人。不过实际上，要说他和这种人有什么区别的话，那就是：是他支配着他的父母。从他小时候的照片上就看得出他是个家里的小暴君。以赛亚流畅得没有一丝障碍的表达能力也许就始于童年时代——作为一个聪明异常又喜欢说个不停的独生子，绝对没有妹妹或哥哥或别的什么人会来打断他的独白。

他记得小时候是他自己支配着周围的环境。1912 年，他曾经被带去看望先祖沙耶的寡妻沙耶塔·伯林。她的客厅温度过高，灯光昏暗，一尘不染，却带着阴郁的味道。她本人则坐在客厅尽头的一张扶手椅上，穿着维多利亚式的丧服，头戴方巾，皮肤因为上了年纪而变黄了。他的父母把他领上前去，叫他亲亲她的手。她是家族的女家长，而且以赛亚的名字也是照着她死去的丈夫取的。但在那张满是皱纹的衰老的脸上，在那种阴暗和那发黄的皮肉中，却有某种令人厌恶的东西让以赛亚拒绝亲她的手。这使得他的父母无地自容，而以赛亚则获得了完全的胜利：一直到他们离开的时候，他也没有去亲她的手。以后他再也没有看见过她。

他记得还有一回自己也扮演了小皇帝的角色。1912 年，他的姑妈叶芙根尼娅嫁给了伊萨克·兰多伯格，一个大胆的冒险家、前拳击运动员、画廊主人、镇上的红人。三岁的以赛亚也穿上白色丝质小西服被带去参加了婚宴。一支舞会乐队在演奏着乐曲：客人们成双结对地绕着他旋转。以赛亚被放在一张桌子上展览给叔叔婶婶们看，大人们怜爱地抚摸着他的下巴，把他当成了婚宴上的一景。有人把他抱起来，跳舞的人们围着他旋转，音乐声越来越响。突然，他叫了起来，带着婴儿才会有的怒气："Ich hasse diese Scheissemusik! Ich hasse diese Scheissemusik! "（德语："我讨厌这种狗屁音乐！我讨厌这种狗屁音乐！"）他跺着脚，咒骂着这该死的音乐，于是成人世界的舞蹈戛然而止。

除了参加这些重大活动以外，伯林一家人基本上过着平静的生活。他们到波罗的海各个旅游胜地度假，到德国温泉区进行冬季疗养，不过他们在阿尔伯特街公寓的生活给人的整体印象就是一个不爱跟人往来的、以孩子为中心的家庭。在 1978 年写给精神病学家安东尼·施托尔的一封信中，伯林自己也觉得疑惑，为什么自己在"始终充分享受着父爱"的情况下，仍然一直未能摆脱一种感觉的困扰，那就是觉得自己所取得的成就“其价值接近于或根本就等于零”。[1] 当然，他这种感觉对于那种三岁看到老的观点来说，是一种驳斥；但他对自己的这种怀疑——不管有时候多么正确——也是一种精心发展而成的自贬策略的一部分，目的在于缓和或消除旁人对自己的批评。在这层外表下面隐藏着的是平静而不可动摇的自尊心。这与以赛亚在把他当作神迹来崇拜和敬畏的父母跟前度过的童年生活不无关系。

[1] 以赛亚致安东尼·施托尔，1978 年 9 月 29 日。

三

彼得格勒，1916—1920

里加的安定生活是短暂的。1914 年 7 月，奥地利大公在萨拉热窝遇刺身亡，当时以赛亚年仅五岁。俄国和德国互相宣战，使得里加犹太人左右为难：他们说的是德语，身份却是俄国人。当俄军被迫撤退之时，最高指挥部认定犹太人在向敌军提供援助和支持，因此下令将他们统统赶到后方。里加犹太人通过贿赂大总督才得以逃脱被驱逐的命运。“栅栏区”的多数难民逃到了东边，但是也有一些向北逃到里加。有一次，六岁的以赛亚和他的家庭女教师一起去街上玩，碰到两个从那个犹太小镇来的年老难民，一男一女，正在沿街乞讨。以赛亚手里正好拿着一块饼干，就把它递给那老头，结果却被那个女的抢了去。她一边对以赛亚说“他每天只吃一顿”，一边当着吓坏了的以赛亚把饼干吞了下去。

到 1915 年 5 月，波罗的海已在德国海军封锁之下，木材贸易陷于停顿。虽然门德尔已经设法把生意从出口转向为俄国铺设铁路提供材料，但他的大部分木材仍原封不动地堆放在当地的仓库里。一场火灾将他的库存烧个精光之后，门德尔控告身为仓库库主的德国人有意纵火；那个德国人则进行报复，向警方告发说是伯林自己纵火以申领保险金。当时沙俄军队正沿东线全面撤退，德军离这座城市已不到二十五英里。

龌龊的争吵，带着反犹太人的味道；还有迫在眉睫的德国入侵的威胁——这便是 1915 年夏天门德尔被迫用火车把妻儿送到安德里亚波尔时的情形。安德里亚波尔位于德维纳河上游，离里加约一小时车程，是一座小型商业城镇，伯林家所获的伐木特许权就集中于此地。门德尔本人则到彼得格勒为他的火灾损失应获的赔偿奔走，他希望那里的风气不像里加那么“败坏”。[1]

安德里亚波尔坐落在普斯科夫附近的森林深处，以采伐为主要行业，约有居民一千人，多是些虔诚的、有职业的犹太人，从事伐木、锯木及堆木等工作。但也有一位老式俄国地主，住在一座带园林的大房子里，因患肺结核而奄奄一息；还有一些附近军团里休假的俄国军官，常常拿着俄式三弦琴给年轻小姐们唱小夜曲，或是给她们读些伤感的诗。曾经有一个这样的军官借着油灯暗红色的灯光为以赛亚的妈妈读过类似的诗。在以赛亚和他妈妈的记忆里，安德里亚波尔是旧沙俄在其垂死时分的一个墨斑。被转移到这个新环境里来既不奇怪，也不可怕：安德里亚波尔在伯林木业公司有力的控制之下，每个人都对这位年幼的小王子言听计从。

在希伯来学校，和伐木工人的孩子们一起坐在厚木板凳上，以赛亚首次接受了正式的宗教教育。这也是他第一次上学。在他有生之年，他始终记得当时和其他孩子一道学会的一首歌的歌词，讲的是屋角里给一家穷人取暖的炉子。他也一直没有忘记教给自己希伯来字母表的那位老拉比。这位老人曾经在讲课的时候停下来对他们说：“亲爱的孩子们，你们长大以后就会明白，这些字母当中的每一个都浸透了犹太民族的血和泪。”八十年后，伯林在牛津海丁顿宅家中的一楼客厅里给我

[1] 门·伯林，“自传笔记”，47—48。根据对伯林的访谈，见沃尔夫森学院亨利·哈代的伯林档案，1990 年 9 月 27 日，1988 年 10 月 20 日，以及 1989 年 10 月 11 日。

讲了这个故事。有短短的一瞬间，他失去了一贯的镇静表情，目光穿过花园，望着远处。然后，他又收回视线，重新看着我，恢复了平静，说道：“那就是犹太人的历史。”

1916 年，门德尔·伯林举家迁往彼得格勒，在那里为俄国政府提供铁路系统所需的木材。伯林家族中有两对夫妇已经搬到了彼得格勒：那就是姑父伊萨克和姑妈叶芙根尼娅·兰多伯格夫妇，以及伊扎克和伊达·萨姆诺夫夫妇。小以赛亚觉得姑父伊萨克身上有着不可抗拒的浪漫气息，因为当时他正投身于社会主义运动，每天回家的时候都会讲些关于左轮手枪、搜捕和勇敢行为的故事。伊达姨妈则是个脾气温和、冰雪聪明的人，身材娇小，其性格之热情最终在以赛亚看来比他母亲更甚一筹。

从 1916 年搬到彼得格勒开始，一直到 1921 年离开那里前往英国，以赛亚始终没有上学。伯林家在城北的瓦西里耶夫斯基岛上租了一套公寓，那儿有一间藏书室，他就在那里进行自学。这套公寓位于一家小型陶器厂的顶楼，楼下的院子里四处散落着一些陶瓷嵌花器物的碎片。家里有女佣和家庭教师，却几乎没有什么孩子和他一起玩。孤独促使以赛亚早熟起来。他发誓自己在十岁那年就已读过《战争与和平》和《安娜·卡列尼娜》。他喜欢前一部，对后者则全然不知所云。

以赛亚继续在上希伯来文课程，同时还有犹太法典课。当时，这样的课程完全像是无聊的练习。“我的意思是，内容全都是这样：讲一个故事，两个人抓住一件衣服把它撕成了两半。这件衣服属于谁呢？我并没觉得那种问题能让我入迷。”

这些是犹太传统中有关人类正义的模棱两可的基本课程，虽说童年时代的以赛亚觉得它们让人厌烦，但他长大以后从来没有忘记过它们。

与希伯来文和犹太法典比起来，儒勒·凡尔纳的《海底两万里》、梅恩·里德的牛仔冒险故事和亚历山大·大仲马的《三个火枪手》——当然全是俄文译本——则更为引人入胜。长大以后，每当人们问起他小时候的理想是什么时，伯林就会说，他曾经梦想做一个凡尔纳小说中的科学家，通过舷窗观察海底世界。这是一个既无所不知又保持距离的幻想——探索着世界的深处，同时又远离危险、毫发无伤。

童年的阅读经历到老年仍然生动鲜明。1956 年 8 月，当他在克格勃的尾随下来到莫斯科列宁图书馆的时候，伯林借了一大堆俄文书籍，读了整整一上午。他离开时，被派去跟踪他的特务发现那只不过是些折过角的初版俄译德国儿童冒险故事。

除了书，他还在餐桌上从姑父姑妈等的谈话中偶尔得到些片鳞只爪的知识。他还记得姑父伊萨克曾经告诉他加里波第及其“红衫军”是什么人；也记得进步的姑妈叶芙根尼娅如何严肃地着手推翻有关末底改和以斯帖的希伯来神话。与不爱交际的门德尔和玛丽不同，伊萨克和叶芙根尼娅深深地卷入了 1916 年秋彼得格勒高涨的政治热潮之中。但除了他们从街上带回的故事以外，外面发生的那些戏剧性事件——旧政权的缓慢解体、帝国军队的节节败退——在一个七岁孩子的身上并没有留下什么印象。他记得的第一次政治震荡是报纸上用黑体字印刷的令人难以置信的头条新闻，它宣布了那年深秋发生的拉斯普京谋杀案。

在他身边，整个旧制度正在四分五裂，而小以赛亚自然对此全然不知。他常和犹太女家庭教师一起去涅夫斯基大街散步。他会紧盯着商店橱窗，看玩具店里那些成套的英国小火车和填塞得胖乎乎的德国小熊，看一家家糖果店，有一种巧克力棒会牢牢抓住他的注意力，他从来没有忘记过这种形状像是一堆树枝的名叫“赫沃洛斯特”的巧克力。

1916—1917 年冬，爸爸妈妈把他带去马林斯基剧院听俄国男低音费奥多尔·恰利亚平主唱的《鲍里斯·戈杜诺夫》。以赛亚最喜欢的是鲍里斯看见德米特里的幽灵的那一瞬间：恰利亚平瘫跪在地，爬到桌子底下，还把桌布拉过来盖住脑袋。以赛亚一生对歌剧的爱好便开始于此——由鲍里斯，由一个大人被动物般的恐惧所压倒的这一场面，而这些又都发生在安全的剧院里。当然，很快，在大人们的眼中就会出现真正的恐惧，而且不再是在这种让人暂时抛开疑心的神奇戏剧背景之下。

1917 年 2 月下旬一个明媚的冬日，群众开始汹涌着穿过瓦西里岛朝市中心前进。大人们让以赛亚待在屋里，全家人都来到窗户旁边，看那些用木板做的大标语牌，上面刻着诸如“要土地、要自由”“权力归于杜马”“打倒沙皇”“打倒战争”之类的口号，在帽子和头巾的海洋上浮动着。当军队编成的第一条警戒线列队向他们压过来的时候，人群并没有后退。很快，军警线开始动摇起来、崩溃了。然后群众和军队混在了一起，把帽子扔向空中，用俄语唱着《马赛曲》，联合起来一道穿过涅瓦桥向冬宫广场进发。看见这一切时，以赛亚七岁半——这便是二月革命的第一个欢欣鼓舞的早晨。他的父母亲和大多数信奉自由主义的犹太人一样，似乎也感染了大家的激动情绪，只不过门德尔和玛丽不属于那种披上一件外套就冲下楼、加入到人群当中去的人罢了。

等到似乎可以安全上街的时候，以赛亚和他的家庭女教师一起出去在他们家附近闲逛。在积雪的人行道旁，一个书贩把要卖的书摆在那里等人光顾，以赛亚正在弯腰细看其中一本破旧的俄译凡尔纳小说，马路上突然出现了一小群气势汹汹的人，一共大约十五个，好几只手紧紧抓着一个吓坏了的人，风一样从他身边卷了过去。事后，以赛亚听说那人是个"法老"，也就是市政警察，是最后一批穿制服的、仍旧效忠于旧制度的人。他是在附近一座楼的屋顶上被发现的，随即就被拽下来拖到了街上。一个七岁孩子来得及看见的仅仅是一个脸色煞白、面容扭曲的人，在被抓走的时候挣扎着。以赛亚不知道这个人会被带到哪儿去，但即便如此，他也马上就明白了，这人是没法逃命的。虽然那一幕转瞬即逝，却给他留下了难以磨灭的印象。多年以后，在20世纪30年代，当他的同时代人醉心于革命的马克思主义之时，1917年的那一幕仍然在伯林心中发挥着作用，加强了他对于身体暴力的恐惧和对政治实验的怀疑，也加深了他始终如一的对权宜妥协的偏好，因为它们使一种政治秩序得以安全地保持在恐怖之外。

一开始，革命对象为数不多，"法老们"就是其中之一；

伯林的父母也被兴奋冲昏了头脑。他们热情地遵守着临时政府的一条条公告，以及由米留科夫、古奇科夫和罗季扬科等人发表的杜马言论。但伯林一家所信任的自由主义者们还想发动战争。米留科夫重拾帝俄对达达尼尔海峡的所有权要求，完全没有认清彼得格勒街道上那些个成群结队转来转去的没了帽子的逃兵们对于战争的厌倦之情。1917 年春天还没有过完，示威者们就已经开始翻来覆去地喊："打倒走资派大臣"，"打倒米留科夫·达达尼尔斯基"。到了 7、8 月间，自由主义者们气数已尽，街上的秩序明显在逐渐崩溃，政权从杜马流向了彼得格勒苏维埃以及一小帮马克思主义者，也就是后来的布尔什维克。

为了避开城里的酷热、日益紧张的时局和越来越常见的暴力，伯林母子在夏天来临的时候住进了位于旧鲁萨的一幢乡间别墅。这儿有化装舞会和赌戏，下午则可以去公园里一个舞台那儿听一支意大利交响乐团的表演。这帮意大利人把他们的活页乐谱留在了意大利。每天下午，他们总是先报上一首威尼斯乐曲，再来一曲芬兰音乐，然后是一支意大利进行曲。以赛亚慢慢听出都是同样的调子，演了一遍又一遍。

他在旧鲁萨的朋友圈里有一个叫列昂纳德·夏皮罗的七岁小男孩，后来成了伦敦经济学院教俄国历史的教授。他常常和八岁的以赛亚一起坐在别墅的走廊上，或是信步穿过旅游胜地的那些公园，同时热烈地讨论着亚历山大·班诺瓦、莱昂·巴克斯特和当时其他俄国画家们的艺术。夏皮罗拿些印有这些画家作品的彩色明信片给伯林看，甚至还仿制过以垂死的法国革命英雄马拉为题材的一座石膏胸像。[1] 这些夏日里的谈话早熟得简直令人难以置信，它们为伯林后来让同时代的英国人惊讶不已的风雅谈吐奠定了最初的基础。

母子俩于 1917 年秋天回到彼得格勒，在回家的路上，坐在出租车里的以赛亚注意到，城里的墙上到处都糊着有关新一届立宪会议成员选举事宜的海报。已经有年轻人在把其他党派的海报撕掉，然后换上些装饰着锤子和镰刀图案的。

玛丽和以赛亚不在的时候，门德尔一直穿梭于安德里亚波尔的木材特许采伐区和他在瓦西里岛的公寓里保留的那间小办公室之间。虽然政治局势不断恶化，门德尔在温顿–利宾斯克铁路的生意——给他们提供枕木和建筑木材——却越来越火。5 月，一位名叫乔治·佩恩的英国木材商来到彼得格勒，想以英国纺织品作为交换，进口一些波罗的海和斯堪的纳维亚的层压木板。佩恩的交换贸易落空之后，门德尔从他那里买下了托运的木板，然后从阿奇安吉尔运到伦敦，在那里大赚了一笔，换成英镑存在一家英国银行里。后来，夏天的一个早晨，他回来的时候发现自己的办公室被人搜查过，商业文件不翼而飞，有人留下一张传票，具名是一家听起来有点吓人的自称反间谍处的机构。这是沙皇时代战时情报机关的一种残留。当门德尔出现在他们的办公室时，那些人要求他解释一下为什么要和外国人做交易。虽然后来他被无罪释放，这次事件还是足以使一个胆小的人感到不安。他烧掉了

[1] 以赛亚·伯林致罗玛·夏皮罗，1983 年 11 月 3 日。又见哈里·舒克曼对以赛亚·伯林未发表的访谈，圣安东尼学院，1986 年 6 月 5 日。

所有与对英贸易有关的文件，决定举家从瓦西里岛搬走，因为他觉得自己在这儿就像一个遭到无产阶级邻居怀疑的资本家一样。他要迁往一个在他想来更安全也更幽雅的地方——安格里斯基大街16号，在市中心靠近涅瓦河的地方。

以赛亚已经淡忘在安格里斯基大街住的房子，不过他还记得地下室里那些作坊，特别是一个修茶炊的补锅匠，门口挂着一块勤苦人写的招牌，上面错把“茶炊”（Samovar）写成了“Shamovar”。街的尽头有一家放映战争新闻片的小电影院，以及一所救济贫民的施粥处，外面的队伍越排越长。

伯林一家却从未被贫穷所困。在安格里斯基大街，与他们为邻的有一位犹太大提琴演奏家，他是里姆斯基-科尔萨科夫的女婿；一位高加索公主；还有一位芬兰事务副部长，他的女儿成了以赛亚的玩伴。这个小圈子里的人们一起经历了1917年10月下旬开始的动乱。

事态不妙的第一个征兆是公寓里的电梯停开了。接着电车没了。然后报纸也从街上消失了。随着布尔什维克对反对派报纸的镇压，这些报纸频频在改头换面之后重新出现——至少一段时期内是这样。一家宣传自由主义的报纸《白天》在10月里被查封了，结果几天后就又卷土重来，摇身一变成了《黄昏》；再停再改，起名叫《夜》；然后叫《午夜》；最后一次的名字是《夜之死寂》。再后来终于被彻底查封了。[1] 开始，伯

[1] 拉明·贾汉贝格鲁，《伯林谈话录》（伦敦，1992），3—6；斯蒂芬·卢克斯，“以赛亚·伯林访谈”，第一部分，1991年。

林一家可能还曾经拿这事当笑话讲过，可是等到一帮戴着臂章的人荷枪实弹地出现在门口的时候，事情就不那么好笑了。他们命令房客们成立一个居委会，以便对公寓区进行民主管理。居委会主任将由司炉工柯什金担任。房客们以前几乎没人注意过这个柯什金，因为他住在地下室里，工作就是往锅炉里填煤。但他现在开始发号施令了，那条煤垢斑斑的旧工装裤也换成了陆军上校的斑纹裤。而埃梅雷京斯基公主和里姆斯基-科尔萨科夫的女儿则被弄去填炉子、倒垃圾、扫院子。但不知为什么——也许是小费的作用——伯林一家在这种乾坤倒转的局面中得以幸免。而且他们的女佣（一个沙皇时代旧观念十分浓厚的农妇）也在保护着他们，每次搜查队进行突击搜查的时候就由她去开门，把这些人打发走。家里的珠宝首饰埋在阳台上的积雪下面，躲过了一次又一次的劫难。

有几个星期，不知革命将向何处去的恐惧被《贝尔福宣言》引起的兴高采烈所取代，因为宣言信誓旦旦地保证要在巴勒斯坦给犹太人一个自己的国家。犹太复国主义运动的领袖哈伊姆·魏茨曼为了这样一份宣言向英国政府施加压力已经有不止十年的时间了。现在，1917 年下半年，英国军队蓄势待发，要将奥斯曼帝国的军队从巴勒斯坦驱赶出去；同时英国外交部长阿瑟·贝尔福遣使给罗斯柴尔德男爵送信说，政府“赞成在巴勒斯坦为犹太人民建立起一个家园”，条件是——这些话后来变得臭名昭著——“只要不发生任何可能侵害巴勒斯坦现有非犹太人的公民权与宗教权的事情”。这份宣言公布于 1917 年 11 月 9 日，就在布尔什维克革命刚刚发生之后。以赛亚还记得这片叫作“巴勒斯坦”的土地让大人们多么激动，也记得在一间教堂的地下室里召开的一次会议上，他和别的孩子拿在手里摇的那种蓝、白、金三色的旗子。

门德尔对巴勒斯坦始终持怀疑态度，但玛丽的犹太复国主义观念则根深蒂固。她的两个姐妹，伊达（伊扎克·萨姆诺夫的妻子）和叶芙根尼娅（伊萨克·兰多伯格的妻子）最终都去了巴勒斯坦，开始了她们的新生活。不过虽然整个伯林家族都为《贝尔福宣言》而欢欣鼓舞，至少在当时，叶芙根尼娅和伊萨克却与革命同呼吸共命运。1917 年的兰多伯格不是布尔什维克，而是反对党中的左派——社会革命党党员。他腰里别着把巨大的手枪，在彼得格勒城里到处冲来冲去。以赛亚的妈妈吓得不行，将那把枪扔进了盛满水的厨房洗涤槽里，好让它不再伤人。[1]

门德尔和玛丽更小心谨慎一些。他俩保持着低调，试图看清革命将向哪个方向发展。一开始，他们的生计并没有受到什么影响。布尔什维克将铁路国有化之后，门德尔·伯林被聘为国家承包人，负责从安德里亚波尔的森林向国家提供木材。作为国家公务员，他拥有国家发给的铁路旅行通行证，保护他免受搜查和逮捕的文件，粮票和衣票，还有一把他但愿永远也用不上的手枪。

1918 年的夏天，伯林一家来到彼得格勒南边的一个旅游胜地巴甫洛夫斯克，在那儿租了一座被皇家林苑和花园所环抱的乡间别墅。在有乐队表演的舞台那儿，以赛亚听了一部塞扎

[1] 以赛亚·伯林，“伊扎克·萨德赫”，《个人印象》，78—91；参见第十二章。

尔·弗兰克的交响乐。他和朋友夏皮罗一起坐在宫苑的凉亭里。他读了《你往何处去?》。在他的记忆中，革命什么也不是。当时列宁已经提出和平要求，把俄国从战争中解放出来。在孩子眼里，什么事情都显得理所当然。公园里有穿皮夹克的人佩着枪逛来逛去，吸引女孩子们的注意。这些人其实就是所谓“契卡”[1]，也就是列宁的秘密警察;但在一个孩子看来，他们就像是让人激动不已的强盗。但是，在1918—1919年的秋冬两季到来之前，一家人返回彼得格勒的时候，就连以赛亚也能看出来有什么可怕的事情要发生了。安格里斯基大街的居委会下令腾空多余的屋子以节省燃料。以赛亚和他妈妈睡在一起，他爸爸则睡在隔壁的书房兼办公室里。此后的两年半当中，他们的生活就被局限在以这两间屋子为圆心的小圈子里，弥漫在他们周围的搜查、匮乏和恐惧的空气迫使他们几乎不与旁人往来，母子之间也变得更为亲近起来。多亏了政府发给的粮票，门德尔才能偶尔弄到一袋面粉，然后藏在皮大衣下面，瞒过一个个警方的搜查点，偷运回家。门德尔还记得他们把面粉烤成一条白面包，除了以赛亚谁也不许吃。在列宁战时共产主义的饥荒年代里，以赛亚被喂得白白胖胖，以至于有一次在当地一家食品店排队买东西的时候，他竟听到背后的一个女人讥笑他长得太胖了，根本不需要吃东西。

在安格里斯基大街局促的房间里，以赛亚开始全心全意地读书。他读的书包括托尔斯泰、屠格涅夫、茹科夫斯基（普希

[1] 即肃反委员会。——译注

金的家庭教师）和普希金本人的作品，以及海涅和歌德著作的译本，都用牛皮纸装订而成；最重要的则是那部俄国犹太人的知识宝库：《犹太百科全书》。这部百科全书本是慈善家京茨堡男爵为那些俗套的犹太作家们编写的，作为一种为写作提供便利的工具。[1] 当以赛亚细读这本书的条目时，出自 19 世纪最优秀的俄国犹太知识分子笔下的犹太教相关知识和历史就此在他头脑里扎下了根。

1919 年，他们去巴甫洛夫斯克的一间膳宿公寓消夏，结果遇上了契卡的洗劫。这帮人搜的是珠宝，不过门德尔想办法把它们藏在了阳台上的花盆里。他以前也曾经被人盘问过，但这次搜查终于让他再也无法忍受下去了。他憎恶的不仅仅是列宁政权下匮乏的生活，还有（用门德尔自己的话来说）“觉得自己被监禁了起来，与外面的世界失去了联系，周围全是特务和突然的逮捕，对小流氓动不动就神气活现地打扮成布尔什维克感到完全没有办法”的感觉。

决定逃亡以后，一家人开始考虑可能的选择。巴勒斯坦被否决了：不但距离太远，而且犹太居民只有 50 000 人，其中还没有他们一家认识的人。他们想到了德国首都，因为到那儿路费便宜，而且当时是俄国人聚居的地方；也想到了巴黎，但德雷福斯事件使他们担心法国人可能会有反犹太情绪。最后他们很自然地重新选择了里加。拉脱维亚现在是一个独立的共和国，苏维埃政权愿意让货真价实的拉脱维亚人移民到那里去；

[1] 他是艾琳·德·京茨堡的祖父，艾琳于 1956 年与以赛亚·伯林成婚。

而且，门德尔似乎认为自己可以重新开始以前在里加的木材生意。

虽然他们1919年夏天就决定了要离开，但所有手续直到1920年10月才办完。伯林一家离开安格里斯基大街的时候什么多余的东西也没拿，只带了法律允许的每人3 000罗曼诺夫卢布，另外在以赛亚的外套内衬里面缝进了一些珠宝。在离开的时候，以赛亚彻底松了一口气，因此关上公寓门时，他除了那本华丽的《犹太百科全书》和留在书架上的标准版俄国古典名著之外，什么也没有留恋。

1920年10月5日，伯林一家离开了彼得格勒。他们离开的时间或许是由红军在俄国西部与波兰人的战争情况决定的。1920年8月，红军打到了华沙城下。10月底以前，波兰人发动的反攻则迫使俄国人接受了10月6日在里加签署的停战协议。他们的旅途虽然以直线计算只有短短的三百英里，却足足花了十天的时间。门德尔记得，他们在普斯科夫站停了不止二十四小时。在其他更小的站上，他们则用盐和蜡烛同站台上的农民交换面包和鸡蛋。门德尔冷冷地回忆道："你可以想见当时有多不舒服。火车上没有洗漱和卫生设备，你不得不等到下一站再下去满足基本的需要，有时候得等上好几个小时。"[1]

到达拉脱维亚和苏联边界的时候，火车上的拉脱维亚人——多数是警察和消防员——欢呼了起来，很快就被放行，上了去里加的车。犹太人和其他外国人则被带下了火车。让门

[1] 门·伯林，"自传笔记"，60。

德尔愤慨异常的是，在被送往俄国澡堂除掉虱子之前，他们在一间冰冷的兵营里度过了一个晚上。那些人告诉他说，他们必须在那儿待上一个星期。不过，一个认得伯林这个姓的边境官员暗示说，如果给他报酬的话，他可以让他们一家人搭上下一辆火车。门德尔回忆说："虽然我很害怕可能出现什么让人恼火的事情，但我还是觉得极其沮丧、极其羞辱。"他贿赂了那个人，第二天晚上，他们就挤在三等车厢里朝里加进发了。[1]

在开往里加的夜车上，以赛亚正在车厢里打瞌睡，这时过来了几个拉脱维亚人，他们坐下来以激烈的口吻说起了反犹太人的话，很明显是觉得坐在对面的这一家被吓坏了的俄国犹太人不会明白他们在说什么。玛丽·伯林的拉脱维亚语十分流利，她在听了他们的话之后尖刻地说，苏联虽然犯下了种种错误，但其中并不包括反犹太主义。拉脱维亚军方穿过这节车厢的时候，这几个拉脱维亚人告发说玛丽是一个共党特务。在里加站，警察上了火车，带走了玛丽，以赛亚和门德尔只好眼睁睁地看着，害怕极了。这时，坐在这节车厢里的另外一个拉脱维亚人告诉门德尔，他是拉脱维亚特务机关的人，如果给他报酬的话，他就可以放了玛丽。门德尔贿赂了他，于是他们一家就被放行了。不过有人对玛丽提起了诉讼，结果1920年整个秋天，伯林一家不断地收到各种法律文件，要求玛丽对指控进行回答。

火车上发生的那起事件不仅显示了以赛亚母亲身上毫不妥协的犹太意识，同时也让以赛亚认清了自己的身份。正如他后

[1] 门·伯林，"自传笔记"，61。

来在回忆的时候对我所说的那样：“我们是犹太人……我们不是俄国人。我们也不是拉脱维亚人。我们的身份特殊。我们必须有个家。永远被人盘问着‘qui vive’（拉丁语：你是谁）是毫无意义的。最重要的是，否认这个事实或是掩饰它都没有意义。这样做既有损尊严，又无济于事。这就是它的源头……都是从她那儿来的。”门德尔的个性则更为圆滑。“如果有可能变成跟别人一样的人，他就会很高兴地去变。但她绝不会。”

他们于1920年10月15日到达里加。到了那儿之后，他们没有待在阿尔伯特街——因为那个地方已经不再属于他们了——而是住在附近的一个亲戚家。由于在路上不得已贿赂了两批官员，门德尔的钱包已经空空如也。他给伦敦发了一封电报，很幸运，银行回电说他仍然有权取出他在木板交易中所获的那笔可观的利润——存在他账户里的那10 000英镑。一开始门德尔又恢复了他的木材生意。他们在里加的那些亲戚们都还在：门德尔和玛丽的父亲，留着胡子的族长，兄弟姐妹，还有一大堆年轻的表亲。他们有充分的理由留下，但是火车事件以及当局不断给玛丽找麻烦的情况使得伯林一家三口决心离开这里。门德尔开始设法去弄英国签证；因为在那儿除了有木材生意上的联系外，他还想给以赛亚提供英国公立学校的教育之便。在以赛亚的印象里，门德尔是一个积习难改的“盎格鲁迷”。他是那一代俄国自由主义者当中的一个，他们给文明下的定义就是英国化：自行车等于罗利牌；砂糖等于泰特与莱尔牌；蒸汽船等于丘纳德；教育等于不列颠公立学校；而在墨索里尼、列宁和毕苏茨基的后凡尔赛世界里，体面、方正而又清廉的政府则等于英王乔治五世。

在门德尔忙于办理出境手续之时，以赛亚继续待在家里由一个德国教授给他上课，这个教授絮絮不休地给他讲拉丁语和德语，还让他读歌德。这次的德国文化教育并不太成功。伯林的德语始终没怎么好过，而那位德国教授则断定这个十一岁的学生是个浅薄的人。他的评价后来在伯林的脑子里生了根："这句话在某种意义上是对的。库普费尔博士没有说错。"

1921 年 1 月，门德尔一个人先去了英国，好为他们的旅途做准备，从那边把票和签证寄回来。2 月，以赛亚和他妈妈告别了亲戚们，离开里加，坐上了开往奥斯坦德的火车。当渡船在多佛港靠岸时，他父亲正在跳板的另一头等着他们。以赛亚穿着俄国长筒胶靴和外套，戴着皮帽子，冲过了跳板，一头扎进了爸爸的怀里。门德尔在开往伦敦的火车上订了一个小包间，并且为妻子准备了香槟酒。可是当他递给玛丽酒杯的时候，她却说他过于奢侈了。以赛亚静静地听着父母的争论，这时列车正穿过黑暗向伦敦疾驰而去。

他们的目的地位于伦敦城南，那儿一个俄国人也没有，犹太人也很少。门德尔在 1916 年的木板交易中的伙伴乔治 · 亚历山大 · 佩恩告诉他，英国人不住在城里。所以 1921 年 2 月 3 日，以赛亚就在伦敦南部瑟比顿郊区的圣詹姆斯街上一所租来的宽敞平房里度过了他在英国的第一夜。第二天早上，他在英国的第一顿早餐吃的是一盘绝非"可食"的火腿加鸡蛋。吃完早饭后，以赛亚起身走向客厅里的钢琴，用一只手一个音一个音地弹起了"上帝拯救国王"。

四

伦敦，1921—1928

他妈妈记得，在瑟比顿的阿伦德尔寄宿学校上完第一天学以后，以赛亚是哭着回来的，因为老师和同学们的话他一个字也听不懂。他在彼得格勒上过英语课，但那显然不够用。后来别人如果问他，刚刚流亡到英国的时候用英语会说些什么，他喜欢像说悄悄话一样尖声唱道："这不费（会）是一场时髦的分（婚）姻。我连一辆马册（车）也买不起。但是你坐在双人自行册的册座上，看起来费很前（甜）很美。"除了"黛茜、黛茜"，以赛亚会说的词不到七十五个。在彼得格勒的时候他从来没上过学；现在他却站在那儿，一排又一排的英国小男生盯着他瞧。更麻烦的是，他到英国的时候是1月，学年已经过半。在这种种情况之下，掉眼泪并不奇怪。

一位曾在俄国做过保姆的当地女士担任了以赛亚的英语家庭教师，以赛亚跟着她背诵长长的单词表，还多次郁郁不乐地和她一起去那儿的一个动物园远足旅行。来到英国的第一年，一家三口换了三次住址：瑟比顿，圣詹姆斯街；瑟比顿，伯里兰街8号；萨里，朗迪顿，埃芬汉街。以赛亚对这些幻影般的住处完全没有印象。

一个被放逐到异国语言中的孩子的孤独是可想而知的。英国男生的学问——足球队、卡通人物、下流歌曲、黄色笑话，以及势利和残忍——超出了他的视野范围；而那些让他觉得印象深刻的东西则显得毫无用处，或者令人尴尬。

在以赛亚的一生中，流亡的痕迹虽然模糊，但还是可以看得出来。在抽象的层面上，这种痕迹表现为他对于归属的需要的尊重；在政治上表现为他的犹太复国主义；在道德上则表现为他对 19 世纪历史上那些处于边缘、受人排斥，或是被激怒的人物形象的着迷。就个性而言，这种痕迹又表现为轻微的暴躁易怒，以及对于细枝末节、对于任何一种将他视为外人的姿态的过分敏感。

不过在其他方面，流亡生涯对他来说则完全是一种有益的经历。弗拉基米尔·纳博科夫到达英国的时间大致与以赛亚相同，他在《说吧，记忆》一书中写道，流亡带来的那种“令人昏厥的刺激”将他赶出了童年时代，赶出了在熟悉的环境中的那种轻松自在之感，而这种感觉如果持续下去，很可能就会妨碍他成为一个作家。于是剥夺和驱逐成了他的作品的先决条件。[1]

对伯林而言，流亡则加深了他的脱离感。身为外国人，他有旁观的权利，却没有参与的可能。因为语言必须经过习得的过程，不能够想当然。他必须把它变成自己的东西。以赛亚总是喜欢强调这种同化过程在他身上发展之迅速：不出半年，他就在《林中幼儿》当中获得了一个角色——没有什么比这部戏更英国化的了——扮演“杀人犯的帮凶”。他唯一的一句台词是：“我来了，我来了。”不到一年，他开始和别的男孩子们一样，管钱叫“叮叮当”（chink），把“说”（say）发成“sigh”。当有人叫他“肮脏的犹太佬”时，以赛亚纠正说：

[1] 弗拉基米尔·纳博科夫，《说吧，记忆》；伯林后来在我对他的访谈中引用了这一章节，见沃尔夫森学院亨利·哈代的伯林档案，1988 年 10 月 27 日，第 1，2 盘录音带。

不，应该是“肮脏的德国佬”（那是1921年），于是其他男孩把他的挑衅者痛打了一顿。在这个运动场上站在他一边的瑟比顿男孩们成了他关于英国式自由竞争精神的故事的一部分。不过这一事件同时也证明了这个就读于非犹太学校的胖乎乎、不起眼的犹太孩子，这个左臂残疾、带着外国口音、浑身书呆子气的小男孩身上，有一种奇特的战胜别人的能力。

他本来应该是以一种愉快的心情来回忆自己吸收外来文化的天分的。不过实际上，竭力取悦他人是他所有坏习惯当中最糟糕的一种。他老是担心一个犹太人的性子不应该这么柔顺随和。以赛亚一生中有一个核心的道德困境，那就是企图将尊严感和这种努力适应新环境的渴望调和起来。他认为，逢迎讨好是犹太人特有的罪过，哪怕明明不可能，也总是在希望自己可以“及格”。这样一来，对于适应的道德困境这种极端的敏感反倒使得他在这一点上以独特的方式取得了成功——当然，这不能不说有些荒谬。以赛亚变成了一个适应环境的大师，其代价是有一种自我厌恶感在他心中徘徊不去。

希望自己是一个高尚的毫不妥协的人——具有不屈不挠的个性，同时又能令他人在自己的意志面前屈服——是他性格当中的悖论之一。他经常说的一句话是：看看我的英雄们。这些人谁也不是像草食动物那样和蔼可亲的自由主义者，全都是些棱角分明、难以相处、“令人无法忍受”的人物——托斯卡尼尼、丘吉尔、魏茨曼——他们的毛病统统被他原谅了，就因为他们都没有那种取悦他人的强烈渴望。

一个来自彼得格勒的孩子，两年前还在巴甫洛夫斯克的公园里大谈巴克斯特的艺术和弗兰克的音乐，现在却被淹没在英国市郊中下阶级的世界里。学校里的同学大部分是零售商和小生意人的儿子，伯林家比他们多半要富裕一些。家里不但请了一位女佣帮玛丽做家务，还给以赛亚请了家庭教师教英语，有一段时间还给他请过钢琴老师，直到他残疾的左臂明显断绝了所有在这方面取得进步的可能性为止。

一般来说，流亡意味着社会地位的降低，对伯林一家人而言这却是一条坦途。作为一个与伦敦商业界有着长期往来的里加木材商人，门德尔不难重新恢复他的生意。战时他从木板交易中所获的利润还存在密得兰银行里，门德尔用这笔钱在伦敦东部中央邮政区的主教门重新开业，给他的公司起了个表示效忠的名字："不列颠及海外贸易公司"，从拉脱维亚进口建筑木材。到英国不过几个月，他们一家就有条件上伦敦西区一座漂亮的犹太教堂了。很快门德尔就结交了伦敦城里一位著名的王室法律顾问，还征求过他的意见，问他应该把以赛亚送到哪所伦敦公立学校就读。有一回玛丽摔断了踝骨，给她看病的不是普通的医生，而是女王的御医，这个人在以赛亚的印象中是一个"真正老派作风的庸医"。

收容国并不总是会以这样的热情回报一名流亡者对它的热爱。伯林一家人在收容他们的这个国家一开始的遭遇可谓幸运。有几个星期，当以赛亚的妈妈在别处治疗脚踝的伤时，他每顿饭都跟校长及其夫人一起在学校吃，只在睡觉的时候回瑟比顿去。他学会了英国的餐桌礼仪，也学到了许多新单词。英国在他的脑子里和这位善良的校长及其夫人的优雅风度等同了起来。

以赛亚一直把自己信奉的自由主义中几乎所有命题性内容都归因于英国特性。“对别人得体的尊重和对反对意见的容忍要优于骄傲自得和民族使命感；自由与效率二者或许是不可调和的，而且前者优于后者；对那些重视自由的人而言，多元性和非整齐划一总是优于那些无所不包的系统用强硬的手腕迫使人们服从的做法（无论这样的系统是多么理性和无私），也优于多数人对那无告的少数的专政。”他坚持认为，所有这些观念都带有“深厚而独特的英国特性”。[1]

但实际上，他的自由主义中包含了一些十分非英国性的东西：包括亚历山大·赫尔岑、本雅明·贡斯当和朱塞佩·马志尼等等，而那些英国性的成分也是经过了乐观的眼光的折射。流亡之人自有一种特权，可以不带一丝嘲讽地来爱他的第二祖国，而这对本国人来说却是不可能的。以赛亚几乎接受了英国人愿意相信的关于他们自己的一切：务实、不整洁、古怪、公正、经验主义、常识性的头脑，还有那个无处不在的字眼——体面。他自己身上有一种老派英国人的味道，属于20年代他初来乍到时的那个英国：吉卜林、乔治国王和G.K.切斯特顿的英国，那是金本位、帝国和胜利的时代，离帝国衰落、自我怀疑风行的那个日渐衰微的英国还有好几十年。气量狭小的地方主义、缺乏教养和思想僵化与以赛亚心目中的英国毫无关系。如果说英国人喜欢他，那是因为他把那些他们最爱用来自

[1] 以赛亚·伯林，“我生命中的三条主线”，《个人印象》，257。

我嘉许的神话还给了他们。

那么被他抛在身后的里加和彼得格勒呢？可曾有过渴望或怀念？以赛亚对这个问题的态度总是很干脆："没有。只有新生活。我重新开始。"

但从他留下的最早的一篇作文（写于1922年他十二岁时）来看，情况并非如此。这是一个很有意思的故事，有着梅恩·里德的廉价商店小说的风格，讲的是一个早期苏维埃代表、彼得格勒的"契卡"领导人乌里茨基之死。乌里茨基其人简直就是狂热情绪的化身："他看上去聪明而又残忍，一切面部表情都带着狂热的痕迹。在死刑判决书上签字的时候他连眉毛也不会抬一抬。他的第一座右铭便是'为达目的，不择手段'。"[1]

在这个故事里，乌里茨基被一个为死在契卡手里的父亲报仇的儿子所杀。而在以赛亚父亲的回忆里，他们一家在瑟比顿安顿下来以后，足足有一年的时间，每当听到外面街上有汽车开近的时候，他都会撩开花边窗帘，担心地看上一眼。[2] 这些情绪有一部分也在他儿子的作文中流露出来。从这篇文章的主题和保留着俄语结构的语言来看，伯林在开始了瑟比顿的新生活之后，有一段时间仍然在想象中停留在彼得格勒。

1922年1月，伯林一家搬进了肯辛顿的皇宫酒店，等着他们在荷兰公园新买的一座房子布置就绪。这时以赛亚正在马

[1] 以赛亚·伯林，"为达目的，不择手段"，《纽约书评》，1998年5月14日，53。
[2] 门·伯林，"自传笔记"，60。

伯尔拱门后面的魁北克街上跟着一个采用填鸭式教学法的老师准备伦敦公立中学的普通入学考试。楼上，有位克劳奇先生老是在不停地放着古典音乐；楼下，则是一位伯德先生在教数学。有一天，以赛亚“无缘无故地”撒了“一个胆大包天的弥天大谎”。他从酒店出发，对父母说要去魁北克街。可是结果，他却在肯辛顿大街上走来走去，看商店的橱窗，直到该回家的时间。回去以后，他才知道他爸爸给学校打过电话，发现他那天没有去上学。以赛亚一直忘不了父亲的那顿痛打，更忘不了门德尔含着眼泪，那副对他毫不谅解的、幻想破灭的表情。虽然这件事情过去了，这孩子从此却明白了他的父母把他们的独生儿子理想化到了何种程度。[1]

1922 年秋天，一家人搬进了位于荷兰公园路的上艾迪逊花园的一座三层平顶房。整个 20 年代，每天傍晚，门德尔都会离开在主教门的办公室，乘伦敦地铁回家，和妻儿一起静静地吃晚饭，然后坐在前厅的安乐椅上读报纸；这时以赛亚则在楼上用功做作业。门德尔很少在外面吃饭，因为他不喜欢伦敦木材商人们那种粗俗的宴饮，而宁愿和妻子一起共度黄昏，虽然以赛亚也渐渐开始明白他让她感到厌烦。“这很明显。她毫不掩饰地为一些无关紧要的事情跟他吵架。”门德尔喜欢时不时来点小小的奢侈，而玛丽则喜欢极力撙节；他不喜欢争吵和讨论，她却越吵越精神；她阅读最新的小说——克努特·汉姆生、D.H. 劳伦斯，还有一个思想正统的澳大利亚女权主义者

[1] 门·伯林，“自传笔记”，64。

祖特纳男爵夫人——渴望智力上的刺激，而他却不。“如果你在他手里放一本书，他就读。”否则他宁愿听奥芬巴赫的轻歌剧。他有着办事员式的清楚聪明的脑筋，这让以赛亚相信他如果做公务员要比做商人更合适，因为他缺少放手一搏所需的勇气和活力。后来以赛亚忍不住替他父亲觉得难过：“他从来没有真正地生活过。如果你没有过真正的生活，那你还能拥有什么呢？”

玛丽则确确实实地生活着——通过她的儿子。每次以赛亚提及他母亲的时候，从来没有用过轻视或者怜悯的口吻，而毋宁是对她爱的力量、强烈的挫折感和旺盛的生命力感到敬畏。“她厌恶和他的这场婚姻，因为她觉得他呆板乏味而且依赖于她。她想要被爱，想要得到提升，可是她什么也没有得到。于是她全部的爱都转移到了我身上。”她唠唠叨叨，让他觉得气闷。看到他干坐在那儿她会觉得受不了：她要的是行动、兴趣、生命和活力。他应该做点什么。当她把早饭给以赛亚送到床上时（“没错，我被惯坏了”），会问他：“今天的计划是什么？”他就会发怒道：“没有计划，什么也没有！”

她能让人发疯，但她全身充满了活力。她把房子打扫得一尘不染，走来走去地用意大利美声唱法哼着咏叹调，怀念起她曾经爱过却不能嫁给他的一个男人，并且为儿子的事情大惊小怪，有六十五年的时间，她完全是通过他在生活。这并不是说他信赖她。当我这样暗示的时候，他好像觉得这种想法很有趣。“我从未对任何人倾诉过我的烦恼。我从来没有过多少要向别人倾诉的问题，一旦我不想倾诉，它们也就消失了。”这听起来像是在为压抑辩护，他也很快承认的确如此。

母子之间也许从未有过绝对坦白的关系，但玛丽对以赛亚那些最佳天赋却有着持续的影响。她对人的判断异常敏锐，正是从她这里，以赛亚学会了重视性格甚于才智，重视活力甚于诡辩，重视道德本质甚于言辞敏捷。

从照片上看，玛丽个子小巧，身材圆润而丰满，眼睛又大又黑、富于表情。她站的位置和她丈夫略微分开，和照相机也保持着距离，脸上有种机警、聪明而又不无讽刺的表情。好几张照片的背景中有英国花园，可是她在其中并不显得十分自在。以赛亚曾经说过，她对在英国的流亡生涯的适应就如同一个不屈不挠的难民，如同“埃利斯岛上的某位妇女，坐在一堆口袋上，还拖着十四个孩子”。她是个天生的复国主义者，始终相信——虽然她二战以前并没有去过巴勒斯坦——犹太人在英国绝不会完全自由自在。1928 年搬到汉普斯特德的荷里克罗夫特大道以后，她成了布朗德斯伯里复国主义者协会的主席，并在其中占据了完全的统治地位。

她一直有一个习惯，就是把作为母亲的一些意见写在小小的蓝色薄纸片上给以赛亚看。她的字写得很大，起伏跌宕，显示出一种决断力。她的英文所起的作用就像是一张渔夫的网，里面像网罗猎物一样兜着些奇怪的希伯来文、德文和俄文短语。德语是用来炫耀她的文化，希伯来文则显示出她记得大量《圣经》格言。她的英语带着俄语的痕迹，有很重的口音，不过却流畅有力。他们在家里主要讲英语，但在偶尔发脾气的时候她就会突然改用俄语。她和以赛亚都知道，讲俄语的时候他们互相之间可以更粗鲁些。一旦他无礼得过了头，她就会大叫："说英语！"

刚到英国的时候，一家人似乎连部分犹太习惯都已经放弃了。到伦敦以后的第一天早上他们吃的是非"可食"的早餐——火腿加鸡蛋。但这仅限于很短的一段时间之内。他们待在瑟比顿的头几个月，玛丽去屠夫那儿买肉，注意到角落里坐着一个白胡子的小个子绅士。当她问屠夫赫恩肖先生这位是谁时，他回答说，福格尔内斯特先生每周都从雷丁到这儿来为瑟比顿的两家犹太人准备吃的。她走近福格尔内斯特先生，看出他确实是一位做"可食"食物的屠夫。他们俩开始聊起了雷丁和伦敦的犹太族人，玛丽突然一下子哭了起来。她回家的时候拿着福格尔内斯特先生准备的食物，此后她一直保留着一张"可食"餐桌。同样保留下来的还有每年一度的逾越节家宴和赎罪日斋戒。门德尔在信仰问题上随随便便，她却决不会如此。

1923年，伯林家已经在伦敦的犹太人圈子里占据了一席之地，而且并不是在俄国犹太人当中，而是和英国犹太人在一起。他们已经永远远离了那个移民居住的贫民区。当门德尔申请不列颠公民身份时，有三个非犹太族的木材生意上的朋友在他的申请书上签了名，足见这时他们的地位已经十分稳固了。[1]

[1] 门德尔·伯林致亨利·斯诺曼，1926年2月11日；又见门德尔·伯林，"关于申请归化的详情"，抄本，1926年2月16日，于1930年2月11日改定。

但是完完全全的接受始终是不可能的。以赛亚曾经被伦敦一所顶尖的私立学校威斯敏斯特公学录取过。去学校参观的时候，他看见男孩子们全都戴着大礼帽，穿着伊顿外套，列队进入威斯敏斯特大教堂做礼拜。他盼着开学的日子快点到来，可是这时他的家庭教师克劳奇先生碰巧对他说，如果叫以赛亚之类的名字，在威斯敏斯特公学的日子可能会有点难熬，还问他是否考虑过今后改叫詹姆斯或者罗伯特。于是以赛亚回家以后就对父母说，他还是不想上威斯敏斯特公学。

坐落在海默史密斯路的圣保罗学校是一所古老的基督教教会学校，创立于1509年，但它并没有拒收或是限收犹太学生的做法。后来校方倒是制订了一个百分之十五的限收名额，得知此事以后，伯林便放弃了圣保罗学校校友的身份。[1]1922年，五百个学生当中大概有七十个犹太人。列昂纳德·夏皮罗，以赛亚1919年在巴甫洛夫斯克的公园里的玩伴，也和家里人一起在同伯林一家差不多的时间移民到了英国，而且也在圣保罗学校读书。1922年6月，以赛亚参加了奖学金考试。让大家都吃了一惊的是，他居然没有通过。录是录取了，可是没有奖学金。

1922年秋天，他穿着圣保罗学校初中的校服——帽子、运动夹克和灰色法兰绒运动裤，从荷兰公园路出发，沿着这条街往前走，穿过艾迪生桥，来到海默史密斯路。圣保罗学校是

[1] A.H. 米德，《一网奇迹般的鱼：圣保罗学校的历史，1509—1900年》（伦敦，1990），115。又见以赛亚·伯林致J. 唐纳森，1971年10月28日。

一所文法学校，培养的是那些来自中等及中下阶级的野心勃勃的孩子。一开始，以赛亚还觉得陌生、不自在。他缺少其他那些英国孩子视为理所当然的文化背景知识。不过不到一年，他的适应天赋就显示出来了。他学习用功，板球和足球玩得不怎么样，觉得自己很受欢迎，从不把自己看成那种板着脸的书呆子。他再三申明自己在圣保罗时成绩从来不算优秀，但他在学校的成绩证明事实并不完全像他说的那样。他考过两次年级第一，还在辩论社中担任了一个发言的角色。他妈妈保存着他的报告卡，从这些卡上看起来，老师们似乎对他有印象，但并不十分深刻："他有时喜欢写些有关终极的东西，而不是针对眼前的问题。"[1]

当时也在圣保罗读书的阿瑟·考尔德–马歇尔记得，伯林讲话的方式曾经让他大为吃惊。"就像是在演奏一件乐器——不是为了追求真理或美或是别的什么，只是为了单纯的快乐——如同喷泉。"[2] 沿着学校的走廊陈列着柏拉图、苏格拉底和西塞罗的石膏胸像，两侧则摆着两排存物柜，装满了体育用品、书包和套鞋之类的东西。以赛亚会顺着走廊慢慢往前走，嘴里不停地说着话。对英国人来说，奇怪的不是他的口若悬河，而是他认为说话的目的就是说话这种想法。

在一篇对20年代后期的伦敦舞台剧《樱桃园》所作的学生评论中，以赛亚已经开始以少年人的轻快流畅笔法发表意

[1] 圣保罗学校档案员克里斯托弗·迪恩致笔者，1991年6月21日。
[2] 阿瑟·考尔德–马歇尔致亨利·哈代，1991年4月3日。

见，说英国的任何演出都注定无法表现剧中的俄国精神。在文末一段尖锐的话里，他在圣保罗的老师注意到了他文中那种“即使你确实有……也应该加以掩饰的”“优越感的迹象”。[1]

与一些当时曾经坚持自己的犹太人身份的犹太同学不同，在考试大厅里，面对着卡农·柯利特和卡迪纳尔·曼宁俯视众人的肖像，以赛亚坚持认为自己在一所盎格鲁天主教机构中完全如鱼得水；他和考尔德-马歇尔这些外族人的亲密程度也绝不逊于和他的犹太朋友们。圣保罗只是他生活中那一连串有着礼拜堂和基督教徒的祈祷声，在饭前饭后都要做一番盎格鲁式感恩祷告的英国机构当中的第一个而已。在这些地方，以赛亚总是有种近乎熟悉的感觉，当他周围的人们喃喃地唱着世代相传的圣歌的时候，他则保持着沉默。[2]

在他少年时代的中期，以赛亚曾经和夏皮罗一起去过伦敦西面几所简陋的犹太教堂——不像他受酒戒时去的那家漂亮的教堂，而是位于波托贝洛路的哈西德派教堂，虔信的教徒们在那里一边前后摇晃，一边祈祷。哈西德教派的仪式一度对他有过某种魔力，虽然很难说清多大程度是怀旧的诱惑力，又有多大程度是真正的精神信仰上的触动。以赛亚早年似乎对宗教持怀疑态度。在 1989 年写的一封信中，他暗示他的怀疑主义倾向由来已久：

[1] 伯林论文，圣保罗学校的报告，1927 年秋。
[2] 伯林对于圣保罗的反应可以与他的同辈沃尔特·艾丁豪森的反应相比较，后者后来和沃尔特·埃坦一样成了杰出的以色列外交家。见沃尔特·埃坦致亨利·哈代，1992 年 2 月 18 日。

“我倒希望自从我说服自己不大可能有一个人格化的上帝——一个长着胡子的老头，或者总之是某种可以用人类的观念加以想象的个体存在——之后，还能够说曾经有过类似的宗教情感或宗教经验，可我从不了解‘上帝’一词的含义；而且我甚至不能说自己是一个无神论者或不可知论者——因为上帝之于我就如同音乐之于乐盲一样——我看得出别人能从上帝观念中获得众多灵感，并对此心怀敬意；我也对宗教仪式、宗教诗歌和作品抱有同情：可是‘上帝’？”[1]

在进入牛津、接触休谟的著作之前，以赛亚就已经是一个休谟式的怀疑论者了。他后来尽管也保留着过主要犹太节日（逾越节和赎罪日）的习惯，他的怀疑态度终身未改。他并不觉得这样有什么矛盾之处。他始终相信这些传统习惯和信仰毫无关系；它们并非是对某个教条的肯定，而毋宁是忠实于犹太人身份的表示。对于教义他怀着尊重，但怀疑的态度从未动摇过。

大家一直相信他会进牛津，因为他绝不可能和他父亲一起做生意。资产负债表和簿记常让以赛亚觉得迷惑；有几次和他父亲生意场上那些性子豪爽、红光满面的同事们一起吃饭的时候，他也听不懂他们说的笑话。1927 年春，他参加了巴利奥尔学院的考试。结果没有拿到奖学金不说，连入学资格也没获得。像这样的挫折以赛亚总是忘不掉。他记得自己的古典文学课不合格，口语考试则完全无望。几周之后，他又参加了圣体

[1] 以赛亚·伯林致爱德华·娄伯利，1989 年 4 月 12 日。

学院的考试，这次他令人满意地获得了古典文学专业的入学奖学金。

未来的方向既已决定，以赛亚现在可以从书堆中抬起头来，让好奇心自由地开始漫游了。圣保罗是一所伦敦学校，这里的学生可以自由进出首都的各音乐厅、剧院和演讲厅，因此他们（至少在牛津）名声不好——作为大学新生，他们的思想过于复杂，还没来得及成熟就已经堕落了。

在十几岁的以赛亚身上的确有种过分的早熟：口齿伶俐，外表自信，如饥似渴地读着各种各样的书：奥尔德斯·赫胥黎、阿纳托尔·法朗士、狄更斯、萨克雷、奥斯汀（她让我无聊透顶）和切斯特顿的文章；艾略特和卡尔·桑德堡的诗歌。奥斯瓦尔德·斯宾格勒的《西方的没落》以及吉尔伯特·默里有关希腊人的文章当中那种阴郁的格调给他留下了深刻的印象。也许给他后期的风格影响最大的要数他在十四岁时就读到的麦考利。他成熟时期的散文中那种滚动的句式就是麦考利式的——长长的句子，如同向山下滚去的大石头一样力量越来越强，积聚起一堆越说越快的从句。虽然他所读的一部分作品——如乔伊斯、艾略特等人的著作——是晚近的现代派风格，但他真正喜欢的还是维多利亚时代散文的那种整饬庄严。

当这些来自英国文化的影响开始改造他的说话方式和思维习惯时，要不是因为少年时代开始的一段至关重要的友谊，以赛亚很可能已经把里加和彼得格勒都抛到脑后去了。施米尔·拉什米利耶维奇是一个俄国犹太人，生于里加，流亡到伦敦，郁郁不乐地在木材行业中担任着法律顾问。他的热情则全在于思考：他可以算作是革命前俄国知识分子的一个活标本。战前他在几所德国大学受过教育，革命前曾经加入过孟什维克社会民主党。他告诉以赛亚，自己那时成天跨坐在里加木材仓库里堆放的那些木头上，试图让犹太木材工人们觉醒。革命以后，他取道黑海经君士坦丁堡逃离了俄国。在伦敦，像他这样另类的人是没有真正的位置可言的。他学识极渊博但没有学位，性子古怪而又自由散漫，故在一潭死水般的英国学术界无容身之地。所以他住在一家姓沙利茨的里加犹太人家里，钻研了一些英国商业法的皮毛，以付清自己的路费。他简直可以说是在为星期六而活着，因为那天他可以在大英博物馆里读一整天书。在以赛亚的印象中，他一到晚上就待在伦敦的音乐厅里，向着指挥怒目而视，嘴里喋喋不休地咕哝着批评的话，以至于这个交响乐团能够演奏下去简直是个奇迹。

当以赛亚第一次在沙利茨家见到拉什米利耶维奇时，他三十岁，以赛亚十五岁，两人随即开始了一段长达三十年之久的友情。拉什米利耶维奇是一个纯粹的业余艺术家，对一个中学生来说，他热情、有才华、能说善道、略微有些疯狂，而且显然富于启发性。拉什米利耶维奇曾经在海德堡听过有关康德道德哲学的系列讲演；以赛亚对康德的首次接触不是在牛津，而是拉什米利耶维奇听演讲时所作的摘要。他说英语的时候带着浓重的意第绪语口音，一旦讲得兴起，谁也没办法让他停下来。只要以赛亚试图从旁插话，他就会说："腾（等）一下，腾（等）一下，我秋（就）要回答了。"他会说"康德说"，然后突然话锋一转，跳到胡塞尔、叔本华身上，再转回来。要说有谁第一个把以赛亚的兴趣引向哲学方面的话，这个人就是拉什米利耶维奇。这个容易激动的怪人从来没有就他众多理论中的任何一种写过只言片语，他之所以要以智慧之翼荫覆着以赛亚，只不过是为了看到这个聪颖的学生飞到自己甚至从未梦想过的远方，同时也确保以赛亚的智力重心始终不偏离俄国传统。19 世纪那些默默无闻的俄国作家的名字，以及俄国社会主义史上某次业已被人遗忘的论战，都会从他嘴里倾吐出来，一点一点地被以赛亚完全吸收。十年之后，在为自己的第一本著作马克思传写致谢词时，在牛津那些炙手可热的人物，如 A.J. 艾耶尔、斯图尔特 · 汉普希尔的旁边，出现了这个不为人知的名字——施 · 拉什米利耶维奇。[1]

拉什米利耶维奇对以赛亚而言是一种启发，但同时，他在英国社会无处容身的窘境，以及他才气横溢的滔滔不绝——它已如一阵轻烟般化为乌有——又是对以赛亚的一种警告。要不是有种暂时还看不出来的自我约束因素把他的喋喋不休规整为连贯的思想，要不是牛津所提供的那些令人心动的机会给伯林以拉什米利耶维奇从未有过的归属感，以赛亚本来是有可能成为像他那样的人的。

拉什米利耶维奇的友情为以赛亚提供了令人艳羡的知识根基，但在别的某些方面，他仍然还是一个胆小羞怯的少年。他

[1]《卡尔 · 马克思：生平与环境》（伦敦，1939）前言；该书再版时（牛津，1978）由艾伦 · 赖安为之作序，第 4 版（牛津，1995）由特里尔 · 卡弗导读；又见 S. 拉什米利耶维奇致以赛亚 · 伯林，1935 年 12 月 14 日。

记得每次去参加贝斯沃特的舞会时，他干的事不是跳舞，而是让在场的男孩都聚到他周围，听他讲故事，结果弄得女主人们都讨厌他。有一次在舞会上，他遇见了贝蒂·斯皮罗。她比以赛亚小一岁，是个害羞的女孩，苦行禁欲，聪明异常，就读于圣保罗女子分校。她和以赛亚一样讨厌跳舞，所以他们就跑到角落里去坐着，谈论起书来。贝蒂“喜欢沉思默想，略带忧郁，风度极为优雅”，她的神经末梢好像就紧挨着她的皮肤。[1]

经历了在舞会、宴会和早恋的世界里这几次试探性的冒险，以赛亚相信自己并不属于这个世界。就在去牛津之前，1928年夏天，他给耶路撒冷的伊达·萨姆诺夫姨妈写了一封信，信中提到家庭的一些朋友快要订婚的消息，然后又加了一句：“无论如何，发誓一辈子过独身生活的我非常高兴。我自给自足。”[2]他始终相信这一点，直到早已年过四十。

他在即将离开圣保罗的时候取得的一项成功是因一篇关于自由问题的文章而获特鲁罗奖。他终身不改的对决定论的反感在这里得到了初次的表达。[3]十八岁的以赛亚对自己的定位是介于决定论者（“不管是俄国共产党、美国个人主义者，还是努力要建立一个本质上的集体主义国家的意大利法西斯”）与德国唯心主义者之间，后者试图逃进内在自由王国，以躲避决

[1] 贝蒂·斯皮罗于1933年嫁给物理学家兼精神病学家伊曼纽尔·米勒，后来成为一位小说家兼学者。见萨拉·米勒为贝蒂·米勒《在天使这一边》（伦敦，1985）所写的导言，特别是x页，以赛亚·伯林对她的回忆。他们的儿子便是戏剧及歌剧导演乔纳森·米勒博士。

[2] 以赛亚·伯林致伊达·萨姆诺夫，1928年，日期不详。

[3]《辩者》，第10期，1928年11月，圣保罗学校。

定论世界的证据。这篇文章既在决定论者面前捍卫内在经验的真正自由，又在唯心主义者面前为外部世界中外在行为的真正自由进行辩护。也许这篇文章中带有真实的自传性质的注解便是他对传统的捍卫：

> 传统本身并不意味着奴役；它主要是从人们对无政府状态的恐惧中产生出来的本能规则，它如同独裁本身一样远离自由。就这种功能而言，传统常常是内在自由的保护者，创造了一种广泛的外部纪律性平等，为完全属于内部的违规行为留下了余地。如果一个人知道守规矩只不过是一种礼貌，一种普遍的礼节，遵循成规就不会伤害任何人。

对传统的维护在他以后的思想中占有很大的分量。从圣保罗毕业以后，他一直待在一些传统、保守的机构中，这些地方到处是学问和传统，或许有些荒谬，但是也有着荒谬的说服力。

这篇文章或许难免有些拔苗助长式的勉强，它虽然透着后来那个更为成熟的以赛亚的风采，却是以失去当时那个真实的自我的轮廓为代价的——一个十八岁的年轻人，通篇引用着似懂非懂的话，提到些半懂不懂的事情，表达着尚未成形的观点，做出些过于空泛的概括。正如他在圣保罗时那些乏味但并不缺乏识别能力的老师们所说的那样，以赛亚是个可造之材，但还需要雕琢。对他的成功构成威胁的敌人正埋伏在牛津等待着他，再没有什么比他竟然取得了如此令人咋舌的成就更不具有必然性的事了。

五

牛津，1928—1932

以赛亚于1928年秋进入牛津。这时的他身材微胖，一头黑色鬈发，活泼的黑眼睛，浓密的双眉，戴着厚厚的眼镜，和门德尔一样穿着深色的三件套。照片上，他总是抱着左臂站着。他母亲很为他的书呆子气担心：既不跳舞，也不喜欢和人打交道。不过她完全不必操这种心。牛津对以赛亚而言意味着解放。他渐渐脱离了父母的荫庇，开始投身于外面的大世界。

录取他的圣体学院不大，几乎不收犹太人。这所学院培养的是牧师和教授，它专门研究古典文学，坚决抵制20世纪的一切现象。在学院办公室里没有打字机，每一封回信都由院长用工整的笔迹亲手写成。教授们不赞成1920年采用的哲学、政治和经济学新教纲，不让学生们学习这些科目。[1]

伯林入学之时的那一届毕业生中有不少光彩夺目的人物，如西里尔·康诺利、哈罗德·艾克顿、布莱恩·霍华德及伊夫林·沃等人。以赛亚还记得自己曾经听哈罗德·艾克顿以一种“油腔滑调的奉承语气”朗读D.H.劳伦斯的《大海与撒丁岛》，在其中弥漫的对同性的情欲面前感到畏缩。在20年代，同性恋不只是一个性倾向问题，它还标志着对公立学校中愚蠢的反知性主义的一种反叛。伯林回忆起一个自称“秘鲁皇后”的放纵的拉美人，他常常在一所房子里开些喧闹的晚会，校方的学监曾来突击过他们，并斥之为下流，但晚会还是照样进行着。还有一个叫詹姆斯·柯蒂斯的没精打采的唯美主义者，据说他父亲是皇家骑兵团的一名上校，他一定要别人叫他弗朗索

[1] 布莱恩·哈里森对以赛亚·伯林的访谈，载于《微粒》（牛津，1994）。

瓦·卡佩尔。如果问起他上的是哪所大学，他就会懒洋洋地回答："亲爱的，我忘了。"卡佩尔的同类们读巴黎出版的超现实主义刊物《过渡》，在牛津街上走来走去，手里拿着链子以作防身之用，好对付学校里的那些运动员们，吓跑那些穿橄榄球衫、喝啤酒、喜欢攻击"娘娘腔"男人的学生们。

伯林1928年进的这所大学里几乎清一色全是致力于教授古典文学的中产阶级男性成员，现在这样的情况已经像在牛津站接站的马车一样一去不复返了。那时候统治牛津的是男性公立学校风气、阶级特权和绅士派头的理想，这些东西在30年代首次面临道德的审判。以赛亚记得当时那些唯美主义者们被1931年的经济危机彻头彻尾地毁了：他们的父亲再也没钱给他们买衣服、订法国杂志了；随着大萧条的开始，这些人才发现自己不得不在毕业之后踏踏实实地工作。

以赛亚的母亲根本不必为他担心：他和约翰·希尔顿、伯纳德·斯潘塞、马丁·库珀和斯蒂芬·斯彭德这些人交上了朋友，并且很快成了朋友圈里的中心。在牛津的头三年里，他住在马格派巷学院的附属建筑里。房间靠煤炭供暖，没有自来水。校方雇了一个童子军做这里的仆人，他每天早上扛着一大罐子洗漱刮脸用的热水过来把这些年轻人叫醒。洗手间离房间还有一段距离，去那儿得顶着寒风穿过方庭。早晨起床以后第一件事是去小礼拜堂做祷告，要不就得睡眼惺忪地去点名——这项活动一般穿着睡衣在食堂里进行，是专为以赛亚这类不去参加祷告的人而设的。午饭是从食堂里打回来的面包和奶酪，在自己屋里吃。晚餐则在食堂里开，像以赛亚这样拿奖学金的学生必须穿上袍子，而且必须由一个学古典文学的学生朗读一篇冗长的拉丁文感恩祷告。以赛亚还记得自己当时怎样把祷告词囫囵背了下来，生怕身为犹太人，可能会被人要求当众背诵这篇祷告。不过并没有发生这样的事情。

他拿的是古典文学和现代史的奖学金，但导师看了一眼他的功课之后就告诉他这样根本不行。他得先读上两个学期的"如何通过学位初试"（Pass Mods），作为古典文学预科课程；然后开始学习"古典人文学科课程"（Greats）——一门有关古代历史和古代与现代哲学的课程，需要七个学期。古典文学成了他学业中的另一地层，正如西塞罗和塞内加的用韵将成为他的一项修辞学资源一样。但以赛亚并不是一个优秀的古典文学学生，因为古典文学家们需要的是整洁而有条理的头脑，而他这两者都不具备。

伯林喜欢驳斥别人觉得他好高骛远的印象。他记得最清楚的是深夜的苦读：色诺芬、希罗多德、塞内加、普劳图斯；再就是每周在打着瞌睡的呆板的导师面前朗读认真写成的冗长句子。他的导师抱怨说以赛亚大多数的文章都写得"实在太长"。每当他尽情挥洒一段辞藻华丽的文字时，严厉的葛朗蒂博士就会在页边的空白上写下一个令人泄气的"哦？"。

有时挫挫这种学生气的狂妄对他不无好处。"我的确发现自己比不上有些人。我不在乎。我没什么野心，不想张扬自己。"这幅谦逊的自画像并不真实。和以赛亚同龄的斯蒂芬·斯彭德认识他是在第一学年以后，根据他的记忆，以赛亚那时候就已经是个"小名人"了。为什么出名呢？"因为健谈。”[1] 他在圣体学院的房间成了聊天和闲谈的人常常光顾的地方。他的一个朋友伯纳德·斯潘塞是位诗人、唯美主义者，某天晚上曾被学校里的运动员们袭击过，剃掉了他半边连鬓胡子；马丁·库珀具有音乐鉴赏力；斯彭德则正在学习英文。以赛亚房间里的谈话是关于音乐会、戏剧、诗歌和小说的，他们既不谈华尔街的崩溃，也不会说起德国的大选或是工党政府的前途。他们组织的晚会有一个原则——从吃什么东西应当能看出被邀请者的性格。给忧郁的汉弗莱·豪斯上的全是黑色的饭食：血肠、焦面包、黑咖啡和黑橄榄；给崭露头角的诗人斯蒂芬·斯彭德的则是字母汤。

第二学年结束之时，也就是在1930年，伯林继他的老校友阿瑟·卡尔德-马歇尔之后担任学生杂志《牛津展望》的编辑。《展望》的语言调皮而又不失高雅，以诸如《伦敦信使》和《标准》之类的伦敦时髦杂志为其范例，偏爱世俗知识和强词夺理。以赛亚在开头几期的稿件中沿袭了这种既成的风格。编辑《展望》使他得以与同年级所有的聪明学生接触。[2]

以赛亚已经不记得自己在大学期间有过什么酒后闹事的经历了。只知道有一次在一个晚会上曾经多喝了几杯潘趣酒，然后就沿着大街摇摇摆摆地往前走，一边东倒西歪地向女士们脱帽致敬，又一边为自己的举止道歉。斯蒂芬·斯彭德记得在同学们开的一次晚会上，以赛亚站在一扇窗户旁边，手里拿着一

[1] 对斯彭德的访谈，1989年10月16日。
[2] 例见《牛津展望》，社论，第10期（1930），561—565。

个碗，向经过他身边的人抛樱桃。不过这种事情很少发生。而在另一个同级生黛安娜·哈巴克的印象中，以赛亚则“完全像个成年人，而与此同时他年轻的朋友们才刚刚步出青春期”。[1]他的见闻确实广博得惊人，以至于怀疑论者们奇怪他究竟哪儿来的时间知道这么多东西。1931年上半年认识以赛亚的谢拉·格兰特·达夫曾经疑心他是否真的读过那些他毫不费力就能引用的书。也许他“只是坐在屋子中央，把它们喝下去”。[2]其实以赛亚就像是一个浏览式读者，具有一种极其精确的判断力，只要读上几页，就能知道这本书是否值得读。有时他也会自称熟悉他几乎根本不知道的著作。例如他终生不喜弗洛伊德，而这种反感的形成不过是因为偶尔读过弗洛伊德所写的一些东西。有了懂得拣择的聪明加上非凡的记忆力，以赛亚的旁征博引使得朋友们惊诧不已。但他从来不是个喜欢井井有条的学生，他学习的房间又舒服又零乱，堆满了书籍、纸张、留声机唱片、没来得及回的信，以及喝了一半的咖啡。他喜欢在夜里尤其是在床上读书，躺在那儿，飞快地浏览着，潦草地写着，一直到凌晨两三点，然后在早饭和前几节课的时间里蒙头大睡。

教会以赛亚在学术上进行自律的人是他在圣体时的哲学教授，谦逊的苏格兰人弗兰克·哈代。从以赛亚进入第二学年

[1] 黛安娜·霍普金森，《香树》（伦敦，1969），82—84；又见她写给亨利·哈代的信，1995年3月8日。
[2] 谢拉·索科洛夫·格兰特致以赛亚·伯林，1983年；根据对谢·索科洛夫·格兰特的访谈，1983，1985，1993年。

起，哈代就开始耐心地敦促这位聪明的学生从他头脑里杂乱的丛林中开辟出几条道路来。每周哈代都会听以赛亚朗读他的学业论文，然后对之进行严厉的批评，把那些华丽的段落和天马行空的想象删去，并用一种柔和而准确的苏格兰口音向他委婉地指出文中自相矛盾或前后不一的地方。哈代所作的解剖本意是想让以赛亚变得更为冷静清醒，结果却对他起到了启发作用。六十年后，每当回想起这些课的时候，伯林就会变得活泼起来，一边说话，一边不时用右手拍着左手手背："他从我的作品中拎出了那种（拍手）晦涩（拍手）而又造作的风格（拍手），以及那些曲折迂回的长句（拍手）——从那时候开始，一直到现在（拍手）。"

在伯林的大学生涯中，哈代在精神上对他的影响最为重大。他将以赛亚引向了后来成为他学术道德规范的英国经验主义。以一个如此缺乏应有学术训练、单纯依靠直觉的人，居然能认识到自己是何等需要这位温和的、不喜交际的苏格兰人所能教给他的东西，实在是不寻常。但这也证明了伯林终生不改的一个模式：在他人身上发现自己缺少的东西，并以敏锐与自信的态度去追求它。

牛津哲学才刚刚步入 20 世纪：牛津哲学家中的几位领袖人物还在驳斥 19 世纪的布拉德利唯心主义。至于罗素、维特根斯坦以及在附近的剑桥萌发的革命，20 年代末 30 年代初的牛津哲学教授们却甚少注意。G.E. 摩尔的《伦理学原理》在界定布卢姆斯伯里文化圈的道德气氛方面做了很多工作，却未被列入任何一张课程表。不过以赛亚自己还是在 1930 年发现了这本书，该书说理之清晰、道德语气之纯粹以及书中那种令人觉得安慰的暗示——善或许同三原色一般清楚易辨而又可以用直觉加以理解——给他留下了深刻的印象。同时令他记忆深刻的或许还有作者那种让学术上的怀疑主义与社会生活中的保守主义并行不悖的写作方式。摩尔写道："不论依照何种普遍观点来看，任何可被认为自身即善的事物若要存在，似乎都必须以需要这些原则发生作用的文明社会的保存为前提。"[1] 哲学的任务是净化社会对其自身的议论，阐明其道德规范，并加强其中的"年轻人"对社会价值观念的责任感，从而为所谓的"文明社会"进行辩护。至于这些远非颜色般可以客观辨认的价值观念可能既相互竞争又不可通约这一点，则不在任何人的视野范围之内。

从摩尔那里，以赛亚发现了罗素，但没有接着注意到维特根斯坦。直到一个活跃的年轻学生弗雷迪·艾尔——以赛亚记得他当时穿着一件挺时髦的无尾礼服，纽扣眼里插着一朵康乃馨——跑来交给他一篇关于《逻辑哲学论》的文章，以便提交1932年春在基督教会学院举行的哲学教师聚会时，伯林才开始意识到维特根斯坦的存在。

1931年夏，伯林和当时最出名也最声名狼藉的青年教授交上了朋友。此人就是被公认为"疯狂而邪恶的危险人物"的莫里斯·鲍拉，一个结实矮小、体形像只牛头犬、面目仿佛好战分子的古典学者，当时正担任沃德姆学院院长，是牛津最聪

[1] G.E. 摩尔，《伦理学原理》，95。

明伶俐的一群青年教授和学生的中心。[1]

牛津是一所致力于教化青年的机构，鲍拉则是其中最诲人不倦的一位。西里尔·康诺利记得鲍拉曾经把他叫去，把他介绍给一间屋子里的每一个人，告诉他们："这位是康诺利，大有前途的青年。（停顿。）当然目前还没有。"以赛亚初次引起鲍拉注意的经过是这样的：他的朋友马丁·库珀听说鲍拉译了一首俄国诗人亚历山大·勃洛克的诗，正在找一个人为他做校对，于是库珀就把以赛亚介绍给了他。第一次见面并不成功。以赛亚读了诗的开头两行："来自大海的暴风雨……坐在苹果树枝上的海妖……"海妖？以赛亚要求看一眼原诗。在俄语中，这个词实际上指的是神话中一种长着翅膀的动物，可能就是火鸟。鲍拉查了一下这个词，然后粗声告诉以赛亚，字典上的意思是"仓枭"。这样翻译根本不行，于是鲍拉便在校样上用铅笔写下"斑鸠"二字，算是打发了这个词。显然，由于被这个早熟的学生发现了自己俄语的欠缺，他多少有些不快。尽管如此，以赛亚告辞的时候，鲍拉还是请他有空再来。很快以赛亚就进入了那个圈子的内层。鲍拉对他产生了决定性的影响：水桶身材，红通通的脸庞，神态自负，口若悬河，在晚会上总能发现他的身影，"咆哮着，声音如同最后审判日的号声一样响亮"。从他身上，人们可以看出，生命力和对生活的

[1] 以赛亚·伯林，"莫里斯·鲍拉"，见《个人印象》，156；又见休·劳埃德–琼斯编，《莫里斯·鲍拉》（伦敦，1974）；诺埃尔·安南，《我们的年代》（伦敦，1990），94—95。

热爱在这种被称为教授的存在那儿不一定就会干涸。30年代，鲍拉喜欢把自己描述成“不道德阵线”的领头人，领导着所有那些共产主义者、同性恋、非英国国教徒，所有那些代表着快乐、信念和诚实而反对牛津资深教员公共休息室里呆板而挑剔的保守知识分子的人们。同时他的机智也是出了名的；因为他说话尖刻，人们对他时而喜爱，时而害怕。以赛亚是这样回忆鲍拉的：“一串串短促的话语喷薄而出，挟裹着集中的、直指目标的火焰般力量，其中或明或暗的比喻、双关和对滑稽作品的模仿似乎同时出现，并且以一连串极富想象力的方式相生相成，有时甚至上升为一种不着边际、极其可笑的幻想。”换言之，这是一位以言语为琴弦的帕格尼尼，一位喜好那种表面狂乱实则不失条理的自由联想的鉴赏家，而日后成为以赛亚自身特点的也正是这种风格。[1] 伯林特有的言语方式——那种急促不清的语流——便是袭自鲍拉。

以赛亚后来每每说起，与莫里斯的相遇对他而言是一种“解放”，他的意思是说，鲍拉赋予了他按自己的方式说话行事的信心，让话语自由地流动，让自己丰富的思想激荡溢出。鲍拉使他得以拒绝当时公共休息室里常见的那些纽扣一直扣到脖子上的教授形象。在一个谨慎的、讲究道德的年轻大学生眼里，这样一位年轻教授身上似乎有某种令人愉快的东西，当你

[1] 同时代的人对于鲍拉的大量描述见以赛亚·伯林致玛丽·费希尔，1936年3月23日；鲍拉翻译的勃洛克作品见C.M.鲍拉，“亚历山大·勃洛克的立场”，《批评》，xi，第44期，1932年4月，422—428。

向他请教有关良心的问题时，他会以雷鸣般的声音回答说，良心“是个大嗓门的东西，它会像钟那样敲响十二点，然后告诉你说不可以”[1]。

鲍拉认可了以赛亚的说话方式，让他看到一个公众人物完全可以把这样才气横溢的饶舌作为性格的核心，也让他了解到他并不需要压抑自身的这个部分以求得成功。[2] 他同时又是以赛亚的一位忠实听众，始终乐意听其倾诉自己对俄国事物的兴趣，使以赛亚在牛津仍然能够保有一扇门，从那里可以回到自己在俄国度过的日子。如果不是有了鲍拉，这扇门有可能就慢慢关上了。[3]

伯林在 1931 年遇见鲍拉之时，牛津的大学生活正在发生从审美向政治的转向。希特勒在德国大选中获得了胜利，不列颠废除了金本位，人们对英国货币避之唯恐不及，还有联合政府的成立以及失业者的暴动，这些都深深地触动了当时大部分属于特权阶层的大学生们，使得他们所有谈话的内容都转向了日益暗淡的政治环境。正如伯林在 1931 年 9 月的一封信中所写的那样：“政治已经变成了一件非常有意思的事情，所以连我也开始不无热情地追随他们了。”[4] 共产主义突然间时髦起

[1] 以赛亚·伯林致詹妮弗·费希尔·威廉斯，日期未标。

[2] 以赛亚·伯林致鲍拉，日期未标，寄自“改革俱乐部”，其中以赛亚·伯林最清楚地表达了鲍拉为他所做的一切。

[3] 整个大学时代，以赛亚·伯林始终保持着对于俄国事物的兴趣。例如，他翻译的亚历山大·勃洛克的“人道主义的覆灭”，见《牛津展望》第 11 期（1931），89—112。

[4] 以赛亚·伯林致查尔斯·亨德逊，1931 年 9 月。

来，苏联则成了一座希望的灯塔，照亮了那些觉得以赛亚推崇备至的自由派教养当中不免含有某种腐朽东西的人们。

以赛亚和他圈子里的那些朋友之所以能对欧洲的政治现实渐渐熟悉起来，主要应当归功于斯蒂芬·斯彭德。斯彭德1931年离开牛津前往德国旅行。他寄回来的信迫使以赛亚不得不正视希特勒步步逼近最高权力时德国所发生的一切：

> 德国政治形势之严峻实在已经到了无以复加的程度。整个体系似乎……行将崩溃，而且看起来一旦12月举行下次大选之后，就会把所有犹太血统的人统统枪毙，把所有外国人驱逐出境，并且把穷人的儿子全都遣送到黑尔戈兰岛或者别的什么地方去做苦工。[1]

斯彭德在政治上的敏锐和他对性所持的坦率态度让他和以赛亚走到了一起。后来斯彭德以30年代为背景写了一部名为《世界中的世界》的回忆录，他在其中写道："以赛亚对于探究他人的生活饶有兴味，并且由于他深信自己对那些能够打动别人的情感无动于衷，这种兴趣便变得更为强烈。"[2] 以赛亚是通过那些来向他忏悔的女学生，以及像斯彭德那样勇于探索自身双性恋本能倾向的探险者们来间接地过自己的性爱生活的。斯彭德曾经回忆起1931年8月的一天傍晚，他和以赛亚一起在

[1] 斯彭德致以赛亚·伯林，日期未标，寄自柏林。
[2] 斯蒂芬·斯彭德，《世界中的世界》（伦敦，1951），70。

萨尔茨堡的街道上散步的时候，自己看见了一个中意的男孩子，就那样和他一块儿走了。[1] 虽然他本人回想起来的时候将此事视为一桩证明自己爱出风头的趣事，以赛亚却并不特别吃惊。后来他们俩在一个假日去湖区徒步旅行的时候，被人认作一对同性恋，以赛亚对此也并不感到惊恐，反倒觉得有些好玩。当然，身为旁观者自有其好处，那就是你自己不用冒犯错误的危险，尽可以眼看着别人去替你犯错。

1932 年初，斯彭德已经亲眼见过黑衫党徒砸碎犹太人的商店橱窗，也已经感受到了整个德国境内弥漫的威胁和恐怖气氛。在写给以赛亚的一封信中，他那种保守分子的漠然态度所面临的挑战是明显的：

> 我并不是说不开化和暴力本身要比牛津好。我的意思是，如果我们的世界确实就是暴力与不开化的世界，那么你离开牛津以后就不得不设法去对付它，因此我们最好尽早接受现在的客观生活状况。无论这种状况是好是坏，我们都必须忍受。改变它的唯一希望就在于面对它，而不是在对以前那个世界的怀恋中生活下去。但老是说这些我自己很清楚的东西已经让我厌烦了。关键是：如果哲学缩在牛津的高墙后面聊以自蔽，哲学家们眼中除了这片小天地外一无所见，结果就只会造就一个远离现实的理想世界，隐士的世界，就如同以前的教会那样；有智之士会掉进这

[1] 根据对斯彭德的访谈，1989 年 9 月。

种哲学的圈套里去，而教会已不再给人设下这种圈套了（请T.S. 艾略特原谅不同意见）。[1]

作为一个犹太人、外国人和外来者，伯林觉得并没有谁逼迫自己采取公众的立场。但他在审视斯彭德的政见时抱有一种旁观式的尊重。他不是不知道，如果要为所谓的“文明生活”进行真正的辩护，就必须懂得牛津的“文明”概念实际上有多么隐士化。是斯彭德让他突然间认清了现实，使得以赛亚无法缩在象牙塔里做学究，对现实持一种事不关己的态度。以赛亚发现斯彭德的个人纠葛滑稽而荒谬，其诗歌和戏剧中充斥着眼泪和伤感，而且他也不理解斯彭德为什么要在 1936 年做上一阵子共产党员。但是他尊敬斯彭德在与时代的交战中对生活的那种深切热爱，而且觉得在其政治责任感中有一种俄国式的严肃。

斯彭德终身的朋友兼对手威斯坦·奥登对待他就像对待一个中学老师一样；伯林则把他看作和自己平等的人。如果说以赛亚说话的时候用的是“一种独白的方式，有时候其中所有的词仿佛连接成了一个巨大的词”，他也知道如何去倾听。他的朋友们注意到了这种倾听的能力，并且由于他对他们的困境具有的同情，以赛亚甚至在还只有二十岁的时候，就已经开始赢得了智慧之名，朋友们认为他有某种神秘的天赋，可以做出明智的判断。

1930 年夏天，在斯彭德的陪伴下，伯林第一次去了萨尔茨堡。在 1938 年德国吞并奥地利之前，他常常到那里去；并

[1] 斯彭德致以赛亚·伯林，1932 年，日期未标。

且战后恢复了这种旅行。在萨尔茨堡度过的日子在以赛亚的一生中占有极其重要的地位。他始终忘不了在开往萨尔茨堡的三等卧铺车厢里安顿下来时攫住了他的那种身体上的兴奋。1920年由乐队指挥马克斯·莱因哈特和诗人雨果·冯·霍夫曼斯塔尔创始的萨尔茨堡音乐节，就像拜罗伊特市专门演奏瓦格纳一样专门演奏莫扎特和贝多芬的音乐。[1] 莱因哈特是犹太人，霍夫曼斯塔尔则来自一个改信了天主教的犹太家庭——萨尔茨堡在政治上是反拜罗伊特的。20 年代，托斯卡尼尼拒绝演奏法西斯的圣歌《青年》，并因此在米兰被法西斯暴徒袭击，后来又拒绝在拜罗伊特表演，于是他便成了整个欧洲的反法西斯英雄。1935 年在萨尔茨堡的那次著名演出中，他演奏了贝多芬的《菲德里奥序曲》。斯彭德和伯林都还记得，在那次演出上，当犯人们扔掉镣铐站到灯光下时，他们的合唱似乎正表达了 30 年代在欧洲四处受到打击的那种“人文主义虔诚”。那场演出让伯林终生难忘，因为有那么一刻，在敬畏的感情中，道德信念与音乐表达融为一体，密不可分。

因为托斯卡尼尼的缘故，伯林和斯彭德把萨尔茨堡看作与纳粹美学对垒的欧洲世界主义者的文化家园。但这座城市本身也并未摆脱法西斯的痕迹：城里的报纸明显带有反犹太的口吻，以赛亚和法西斯分子们仅有的直接接触是在城里的咖啡馆和饭馆里。穿着皮短裤、白袜子，戴着纳粹臂章的红脸醉汉们

[1] 斯彭德，《世界中的世界》，71—72；M.P. 斯坦伯格，《萨尔茨堡音乐节的意义》（伊萨卡出版社，纽约，1990），29，37，219，324。

经常把桌子敲得砰砰直响，催着上酒上菜，一边嘴里还骂骂咧咧的，咒骂着别的桌上那些黑皮肤的世界主义者们。伯林的母亲对他的暑期冒险旅行担心得不得了，求以赛亚不要去。以赛亚嘴上答应，实际上只想偷偷溜掉。

法西斯分子在萨尔茨堡并没有占据压倒性地位，因此在这座小城里的生活——住在一家便宜的小客栈里，早上很晚才起床，在咖啡馆里吃早餐，中午去听午间音乐会，下午读读书、散散步，晚上又是音乐会——成了以赛亚心目中的天堂。第一个夏天，除了斯彭德之外，和他在一起的还有圣保罗来的一个朋友沃尔特·艾丁豪森，以及毕业于马尔博罗学校的小个子学生、一个有钱的制毯商人的儿子迈克尔·柯利。柯利一直让斯彭德觉得很迷惑，因为他总是摆出一副以赛亚的听差的样子，又友爱，又忠心，可是同时他对以赛亚的轻度疑病症又带着点嘲弄的味道，觉得这有些可笑。1930 年 8 月，以赛亚染上了感冒，待在小客栈里卧床养病。斯彭德问柯利他什么时候能好，柯利就幽默地回答道："以赛亚从来也好不了。"[1]

伯林去萨尔茨堡绝不仅仅是为了度假，他对音乐与日俱增的狂热也远不止是一种爱好。音乐在他的一生中始终很重要。他的母亲在房子里走来走去，用甜净的女高音婉转地吟唱；在圣保罗学校时，他是女王大厅和威格莫尔礼堂的常客，在满十九岁以前，他已经听过贝多芬和舒伯特的大部分经典钢琴保留曲目。在牛津，他担任了《牛津展望》杂志的音乐评论员。

[1] 根据对斯彭德的访谈，1989 年 9 月。

虽然以赛亚从来没有正式学习过演奏一种乐器，甚至连乐谱也不认识，他对音乐却有着真正的热情。他在音乐上的偏爱——巴赫、莫扎特、贝多芬、舒伯特，也包括一些较轻量级的人物如罗西尼和多尼泽蒂——给我们提供了一些线索，从中不难看出他的精神生活本质上是满足、平静而又秩序井然的。他喜爱19世纪的经典保留曲目，尤其是钢琴曲目，因为其中表达了对于尊严和绝对光明世界的一种倾心，这种倾心既是审美的，又是伦理的。他尊敬瓦格纳，却不赞成其暴力倾向和对性的激情。使以赛亚退缩的不仅是情感的强度，或者欲望的力量，还包括他眼中的瓦格纳的伪善。在1935年写给斯彭德的一封信中，他认为瓦格纳是那些无力直接感受情感的艺术家中的一个。他必须问自己："什么是性的激情？""什么是嫉妒？"，然后着手为他自己无法亲身感受的那些情感建构音乐的诠释。[1] 威尔第则能更直接地打动人心，因为他不需要借助于诠释来进行感受。无论以赛亚的说法是否正确，他对不同类型的艺术家所作的这种区分其实也是对他自身的种种焦虑进行的间接考察。他不知自己能否直接感受种种情绪，又觉得自己过于担心给别人的印象好坏。他早就把这种自觉看成艺术和内在满足的一种障碍。

在音乐中，也是通过音乐，以赛亚了解了情感的音调，也学会了区分真实和虚假的感情。要了解一个人的种种感受，并且不

[1] 斯彭德致以赛亚·伯林，1935年5月19日；又见以赛亚·伯林，"威尔第的'朴素'"，《反潮流：观念史论文集》，亨利·哈代编，罗杰·豪舍尔序（伦敦，1979），287—296，以及伯纳德·威廉斯关于"朴素"与"感伤"之区别的讨论，A. 马加利特与E. 马加利特合编，《以赛亚·伯林》，180—193。

带一点多愁善感地把它们表达出来，他对这中间的困难始终有着清楚的意识，因此他对音乐的爱好才会既是审美的又是伦理的。因为正是在音乐厅里，他才把握住了情感之真实性的本质。

在以赛亚这里，音乐与道德的特质从来就不是截然不同的。正是道德和音乐的双重原因让托斯卡尼尼成了伯林长期崇拜的艺术英雄——因为法西斯暴徒对自己犯下的恶行而要求墨索里尼个人向他道歉的那个托斯卡尼尼，以及那个苛求纪律的托斯卡尼尼（居然能领着一个交响乐团无数次地练习三个小节，以求得一种只有他自己才能听出来的难以把握的完美），二者是密不可分的。在托斯卡尼尼的指挥当中，有某种“炽热的、难以平息的东西，某种非英国式的东西”迷住了以赛亚。他借用了意大利语里的一个词来形容这种特质：terribilità（骇人）。以赛亚终生热爱的正是含有这种炽烈而难以满足的需要的艺术。

伯林从托斯卡尼尼那里学到的东西与他后来从伯特兰·罗素那里学到的东西有着一种强烈的相似：伟大的艺术家和思想家都有一个核心的理念，不论这个理念的轮廓和为它辩护的言辞有多么复杂，它本身却是绝对简单的。一旦被发现，它就会显露出一件作品的本质。[1] 伯林的作品作为对过去的知识分子的诠释，深受他所崇拜的那些指挥家们的影响。他的诠释总是意在揭示一位思想家的基本思路。他也赞赏托斯卡尼尼在艺术上的谦逊，及其对作曲家意图的尊重。“当他说最坏的作曲家

[1] 见以赛亚·伯林对于托马斯·比彻姆爵士指挥的《英雄交响曲》的评论，《牛津展望》，第12期（1932），57。

也高于最好的指挥时，他确实是这个意思。”伯林自己在表述他对于知识上的作曲家们的洞察时，也总是用这样的方式来表达，即自己这些见解只不过是在为这些更伟大的人的基本思路勾画出一个轮廓。

在萨尔茨堡还有一个重要角色，那就是爱尔兰记者罗伯特·林德和诗人西尔维娅·德莱赫斯特的女儿：活泼可爱的谢拉（西格勒）·林德。林德姐妹俩——西格勒和玛丽（又名 B.J.，即 Baby Junior）——有一种拉斐尔以前时代里的凯尔特人式的美，同时又聪颖异常、极端左倾。1931 年夏天，以赛亚深深地被西格勒吸引住了。在音乐厅和咖啡馆里，一场受到压抑的罗曼史逐渐绽放。“什么也没有，”以赛亚后来平淡地回忆起那件事，“我们没接过吻，没碰过对方，都很羞怯。”这是他生平第一次冒险游进深水，并且很快就退却了。西格勒不久就把目标转向了一些更善于用身体表达情感的对象，但他们俩仍然是亲密的朋友，甚至在西格勒投身到积极的共运活动以后也是如此。

从与西格勒·林德激动人心但又给他带来了麻烦的相识中抽身以后，以赛亚遇到了他职业生涯的第一个岔路口。他在考试中获得了优等，同时还赢得了哲学专业的约翰·洛克奖。现在他必须决定下一步该做什么。继承父业当然不可能。他有点想在牛津再读一年，拿个 PPE（哲学、政治学加经济学）学位；但也可能转行从事法律。1931 年秋天，以赛亚曾经考虑过在律师界谋个职位，但是由于认定法律语言过于乏味，他很快就打消了这个念头。当记者也不是不可能。圣体学院的院长曾经告诉过他，《曼彻斯特卫报》的编辑、圣体校友 C.P. 斯科特正在寻找一个可靠的古典文学学者，要求对外国事务感兴趣，而且具有“能够轻松写作的技巧”。院长建议以赛亚放弃在牛津再待一年的打算，理由是“这么好的一个进入公众生活的机会”原本就十分难得，更何况是在大萧条的非常时期。C.P. 斯科特邀请以赛亚去面谈了一次。他是一位全国知名的人物，是不列颠编辑界白胡子蓝眼睛的耆老，有点让人害怕。他开门见山地问以赛亚：“你写起东西来轻松吗？”伯林老实回答说不轻松。斯科特打量了他一下，然后说：“那你对我不合适。”这次见面就这样结束了。那份差使后来给了以赛亚的朋友葛伦威·里斯。[1]

C.P. 斯科特做出决定以后，以赛亚就回到了牛津，准备迎接 1931 年的新学年。他将要攻读的是 PPE。在当时，这还是一门相对较新的学科，许多教授都用一种怀疑的眼光来看待它，认为它是所谓“女孩子的”强项——也就是古典文学的一种简单的替代物，只适合于年轻女孩学习——故此对之不加理会。伯林主攻哲学，师从弗兰克·哈代，并成了大学生哲学社团乔伊特社的常客。在社里，他并不擅长立论，而是以善于怀疑和破斥他人观点著称。他也听过 R.G. 科林伍德关于历史哲学的系列讲座。在牛津的众多哲学家当中，科氏孤军作战，坚持以历史的方法来解决哲学问题。如果要说伯林日后对历史哲学和诸如 18 世纪的维柯那样的哲学先锋的兴趣，以及他逐渐发展起来的视历史地思考为研究哲学的最佳途径的信念，曾经有过一个牛津源头的话，这个源头就是科林伍德。他们两人向

[1] 以赛亚·伯林致查尔斯·亨德逊，1931 年 9 月 20 日。

无私交，科林伍德曾经委婉地拒绝了伯林请他出席一个研讨会的邀请，但他对后者的影响是重要的。

至于PPE课程中的政治学部分，由于圣体学院当时并无政治教授，校方很痛快地让伯林读《泰晤士报》上的社论充数；那时候也没有政治哲学可作谈资。以赛亚后来专攻的哲学领域——历史哲学和自由理论——并未出现在他的大学课程中。事实上，当他后来开始沿着这两个方向前进时，在牛津几乎没有任何可供他仿效或是与他有着共同学术兴趣的人。

经济课程他是去女王学院的导师那里上的，但他并不喜欢这一学科。这也是他第一次接触社会科学，虽然他是个好学生，却觉得枯燥乏味。资本主义从来没有成为他研究或感兴趣的对象。这种对社会科学的轻视以及对它们自居为科学的积极怀疑成了他学术倾向上的一个固定特点。1932年夏天，他参加了毕业考试，并获得了优等成绩。[1]

新学院刚刚委任的一位教授理查德·克罗斯曼当时力劝学院的学监H.A.L.费希尔再为学院聘请一位哲学教授。他巧妙地编了一席话，暗示说伯林已经接到了其余三所学院的聘书——实际上绝无此事。不过一靠弗兰克·哈代的推荐，二靠特别优异的成绩，伯林于1932年10月在新学院得到了一个哲学教授的职位，事先既没有申请，也没有面试。除了登在牛津一份学生杂志上的一些乐评和书评外，伯林没有发表过任何作品，而且这时他通过毕业考试才不过数月；以前他从未有过教

[1] 关于伯林的口试，见M.柯利致以赛亚·伯林，1932年7月24日。

学经验，现在他竟就此开始了牛津教授的生活。

从学生到教授的过渡对他是一次毫无愉快可言的冲击。新学院的高级教员公共休息室里死气沉沉。“人人都在聊着汽车和旁道的事情。”有一次，巴里奥尔学院一个聪明的哲学专业学生贾斯珀·里德利来到新学院高级教员公共休息室门口，探头往里面张望了一眼，然后低声说：“这些怪兽是谁？”现在以赛亚成了他们中的一员；意识到这一点让他很不舒服。第一次在高高的餐桌上吃饭的时候，伯林一声也不吭，克罗斯曼只好隔着桌子嘘他：“伶俐点儿，伯林，伶俐点儿。要不他们不会喜欢你的。”他倒是可以跟克罗斯曼说话，但发现他是个傲慢好斗、爱以强凌弱的人，话里随时都有一种玩世不恭的痕迹。“他是一个左翼的纳粹。他反对资本主义，痛恨那种体面、正直而沉闷的行政事务、名望、传统价值。他想要的是唱着歌的年轻人，手挽着手的学生，点着火把的游行。他的性格当中有种强烈的法西斯气质。他渴望权力，仇恨自由主义、温和、善良、亲切……”

伯林喜欢跟学生们讲哲学，但他基本上没有意识到自己已经工作了。事实上，他虽然做起教授来认真负责，却从来就不太喜欢教书。教授角色中类似父母的那些方面让他觉得不舒服；父子、父女式的关系向来不是他的兴趣所在。最使他觉得沮丧的一点则是自己不得不做一个“负责”的人。

有趣的是，他在新学院最好的朋友竟是那儿的学监，一个信奉自由主义的显要人物：前内阁大臣 H.A.L. 费希尔。这位学监对待学院同僚的态度出名的鲁莽。他常说：“这所学院战前倒是个绝妙的地方，有不少吉尔伯特·默里之类的人。可是现在呢？只是一座巨大的陵墓罢了。”这与以赛亚的感觉何其相似！以赛亚和费希尔两人开始在学监的房间里共进午餐，然后一起出去散步。这使得那些老资格的教授们很是恼火。他们看不出这个戴眼镜的牙尖嘴利的犹太人有什么特别之处。费希尔是伯林遇到的第一个大人物，有着那种站在高处的人才会有的对世事的见地，这在涉世未深的以赛亚眼里具有绝对的诱惑力。有一次，费希尔和学院的教员们一起开过会出来，对以赛亚说：“我刚才让那些人好好地见识了一下维多利亚时代的激情。我觉得起了作用。”克罗斯曼的玩世不恭曾经让伯林觉得厌恶，而费希尔自有一种气派和智慧，使他这种态度显得十分迷人。

很快，伯林不仅和费希尔成了朋友，还认识了他的夫人和女儿。费希尔夫人本人也享有很高的地位，她那种近乎严厉的坦率态度让以赛亚很是欣赏。他们的女儿还在上大学，专业是古典文学，是个金发碧眼的漂亮姑娘，为人热情真挚，极其忠诚。同住在学监房子里的还有玛丽·林德，她的姐姐西格勒便是以赛亚萨尔茨堡浪漫史的女主角。不久，以赛亚就开始上这儿来与这两位年轻迷人的名门闺秀一起进餐了，她们俩后来都成了他终身的朋友。

除了和费希尔一家在一起的时间之外，以赛亚的教授生活过得十分可怜。好在几周之后，他就有了一次离开这个地方的好机会。1932 年 10 月，在弗兰克·哈代的催促之下，以赛亚参加了全灵学院的绩优奖学金考试。这所学院代表着英国学术界的帕纳西斯山[1]，历史悠久，资金充足，它本身并非教学机构，不招收大学生或研究生，而以选拔全英国最优秀的研究员著称。一旦被选为研究员，就等于进入了学术的天堂，可以自由地研究、教学，甚至在伦敦从事某项工作，一切所需自有人悉心照料，没有任何外界的干扰来使他分心或恼怒。伯林几乎不知这所学院为何物，对自己一旦顺利进入以后有何计划也全无概念。1932 年 10 月下旬，他在全灵学院大厅中参加了为期三天的考试。他对那场严酷的考验几乎没有任何印象，只记得有三份试卷，一份关于普通科目，一份关于哲学，还有一份关于经济学。当时最让人望而生畏的是被叫到外面若干位教授面前，先是要你用德语朗读一段文章，然后再要你根据印象把它翻译出来。以赛亚翻到中间的时候结巴了一下，听见全灵学院的学监、可敬的前印度总督切姆斯福德勋爵用唱歌一样的声音发话道："继续。"这只是让他越发磕磕绊绊起来。离开那间屋子的时候，窘得满脸通红的以赛亚听见切姆斯福德咕哝着说："至少我们不用非得要那一个了。"以赛亚后来才知道，另一位教授——格洛斯特主教——当时曾反对过给一个犹太人发放奖学金这个主意。

1932 年 11 月 4 日，在正街上，伯林的朋友、上一年就当上了教授的葛伦威·里斯走到他面前，告诉以赛亚他已经被选中了。以赛亚惊呆了，因为这简直是一件不可能的事情——获选进入全灵学院的首位犹太人，也是第三位成为牛津某所学

[1] 希腊中部的一座高峰，古时被认为是太阳神和文艺女神的灵地。——译注

院研究员的犹太人。消息刚一公布，《犹太纪事》就报道了这件事情，于是整个犹太社会都知道了他的成功。大拉比向他写信道贺，其中地位最为尊崇的罗斯柴尔德男爵则邀请以赛亚前往自己在瓦德斯顿乡间的一座富丽宅第度周末。一夜之间，二十三岁的伯林被人从牛津教员的低微地位上拔了出来，选入了当时英国最难进入的精英俱乐部，即使是内阁大臣、《泰晤士报》的编辑以及学术界的领袖人物，也和这所学院的成员以平等的身份交往。克罗斯曼气得火冒三丈，这个结巴——此人讲的关于柏拉图的课妙趣横生，很快就会迷住讲堂里的学生们，让他们不再来听他味同嚼蜡的讲解——竟然抢在了自己的前面。难怪以赛亚会那么兴高采烈：几天的工夫，他就搬出了新学院，迁入了在全灵学院的新居；“一连两天两夜滔滔不绝地讲话”；接下来两个月由于神经彻底的放松大病了一场。

六

全灵学院

他的两个朋友在他全灵学院新居外面的走廊里竖了一个乐谱架，架子顶上撑起一顶学位帽和一件学士袍，然后把这个学者模样的稻草人放在伯林的门前，再在它脖子上挂一块“禁止入内”的牌子。有一周的时间，他听任自己陷于一种虚脱状态。然后他离开了学校，先是由住在荷里克罗夫特大街的母亲照顾了一段时间，后来又搬到阿马尔菲的一家旅馆里，以用拉丁文与那里的侍者们交谈为乐。就这样，他逐渐恢复了过来。

1933 年 1 月，他又回到了全灵学院，这时他已经控制住了在考试时让自己身不由己的情绪。他搬进了俯瞰着底下的大院子和拉德克利夫 · 卡梅拉图书馆的新居，开始好好地生活。他在全灵学院一待就是六年，直到 1938 年在新学院担任一份哲学教授的工作为止。他一直认为 30 年代在全灵学院度过的这六年是他生命中最幸福的时光。这所学院提供了一个合适的环境，使他个性中所有的成分都得以活跃起来：他对伙伴的需要，交谈的欲望，闲话的爱好，以及对他人生活的着迷。另外，还有一个清一色由男性成员组成的机构，使他从自己不堪困扰的情欲生活中暂时解脱出来。[1]

他喜欢做一个异类。直到 1936 年来自南斯拉夫西南部的约翰 · 普拉门纳兹获选为止，还没有其他什么来自遥远异国的家伙能进入全灵学院。普拉门纳兹曾经向伯林承认，只要与两个英国人同处一室，他总会觉得孤独，因为在那两个英国人之

[1] 有关 30 年代的全灵学院，根据对伯林的访谈，见沃尔夫森学院亨利 · 哈代的伯林档案，1988 年 11 月 30 日，12 月 13 日。

间总浮动着无声的同谋的味道。[1] 他以为伯林也会有惺惺相惜之感。但伯林从未有过这种感受，无论是对外国人还是对同族的犹太人，他都没有什么特别的认同感。在他大学里最亲密的朋友中，哲学家约翰·奥斯汀和斯图尔特·汉普希尔两人含蓄、自制和沉默的性情简直就是英国人的漫画像。[2]

全灵学院使年轻的伯林得以体验到一种几近完整的归属感。这里虽有一种贵族气氛，但同时又十分信奉“能者为尊”，这样一来就使得他不至于产生羞耻感。一个威尔士中学老师的儿子，比如戈伦威·里斯，以及一个里加木材商人的儿子，比如以赛亚，都有可能在吃饭的时候发现自己就坐在著名银行家罗伯特·布兰德、外交大臣约翰·西蒙或者《泰晤士报》编辑乔弗雷·道森这样的人身旁。全灵学院对外设置了一道高高的藩篱，而一旦它接纳了你，所有人在这里都受到平等的对待。那些来这里过周末的伦敦人之所以喜欢全灵学院，正是因为这里容许他们幻想自己又重新变成了有思想的年轻人。在这座特权堡垒中，有某种类似于智识民主的东西。

同时，全灵学院成员的身份也让以赛亚踏上了进入英国犹太人社会上层阶级的通途：与罗斯柴尔德一家一起度周末，或者到公园街与西夫一家共进晚餐。这两家都是犹太大族，从不怠慢客人。罗斯柴尔德家更是极其有钱，有一次和维克多·罗

[1] 以赛亚·伯林，“约翰·佩特罗夫·普拉门纳兹”，《个人印象》，146。
[2] 以赛亚·伯林与斯图尔特·汉普希尔，“怀旧”，全灵学院，1992 年 3 月 6 日，未发稿，伯林档案，沃尔夫森学院。

斯柴尔德一起在剑桥度周末以后，伯林抱怨说回牛津的路太远，结果后者用一架轻型飞机把他送回了家。[1]

如果批评伯林太容易为上层社会所吸引、太过世俗化，就是忽略了他性格中的一个本质因素，亦即他喜欢世俗性，喜欢对权势世界的内部运转方式有某种把握，喜欢听闲话，喜欢试着去了解实际上是什么样的卑劣动机在让这个世界运转下去。“世俗性”在他的词典里几乎已经和所谓的“现实感”成了同义词，而这种现实感正是大多数知识分子和大学教授们明显缺乏的。

他从来没有像他的朋友约翰·斯帕罗那样成为一位学院人，当时是伦敦律师，接着做学监；或是像他始终憎恶的出生于康沃尔郡的莎士比亚研究者 A.L. 罗斯那样（当然后者对他也怀有同样的痛恨[2]）。他从来没有让全灵学院对他的个性与忠诚施加同等程度的限定，而他对学院的感情在战后也很可能不如 30 年代那么深。不过，他对学院里的“小组”以及其中被仪式化了的男性伙伴之间的亲密却始终怀有一种深切的眷恋。包括每天的晚饭，这时总是必须穿礼服；饭后在镶着护墙板的公共休息室里的谈话，房间里挂着往届成员们的素描和油画作为装饰；以及推选委员会，每年一度通往这个神奇世界的通行证就是由这里颁发的。

[1] 以赛亚·伯林致詹姆士·德·罗斯柴尔德夫人，1957 年 5 月 8 日。以赛亚·伯林，“詹姆士·德·罗斯柴尔德先生：‘伟大的君王’”，《泰晤士报》，1957 年 5 月 13 日。
[2] A.L. 罗斯，《全灵学院与绥靖政策》（伦敦，1961）。

他属于这所学院，满怀着一个外国人对收容他的当地机构所怀有的特殊眷恋之情。但同时他又与牛津保持着充分的距离，因而明白它对于外人而言显得多么不真实。他在 1937 年的作品中将牛津描绘成“一个严密而自足的系统，有着自己独有的、有时甚至是虚假而荒谬的符号和价值系统，一般和外部世界毫无关系”。[1] 然而他却从未讽刺过牛津给予他的归属感。在 1935 年写给在德国的斯蒂芬·斯彭德的一封信中，他承认，与可能喜欢漫游的斯彭德不同，他自己痛恨被人连根拔起：“因此我才激烈地为一切小团体和既定秩序等辩护，因为它们使得我对于我所期待的母体（一个在其中能看得见外面世界的母体，一个属于自己的母体，等等）所怀有的爱显得合理化了。”[2]

他的新居很快就变成了人们常常光顾的地方：获罗兹奖学金的德国研究生亚当·冯·特罗特顺路来借几张留声机唱片，跟以赛亚谈谈黑格尔；英国学者汉弗莱·豪斯来找他讨论文学，走的时候觉得以赛亚对于华兹华斯、狄更斯和英国传统所知不足；莫里斯·鲍拉也来看过他，还在屋子里快活地大喊大叫；葛伦威·里斯现今已是在伦敦工作的一位年轻记者，周末他便会回到这儿来，说些有关政治以及自己的爱情生活的闲话。

大家都管他叫沙耶，这是他在家里的爱称。他一直不愿意

[1] 以赛亚·伯林致斯彭德，1935 年 3 月 26 日。
[2] 以赛亚·伯林致斯彭德，1935 年，日期不详。

扔掉这一时期保留下来的东西，包括朋友们的短笺和便条，莫里斯·鲍拉猥亵的打油诗——潦草地写在信封背面或是从笔记本里撕下来的纸上，从门缝里塞进来。有一群年轻聪颖的女大学生常来向他请教，在这儿安顿她们的狗，向以赛亚借些书和唱片，后来干脆把他当成了她们的知心人。经常顺道来找他谈心的这些女学生除了 H.A.L. 费希尔的女儿玛丽，还有玛丽·林德、黛安娜·哈巴克、谢拉·格兰特·达夫、蕾切尔·沃克以及詹妮弗·费希尔·威廉斯。他和她们彼此之间都有一种感情上的牵缠，如同某位机智迷人但没有性别可言的乡村牧师与他那些年轻美丽的女教民之间的关系一样。他像乡村牧师那样听取她们的忏悔，但作为一位神父，他很快就落了个爱说闲话的名声。这一点成了他公众形象里密不可分的一部分，以至于在 1937 年出版的威斯坦·奥登和路易·麦克尼斯合著的《冰岛来信》中被公之于世。在一首假托为遗嘱的诗里，麦克尼斯向自己在牛津的各位朋友分赠礼物和个人纪念品，他给以赛亚的是"一个牛奶碟子"[1]，言下之意是说他身上有种猫一样的恶毒情绪；这话说得够准确，以赛亚因此不免恼羞成怒。

而在他 30 年代其他朋友的印象里，与其说以赛亚像只猫，倒不如说他为人古板。例如他不赞成夫妇和情侣们在公共场所手拉手。他对于公开的同性恋行为的不赞成似乎使得他和奥登的头几次见面带着些酸味。他觉得奥登冷淡而自负，奥登离开的时候则肯定地认为（根据斯蒂芬·斯彭德的说法）伯林是个

[1] W.H. 奥登与 L. 麦克尼斯，《冰岛来信》（伦敦，1937）。

“厌恶生命”的犹太佬，讨厌和人有任何身体上的接触。[1] 伯林的一个有着众多追求者的美貌朋友萨莉·格雷夫斯曾经懒洋洋地责备他说：“有些人好像不知道，人是有欲望的。”[2] 以赛亚确实对欲望怀着一种恐惧。他觉得自己丑得没办法——肥得流油，肤色惨白，外加残疾——他也不停地跟别人这么说。结果，大家都觉得他哪怕是在致命的诱惑面前也可以无动于衷，于是整个 30 年代，每当女儿去爱尔兰和奥地利度假的时候，家长们都乐意让他充任监护人的角色。

第一次这样的远游是在 1933 年夏天，他和玛丽·费希尔、玛丽·林德以及新学院一位年轻的教师克里斯托弗·考克斯一起乘汽车穿越了爱尔兰南部，还前往科克郡鲍恩的宅第拜访了伊丽莎白·鲍恩。到那儿的时候，以赛亚看见这位小说家正坐在房子前面，准备做饭后甜点用的醋栗。鲍恩邀请他们几个人住下，自此以后她便成了以赛亚一生最忠实的朋友之一。他们是一对没有多少相似之处的朋友：她是信奉新教的英国爱尔兰人，一位尊贵的夫人，性格倔强，政治态度保守，有丰富的性经验，才智过人，对抽象的观念没有什么特别的兴趣；他则过着禁欲的生活，信奉不可知论，是个为人胆怯的左翼犹太人，对她的作品并不特别喜欢。[3] 不过，以赛亚喜欢她身上那种难

[1] 根据对斯彭德的访谈，1989 年；菲利普·汤因比，《日记》，卷 11，1937 年 5 月 19 日。汤因比档案由莎莉·汤因比保存。

[2] 以赛亚·伯林致伊丽莎白·鲍恩，1937 年秋，日期不详。

[3] 维多利亚·格伦迪宁，《伊丽莎白·鲍恩》（伦敦，1977），1988 年版，40—43，114—122。

以对付的机灵劲和带有贵族气派的热忱；鲍恩则似乎对他运用语言时如同河水般湍急的敏捷和高度的幽默感十分着迷。她成了以赛亚 30 年代最亲近的知己之一，而以赛亚写给她的信也要算他写得最好的。

1933 年 11 月，费希尔家在新学院的住处设宴，以赛亚在这里第一次见到了弗吉尼亚·伍尔夫，关于此事他还给伊丽莎白·鲍恩写了一封信。伍尔夫有着那种他日后觉得十分迷人的骨骼纤细的美，她说话的方式也让以赛亚神魂颠倒。费希尔学监问她是否喜爱散步，她的回答是喜欢，因为她喜欢遇上山羊群："它们一个个看起来都那么像牧师。"宴会结束以后，以赛亚和马格达伦学院的教师 C.S. 刘易斯一块儿缩到一个角落里，油腔滑调地讨论起了"上帝、莎士比亚和生活的把戏"，直到以赛亚无意中听见不远处的弗吉尼亚提到伊丽莎白·鲍恩。[1] 他走上前去说鲍恩现在正在美国，然后开始结结巴巴地和她谈文学，直到她转身和别的客人谈话为止。以赛亚觉得自己获得了片刻天堂般快乐的时光作为酬劳，伍尔夫夫人的反应则远比他要刻薄：

> 我想宴会结束后这儿总有一百个有前途的大学生；我跟他们每个人握手，试着去想该说些什么，可是，天哪，

[1] 以赛亚·伯林致鲍恩，1933 年 11 月 30 日；又见哈里森，《微粒》；以赛亚·伯林致玛丽·费希尔，1933 年，日期不明；埃尔米奥娜·李，《弗吉尼亚·伍尔夫》（伦敦，1996），647。

这简直是一场闹剧！你倒不如去参加一次学校设的宴会，到处施舍一便士一个的小圆面包。那儿有了不起的以赛亚·伯林，牛津的重要人物，样子看起来像个葡萄牙犹太人，我觉得大概是个共产党员，一个玩吞火把戏的人——可是在赫伯特［费希尔］家，每个人都是装腔作势、言不由衷，你想不到他们嘴里还真能吐出点火花。[1]

以赛亚后来又遇见过弗吉尼亚·伍尔夫好几次。在本·尼科尔森的公寓里，弗吉尼亚坐在地板上，朋友们围在她周围，听她讲一件滑稽的事情：有一次她的裙子着了火，而她站在壁炉旁边，完全不知道自己身上烧起来了。以赛亚看得出弗吉尼亚是个恃才傲物到极点的人，不过他喜欢她那种贵族派头的傲慢。他爱借用伊丽莎白·鲍恩的厨子的话说，你“只看她的派头”就知道弗吉尼亚是一位名媛。伯林说过，只要一遇见她，他就会先起一阵颤栗，然后一连好几天浑身刺痛。当然，她有时候也是一个轻佻的人。她曾经给以赛亚寄过一张明信片，邀请他去参加宴会。在明信片的结尾，她用一种消遣式的口气写道：“如果你敲敲我的小灰门，我就会为你打开。”

1938年，他跟弗吉尼亚和伦纳德·伍尔夫一起在塔维斯托克广场吃饭，弗吉尼亚对他渐渐喜欢起来。她在写给她姊妹的一封信中说，以赛亚机智敏捷的应答让她想起了年轻的梅纳德·凯恩斯。不过她虽欣赏他的敏捷，却仍旧把他看作一个“激烈的犹

[1] 弗吉尼亚·伍尔夫，《书信集》，卷5，255。

太人”。好在她的反犹太主义似乎并没有阻止她和以赛亚成为朋友，这种反犹太主义在她十分激动的时候会变得讨厌而不受控制。1941 年从华盛顿回国访问时，以赛亚收到了弗吉尼亚请他在伦敦和她一道进餐的邀请，然后却得知了她自杀的消息。[1]

名望、个性以及富于传奇色彩的人物总是让以赛亚着迷，而这些在 30 年代的牛津都不乏其人。1934 年，威廉·巴特勒·叶芝曾来莫里斯·鲍拉家里喝茶，穿着一身绿色的衣服，说话的时候有一种在以赛亚看来是矫揉造作的大诗人派头。1935 年，西班牙存在主义者米格尔·德·乌纳穆诺做了一次讲演，据伯林对斯彭德所言，这个人是在用雄辩的口才讲一种厌世的主张，他认为，欧洲人“被我们的历史压抑得太厉害，以至于失去了行动的能力；被关于过去的知识压得有气无力，以至于除了犹豫不决什么也干不了；也许卢梭是对的，我们需要一种新的野蛮状态或是诸如此类的东西，以除去我们身上的负担”。[2] 在以赛亚看来，这些全都是废话。倒是同年做了一场才气横溢的关于美国文学的非正式演讲的格特鲁德·斯泰因给他留下的印象深一些。以赛亚特别欣赏她对待激烈质问她的人的那种直率态度。比如她说“你坐下，我的孩子，你并不想明白我的意思，你只是想让我用你的方式说话。唔，我不会的。我不是为了某一群人才创作，我只为我自己创作”等等。她在演讲中无意间说的一段话在他脑海里挥之不去，她

[1] 以赛亚·伯林，“回忆弗吉尼亚·伍尔夫”，《个人印象》。
[2] 以赛亚·伯林致斯彭德，1935 年，日期不详。

说："难道什么都必须和所有的东西扯上关系吗？"[1]

30年代大部分时间里，他都只是一个观众，观看着发生在朋友们身上的种种纠葛，却与自身的感情保持着一段距离。在写给伊丽莎白·鲍恩的一封信中，他为那些"知识分子、敏感者、观看者和议论的人"辩护，试图使他们免于"残废"的罪名，免于被指责为能从每一个角度观察生命却无力实实在在地去生活的人。以赛亚引了托尔斯泰作为成功的例子——他既是一名观察者，同时又设法投入到生活当中，去尽应尽的义务，毫无保留地奉献自己，而"并没有失去任何无从挽回的东西"。[2] 给鲍恩的信如同他后来在30年代所写的别的东西一样近似于他本人的信条。问题是他能否照这样来生活，能否投入那种他平常喜欢看到缠缚着别人的感情纠葛之中。

以赛亚在新学院与弗吉尼亚·伍尔夫相遇的那一晚还有另外一些沉默的学生在场，其中之一便是二十岁的哲学专业学生蕾切尔·沃克，绰号叫作"小费"。她美貌而热情，父亲是一位伦敦律师，在她十八岁时过世了。在她保存下来的一张照片中，她骑在一匹栗色母马上，穿着全套骑马装，挽着发髻，身形敏捷而活泼，一副典型的英国人模样，优雅得无以复加。蕾切尔和孀居的母亲一起住在牛津郊外伯福德的米尔宅，她母亲的性格正在变得越来越刻薄。[3] 她到伯林在全灵学院的住处去是为了在哲学方面

[1] 以赛亚·伯林致斯彭德，1935年2月，日期不详。
[2] 以赛亚·伯林致鲍恩，1937年，日期不详。
[3] 根据对爱德华·莫蒂默的访谈，1995年6月13日。

向他请教。到 1934 年夏天，也就是她毕业之前，她写给以赛亚的信已经渐渐亲密起来。他们两人的来往信件中以赛亚所写的那一部分已经散佚，但很明显他回应了她的感情，因为很快蕾切尔就开始热情洋溢地感谢他送她的玩具小狗，还说要把它和祈祷书一起带着去做弥撒。接下去她还写道，等她死了以后，“我会叫人在它上面罩上一个玻璃圆顶，放在我的遗物当中”。[1] 从牛津毕业之后，她去巴黎跟随一位法国逻辑学家继续深造。在她从巴黎写给“无比亲爱的沙耶”的信中，可以读出不断升温的热情。他好像写了回信，力劝她保持判断力和谨慎这两样她想抛到九霄云外的东西。1935 年 8 月下旬，蕾切尔回到了英国。她仍旧住在米尔宅，和她母亲一起采薰衣草，除了和以赛亚一块儿去听音乐会的时候之外，她总是感到十分凄凉。当然，她去过伦敦，在荷里克罗夫特大街与他的父母见了面。蕾切尔并非犹太人这一点当然让他们俩不太高兴，但他们也没说什么。

1935 年 9 月，蕾切尔又回了巴黎，并且请以赛亚去玩，盼着两人能一起去听关于逻辑学的讲座，或者到法兰西学院（Collège de France）听保罗・瓦莱里的演讲。这时她的信虽一如既往地热情而温存，却另有一种奇怪、激动而脆弱的狂喜之情。[2]1935 年 10 月，以赛亚飞往巴黎去看望蕾切尔。玛丽・费希尔当时也在巴黎，身为“小费”最亲密的朋友，蕾切尔的兴奋和她对以赛亚“极端不切实际的、马基雅维利式的想法”让

[1] 蕾切尔・沃克致以赛亚・伯林，1935 年 8 月 26 日。
[2] 蕾切尔・沃克致以赛亚・伯林，1935 年，日期不详。

她稍有些吃惊。[1] 和玛丽与“小费”在一起的帕罗蒂夫人也是一样。以赛亚到达的时候，她对玛丽说：“我记得伯林先生是控制场面的主角，不是吗？”他不是。他和蕾切尔年龄差距不大，他二十六，她二十一。而且他已经到了这样的一个关口，只靠聪明才智和说话的本领是不够的。正如他悔恨地向一位朋友承认的那样，他已经不再是以前那个“周围世界的费加罗式观察者”，而是变成了“一个积极的行动者”，最终被迫声明自己的态度。[2]

一天他和蕾切尔去巴黎动物园散步，他正忧郁地盯着被关在笼子里的动物们时，她向他提出了结婚的要求。以赛亚在写给伊丽莎白·鲍恩的一封信中记述了接下来发生的事情：

> 我们在动物园里的大蟒面前的见面实在是让我们激动和痛苦到了极点。你说的关于种族间对话的严肃性和表面性的那些话真是千真万确。我发觉自己说起话来一直毫不费力，却对我的话有些什么作用浑然不觉（这是一种非常陌生的感觉），也全然不知自己自始至终只是在不厌其烦地数说着最糟糕、最莫名其妙的废话。我们俩继续瞄准对方射击，但是在无望的引力左右下基本上都没有击中目标。我的天啊！我不可能跟她结婚。她却以为我可以。那样一来我们马上就会变得很可怜。最后，我强迫自己做个明智的普通人，冷静地分析了一下形势，然后对她说我必须到

[1] 玛丽·费希尔致 B.J. 林德，1935 年 11 月 10 日。
[2] 以赛亚·伯林致约翰·希尔顿，1935 年 10 月 13 日。

此为止，那一幕之可怕简直无法用语言来形容。[1]

这似乎便是此事的结局：以赛亚飞回了英国，蕾切尔则到维也纳去和一个朋友待在一起。他对鲍恩说自己从此以后会和敏感的女孩子保持距离，要和莫里斯·鲍拉一块儿四处闲逛，回到以前那种无性别的学者生活中去。伊丽莎白在回信中以一种坚决的、姐姐般的口吻劝告他："关于沃克小姐这件事情，我的确觉得（这么说并不是全无心肝，因为其中也包括我自己）女人其实并不介意被人搞得不舒服——确切地说是被弄得心烦意乱——或者说不像男人那么介意。"她还补上一句说："现在别苦行得过了头。"[2]

对"小费"而言，继之而来的只有悲伤和比这还要糟糕得多的东西。深受伤害的她离开巴黎前往维也纳，从此再也没有见过以赛亚。大约一年以后，以赛亚听说她已回到英国，和她母亲一起住在伯福德，人消沉得很厉害，并且不时发生严重的神经错乱。她给以赛亚写过一封信辱骂他，他没有回信。[3] 在她的病情发展到动手打她母亲之后，她就被送进了北安普敦的一家医院，除了不定期地回家休息外便被关在那里了此残生，其间一直忍受着电击疗法的折磨，最后终于被施行了前脑叶白质切除术，手术后的蕾切尔一直处于一种半植物人的状态，

[1] 以赛亚·伯林致鲍恩，1935 年 10 月，日期不详。
[2] 鲍恩致以赛亚·伯林，1935 年 9 月 27 日。
[3] 根据对伯林的访谈，见沃尔夫森学院亨利·哈代的伯林档案，1989 年 1 月 4 日，3。

直到1992年去世。那些和她最亲近的人，包括“小费”的姐姐和玛丽·费希尔，都不认为以赛亚应当对发生的这一切负责。[1] 但是以赛亚仍然无法摆脱沉重的责任感，他承认自己负有责任。这件事情和它的结局当然对他个人的发展有着重大的影响。“小费”是他平生第一次严肃的感情经历，差不多过了十年以后，他才允许自己重来一次。

1933年冬，新学院学监H.A.L.费希尔与他商谈了为家庭大学丛书写作其中的“卡尔·马克思”卷一事。这一提议无疑是对他的肯定，可是以赛亚对这个题目几乎一无所知。有趣的是他为什么没有拒绝。其他人都拒绝了这一提议：西德尼和比阿特丽丝·韦伯、弗兰克·帕肯汉姆，后来的朗福德勋爵，以及哈罗德·拉斯基。[2] 以赛亚自己对马克思的那些理论所抱的反感之情在任何一个从俄国革命中逃出来的难民身上都不难理解；倒是他为什么会接受这个工作需要一些解释。到1933年上半年为止，大萧条使牛津陷入了骚乱之中，马克思主义吸引着最优秀的那部分大学生。以赛亚自己参加了“粉红午餐俱乐部”的一些集会，该俱乐部集中了牛津教员中的所有左翼分子——克罗斯曼、科尔、奥斯汀、汉普希尔。1933年，苏联仍处在震惊世界的发展过程之中。总的来讲，英国舆论当时并不了解随着集体主义的强制性实施，乌克兰农民被迫背井离乡，有数百万人正在死去；也

[1] 根据对爱德华·莫蒂默的访谈，1995年6月13日；爱德华·莫蒂默致亨利·哈代，1994年5月21日。
[2] H.A.L.费希尔论文集，牛津大学图书馆。

不了解像奥西普·曼德尔施塔姆这样的诗人因为写了一首谴责斯大林的诗而遭到逮捕和驱逐。左翼的牛津大学生们将目光投向东方，试图为本国的衰退和萧条寻求一种替代物。以赛亚自己倒没有染上这种狂热：在列宁统治下的俄国度过了担惊受怕的两年，时刻唯恐契卡来敲门，这在以赛亚心中早已种下了对共产主义免疫的永久性疫苗。不过他仍然能够感觉到身边弥漫的对共产主义的迷恋之情。1935 年，他的朋友 J.L. 奥斯汀去了莫斯科，对那里正在进行的革命那种庄严的禁欲主义留下了深刻印象。当时正在莫斯科列宁图书馆读书的克里斯托弗·希尔给伯林寄来了一些有关马克思的书。[1] 以赛亚的父亲 1935 年因为木材生意上的事情去了俄国，他回来的时候对这样一个向工业世界飞跃的落后社会的发展步伐充满了敬畏之情。在伦敦电影社团里，以赛亚观看了苏联影片中伟大的经典作品：爱森斯坦的《战舰波将金号》、普多夫金的《母亲》、维尔托夫的《持摄像机的人》。他的反应并不是像纳博科夫笔下的普宁那样，坐在黑暗中尽情地哭泣，但他也情不自禁地对革命的真挚态度感到某种崇敬，尽管他不大情愿这样。那时他当然也知道这是为欺骗和幻想服务的工具；直到后来他才知道它还对恐怖和屠杀负有责任。

因此，写关于马克思的书，也就相当于融入那个年代意识形态的主流当中，同时也意味着接受马克思主义对他早期的自由主义忠诚所构成的挑战。让他感兴趣的是，对他本人十分赞

[1] 克里斯托弗·希尔致以赛亚·伯林，1935 年 8 月 30 日；又见 1935 年 11 月 9 日，26 日，12 月 14 日。

赏的资本主义文明，马克思竟满怀憎恶。这一点实际上奠定了他以后终生未改的一大模式，亦即，他为自己的信念辩护的方式便是去写这种信念的死敌。于是，1933 年春天，这个好讽刺、爱自嘲而又不受约束的资产阶级分子决定，花上五年时间与一位极端武断并且蔑视伯林本人所支持的每一样东西的理论家为伴。这次经历固然令人振奋，但同时也难免孤独。因为尽管人们对马克思主义抱有浓厚的政治兴趣，在牛津却没有一个人研究马克思主义作为一种独特观念的历史。在更广泛的意义上说，即使不谈共运史的问题，单是观念史的研究，在牛津就几乎是一片空白。如果不理解这一点，伯林的独创性就不可能得到欣赏。从他严肃的学术生涯的起点开始，他就一直是在踽踽独行。随后他做了大量的工作。他一头扎进了 MEGA，即在希特勒上台之前用德语出版、而后又改在莫斯科继续印行的卷帙浩繁的马恩著作。流利的俄语使他可以利用除 E.H. 卡尔之外大多数其他英国学者都无法利用的资料。俄语的，尤其是来源于普列汉诺夫的有关马克思的前驱的资料将伯林引向启蒙思想家，乃至此后的 19 世纪社会主义者。伯林在 1933 年到 1938 年间所作的阅读为他提供了此后可资终身利用的学术资本。

正是这一时期在伦敦图书馆浩如烟海的书籍中悠闲地浏览之时，伯林发现了被流放的贵族、沙皇制度的敌人亚历山大·赫尔岑，他的回忆录成了以赛亚最爱读的书之一。[1] 不难

[1]《俄国思想家》，亨利·哈代与艾琳·凯利合编，艾琳·凯利序（伦敦，1978），82—113，186—210。

看出他何以会对赫尔岑产生认同——因为后者同样是一个出身贵族的叛徒，同样设法调和了真正的责任同摆脱宗派主义教条之间的矛盾。赫尔岑对伯林而言既是一个志趣相投的人，一个慷慨、有思想、滑稽有趣而又在道德上持严肃态度的有学问的人，同时也是一次道义上的挑战，一个表现出以赛亚知道自己不具备的勇气和政治责任感的人。

然而最终，被以赛亚终生作为自己行为的镜子的不是赫尔岑，而是伟大的自由主义艺术家屠格涅夫。伯林曾向谢拉·格兰特·达夫坦白地说过，在读了屠格涅夫的《前夜》之后，他仿佛觉得自己内在的本性被揭示了出来，特别是“他的羽翼未丰的唠唠叨叨的理想主义”。[1] 这个俄国作家代表了自由主义者的“消极才干”，一种哪怕是在移情作用使他能够看到任何一枚硬币的反面时也可以采取行动和承担责任的能力。屠格涅夫使得以赛亚在不断地深入钻研马克思世界观中强烈的仇恨和愤怒时，仍然能够保持自己作为一个自由主义者的平衡。1935年，以赛亚已经开始动手写马克思的传记。不过，在写给一位朋友的信中，他却说自己觉得这是一种折磨。[2] 因为他发现这是一件很困难的事情，合适的词句要么不肯出现，要么突然之间迸发出来，而这时他才发现这些滔滔而来的言语和所说的问题毫无关系。

在努力写作关于马克思的这本书时，伯林也在考虑自己与

[1] 以赛亚·伯林致谢拉·格兰特·达夫，1936 年，日期不详。
[2] 以赛亚·伯林致约翰·希尔顿，1935 年 10 月 13 日。

政治责任的关系。他欣赏那些富于奉献精神的朋友们，像30年代上半期积极的共产党员林德姐妹，或者投身于反法西斯运动、即将前往西班牙为共和国广播机关服务的斯蒂芬·斯彭德。但以赛亚同时又有一种强烈的感觉，觉得政治正把人们引向愚弄自己的方向。当谢拉·格兰特·达夫告诉他，自己因看见绝食抗议的游行队伍穿过牛津而羞于住在这座象牙塔中的时候，以赛亚尖刻地回答道，她正在向“托尔斯泰式的感伤主义”屈服。[1]

逃避所有的义务虽不无诱人之处，却并非实际可能的选择。全灵学院是30年代绥靖派领袖集中的场所之一，这里有约翰·西蒙、哈利法克斯勋爵、杰弗里·道森等人；他们相信希特勒势不可挡，而一个纳粹国家将会成为共产主义在欧洲扩张的一个缓冲器。以赛亚自己则和奥斯汀、汉普希尔以及其他一些挑战这种假定的年轻左翼教员们结成了盟友。1935年秋季的某次饭后，在全灵学院烟雾缭绕的房间里，他和其他一些人一起刁难外交部长约翰·西蒙，要求对意大利实行石油制裁，以惩罚它对阿比西尼亚的入侵。约翰爵士则冷冷地回答道：“然后呢？让意大利被共产党控制？”[2]

像他的大多数左翼朋友一样，伯林也站在西班牙共和党人一边。他曾经告诉过谢拉·格兰特·达夫，西班牙可以作为一次石蕊实验，它可以绝对可靠地帮你分辨出朋友们的政

[1] 谢拉·格兰特·达夫，《分道扬镳》（伦敦，1982），55。
[2]《个人印象》，112，114；以赛亚·伯林与斯图尔特·汉普希尔，“怀旧”，7。

治立场。不过他又补充说，这只不过是就这个明确的政治问题而言，“而关于所有其他的问题（比如说巴勒斯坦），则无法提出一个明确的、不至于在某种程度上对某个人不公正的主张”。[1]

也像他的大部分朋友一样，在1936年的退位问题上，他站在国王这一边。他相信爱德华八世“以他恶劣而粗俗的方式”支持了“魏玛共和国，自由意志主义，放任自流，（以及）放言无忌”。[2] 鲍德温和教会胜利强迫国王退位，带来的是一个新的循规蹈矩的灰色时代。伯林采取了左翼的立场，即站在他的朋友莫里斯·鲍拉称之为“不道德阵线”的这一边。但在以赛亚的政治中总是有不受约束和嘲弄性的一面。在著名的1938年牛津递补选举中，以赛亚在全灵学院的一个同事昆廷·霍格以坚定的亲绥靖派、亲慕尼黑候选人身份与巴利奥尔学院院长A.D.林德赛竞选国会议员，这整件事情在伯林看来滑稽多于严肃。一天，以赛亚看见全灵学院外面的正街上停着一辆轿车，保险杠上打着“选霍格就等于选希特勒”的标语；而停在不远处的另一辆车则如法炮制地在保险杠上打出了“选霍格”几个字。他把第二辆车上的标语也挂到了第一辆车上，然后目送那辆车开走，上面挂着的两句话组成了这样的三段论：“选霍格就等于选希特勒。选霍格。”

并不是每一个人都对慕尼黑协定及其后果抱着像以赛亚一

[1] 以赛亚·伯林致谢拉·格兰特·达夫，1936年8月18日。
[2] 以赛亚·伯林致玛丽·费希尔，疑为1936年12月，日期不详。

样的戏谑态度。他的一个牛津朋友莫尔·克罗斯韦特由于厌恶而辞去了在不列颠驻柏林大使馆的职务。[1] 当时在布拉格的谢拉·格兰特·达夫则写了一本小册子，以愤激的语气痛斥张伯伦对捷克斯洛伐克的背叛。[2] 以赛亚的朋友 J.L. 奥斯汀在霍格召集的会议上发出了激烈的质问，而以霍格的胜利告终的这场选举则将整座城市分成了不共戴天的两大阵营。对于这些事件，以赛亚始终抱着一种超脱的态度。

他的朋友当中有一些人，像谢拉·格兰特·达夫和亚当·冯·特罗特，觉得他这样的态度未免漠然和内省得有些过分；谢拉曾经开玩笑说，以赛亚的每种忧郁都自有其特殊的机理，但是他缺乏公众精神。她曾对冯·特罗特说，决不愿意像以赛亚这样在自己的象牙塔里日复一日平静地活下去，她想过的是一种充满奉献和危险的生活。[3]

伯林与冯·特罗特之间的关系后来迫使他首次采取了真正的原则性立场。他第一次遇见冯·特罗特的时候，后者还是个领罗兹奖学金、在巴里奥尔学院攻读 PPE 学位的研究生。当时这个高个子的德国贵族青年正在反复考虑是应该想办法继续待在牛津学哲学呢，还是应该回德国开始担任某项公职。他的父亲曾在威廉政府里担任过教育部长。亚当所在的那个小圈子是由一群富有的左翼俊男靓女大学生组成的，他的伙伴包括

[1] 莫尔·克罗斯韦特致以赛亚·伯林，1938 年 11 月。
[2] 散见谢拉·格兰特·达夫，《分道扬镳》。
[3]《高尚的格斗：谢拉·格兰特·达夫与亚当·冯·特罗特通信集，1932—1939》，K. 冯·克伦佩雷尔编（牛津，1988）。

佩吉·加奈特、道格拉斯·杰、谢拉·格兰特·达夫、黛安娜·哈巴克以及大卫·阿斯特这些人。[1]

很快，伯林和冯·特罗特两人就开始穿过基督教会学院的草地或是沿着马格达伦学院的艾迪生小道一起散步，一边讨论着哲学问题——极高极瘦的冯·特罗特和他身边一个较为矮胖的戴眼镜的身影，在酸橙树间大步走着，一个热切而啰嗦，另一个说起话来讥讽、尖锐、滑稽，令人泄气。在伯林的印象里，“冯·特罗特只要一碰到困难，就会说：‘在这一点上我必须求助于黑格尔。’就像一个走钢丝的杂技演员又安全地掉回到一张网里。他确实相信黑格尔，但是不肯重复黑格尔说过的话。他的言外之意其实也就是说，你现在太书生气了，太一丝不苟了，在这个问题上有一种比你们这些牛津人所能想象的更为开阔的思路”。[2]

冯·特罗特曾经考虑过参加全灵学院的奖学金考试，但是因为只拿了一个“良”的分数，他便决定回德国。1933 年夏天，他离开了牛津，回国在黑森的检察官办公室工作。他告诉以赛亚和其他的朋友，他的国家“病得很厉害”，言外之意也就是说它需要他。1934 年 1 月，《曼彻斯特卫报》报道了德国法庭对犹太人的歧视。冯·特罗特给这家报纸写信，声称根据

[1] 贾尔斯·麦克多诺，《一位德国好人》（伦敦，1989），33—60；克里斯托弗·赛克斯，《被困扰的忠诚》（伦敦，1968）；克里斯塔贝尔·比伦伯格，《过去及我自己》（伦敦，1968）。

[2] 根据对伯林的访谈，见沃尔夫森学院亨利·哈代的伯林档案，1988 年 12 月 13 日，7。

他自己的经验，在法庭上并未实行过这样的歧视政策。特罗特在英国的一些朋友认为他这封信的作用其实是掩护他免受纳粹当局的猜疑，因为当时他已经开始进行反政府的工作；以赛亚的反应则是纯粹的愤怒。迫害的事实明显得实在无从抵赖。[1] 当他指出这一点时，冯·特罗特在牛津的拥护者们不但指责他背叛，还暗示说以赛亚之所以采取这样的立场，只不过是因为他本人是犹太人。直到五个月之后，以赛亚才终于直接给在卡塞尔的亚当写了一封信。他在信中写道：

> 请原谅我这么长时间没有与你联络……我承认，M.G.（《曼彻斯特卫报》）事件导致了我这方面一次小小的发作，原因既是因为我觉得这件事情本身没有好处，又与你的品性和信仰不符，更是因为你其他所有的朋友以一种不假思索的愚忠为你进行的白痴一样的辩护……我所有的意见都被当作仅仅是我个人的背信弃义，而不是就事论事，这一点让我很生气。[2]

事实上，这并不是一次“小小的”发作，而是两人的分道扬镳。正如以赛亚自己所说，他的愤慨是他本性的一部分。在

[1] 霍普金森，《香树》，148；《曼彻斯特卫报》，1934 年 1 月 22 日，23 日；麦克多诺，《一位德国好人》，60—61；赛克斯，《被困扰的忠诚》，104 页；见《曼彻斯特卫报》上登载的特罗特的信，1933 年 2 月 21 日。
[2] 以赛亚·伯林致亚当·冯·特罗特，日期不详，疑为 1934 年 7 月；又见以赛亚·伯林致谢拉·格兰特·达夫，1934 年 3 月，日期不详；赛克斯，《被困扰的忠诚》，110—111。

冯·特罗特眼里，这也是以赛亚所采取的立场，既是一个犹太人又是一个朋友，所以整个30年代，冯·特罗特一直在努力重新赢得以赛亚的友情。在信中，亚当悲哀而又不无讽刺地提起了欧洲各国文化的一致性的日渐式微，还说自己希望能够看到以赛亚正在进行的有关马克思的研究。[1]1936年下半年以及1937年3月，当亚当来到牛津为他的中国和日本之行寻求罗兹基金的资助时，他们两人又见了面。从中国回来之后，他希望以赛亚能够赞成他回德国从事教育工作：

> 我简直看得见你摇头的样子，可是我还有什么别的选择呢？全无指望、唯有投降吗？我知道那样做你也是不会同意的。无论如何，我敢肯定你一点也不会收回你的友情和信心，这让我引以为傲。[2]

1939年夏天，冯·特罗特再度来到英国克莱夫登，和阿斯特一家住在一起，与哈利法克斯以及其他主要的英国政治家见了面，并且以学监的客人的身份在全灵学院就餐。在那儿，他又见到了伯林，两人在以赛亚的住处一直争论到凌晨三点钟。冯·特罗特对他说，除非英国和法国勇敢地站起来反抗希特勒，否则战争就会来临，而且希特勒很可能会获胜。以赛亚

[1] 冯·特罗特致以赛亚·伯林，日期不详，疑为1937年3月。
[2] 冯·特罗特致以赛亚·伯林，日期不详，疑为1937年11月；麦克多诺，《一位德国好人》，91，96。

问他应该采取什么对策，他的回答是："德国必须被包围起来，加以阻止。得赶快行动。决不能容许德国扩张。"

即使是在听到他这样的回答以后，伯林仍然对他这位德国朋友对纳粹的真实态度表示怀疑。例如，冯·特罗特曾经对他在英国的朋友们说，希特勒上台是欧洲历史上一个黑格尔式的分水岭；对他自己的特权阶级而言，则是一次必要的惩罚。[1]以赛亚对冯·特罗特的怀疑也许是出于下述事实的影响：在这一时期，纳粹政府派遣了许多德国人做客牛津，其真实的意图是要将英国舆论引向亲绥靖派的方向。以赛亚还记得这些德国贵族之中特别拙劣的一个曾经无意间在全灵学院的公共休息室里说道，他认为德国的领土要求如同不列颠在海外提出的种种帝国主义要求一样正当。这句话在公共休息室的寂静中响起，随后突然被以赛亚以前从没见过的一个坐在窗户壁凹中的人从喉咙里发出的一声怒吼打断："Wir Juden und die anderen Farbigen denken anders!"（"我们犹太人和其他有色人种却不这么想！"）随后那个陌生人大步走出了公共休息室。这便是以赛亚第一次见到出生在波兰的历史学家、忠实的犹太复国主义者刘易斯·纳米耶的情形。[2]

即使是在冯·特罗特致力于秘密反对希特勒政府之后，以赛亚仍然不清楚他这样做到底是基于道义，还是因为害怕希特勒的失败会毁灭德国，同时也毁掉他自己成为一位主要政治人

[1] 赛克斯，《被困扰的忠诚》，265。
[2] 以赛亚·伯林，"刘易斯·伯恩斯坦·纳米耶"，《个人印象》，100。

物的机会。伯林的朋友们，特别是莫里斯·鲍拉，也有同样的怀疑，而这种怀疑日后导致了严重的结果。1939年战争开始之后，美国仍然持中立态度之时，冯·特罗特访问了华盛顿，并与罗斯福的一名心腹、当时担任最高法院法官的菲利克斯·法兰克福特会面，试图说服美国的显要人物不要卷入对德战争，他希望能假以时日，由他自己这样的人所领导的德国国内反对派来推翻希特勒。在冯·特罗特此前对华盛顿所作的一次访问中，伯林曾经为他写过见法兰克福特的介绍信。但这一次，鲍拉给法兰克福特写信，对冯·特罗特的可靠性表示怀疑。他的这封信被英国邮政检查员截了下来，最后被收进了英国情报局档案。1943年，已经投入暗杀希特勒活动当中的冯·特罗特试图与英国特务机关取得联系，而英方却拒绝与他会面。后来，冯·特罗特在英国的朋友们（主要是大卫·阿斯特）责怪鲍拉损害了冯·特罗特在英国特务机关中的名誉；而在1944年7月的冯·斯特奥芬伯格计划失败以后，他们还认为鲍拉对于冯·特罗特的被捕和遇害也负有一定的责任。为此，阿斯特也间接地怪罪伯林。

当鲍拉为自己不相信冯·特罗特而公开表示悔恨时，以赛亚却仍然固执己见。[1] 直到很久以后，在冯·特罗特于1944年以一种英勇而骇人听闻的方式死于纳粹拷打者们的手中之后很长时间，伯林仍然拒绝参加将冯·特罗特视作英雄的公开追悼仪式。在1956年写给谢拉·格兰特·达夫的一封信中，他

[1] 莫里斯·鲍拉，《回忆》（伦敦，1966），304—306。

称自己无意揭穿所谓“心地纯洁的民主主义者、具有坚定原则性的人”的神话，但实际上，冯·特罗特是“一个野心勃勃的、迷人的、喜欢将自身传奇化的、性格愉快、政治上自相矛盾的人，热衷于高水平的阴谋活动”。[1] 冯·特罗特事件充分显示出以赛亚在抵抗他人情绪上的回头浪时那种坚定的意志，他在进行判断时表现出的冷酷无情，以及他身上的犹太人成分在决定他的根本倾向时所发挥的重要作用。

·

[1] 以赛亚·伯林致谢拉·格兰特·达夫，1956年6月21日；见他的“我个人对亚当·冯·特罗特的赞美之词（巴里奥尔，1931）”，巴里奥尔学院年鉴，1986年，61—62；又见H.O. 马隆，《亚当·冯·特罗特：通往暗杀希特勒的阴谋之路》，未发表的博士论文，得克萨斯大学，奥斯汀，1980年。

七

兄弟们，1934—1940

1934 年夏天，在对冯·特罗特那场“小小的发作”之后，伯林首次踏上了巴勒斯坦的国土。以赛亚从小就是一个犹太复国主义者，而这是他第一次有机会看到自 1918 年起就作为国际联盟的托管领土、由英国殖民局管辖的“希望之国”。他在作这次朝圣之旅的时候无意间拣了个好时机。1929 年，巴勒斯坦首次兴起了阿拉伯人的反犹太暴动；而 1936 年，一场既反英国托管政府又反犹太移民的阿拉伯民族起义将会全面爆发。[1] 在以赛亚碰巧选中的这个夏天，巴勒斯坦正处于暴风雨来临之前的平静之中。他离开以后，风暴真的开始了，巴勒斯坦的阿拉伯人和犹太人开战了，战争使得这片土地一时间变得难以统治起来，当地的英国人于 1948 年被迫疏散离开。

为了听托斯卡尼尼的演奏，以赛亚中途先在萨尔茨堡稍作停留，然后旅行到威尼斯，在那儿邂逅了全灵学院的一个同事约翰·福斯特，而后两人一道坐船前往亚历山大港和开罗。有件事让福斯特大为吃惊：当载着他们横穿西奈沙漠的火车穿过国界线进入巴勒斯坦、一个穿着制服的犹太列车长对他们进行检票的时候，伯林的眼睛湿润了。[2] 这是以赛亚有生以来第一次看见一个拥有权力的犹太官员。

但是当他们到达特拉维夫的时候，以赛亚又恢复了他带着嘲

[1] 关于托管下的巴勒斯坦，见 A.J. 谢尔曼，《托管年代：英国人在巴勒斯坦，1918—1948》（伦敦，1997）；阿莫斯·埃隆，《以色列人》（纽约，1983）；埃利·凯杜里与 S.G. 哈伊姆编，《巴勒斯坦和以色列的犹太复国主义运动》（伦敦，1982）；伯纳德·瓦瑟施泰因，《赫伯特·萨缪尔的政治生涯》（牛津，1992）。

[2] 根据对伯林的访谈，见沃尔夫森学院亨利·哈代的伯林档案，1988 年 12 月 13 日。

讽意味的泰然自若的态度。这个地方那种疯狂的活力既让他惊骇又使他着迷：汽车喇叭声响成一片，警察用希伯来语和意第绪语朝车辆和行人大喊大叫，还有种种极不协调的场面，例如一支骆驼商队，“由一个小个子的波兰犹太人带领着，他戴着一顶黑色的圆顶硬礼帽，嘴里发出适合于骆驼们的耳朵的阿拉伯语音”。[1]可是正当他以为自己走进了某个富有异国情调的东方集市的时候，又会看见一群知识分子沿着街道漫步，一边讨论着希伯来语源学，于是他便又觉得这是一个符合自己心意的城市了。

在这期间，来自纳粹德国的第一次难民潮开始涌入特拉维夫，仅在1934年，难民人数就超过了40 000人之多。他们的到来给这座城市平添了一种只在克朗代克河[2]淘金热中才出现过的狂热气氛。城里到处是德国人，“胳膊下面夹着小公文包，蜂拥着奔向四面八方，咖啡馆里、公共汽车上、公共浴室里、大海里，随处可见他们为生意而奔忙的身影——除了在他们的办公室里”。[3]在这个濒临地中海的新家园里，他们常常表现出一种滑稽可笑的不自在。伯林在给父母的信中写道，这些难民们到了特拉维夫以后，本能的第一反应便是去买张公共汽车时刻表——所谓的“Fahrplan”（德语：行车时刻表）。“早上十点的时候，他们来到这儿，结果没有公共汽车。他们向别人打听是不是很快就能有公共汽车，管这件事情的犹太人跟他们

[1] 以赛亚·伯林致菲利克斯·法兰克福特，1934年12月7日。
[2] 在加拿大西北部，育空河的支流。——译注
[3] 以赛亚·伯林致法兰克福特，1934年12月7日；谢尔曼，《托管年代》，92。

说没有，没有公共汽车，不可能有公共汽车。这个德国犹太人便说：‘可是行车时刻表上说……’”[1]

不过，伯林困惑地发现自己实际上是属于这个位于地中海东部喧闹而又生气勃勃的大家庭的。他曾在一封信中写道：

> 这儿的犹太人大都古怪而迷人，而我跟他们在一起时和离开他们时同样觉得不自在，就像三十年没有见过面的亲戚一样，你不但知道，甚至可以感觉得到自己和他们之间有某种关系，却并不是真的认识他们，还对他们有点害怕；然而，哪怕是对他们一无所知，甚至觉得害怕，你也必须以一种古怪的对待熟人的方式与他们相处。[2]

在巴勒斯坦逗留的这一个月里，以赛亚过着两种不同的生活。一种是跟约翰·福斯特和托马斯·霍奇金这样的英国官员在一起，后者是他在牛津时的一位左翼朋友，当时正为高级专员工作；另一种则是跟他的犹太朋友和亲戚们在一起。[3] 白天，他会在纳布卢斯观看英国体育日的双人摩托车表演，或者和那些像是从萨默塞特·毛姆的某部小说里走出来的疲乏的英国官员们一块儿在大卫王宾馆的酒吧里喝酒，当穿着吉拉巴[4]的努比亚仆人们给他们添酒的时候，这些人嘴里嘟嘟囔囔地抱

[1] 以赛亚·伯林致门德尔·伯林，日期未标。
[2] 以赛亚·伯林致法兰克福特，1934 年 12 月 7 日。
[3] 托马斯·霍奇金，《巴勒斯坦来信，1932—1936》（伦敦，1986）。
[4] 一种带风帽的长袍。——译注

怨着傲慢自大的犹太人。晚上，他则回到伊达姨妈和姨父伊扎克·萨姆诺夫家，听他们揭露英国的帝国主义阴谋。英国和犹太这两种成分在他身上发生了冲突，以赛亚在家信中记下了这种分裂状态。他对他母亲说，在他看起来，伊达姨妈成天都在讲什么“英国的暴行”，让他不太感冒，而英国官员大都走的是过分的亲阿拉伯路线。[1]

以赛亚四处游逛，有时是和福斯特一起，有时则是一个人。今天在大马士革参观一座清真寺，或是走在贝鲁特的海滨人行道上，在杰拉什的星空下过夜，就睡在一块罗马墓碑上，早晨醒来的时候，墓碑上的字迹已经透过罗登呢外套的褶皱印在了他的背上；明天又来到一个基布兹[2]，在那儿碰见一位参加过社会主义革命的令人难忘的俄国老妇人，以赛亚主动提出为她付饭钱，而她却用一种像皮革一样粗糙的声音对他说，世界上有的人过于吝啬，有的人又过于慷慨，前者固然不应该，后者也同样是一种罪过。以赛亚有着永不满足的好奇心，他跑到大学里去见一位研究犹太复国主义运动的历史学家，又第一次与伟大的希伯来学者格尔肖姆·肖勒姆会面；后来又到安曼与一些激进的反犹太复国主义的巴勒斯坦人见了面。他曾对他的父母说过，如果巴勒斯坦领导人大穆夫提[3]本人有接见犹太人的习惯的话，自己也会很乐意去见见他的。[4]

[1] 以赛亚·伯林致门德尔·伯林，日期未标。
[2] 以色列的居民聚居点，一般从事农业或工业。——译注
[3] 伊斯兰宗教领袖。——译注
[4] 见伯纳德·瓦瑟斯泰因“以退为进”一文中提到的伯林拜访巴勒斯坦人的情况，《泰晤士报文学增刊》，1998 年 4 月 24 日。

不过，以赛亚并没有变得更加支持犹太复国主义运动，而是仍然以英国人的眼光，透过一些英国味十足的隐喻来看待巴勒斯坦。他将巴勒斯坦视作一所英国公立学校，高级专员是这所学校的校长，殖民局是管理委员会；这所学校本身可以划分为阿拉伯院和犹太院。老师们多数都喜欢阿拉伯院，因为这里的学生“欢快、热情、精力充沛而且个性很强，常常可能会来一次爆发，并且在喧哗中打烂几个犹太人或者有时是一个英国人的脑袋”。而犹太院里全是些又能干又有钱的孩子，“父母给他们的零花钱太多了，这些孩子粗鲁、自负、叫人讨厌、喜欢卖弄，别人怀疑他们在和别的小孩交换邮票时占人家便宜，他们总爱说自己比别人知道得多，多半是些工作狂，而且从来不和别人一块儿做游戏”。他在做这个公立学校的比喻时用的是一些介乎讽刺和自我厌恶之间的词语。犹太人的旺盛精力被形容成粗鲁无礼，聪明才智变成了自以为是，健康成了粗俗，热情则被看作多愁善感。以赛亚始终是在或多或少地通过那些诋毁者的眼睛来看待他自己的民族。[1]

总而言之，以赛亚终生都在与对于巴勒斯坦的认同感这一情感回头浪作斗争。他是一个犹太复国主义者，但是他已经被复国主义者的神话所困扰，这个神话宣称，巴勒斯坦是作为一片无人居住的土地赐予一个没有土地的民族的。但是在这片土地上的确有一个民族，和他们提出的种种要求做一个了断是无法避免的。他在许多信件中都坚持认为犹太人应该做更多的努

[1] 根据对伯林的访谈，见沃尔夫森学院亨利·哈代的伯林档案，1988 年 12 月 13 日，14。

力，将阿拉伯人融入巴勒斯坦经济当中来。同时，他觉得英国为安抚阿拉伯人所做的努力也对犹太复国主义运动的激化和针对英国人与阿拉伯人的暴力集团的出现负有责任。他看得出来，阿拉伯人宁愿忍受他们本族人的苛政，也不愿由犹太人来对他们进行统治，哪怕是清明的统治。“在十五年之后，阿拉伯民族主义者们会一变而为诚恳、清廉而且野蛮到极点的法西斯分子。到那时，真正的好戏才会开始。”[1]

的确，当他离开巴勒斯坦乘船前往意大利时，他对这种“好戏”怀有期待。在船上餐厅的“可食”区吃饭的时候，以赛亚遇到了一个名叫亚伯拉罕·斯特恩的有着诗人气质的英俊青年，他到意大利去是为了靠墨索里尼政府提供的奖学金到佛罗伦萨大学读古典文学。谈话间，以赛亚问他对于最近英国发生的要求在巴勒斯坦成立一个立法委员会的运动有何看法。斯特恩说：“我们应该与之对抗。”理由是这样会使阿拉伯人享有与他们在人口上的优势成比例的代表权。以赛亚反驳说，这个委员会只不过是起到顾问作用而已。斯特恩回答道，那没有关系，“我们要一战再战，如果必须付出血的代价的话……”[2]说到这儿，他富于表情地耸了耸肩。这个人后来创建了“列奇”（the Lech’i），那是主张武力推翻英国对巴勒斯坦统治的犹太地下组织当中最极端的一个。不论是在他的家信里，还是在回程中偶

[1] 以赛亚·伯林致玛丽昂·法兰克福特，1935年3月20日。

[2] 根据对伯林的访谈，见沃尔夫森学院亨利·哈代的伯林档案，1988年12月13日。关于斯特恩，见H.M.萨查尔，《以色列的历史》（纽约，1996），246—249。

然遇见的这个人身上，以赛亚都可以想见将来的情形，因此作为回应，他已经开始确立自己自由主义的犹太复国主义主张了。

从巴勒斯坦回来以后，以赛亚继续为马克思传做调查准备，但真正能够与他进行讨论的只有拉什米利耶维奇一个人。此人对以赛亚的这一题目似乎非常熟悉：19 世纪 40 年代，在巴黎的咖啡馆和廉价公寓里，那些在马克思周围随处可见的富于空想的（或许是天启色彩的）德国和俄国流亡者们。每到星期六，伯林就来到伦敦，在大英博物馆的阅览室里和拉什米利耶维奇见面，后者在这里潜心于他自己那些秘密的、永远不见天日的研究。吃饭的时候，或是在女王大厅听完音乐会之后，他们俩便开始把中欧的煽动者同与拉什米利耶维奇如此相像的知识分子之间的一场场争论从历史中复活过来。

以赛亚过着一种双重的学术生活。一是和拉什米利耶维奇在一起，做一种闲庭信步式的历史的研究，其中不时有俄、德、犹太引文出现，用这三种语言同时进行；二是和他在牛津的哲学同事们在一起，这时他的学术风格一变而为盎格鲁–撒克逊式的，精确严谨，合乎理性，遵循固定的程式。获选进入全灵学院给了以赛亚一个机会，使他得以加入一个不可思议的圈子，与一帮才华横溢的哲学教授们为伍。这些人当中最为少年老成的是一个身材瘦削、有一半犹太人血统的放荡哲学家 A.J. 艾耶尔，他另有一个广为人知的名字叫作弗雷迪。[1] 他们俩本来应该成为好朋友——

[1] 本 · 罗杰斯，《A.J. 艾耶尔传》（伦敦，1999）；又见 A.J. 艾耶尔，《我的部分人生》（牛津，1978），97—98；也见其《我的更多人生》（伦敦，1984）。

在长达五十年的时间里，两人保持了一种谨慎的、暗中较劲的友谊——但是他们的每一项相似之处实际上起到的是拉大两人距离的作用。同为犹太人是一个问题。伯林从来就不会和英籍犹太人特别亲近，更何况他们两人对自己的犹太人身份的体验还有很大差别。对艾耶尔而言，犹太身份是一种返祖性的遗传，一个理性的头脑对之应加以摒弃；而在伯林眼里，它作为一种身份虽然可加以怀疑，却绝对不能将之抛到脑后或是企图超越它。他们俩在宗教观念上也有同样的区别。两人都是休谟式的怀疑派，但年轻的艾耶尔看不起宗教，伯林却遵循着过犹太主要节日亦即逾越节和赎罪日的习俗，并且始终以一种包含讽刺的尊重态度来对待宗教信仰。最后，他们俩虽然同属鲍拉的“不道德阵线”，即30年代牛津思想大胆的左翼分子，但艾耶尔的个人生活远比伯林要独树一帜。他还在上大学的时候就娶了一个才智过人的时髦女郎，开始了一连串的风流韵事和性爱纠葛，这些使得他的私生活显得与众不同。主要也正是由于他这种感情生活，拘谨的以赛亚才把他视作一个狡猾的、不老实的家伙——聪明有趣，但是缺乏道德观念。他们俩终生不断的竞争从1932年参加全灵学院考试的时候就开始了，伯林考上了，而弗雷迪则名落孙山。此后的1932和1933两年，艾耶尔在维也纳过冬，参加了由维也纳学派几位关键人物——莫里茨·石里克、鲁道夫·卡尔纳普、奥托·纽拉特和弗里德里希·魏斯曼——举办的哲学研讨会。在维也纳的四个月里，艾耶尔给以赛亚写过几封重要的信，详细说明了自己所学的东西。具体说来，就是哲学的中心问题：“一个人发明一种理论的时候是在干什么。”[1] 在维也纳学派这里，严格的经验主义证实变成了如何提出适当的理论的试金石。如果一种理论不能得到经验的证实或是通过逻辑的检验，那么它就是一种荒谬的理论。这一宗旨把大部分哲学上的形而上问题——例如生活的目的是什么或者善的本质是什么——都扔到了垃圾箱里。用伯纳德·威廉斯的话来说，逻辑实证主义，也就是后来众所周知的维也纳学派的宗旨，是要把哲学变成谦逊的“形而上学的终结者”和“科学的秘书”。[2]

艾耶尔被这些学说迷住了，他性格中本来就有喜欢打破旧势力的倾向，维也纳学派的这些观点则正好成了一把利斧，供他劈烂自己以前所学的那种哲学。在从维也纳写给以赛亚的一封信中，他表达了这种学术上的兴奋之情：

> 哲学就是语法。在你谈论规律的地方，他们谈论的却是语法规则。所有的哲学问题统统只不过是些纯粹语言上的问题，而所有语言问题又都是通过思考当下讨论的这一符号的具体应用情况而得以解决的……总而言之，这是些完全合乎我的心意的人。[3]

回到牛津，在基督教会学院担任了教师之职后，艾耶尔开始以一种充满才华的方式广泛传播维也纳学派特别是维特根斯坦的

[1] A.J. 艾耶尔致以赛亚·伯林，日期未标，维也纳，1932 年。
[2]《概念与范畴：哲学论文集》（伦敦，1978），亨利·哈代编，伯纳德·威廉斯导读，xiii。
[3] A.J. 艾耶尔致以赛亚·伯林，1933 年 2 月 26 日。

学说。维氏当时还在剑桥，他从未正式成为维也纳学派的一员。虽然他1921年出版的《逻辑哲学论》的某些部分似乎最充分地表达了这一学派的学术观点，但同一本书中的其他部分，特别是在最后，又被维也纳学派斥之为形而上学和半宗教式的猜想。[1]在艾耶尔开始努力传播他的学说之时，维特根斯坦与其说是一种哲学上的势力，倒不如说是一位神话般的人物。人们在餐桌上谈论他，却很少有人读过他的著作。1934年，在来自哈佛法学院、在牛津担任为期一年的伊斯曼教授的菲利克斯·法兰克福特家，以赛亚、弗雷迪·艾耶尔、盖伊·伯吉斯（毕业于剑桥三一学院）和律师西尔维斯特·盖茨四人在吃饭的时候争论起来，争论的内容是维特根斯坦的名言“对于无法言说者，则应保持沉默”在他的《逻辑哲学论》中出现的次数是一次还是两次。艾耶尔和伯林说是一次；盖茨却说是两次。几个人打了个赌，然后派人坐出租车去弗雷迪那儿把那部圣书拿过来。结果证明那句话维特根斯坦的确说了两次，一次是在前言中，另一次是在结论里。艾耶尔和伯林两人付清了赌输的钱。伯林的确读过《逻辑哲学论》，但在他脑海里留下了深刻印象的只有一句话，那就是维氏的另一句名言：“死亡并不是生命中的事件。”[2]

当艾耶尔在《语言、真理与逻辑》一书中完成了他对维也纳学派学说的智慧阐释之后，他把原稿寄给伯林，并且十分赞

[1] 瑞·蒙克，《维特根斯坦传：天才之为责任》（纽约，1990），241—245；A.J. 艾耶尔，《维特根斯坦》（伦敦，1985）；阿伦·詹尼克与斯蒂芬·图尔明，《维特根斯坦的维也纳》（纽约，1973）。
[2] 以赛亚·伯林，“菲利克斯·法兰克福特在牛津”，《个人印象》，117—118。

同伯林向他提出的一些建议，故此在1936年的初版谢辞中向伯林表示了感谢。[1] 艾耶尔以一种青年人才有的无情态度，用维也纳学派轰动一时的学说作为武器，开始着手推翻英国哲学。哲学应该是对经验的或者逻辑的陈述进行的分析，如果一种主张既非经验的也非逻辑的，那么它便是荒谬的。伦理学或者道德哲学的内容则要么是事实的陈述，要么是情感状态的表达。根据当时全灵学院一位年轻的哲学家斯图尔特·汉普希尔后来的回忆，道德规范似乎“没有任何理性的成分”。[2]

由于逻辑实证主义“有意识地反对教权主义”，攻击教会的权力机构及其教义的形而上学基础，故而具有一种左翼的、进步的味道。弗雷迪·艾耶尔在威斯敏斯特市政会里担任工党候选人，在一所位于福伯特广场、被伦敦索霍区众多爵士乐俱乐部包围的公寓中过着波希米亚式的生活。逻辑实证主义和他的生活方式是一致的，它把理智与进步政治、性解放以及在一切问题上反教会、反独裁的观点联系起来。

逻辑实证主义当中有很多东西让以赛亚激动不已。在1937年为T.S. 艾略特的《标准》写的一篇评论中，他将逻辑实证主义描述为“当代最令人震惊的学术现象之一”。[3] 以赛亚尤其赞同的

[1] A.J. 艾耶尔，《语言、真理与逻辑》（伦敦，1936），前言。
[2] 以赛亚·伯林，“我要篡改一下你的信仰”，与斯图尔特·汉普希尔关于牛津分析哲学的诞生的对话，迈克尔·沙南的六部影片之一，1972年［亨利·哈代手稿，5］。关于以赛亚对艾耶尔作为哲学家的正式评价，见以赛亚·伯林致牛津大学注册主任，1959年1月9日，支持艾耶尔候选威克姆逻辑学教授。
[3] 以赛亚·伯林，评朱利叶斯·怀恩伯格的《对逻辑实证主义的考察》，《标准》，第17期（1937），174—182。

是逻辑实证主义对德国哲学中他所谓“云山雾罩的胡说”的攻击，这种攻击在他的牛津课程表里一点也见不着。逻辑实证主义似乎预示着哲学完全可以不只是模糊晦涩的谈话，它可以产生出实实在在的结果，它可以不断进步。用斯图尔特·汉普希尔的话来说，逻辑实证主义似乎超越了牛津大学生们在20年代末30年代初所学的哲学那种“业余性”和“地区性”。

艾耶尔在学术上的主要竞争对手是J.L.奥斯汀，一个高个子、戴眼镜、头发稀疏的哲学家，他曾经被令人难忘地形容成一只高深莫测的仙鹤。[1] 他获选进入全灵学院的时间比以赛亚晚一年。他也被逻辑实证主义预示着的那种学术上的严格性所吸引，在他战后开始发展自身的普通语言分析模式之前，他和艾耶尔的争论本质上主要是对学术领导地位的竞争，而非观念的根本不同。奥斯汀后来成了以赛亚生活中的一个主要权威。他对以赛亚的影响十分明显，那些战后到伯林住处做客的人还记得在他的壁炉架上见过一块金属牌子，显然是从某个牛津车库里弄来的，上面只有三个字：“奥斯汀”。[2] 奥斯汀和伯林一见面就立刻喜欢上了对方，虽然他们俩并没有什么相似之处。一个是小心谨慎、感情含蓄的英国人，有着大法官法庭律师的仪态风度；另一个则是说起话来滔滔不绝、其快无比的俄国犹太人，还有着一个同样高速运转的直觉头脑。两人很快就变得形影不离，早上不给学生上课的时候，他们就待在全灵学院的

[1] 安南，《我们的年代》，303。
[2] 根据对理查德·沃尔海姆的访谈。

住处，或是沿着马格达伦学院的艾迪生小道大步走着，专心致志地交谈着。以赛亚始终很喜欢奥斯汀，因为他曾经低声向以赛亚耳语道：“所有的人都在**谈论**决定论，**声称**自己相信决定论，可是我从来没遇见过一个决定论者，我指的是一个真正相信这种理论的人，就像你和我相信人是要死的一样真诚。你呢？”[1] 这句针对艾耶尔而发的评论表明了他们俩对于下述观点的一致赞同：在目的、意图和评价的语言之可理解性当中，自由行动与人的行为的定义是密不可分的。

是以赛亚想到要把与奥斯汀的私下交往扩大到其他青年哲学家身上的。1935 年的一天早晨，在布莱克威尔书店里浏览的时候，他偶然看到哈佛实用主义者 C.I. 刘易斯所著的一本关于知识哲学的书，名为《心灵与世界秩序》。以赛亚觉得这本书是对实用主义经验论有趣而清晰的陈述，因此向奥斯汀提议两人一块儿上一次有关这本书的课。当他们俩一起以老师的身份出现在一群哲学专业的大学生面前时，奥斯汀突然变成了大审判官，这不免让伯林大吃一惊。他问道：“如果这张纸上有三个朱红色的斑点，那么有几种朱红色呢？”伯林说有一种。奥斯汀说：“我说有三种。”然后接下去以一种“缓慢、有力而无情的”语气驳斥伯林的论点，毫不理睬以赛亚（根据听众们的回忆）脸上明显的不快表情。[2]

[1]《个人印象》，143。

[2]《个人印象》，136。旁观者是以赛亚 · 伯林的朋友贾斯珀 · 里德利。见里德利日记，1935 年，由克丽西达 · 里德利收藏。

但是，伯林并没有就此避开奥斯汀，而是照常去找他，这表现出以赛亚在学术上的成熟。他继续扮演着哲学上的调解人这一不可缺少的角色，在艾耶尔的逻辑实证主义和奥斯汀正在形成的怀疑论语言哲学之间居中调停。以赛亚想要和包括他们俩在内的人进行经常性的哲学讨论。在1937年春和1939年夏之间，“兄弟们”每周四晚饭后便在以赛亚在全灵学院的住处齐聚一堂。这个神奇的圈子并不大，共有艾耶尔、伯林、汉普希尔、奥斯汀、唐纳德·麦克纳布、A.D. 伍兹利和唐纳德·麦金农七人。R.G. 科林伍德获得过邀请，但是拒绝了他们。

兄弟们讨论的主要问题是认识论、个人身份和了解他人想法的可能性。屋子里的哲学空气充斥着维也纳学派关于技巧的术语，汉普希尔记得，以赛亚当时反复地坚持说他们应该讨论一些平实而明显的实例，一次又一次地试图驱散这片令人昏惑的云翳。对这个圈子之外的任何一个人而言，这些讨论可能显得有些像是来自火星。比如说，他们曾经争论过这个问题：能不能说某人的头疼比另一个人的更为严重。如果我们对于世界所知的每件事情都是通过自己的感官得来的话，那么我们对别人脑子里的东西怎么可能知道哪怕是一星半点呢？严格的经验主义似乎使得每一个感知着的人都掉到了一个由自身感觉组成的唯我论世界的陷阱里。同样的道理，如果我们对于世界所知的每件事情都是通过自己的感官得来的话，那么我们的种种感觉素材又划分为几个组成部分呢？奥斯汀会说，假设你正在看一个包含七道黑条纹和七道黄条纹的视觉区域，是应该说它含有十四个不连续的感觉素材单元呢，还是应该说它是一张虎皮呢？

他们一起读了卡夫卡的《变形记》，然后思考着格里高尔·萨姆沙的困境，因为它似乎在个人的身份和记忆延续之间的关系上给了他们一些启示。萨姆沙到底是一个长着蟑螂身子的人呢，还是一只有着人的记忆和意识的蟑螂呢？奥斯汀的说法是“都不是，在这样的情况下，我们应该不知道怎么说才对。这种时候，正是只要我们一开口，‘言语就会失效’的时候”。[1]

言语在他们这儿很少失效。星期四的晚上总是喧闹的。他们当中有人曾经把彼此之间的辩论比作是带着一群猎犬去狩猎。艾耶尔曾经咆哮着对奥斯汀说，他是一只自己并不想跑而只喜欢咬别的狗的灰色猎狗。这句话说得不算错：艾耶尔至少还有维也纳学派的学说要维护，而在这一时期，奥斯汀自己的立场并不像他那种没完没了地苦心推翻别人理论的才能那样突出。奥斯汀有一种引起别人恐惧的能力。他先是用一种能置人于死地的恐怖眼神盯着你，问：“你不介意再重复一遍吧？”等到你把刚才的话再说一遍之后，他就会以一种吟诗般的语调小声说：“我觉得你刚才说的那些完全是废话。”他们的聚会既是智力的也是意志力的较量，并且造成了真正的伤害。以赛亚后来回忆道：“没有客气的、与假想敌人的击剑练习，只有

[1]《个人印象》，140；又据对以赛亚·伯林的访谈，见沃尔夫森学院亨利·哈代的伯林档案，1988 年 11 月 30 日。

你死我活的战争——死的那个是我。”他们为之而战的正是他们这一学科的地位、目的和本质：哲学应不应该试图成为一门科学；哪些问题是中肯的、可以解决的，而哪些不是；怎样才能取得哲学的进步。这样的较量完全有可能彻底摧毁伯林的自信。这当然让他明白了自己作为一个哲学家的局限，但他并没有被这种认识毁掉。正如他后来所说的那样：“我知道自己并不是第一流的，但是我已经够优秀了。我很受尊重。没有人瞧不起我。我是兄弟们当中的一员。”[1]

奥斯汀很担心他们的讨论可能太随便、太仓促，故此应该加以严格的规定——对他那种个性的人来说有这样的想法很自然。他给以赛亚写信说：“哲学的讨论通常是无效的、没有启发性的，原因便在于缺乏对讨论程序的严格规定。”[2] 接下去，他足足用了四大张纸来大书他对讨论程序的建议，这样的建议即使是对国会下议院来说也显得过分，而施之于一个七人小团体简直就是发疯。奥斯汀的建议一条也没被采纳。以赛亚设法阻止了奥斯汀的程序癖。

圈外的人憎恶这个圈子。1938 年 2 月，一个哲学家从利兹到这儿来宣读论文，回去以后，他寄来一封信，在信中严厉地评论说，牛津的哲学家们著述甚少，议论却极多。[3] 连以赛亚后来也承认：“我们都是些过分以自我为中心的人，总觉得

[1] 根据对伯林的访谈，见沃尔夫森学院亨利·哈代的伯林档案，1988 年 11 月 30 日，11。
[2] J.L. 奥斯汀致伯林，1937 年 1 月 18 日。
[3] 阿瑟·麦基弗致伯林，1938 年 2 月 6 日。

谁也教不了我们什么东西。除了我们自己以外，我们并不试图取悦于谁。只要能够说服自己圈子里的某一个人某一件事情，就足以使我们得到完全的满足，过分的满足。”[1] 不过，使用内行人士的语言，以及体验洞察力带来的眩晕，都让以赛亚明白了什么是真正的精神愉悦。

以赛亚在这个圈子里智力上日渐成长的同时，对逻辑实证主义的怀疑也在不断增加。他是最先看到在艾耶尔规定的两类陈述之外也可能存在有意义的陈述的人之一。假设性的条件从句，比如“如果一匹名叫沙勒迈恩的马参加了这场比赛的话，它就有可能赢”是有意义的，在定义上却不可能得到经验的证实。此外还有那些有意义的概念上的事实，比如粉红色更接近红色而不是黑色。伯林指出，像这样的事实就既不是一件经验的事实，又不是一种逻辑的推论。艾耶尔为抵挡诸如此类的例外情况的反驳又做了一些新的努力，例如他坚持说，颜色关系的确是一项经验的事实。然而伯林已经开始相信这些例证推翻了逻辑实证主义的核心主张，即一切有意义的陈述要么是理论演绎，要么是经验事实。

类似的疑问在他人思想的可知性这一问题上又出现了。如果有人说自己头疼，你怎么能够确切地证实这一点为真？证实主义似乎开启了一个唯我论的世界，其中每个人都可以相信自身感官的真实性，却无法证实他人对语言的使用同他人

[1]《个人印象》，144—145；又见以赛亚·伯林致本尼狄克特·尼科尔森，1935 年，日期未标。

的语言所指称的感觉素材之间的对应性。这一点像是在逻辑实证主义的墙上打开了另一道裂缝。伯林在1939年写的一篇论文《证实》里提出了上述各项反对意见，并接着论证“可证实性依赖于可理解性，而非相反”。有的陈述可以理解，但无法证实。逻辑实证主义无法解释这一点。以赛亚的这些论文在战前对逻辑实证主义的批评当中应属洞察力最强的若干篇之列。[1]

以赛亚作为哲学家是十分优秀的，问题在于这种哲学本身——它对于科学的偏好，对于道德、历史和政治问题的缺乏兴趣——逐渐显露出途穷之相。在他当时以分析哲学风格写成的几篇最新的文章中，有一篇是发表于1950年的《逻辑转换》，该文对逻辑实证主义的怀疑已经逐渐变成了讽刺挖苦。它所攻击的对象是寻求“最确定无疑的命题”而获得的简化论结果。寻找这种荒芜的确定性的岛屿等于浪费时间。一个人的语言越精确，他实际上能说出的东西就越少。

> 要说出关于这个世界的任何有意义的话语，我们就必须引入直接经验之外的东西（无论“直接”是什么意思），具体而言，也就是引入过去和未来、缺席的对象和他人、尚未实现的可能性，以及一般的、假设的判断等等。如果

[1] 以赛亚·伯林，“归纳与假设”，《亚里士多德学会学刊》，增刊，第16期(1937)，63—102；“证实”，《亚里士多德学会学刊》，第39期(1939)，225—248；《概念与范畴：哲学论文集》，12—32。

这些东西仅仅因为我们无法证明其可靠就被排除的话，那么确切地说，到最后什么也不会剩下。[1]

作为对逻辑实证主义的反动，以赛亚自己的思考方式变得比以前更具历史性了。正如伯纳德·威廉斯所说的那样，以赛亚强烈地意识到“没有任何一种抽象或分析的观点能够脱离同历史的及个人的观念的一切关系而独立存在。每一种观念都不仅仅属于某个环境，它同时还属于某个特定的人，以及由其他观念构成的、一种不只是在形式上被规定的前后关系”。[2] 这种思维习惯使得伯林对哲学讨论的空洞性越来越厌烦，并将他引向了一个新的方向——不是走出哲学，而是走向围绕着观念史发展起来的那种哲学。马克思传在一开始只是一种尽责的锻炼，他对这本书以后将会通向何处没有多少概念，后来，它却逐渐为他打开了一个更为广阔的世界，在这里，在观念史中，以赛亚觉得自己找到了真正的归宿。正是写作马克思传这一计划拯救了伯林，使他得以逃出牛津哲学的死胡同（至少在他自己眼里是这样）。

虽然他从事狭义上的纯粹哲学的这段时光十分短暂，它在以赛亚成熟作品中残留的影响却很值得探讨。他始终坚持分析哲学的净化作用。“它驱散了黑格尔哲学毫无用处的片片乌云……是一阵清新的强风。”[3] 但是逻辑实证主义将哲学重新定

[1] 以赛亚·伯林，“逻辑转换”，《概念与范畴：哲学论文集》，78。
[2]《概念与范畴：哲学论文集》，伯纳德·威廉斯导读，xii。
[3] 根据对伯林的访谈，见沃尔夫森学院亨利·哈代的伯林档案，1988 年 11 月 30 日，1。

义为科学的侍女的做法完全不能使伯林信服。正如他后来所写的那样，哲学的诞生地是“作为对经验进行思考和分类之根据的永恒或半永恒的范畴”。[1] 正如所谓“永恒或半永恒”所暗示的那样，哲学的主题应该是历史性的。对于思想的这些模式和范畴而言，随着时间的推移而变化是一种不能消除的特征。对于艾耶尔和实证主义者而言，人类思想的历史性只是一种偶然发生的特征，引不起他们什么兴趣。而在伯林这里，它却提出了哲学本身的中心问题，亦即连续稳定的人类价值观念是否可以与明确无误的历史变化相调和，在这样的变化中，这些价值观念在不同时间、不同文化以及同一文化中不同个人之间得到表现。此外，这种对于价值观念的强调使得道德和政治哲学重新回到了舞台的中央。[2]

随着以赛亚对学院派哲学的怀疑不断增长，激进少壮派的部分成员相信他正在回避难以回答的分析哲学问题，他离开了正题，兴高采烈地进入了研究起来更为惬意的 19 世纪的领域。以最为尖锐的形式提出这种反对意见的是斯图尔特·汉普希尔，他是一个有才华的高大英俊的巴里奥尔学院学生，1936 年获选进入全灵学院。随着汉普希尔本人学术信心的日渐坚定，对逻辑实证主义迷恋的日渐加深，他对以赛亚那种“富丽堂皇”的语言方式也越来越厌烦。在 1937 年写的一封斥骂的

[1]《概念与范畴：哲学论文集》，146—147。
[2] 见他大学时代未发表的论文，日期未标，“道德判断的分歧与绝对的道德标准是否可以调和?”，伯林档案，沃尔夫森学院。又见《概念与范畴：哲学论文集》，146—147。

信中，他责备这位朋友写的都是些极其模糊的“笼统观念状态，以及各式各样时代思潮的精神”。[1] 这些全都是非常“不符合实证主义和现实主义”的东西，而其观念史正在因为对模糊不清的黑格尔式普遍性的依赖而逐渐遭到破坏。

汉普希尔的信至今仍是对以赛亚作品最为有效的方法论批判；同时它也说明了他们两人作为朋友的那种古怪的紧张关系。两人当中较为年轻的汉普希尔为他这位严谨不足而博学有余的年长朋友承担起了学术和政治良心的角色。在马克思传的谢辞里，伯林把汉普希尔与艾耶尔和拉什米利耶维奇放在一起，为他所作的有关评论向他表示了感谢；但是很难说汉普希尔频频提出的批评意见在多大程度上让以赛亚改变了自己的观点或方法。以赛亚仍然我行我素。占据了他后半生主要精力的那些基本问题在牛津的分析哲学里大都连影子也见不到。那些问题的出现是由于他优秀的头脑能够随时随地在他人思想中发现蛛丝马迹或者只言片语，然后倾注毕生的精力对之进行研究，正是在这种表面上随随便便或是偶然发生的过程当中，才播下了问题的种子。有两种基本的主张很早就在伯林的脑海里扎下了根，一是各种价值观念有可能是相互矛盾、无法调和的，二是人类并不具备无限的可塑性。在他 1933 年 11 月写给伊丽莎白·鲍恩的一封信中，我们已经可以看出，伯林注意到哲学家马勒伯朗士曾经指出，既然人类共同追求的道德目标是彼此矛盾的，那么要建立一个理想社会的想法就是没有道理的。同样的思想萌芽在其他地方也曾经突兀地

[1] 斯图尔特·汉普希尔致以赛亚·伯林，1937 年，日期未标。

出现过。以赛亚在信中写道：康德不是说过吗，“用扭曲的人性之材打造不出任何笔直之物”。[1] 正是这些与思想的偶然碰撞，而不是与艾耶尔和奥斯汀的热烈讨论产生出了以赛亚后期的思想；正是在以赛亚独自的阅读中，而不是在他对汉普希尔的批评的反驳中，他的成熟思想逐渐成形。

伯林的特别之处就在于，他从来没有让汉普希尔的批评损害他们两人的友谊。汉普希尔在获选进入全灵学院之前曾经在波蒙街和另外两个大学生合住，并和他们一起成立了一个叫作弗洛伦丁俱乐部的富于教养的讨论小组，邀请莫里斯·鲍拉和以赛亚这样的新潮教师参加。1934 年，T.S. 艾略特曾来波蒙街参加过一次这样的聚会，那一次以赛亚和艾略特大谈德国诗人威廉·布施，让大家吃了一惊。以赛亚不知怎么读过这位诗人的作品，整个牛津没有第二个人读过。相形之下，汉普希尔觉得自己有点“漫画式的英国腔”，外加土里土气。但他对以赛亚关于欧洲的学问和口若悬河不但不觉得厌恶，反而十分着迷。1936 年夏天，他们一起野餐，当时以赛亚狼吞虎咽地吃着黑橄榄，似乎对英国乡间的美景完全视而不见，这让汉普希尔觉得很有意思，两人从此便成了好朋友。[2] 由于汉普希尔有着难以捉摸的判断力和羞涩而正直的性格，以赛亚给他取了个外号叫作“瞪羚”。

[1] 以赛亚·伯林致伊丽莎白·鲍恩，1933 年 11 月。

[2] 根据对斯图尔特·汉普希尔的访谈，1994 年；又见斯图尔特·汉普希尔，“性情中人”，《泰晤士报文学增刊》，1998 年 5 月 29 日。

1937 年夏天，汉普希尔和伯林一起作了一次横穿爱尔兰的旅行。他们坐着一条科拉科尔小船[1]，划到布拉斯基特群岛，坐在炭火旁边听岛民唱歌，还用颤抖的声音为欢庆的夜晚献上了一首全灵学院校歌。然后二人坐爱尔兰乡村公共汽车继续他们的旅程。汉普希尔还记得当时以赛亚曾经用俄语为他朗读了福楼拜的《布法与白居谢》来逗他高兴。7 月下旬，他们和作家罗莎蒙德 · 莱曼和葛伦威 · 里斯一起来到鲍恩家拜访她，并且冷眼旁观葛伦威以斗牛士般的气魄把他的热情从鲍恩那里转移到莱曼身上，这件轶事后来被鲍恩用作了她最著名的小说《心之死》里痛苦的核心线索。[2]

1938 年夏天，伯林终于把马克思传的手稿交给了出版商，结果对方告诉他必须删掉两万五千字。于是他先是把自己关在滨海博略的一家旅馆里，后来又一直待在荷里克罗夫特大道父母家里，他毫不隐讳地承认父母家是修改稿子最理想的地方，因为只有在这儿，他才可以在吃饭的时候发脾气。夏末的时候，他去了鲍恩家，每天早上，伊丽莎白 · 鲍恩就把他锁在分给他住的卧室里，直到午饭时才让他出来。以赛亚回到伦敦的时候，稿子的字数已经压缩得合乎要求了。[3]

[1] 用防水材料（兽皮等）制成的圆形小渔舟。——译注
[2] 格伦迪宁，《伊丽莎白 · 鲍恩》，40—43，114—122；又根据对伯林的访谈，见沃尔夫森学院亨利 · 哈代的伯林档案，1994 年 3 月 12 日，10。
[3] 以赛亚 · 伯林致伊丽莎白 · 鲍恩，1938 年，日期未标。以赛亚 · 伯林致门 · 伯林，1938 年 8 月 26 日，28 日，9 月 8 日，11 月 10 日。又根据对伯林的访谈，见沃尔夫森学院亨利 · 哈代的伯林档案，1988 年 12 月 14 日，6。《卡尔 · 马克思：生平与环境》（伦敦，1939 年；再版时由艾伦 · 赖安作序，第 4 版由特里尔 · 卡弗为作导读，牛津，1978；1995），前言，xv。

1938年9月下旬，以赛亚先后乘坐通宵列车和渡船，从爱尔兰返回伦敦。在火车上和他同座的是一个爱尔兰马贩子，火车刚一停下，这人马上跳到月台上，买了一份报纸，报纸头版头条宣布了张伯伦在慕尼黑与希特勒签订的密约。马贩子惊叫一声："战争结束了！"然后就又回去睡觉了。就当时而言，战争确实好像是一件完全不真实的事情。伯林回到伦敦的时候，在深秋初冬之时风和日丽的暮色中，牛津似乎是快乐而幸福的。[1]

那年秋天，以赛亚拜访了那位来自纳粹统治下的欧洲的极其有名的流亡者西格蒙德·弗洛伊德。弗洛伊德的夫人是伯林家一位朋友奥斯卡·菲利普的亲戚。[2] 通过这层关系，以赛亚约定在1938年10月一个星期五的下午到梅斯菲尔德花园拜访。应门的是弗洛伊德本人，他将伯林引进了那间著名的书房，书桌上、柜子里和书架上，每一块空白都已经填满了埃及和希腊的小雕像。弗洛伊德问起伯林的职业，以赛亚用德语回答说自己正试着教哲学，弗洛伊德便讽刺地对他说："那么你一定觉得我是一个吹牛皮的家伙了？"这差不多是他一贯的语言风格，但是伯林抗议道："弗洛伊德博士，您怎么会这样想呢？"弗洛伊德指着壁炉架上的一座小雕像问他："你猜得出它是从哪儿来的吗？"伯林说不知道，弗洛伊德道："来自麦

[1] 根据对伯林的访谈，见沃尔夫森学院亨利·哈代的伯林档案，1988年12月14日。
[2] 根据对伯林的访谈，见沃尔夫森学院亨利·哈代的伯林档案，1989年10月11日，6—7。

加拉。看得出你倒不装腔作势。”然后他解释道，他能够到伦敦多亏了玛丽·波拿巴公主替他求情；他还问以赛亚和希腊皇室的其他成员熟不熟。以赛亚说不熟，弗洛伊德说：“看得出你不是个势利小人。”

这段审问到此告一段落。接下来弗洛伊德开始自言自语地考虑起自己是否有可能在牛津开业。伯林说，在牛津这样一个地方，对弗洛伊德博士的服务肯定会有大量的需求。他还幻想着在牛津的某个门口挂一块精心制作的磨光的黄铜牌子，上面刻着：“弗洛伊德博士，下午 2∶00—5∶00”，神经病患者们在门前排起了长达一英里的队伍。

然后弗洛伊德的妻子走了进来，她是一位七十多岁的温和妇人，脸上带着一种有趣的讽刺表情。她说：“你认识我的表亲奥斯卡。他是个虔诚的犹太教徒吗?”伯林回答说是的。她又接下去道：“每个犹太妇女都想在星期五夜里点起安息日蜡烛，可是这个怪物，”说到这儿她指着她的丈夫，“却不许我这么做。说什么是迷信。”弗洛伊德以一种装出来的严肃表情点了点头，说道：“宗教就是迷信。”这显然是他们两人结婚以来一个由来已久的玩笑。

然后，弗洛伊德夫妇、他们的孙子吕西安，和伯林一起在花园里喝茶，在伯林的印象中，当时的气氛完全像是在 1912 年前后的维也纳。老弗洛伊德已经处在颚癌的中后期，却没有表现出一点疼痛、不舒服或者抱怨。喝完茶，伯林就离开了。他的感觉是，自己刚才的一个小时不是和一个天才，而是和一位聪明、刻薄、充满智慧的犹太老博士共同度过的。

对以赛亚今后的生活影响更大的，是1939年初与另一位德高望重的犹太人、犹太复国主义运动的领袖哈伊姆·魏茨曼的见面。那是在帕克街伊斯雷尔·西夫夫人富丽堂皇的套房里，在耶路撒冷希伯来大学的一帮朋友们的聚会上。巴勒斯坦高级专员赫伯特·萨缪尔向来宾致了辞，人们要以赛亚向女主人西夫夫人致一篇简短的感谢词。身为一个年轻的研究员，以赛亚还不习惯这样的大场面，站起身来讲话的时候，他费了好大力气才没有脱口说出西夫夫人身上最可贵的一点便是她“富得不得了”这样的话，好歹避免了这样的尴尬错误。随后，他便被引见给魏茨曼，后者发现以赛亚会说俄语之后，便邀请他去多切斯特饭店喝茶。以赛亚马上感到魏茨曼属于天才一类的人物，至少在待人接物方面是如此，用以赛亚的话来说，是“一个调情高手”，有着“一副天鹅绒一样光滑、极富诱惑力的嗓音”。亲切友好不是他的性格，他欢快、有趣、玩世不恭，绝对谈不上“和善”二字。魏茨曼喜欢讲这么一个故事。1915年，在莫斯科的某条大街上，一位警察截住了他，问他在城里干什么。他回答说自己在为犹太人工作。那个警察用一种提到机密时才会用的声音对他耳语道：“小心，那些人会杀了你。”讲到这儿，魏茨曼会发出一声滑稽的吼叫，然后补充说：“他说的当然没错。他们**会**杀了我的。”与犹太人身份的这种带讽刺意味的关系让伯林马上就被他吸引。[1]

[1] 根据对伯林的访谈，见沃尔夫森学院亨利·哈代的伯林档案，1989年3月23日；又见《个人印象》，34—65。

以赛亚见到魏茨曼的时候，犹太复国主义运动正处于低潮。在1936年阿拉伯人暴动之后开始进行调查的皮尔调查团关于巴勒斯坦未来的报告建议采取分治的办法解决问题，魏茨曼的犹太事务处对此表示接受，但阿拉伯人立刻驳回了这一方案。1939年2、3月间在伦敦举行的一次协商会议仍然没能打破这一僵局。随后，1939年5月，英国政府发表了一份白皮书，提出在今后十年当中设立一个统一的巴勒斯坦政府，由阿拉伯人和犹太人共同进行统治。在五年之内，可以允许75 000名犹太移民的进入；1943年以后，则将对更多移民的入境加以禁止。对该白皮书，阿拉伯人和犹太人都十分愤慨地表示了抗议。[1] 对于禁止移民出境的做法，犹太人尤其火冒三丈，尽管很明显希特勒已经使得所有欧洲犹太人种都面临死亡的危险。魏茨曼和伯林讨论了犹太事务处可采取的各种方案，末了魏茨曼悲观地总结道，如果自己能够活着看到“希望之国”的话，它多半是建在一座英国集中营里。

1939年9月宣战之后，以赛亚和其他牛津同事们一样自愿为战争出力。马上就有人给了他一次小小的、让他十分难堪的提醒，要他注意自己的外国人身份。他原本可以做个芝麻大的审讯员，可是等到发现他出生在拉脱维亚之后，他们就连这个机会也不肯给他了。[2] 当弗雷迪·艾耶尔、斯图尔特·汉普希尔和约翰·奥斯汀都以青年军官的身份前往战场的时候，伯

[1] 谢尔曼，《托管年代》，125。
[2] H.M. 默里致以赛亚·伯林，1940年1月23日。

林却被迫郁郁不乐地窝在牛津，和离家的教员们的妻子一起在市政厅装配防毒面具、卷绷带。[1]

他的《卡尔·马克思》在战争爆发的时候出现在了家庭大学丛书中。《泰晤士报文学增刊》对这本书略有好评，牛津的泰斗人物G.D.H.科尔和巴利奥尔学院院长林德赛都对此书作了肯定的评价，不过林德赛同时表示，伯林忘了强调马克思作为“希伯来先知”的一面。[2]伯林却觉得，如果就因为一个人是犹太人并且留着一把大胡子就把他视作希伯来先知的话，那实在是太荒谬了。来自左翼刊物的评论则敌意更深，《工人日报》上说，该书比起资产阶级平常制造的那些反动垃圾来要高明一些。这倒真是很高的评价！[3]

此书印了四版，现在仍在印行之中。它的缺陷是十分明显的：伯林根本没有把握住马克思《资本论》中的经济理论。但伯林对于自己理解了一个与自身格格不入的人物的思想这一点感到很自豪，而且在更广泛的意义上来说，研究马克思的这一过程对他后来的思想产生了一种复杂的影响。他从中发现了一个可供终身研究的对象，因为他由衷地厌恶马克思的历史决定论观念，后来还认为这些东西为斯大林犯下的错误提供了意识形态上的借口。另一方面，马克思感觉到思想和价值观念具有

[1] 以赛亚·伯林致伊丽莎白·鲍恩，1939年，日期未标。
[2] 根据对伯林的访谈，见沃尔夫森学院亨利·哈代的伯林档案，1988年12月14日，7；《卡尔·马克思：生平与环境》，xviii；以赛亚·伯林致A.D.林德赛，1939年10月31日。
[3] 盖·布兰奇致以赛亚·伯林，1940年，日期未标。

历史性，以及他认为阶级斗争中各社会集团的价值观念无法调和，这些认识又都对伯林产生了影响。[1] 马克思主义更坚定了伯林以历史的眼光来看待价值观念的倾向，而当时的自由主义者们却都将它们认作永恒的真理。

在“假战争”期间，也就是1940年的整个冬天，伯林一直闷闷不乐地待在牛津教书。表面上看起来这儿没什么变化。鲍拉还在讲以前讲过的那些笑话；大卫·塞西尔还是在以赛亚的屋子里跑进跑出，就像一箱子被人扛着穿过牧场的母鸡一样唠唠叨叨。虽然高级教员公共休息室里的人们还保持着泰然自若的模样，整个牛津却流言四起，都说政府就要从白厅撤出了。德国开始入侵法国以后，以赛亚便真的开始担心起自身的安危来了。他在给菲利克斯·法兰克福特的信中写道：

> 我不是也不可能是士兵，在有些方面我处于高度的无掩蔽状态，就因为我是个犹太人，还写过马克思；我会尽力不让自己被捉住：如果我能够想办法让某家美国机构邀请我去那儿的话，我会的。但是就这么像冷血动物一样逃走是荒谬可怕的。[2]

1940年6月12日，德军攻破法国防线，巴黎暴露在德军的进攻之下。那天伯林去剑桥的道德科学俱乐部发表一份关于

[1]《卡尔·马克思：生平与环境》，7。
[2] 以赛亚·伯林致菲利克斯·法兰克福特，1940年6月23日。

“他人思想”的论文。牛津的每个人都在为法国迫在眉睫的陷落而担忧，剑桥教授们关心的则是虚幻的理想世界。

剑桥的哲学家们全都到齐了：布雷斯威特、布罗德、尤因、摩尔、威兹德姆，第六个人身材瘦小，容貌俊美，身边似乎全是些和他穿着一样斜纹软呢夹克和白色开领衬衫的助手。他就是路德维希·维特根斯坦。伯林发表的那篇论文讨论的问题是如何可能了解他人的内在思想状况。在他印象里那是篇“无聊透顶”的文章。在讲过开始的几个问题之后，维特根斯坦不耐烦地接过了话头。伯林记得他当时说：“不对，不对，那根本就不该这么说。让我来吧。别讨论哲学了。我们来讨论一下实际的事情吧，普通的事情。通常情况下，我跟你说：‘你看见这儿有一个钟。分针和时针都指向钟面上一定的数字。整个钟面在转动，而时间却没变。’不对吗？那就是唯我论。”[1]

维特根斯坦说，如果因为时钟上的针没有动就说时间停止了，那是白痴才会干的事。不管钟怎么样，也不管感觉器官碰巧记录下的是什么样的情况，时间依然在流逝。这是对艾耶尔式的证实主义最好的驳斥。别的人没有开口。“布罗德像一只煮熟了的龙虾一样坐在那儿，看上去很生气的样子。年老体衰的 G.E. 摩尔张着嘴看着。”以赛亚尽可能巧妙地避而不答，那些助手们则洗耳恭听着每一个字，不敢插话。一个小时以后，维特根斯坦站了起来，他的助手们也跟着站起来，他隔着桌子伸过手来与以赛亚握了握，说：“非常有意思的讨论。谢谢。”

[1] 根据对伯林的访谈，见沃尔夫森学院亨利·哈代的伯林档案，1990 年 3 月 7 日。

说着便走了出去。其余几个人挤到以赛亚周围，对他说受到这样的赞扬是多么不易。但他们骗不了伯林。以赛亚的论文和后来的发言都没能给维特根斯坦留下多深的印象。但他似乎确实认为伯林正直诚恳，没有像弗雷迪·艾耶尔那样企图炫耀自己。维特根斯坦的判断和伯林自己的一样，他们这次见面为以赛亚活跃的哲学生涯画上了一个即非事实上也是象征性的句号。

1940 年 6 月中旬，出乎意料地，盖伊·伯吉斯来到了伯林在全灵学院的住处，建议他和自己一块儿去俄国。以赛亚认识伯吉斯是在 1934 年初，在剑桥的罗斯柴尔德家，当时在场的还有安东尼·布朗特。他立刻就喜欢上了伯吉斯，因其看上去十分有趣，富有活力，虽然有些庸俗，却是个不可能受人压制的三一学院学生。整个 30 年代，他们俩一直保持着联系。这两个朋友的性格几乎截然相反：一个是挑剔的、相当受压抑的教授，另一个却是不修边幅的同性恋冒险家。[1] 伯吉斯想方设法地先是在保守党中央办公室谋得一职，然后在市里一家时事通讯社为投资者充当顾问，接着为保守党的一位国会议员写起了讲话稿，随后又跑到卢森堡电台去工作，而以赛亚对此始终抱着一种不无欣赏的态度。与此同时，他还纵情于伦敦的下等场所；从关于他的出轨行为的种种传说中，以赛亚间接地获得了不少乐趣。伯吉斯会突然离开伦敦来到牛津，从全灵学院所在的正街上那家迈特饭店打电话给以赛亚，提出要拖着自己的某个短期男友一块儿来看望他。以赛亚会叫伯吉斯把他的

[1] 葛伦威·里斯，《多事之秋》（伦敦，1972），110—136。

朋友扔在迈特饭店别管，打开威士忌，然后两人一块儿聊到凌晨；他俩从来不提政治，而大多是谈些与书、影片和音乐有关的内容。伯林对于伯吉斯那些更深、更隐秘的活动毫不知情。不过1938年，以赛亚听说伯吉斯加入了大不列颠青年团，一个曾经把英国的中小学生们送到德国的纳粹集会上去的新法西斯组织。知道此事以后，以赛亚便和他断绝了一切往来。

1940年6月，伯吉斯又来到了牛津，一副泰然自若、公事公办的模样。他是这样为自己短期的新纳粹分子身份开脱的："我的情绪极不稳定，就那样被它俘虏了。英国的一切全都乏味透顶，我觉得至少纳粹还知道自己要往何处去。不过当然，我并不指望你会原谅我。"[1] 但是以赛亚真的原谅了他。伯吉斯接着向以赛亚宣布，自己马上要去俄国执行军情五处派给他的一项任务。他已经向他的顾问和庇护者、当时正担任情报部高级官员的哈罗德·尼科尔森建议，委任以赛亚（因为他能讲一口流利的俄语）为英国驻莫斯科大使馆的一名新闻官员。以赛亚当时还在因为外国人身份让自己没法参加战争工作而觉得伤心，对德军可能占领英国更是一天比一天害怕，因此为了生命安全他简直什么都肯干。对这次机会他表示欣然接受。30年代当中，他曾经数次表白过自己多么愿意去俄国；现在机会来了。伯吉斯迅速安排他与外交部的格拉德温·杰布和情报部

[1] 根据对伯林的访谈，见沃尔夫森学院亨利·哈代的伯林档案，1994年2月8日；又见安德鲁·波尔，《叛逆思潮》（伦敦，1979），195；A. 普尔迪与D. 萨瑟兰，《伯吉斯与麦克里恩》（伦敦，1963），46—55；里斯，《多事之秋》，134—139。B. 彭罗斯与S. 弗里曼，《沉默的阴谋》，230—232。

的尼科尔森见了面。他们俩似乎都很赞成让以赛亚和他一起去执行这次任务。当时以赛亚还没有拿到去俄国的签证，不过出发以后在路上再拿也不迟。在通往俄国的各条路线中，最容易走的一条是经美国西岸各港口前往海参崴。1940 年 7 月，以赛亚和盖伊 · 伯吉斯一起坐上了一艘开往蒙特利尔的船，向着——以赛亚以为是这样——莫斯科而去。[1]

[1] 见 V.W. 纽顿，《剑桥特工》，19；安德鲁 · 波尔，《叛逆思潮》，195—198；Y. 莫丁，《我的五位剑桥朋友》（伦敦，1994），84。

八

以赛亚的战争：纽约，1940—1941

1940年7月9日，汽船“安东尼亚号”离开了利物浦。船上挤满了被疏散的儿童，他们蜂拥在甲板上，“每件家具和装备的背后、顶上、上头、下头、里面全是”。[1] 伯吉斯和伯林分住在头等舱的两个舱位，和下层甲板上的妈妈们和监护人们离得远远的。关于这次任务的情况，盖伊只字未提，任由以赛亚自己去猜测。

为了让父母放心，以赛亚写信给他们说，此次旅行“风平浪静”；实际上，船走得很慢，旅途也很让人伤脑筋。汽船“安东尼亚号”在护航船队中划着之字形前进，护航驱逐舰则不停地扔着深水炸弹，好让德军的潜水艇乖乖地待在港湾里。横渡大西洋一共花了十天，以赛亚有充裕的时间来思考自己做出的这个决定是不是正确。莫斯科大使馆新闻专员的工作似乎有些可疑：谁会真的希望他能在希特勒—斯大林条约的鼎盛时期成功地把亲英言论弄到《真理报》上去呢？

7月20日，他们的船在魁北克靠岸，然后二人取道前往纽约。几天之后，伯吉斯神秘地向以赛亚宣布说，自己被政府召回了。[2] 以赛亚只知道伯吉斯曾经去看望了在剑桥时认识的一个同级生、美国富翁迈克尔·斯特雷特。他根本不知道斯特雷特和伯吉斯都是共产党员，他们俩至少有一个是活跃的苏联特工。回想起当时的情况，显然伯吉斯是利用自己与信息部的哈罗德·尼科尔森的关系安排了这次莫斯科之行，同时又蒙国

[1] 以赛亚·伯林致门·伯林，1940年7月16日。
[2] 以赛亚·伯林致玛丽·费希尔，1940年7月30日。

王陛下政府的允许，而把伯林当作一个无伤大雅的掩护。他动身以后，不是莫斯科就是伦敦方面改变了主意，后者的可能性要大一些。后来，以赛亚认为一定是英国情报局有人觉得伯吉斯很不可靠——更多的是为人而不是政治上——于是便想办法将他召回了，这个人有可能就是维克多·罗斯柴尔德。[1] 回去以后，伯吉斯被情报局撤了职，转而去了 BBC。所有这一切，以赛亚当时完全蒙在鼓里。他只知道自己现在陷入了孤立无援的境地。

这种情形看起来实在是非同寻常，他抛下教职，在战火中横渡了北大西洋，准备去莫斯科，身上却既没有签证，也没有官方的委任状，而和他在一起的是一个出了名的既不遵循传统、办事又不稳妥的家伙。伯林从来没想过伯吉斯可能根本就不像他自己所说的那样，而只记下了这次旅行匆忙的开始和突然的失败——它已经变成了战争中那种混乱的一部分。7 月 30 日伯吉斯回伦敦以后，以赛亚坚持要独自一人继续遵照指示前往莫斯科。他去了菲利克斯·法兰克福特位于马萨诸塞州希思市的休夏别墅，看望了这位当时正担任美国最高法院法官的老朋友。在那儿，伯林遇见了自由主义神学家莱因霍尔德·尼布尔，他的犹太复国主义信念、自由主义见解和他的个人魅力立刻就赢得了以赛亚的好感。在没有得到英国驻莫斯科大使馆明确委任的情况下，以赛亚不敢肯定自己是否获得了大使斯塔福

[1] 见沃尔夫森学院亨利·哈代的伯林档案，日期未标。又根据对伯林的访谈，见沃尔夫森学院亨利·哈代的伯林档案，1994 年 3 月 12 日，6—7。

德·克里普斯的授权，允许进行此次任务。尼布尔称自己是克里普斯的老朋友，可以马上给他写封信。[1]

随后伯林到了华盛顿，和他在全灵学院时的朋友、现任英国大使馆法律顾问的约翰·福斯特待在一起。他再一次向其提出希望能够通过外交部的渠道获得前往莫斯科的许可。他还到苏联驻华盛顿大使馆去弄签证。苏联大使邀请以赛亚和自己共进午餐。两人用俄语开了一个并不轻松的玩笑。以赛亚向大使打听，苏联人为什么新近占领了他的出生地里加，扼杀了波罗的海各共和国的独立。大使露出迷人的笑容，回答道："拉脱维亚实行了新政，爱沙尼亚实行了新政，立陶宛也实行了新政。"接着便批准了他的签证。[2]

苏联人对他的前往没有作任何留难，这一点只不过使得几周之后发生的事情让伯林更觉得难堪。斯塔福德·克里普斯回信说，他从尼布尔的信中才初次得知伯林的这次任务，他看不出伯林在莫斯科能够发挥什么有效的作用，而且认为在他的工作人员中如果有拉脱维亚裔的人将会带来不便。外交部的菲茨洛伊·麦克莱恩也回了一封同样冷淡的短信，信中表示陛下无意委派给伯林先生任何职位。[3]

以赛亚一生中几乎从来没有被沮丧和自怜的情绪控制过，

[1] 根据对伯林的访谈，见沃尔夫森学院亨利·哈代的伯林档案，日期未标。J. 科斯特洛，《背叛的伪装》（伦敦，1988），378—379。
[2] 根据对伯林的访谈，见沃尔夫森学院亨利·哈代的伯林档案，1994 年 2 月 8 日。
[3] 同上；以赛亚·伯林致玛丽昂·法兰克福特，1940 年 8 月 5 日；伦敦档案局，基尤 / 外交部文件，基尤 371/24847—N 6064/40/38。

这一回便是仅有的几次之一。整个1940年8月，他一直躲在纽约肖尔汉姆宾馆一位朋友的套房里，在酷热的天气里什么也干不了，只好读读狄更斯的小说，他觉得自己就像狄更斯笔下的那些人物一样可怜兮兮，“像一个滑稽的诉讼人，由于法庭的折磨而陷入一种闹剧般的悲惨当中”。[1] 他从高处的房间里俯视着脚下那些繁华大道上川流不息地涌动着的如蚁的人群，体会到一种让他毛骨悚然的无足轻重和毫无价值的感觉。纽约的报纸上全是有关英国战场和伦敦遭受首轮轰炸的新闻。以赛亚的母亲已经搬进了他在新学院的住处。他的父亲每周末也会躲到那儿去，但平时仍旧在城里坚持上班，哪怕是头上有炸弹扔下来的时候也是这样。让以赛亚更添一层担心的是那些有关纳粹马上就能占领英国的流言蜚语。他现在害怕的是，当他年迈的双亲被押送往某个集中营的时候，自己却被放逐在纽约。

7月从英国出发的时候，他幻想着自己将会为战争做出点什么“英勇的贡献”。[2] 可是现在，当伦敦遭到轰炸之时，自己却无耻地躲在纽约，花着纳税人缴纳的税款，安然无恙，无所事事。和英国最臭名昭著的逃亡者威斯坦·奥登一起过了一个晚上并没有让他这种自责情绪得到丝毫减轻。这次见面没什么好结果，以赛亚本来就没有赞成过奥登逃离英国的决定，而

[1] 以赛亚·伯林致玛丽·费希尔，1940年8月21日；根据对伯林的访谈，见沃尔夫森学院亨利·哈代的伯林档案，1989年1月30日。
[2] 以赛亚·伯林致玛丽昂·法兰克福特，1940年8月5日；又见以赛亚·伯林致谢拉·格兰特·达夫，1940年8月22日。

现在自己也离开了英国，这样他的负罪感反而更加强烈了。[1]

在写给信息部的哈罗德·尼科尔森的一封信里，伯林向他细诉了自己的悲痛之情，后者在回信中轻松地说，他对于此次莫斯科之行原本就无甚信心。至于回英国一事，他建议以赛亚好好待在纽约，“不要成天多愁善感地幻想着要回牛津来，在那些被炸得日益残破的回廊之间躲避着炸弹”。[2]

即便是美国“灿烂阳光下极其明朗和清晰的景色”也没有使他的精神振作起来。他在给父亲的信中写道，美国人确实是“性格开朗、精力充沛的民族，他们认为二乘以二只能等于四，在提问的时候希望你明确回答‘是’或者‘不是’”。以赛亚却想和那些懂得欧洲式“曲尽其妙”谈话方式的人在一起。他曾经向他在牛津时的朋友玛丽·费希尔承认，自己对牛津剑桥社交圈里那种复杂神秘的迷宫般气氛怀念至极：美国没有迷宫，只有浅浅的、一目了然的街景；和美国人交谈永远是那么令人失望，“绝对没有盐、没有辣椒，也没有芥末”。[3]

虽然他对美国的第一印象是轻蔑的，但以赛亚这时已经遇见了一些后来成为他终身好友的美国人。在约翰·福斯特家，他遇见了一个年轻的记者乔·艾尔索普，他之所以有吸引力既

[1] 以赛亚·伯林致玛丽昂·法兰克福特，1940 年 6 月 23 日；根据对伯林的访谈，见沃尔夫森学院亨利·哈代的伯林档案；又见汉弗莱·卡本特，《W.H. 奥登传》（伦敦，1981），292；以赛亚·伯林致玛丽昂·法兰克福特，1940 年 8 月 23 日。

[2] H. 尼科尔森致以赛亚·伯林，1940 年 9 月 9 日；以赛亚·伯林致门·伯林，1940 年 10 月 5 日。

[3] 以赛亚·伯林致玛丽·费希尔，1940 年 8 月 21 日；以赛亚·伯林致门·伯林，1940 年 7 月 31 日；以赛亚·伯林致玛丽·费希尔，1940 年 7 月 30 日。

是因为他是总统的亲戚，也因为他是战时华盛顿一位滔滔不绝的评论家。法兰克福特又将以赛亚引见给了在罗斯福政府任职的几位要员，其中本·科恩来自印第安纳州的南本德，是一位说起话来故意慢慢吞吞、可怜巴巴的律师，他为新政起草了许多关键性的法规。[1]

虽然伯林这时几乎还根本不了解美国，而且他见到的一切他大都不喜欢，但他对美国情形的把握还是给英国官员们留下了深刻的印象。在他抵达美国之后仅仅四十八个小时，一个闷热的7月的夜晚，他坐在他朋友福斯特位于乔治敦的花园里，口若悬河地评论起了美国政治，于是他的朋友们决定起用他。约翰·惠勒–贝内特和奥博雷·摩根两人当时正在设法组建一支强有力的宣传队伍，想说服美国参与世界大战。他们俩马上去找英国大使罗西恩勋爵，看能不能给以赛亚找份事做。[2] 罗西恩跟使馆新闻专员商量了一下，后者建议，为了检验以赛亚是否适合在这里工作，先让他考察一下美联社在不列颠战争期间对英军士气的报道。与此同时，魏茨曼也在力劝伯林在犹太事务处任职，不过以赛亚委婉地拒绝了领袖的好意。整个9月，即不列颠战场的战争达到高潮的时候，以赛亚每天都到纽约第五大道洛克菲勒中心内的英国图书馆去，在那里阅读美联社有关英国战况的报道。在他看来，这些报道一般

[1] 以赛亚·伯林致门·伯林，1940年7月31日。
[2] 约翰·惠勒–贝内特，《特别关系》（伦敦，1975），126。

都用的是“失败主义和惊慌失措的”腔调。[1] 以赛亚按这个大意写了一份汇报，使馆的人十分满意，给了他一个英国驻纽约新闻服务处的永久性职位。但是伯林并没有马上就职，而是决定首先返回英国。[2] 他在美国的朋友们都没有料到，以赛亚会担心别人把自己看成一个胆小鬼，在英国岌岌可危的时候躲在美国；他的犹太人身份更加剧了这种担心。10 月初，他与回伦敦参加磋商会议的英国大使罗西恩勋爵一起乘水上飞机回到了英国。飞机在亚速尔群岛加油的时候，大使看着四周荒凉的景色，淡淡地说：“和百老汇太不一样了，对吧？”随后他们飞抵里斯本。在找到回英国的飞机之前，以赛亚在那里的埃斯托利尔皇宫宾馆住了几日，宾馆里挤满了等待签证和前往美国的交通工具的犹太难民。当他乘坐水上飞机在布里斯托尔港着陆的时候，一场空袭正在进行之中，防空排炮在他周围不断地轰鸣，这让以赛亚觉得自己是个在战争最激烈时重返战场的高尚之人，心情不免激动起来。“这就是我回来的原因。”他立刻乘火车来到牛津，和他的父母重聚，并且恢复了教学工作。他还又去看望了伯吉斯，而且陪他到信息部去和哈罗德·尼科尔森一起共进午餐，一点也没有因为上一次的教训学得乖一点。[3]

不到一个月，信息部发来一封信，命令伯林马上回纽约。

[1] 根据对伯林的访谈，见沃尔夫森学院亨利·哈代的伯林档案，1994 年 2 月 8 日。
[2] 以赛亚·伯林致门·伯林，1940 年 10 月 5 日。
[3] 哈罗德·尼科尔森，《日记与书信集》，卷 2：1939—1945（伦敦，1967），124。

现在以赛亚已经让父母放了心，办妥了离开新学院的手续，也证明了自己并不是在闪电战来临之时吓得逃跑的懦夫，他可以在回纽约的时候保持良心的清白了。但是实际上，1941 年 7 月离开英国的时候，他的心情是十分忧虑的。他现在得把父母和牛津这个熟悉的世界抛在身后，他担心自己无力胜任眼前崭新的官僚身份。在出发前往纽约的时候，他用一种不符合他的性格的自怜口吻在给玛丽·林德的信中写道："我实在无法形容我现在这种可怕的悲惨处境。在三十一岁的年纪却迷失了方向，这是一种极大的羞耻。"[4] 事实上美国后来却造就了他的成功。

他的任务是要把美国卷入战争。[5] 他将成为一个宣传家，和各个工会、恐怖组织和犹太人团体一起工作。他住在纽约市中心曼哈顿的宾馆里，每天早上去洛克菲勒中心内某幢建筑四十七楼的英国信息处工作。他在这儿仔细阅读分门别类放在鞋盒子里的成堆的美国剪报，综合成每周一次的报告，向情报部汇报美国的公众舆论状况。在 1941 年的头几个月里，孤立主义者们的意见占了上风，将美国卷入战争的前景似乎还很渺茫。

在以赛亚的印象中，信息处是个"快活、轻浮、工作效率不高的地方，里面全是些老朋友，在这里参观倒确实不错，但

[4] 以赛亚·伯林致玛丽·林德，1941 年 1 月 3 日。
[5] 尼古拉斯·卡尔，《贩卖战争：二战中针对美国"中立地位"的英国宣传战》（牛津，1995），127—131，163—168。

很难给人留下深刻印象”。换言之，这是一个远离“高效严格”的外交部的世界。[1] 一位在纽约避难的伯爵千金达芙妮·斯特雷特在办公室里和他一起工作，她记得伯林是一个爱说话的、略微有些疯狂的教授，口袋里总是装满了糖果、手帕、剪报，上衣领子上则沾着烟灰，但他绝对不是个没用的人。[2] 他一天工作许多个小时，很快就建立起了一个极其有用的美国社会关系网。

以赛亚以前在牛津的生活没能让他对这样一份工作有多少准备，他就这样一头栽进了一个全新的世界——游说编辑，会见有权有势的商人、拉比和政治家，带领英国的工会活动积极分子与美国的工会头头们进行会晤。很快，他就与纽约制衣工人联合会的两位领袖——坚决的亲英派人物大卫·杜宾斯基和希德·西尔曼取得了一致立场。而其他一些工会，尤其是约翰·L. 刘易斯领导的美国矿工协会，态度则不那么友好。他们对于英国信息处企图将美国工人拉进一场帝国主义战争的做法并没有表示什么支持，并且对由英国方面授意的竭力说服各工会将罢工运动延续至战争结束的活动抱着抵制态度。还有一些工会怀疑英国方面做出的这些努力意在将他们自己的内部选举导向亲英的方向。尽管如此，以赛亚这时却已经开始喜欢上美国了。在给朋友们的信中，他兴奋地描述了自己在这陌生的异国进行的种种冒险。美国产业工会联合会于 1941 年 11 月

[1] 以赛亚·伯林致玛丽·林德，1941 年 1 月 3 日。
[2] 根据对达芙妮·斯特雷特的访谈，1995 年 11 月 15 日。

在底特律举行了一次大会，以赛亚陪同英国工会活动分子中的“几位标本式的彪形大汉”以及身材算不上魁梧的副首相克莱门特·艾德礼一起出席了这次大会。在会议期间写给别人的信中，他写道：“所有那些出生在德国，来自密尔沃基、威斯康星和明尼苏达的代表都购买英国战争救济处的大拇指徽章，卖给他们徽章的那位其貌不扬的犹太人后来把我带到一家‘可食’餐馆去。”[1] 这是个疯狂而愚蠢的世界，可是以赛亚正在逐渐对它进行消化和吸收。

1941 年，英国竭力改变美国中立立场的活动虽然取得了更大的成效，但这些活动本身并没有多少改变舆论方向的可能。[2] 伯林现在开始相信，罗斯福的意图是要在这场战争中不战而胜。在这一点上，他对于美国舆论的判断是正确的。1941 年末，美国人对于盟军的事业的态度与年初相比更为积极，然而美国公众当中的百分之八十仍然反对派出美国军队，而且直到珍珠港事件发生和德国宣战之时始终如此。[3]

伯林的工作或许几乎没有带来什么改变，但是这份工作毫无疑问地改变了他。他十分热爱这项工作，既为美国的活力所吸引，又觉得它的粗俗十分有趣。他发现自己对于流言蜚语以及阴谋诡计有着记者般的高度敏感；同时，他也完完全全

[1] 以赛亚·伯林致玛丽·费希尔，1941 年 10 月 25 日。
[2] 唐纳德·F. 德拉蒙德，《美国中立地位的失去，1937—1941》（伦敦，1955）；T.A. 贝利，《街上人》（纽约，1948）；根据对伯林的访谈，见沃尔夫森学院亨利·哈代的伯林档案，1989 年 1 月 30 日。
[3] 惠勒-贝内特，《特别关系》，128；卡尔，《贩卖战争》，第 6 章。

地进入了英国政府在这片新大陆上的耳目这一角色。这份经历还潜移默化地改变了伯林深层的理知观念。实际经验让伯林认识到判断力和性格可能远比单纯的聪明来得重要。他最崇拜的那些人都是些以平实的方式来认识这个世界的人。在《卡尔·马克思》一书的引言中，以赛亚一开头便引用了巴特勒主教说过的对他而言堪称经典的一句话："事物与行为就是其所存在的样子，其结果也是其将要成为的样子：我们为何还要自欺欺人呢？"但在战前的牛津，以赛亚还太年轻，他的现实主义还没有受到考验，以证明其远不仅仅是一种意见而已。只有到了美国以后，在同政治家、工会领袖、国会议员、记者和与自己同为说客的人们的日常交往中，现实主义才变成了以赛亚性格的一部分。在美国，他了解到实际生活中的各种营生是如何完成的；交易是如何进行的，幻象是如何被制造出来并加以应用的，舆论是如何可以被塑造和转变的。也正是在美国，以赛亚才开始遇见真正的名流。葛丽泰·嘉宝和他认识是通过双方一个共同的朋友雷蒙德·冯·霍夫曼斯塔尔。嘉宝目不转睛地凝视了以赛亚许久，久得简直让人连心脏都停止跳动了，随即用低哑的嗓音说道："你的眼睛很漂亮。"

和其他一些人的初次相遇就没有这么动人了。有时候他给人留下的第一印象是滑稽可笑的。《纽约客》的著名编辑哈罗德·罗斯有一回带以赛亚到阿尔冈琴饭店去吃午饭，听以赛亚发表意见，快吃完的时候，他懒洋洋地说道："年轻人，你说的这些我一个字也听不懂，不过如果你写点什么的话，我会给你发表的。”后来这成了以赛亚在美国的遭遇的一大模式：不断地被人误解倒使他成了个名人。在牛津的公共休息室里听起来十分自然的调皮行话对 1941 年的纽约和华盛顿而言奇异得不可思议。由于个性鲜明、与人相处时十分活泼，以赛亚的名字渐渐开始响亮起来：他或许有些难以理解，却对美国的生活方式充满了不无讽刺意味的好奇心。美国人喜欢听他用那种急促的、半像是火星人语言的英语来描述他们自己的国家。

他有关工会方面的工作还算有意思，可是阶级、经验和教育的隔阂妨碍了以赛亚在与他们相处之时超出一个常来做客的人类学家的角色。和犹太组织共同进行的工作就大不一样了。1939 年颁布的英国白皮书禁止更多的犹太人向巴勒斯坦移民，设想犹太人在巴勒斯坦国内将会成为永远的少数民族，这一事实使得美国犹太人从幻想中醒悟过来。要让犹太裔美国人对英国的做法怀着同情不是一件容易的事情。

在巴勒斯坦，除了斯特恩派以外，各种犹太地下组织都已经停止了反抗英国的努力，而英国特别军事行动执行委员会也开始以游击队的形式训练犹太地下战士，准备对付他们预计隆美尔的非洲军团即将对巴勒斯坦发动的入侵，这支军队当时正朝着开罗进发。[1] 犹太事务处要求，除了这些游击队之外，还应当建立起一支犹太军队来保卫巴勒斯坦。既然盟军当中可以有捷克部队、波兰部队和自由法国部队，那么为什么犹太人就不应当以犹太人的身份为盟军的事业而战呢？伯林不得不为官

[1] 谢尔曼，《托管年代》，154。

方辩解说，首先，建立犹太军队并无必要，因为犹太人完全可以以个人身份参加英国武装力量；这样做不但没有必要，反而会有害，因为一支犹太军队会排斥阿拉伯人，而且有一天可能会转而反抗英国本身。这几条理由当中的前几条都可加以公开声明，最后一点则不宜公之于众。有生以来第一次，以赛亚迫不得已地做出了心口不一的举动。

他刚来的时候，纽约办公室派他去见斯蒂芬·怀斯，这位拉比是为罗斯福总统调停纽约犹太政治事务的头号和事佬，也是当时美国最有影响力的犹太民族领袖。以赛亚对他的父母说，怀斯“脾气古怪、吵吵嚷嚷，不是个靠得住的人”，却又具有“想象力、勇气以及一颗金子般的心”。随后，菲利克斯·法兰克福特又将伯林引见给了纽约州长赫伯特·莱曼，以赛亚觉得此人就像“一头小棕熊，坐在椅子上晃荡着两条腿”[1]。给他留下印象最深的则是最高法院法官路易·布兰代斯，伯林在和他接近之时怀着敬意，将他视为一个“圣人加绅士，和犹太人贝尔福勋爵差不多”。当时离布兰代斯去世已经只剩下几个月，缩在黑色司法袍里的他看上去就像只缩在壳里的贝类。尽管如此，他周身依然散发着道德和智慧带来的令人敬畏的权威感。他对以赛亚说，大多数美国犹太人都支持犹太复国主义运动，但既不愿意向美国之外的国家移民，也不愿意为犹太复国主义事业捐助大笔款项。他同时也对犹太说客实际

[1] 以赛亚·伯林致门·伯林，1941 年 2 月 27 日；又见斯蒂芬·怀斯，《挑战的岁月》（伦敦，1951）。

上所能产生的政治影响表示怀疑：他说，美国天主教徒的组织相比之下倒更严密一些。以赛亚问他美国犹太人在支持盟军在欧洲的事业时为什么不采取更直率的态度，布兰代斯喊道："因为他们就是这么幼稚！我没法告诉你他们到底有多幼稚。"[1]

这样的一些人让以赛亚见识到了美国犹太人五花八门的品性：他喜欢怀斯是因为他充满活力，喜欢布兰代斯则是因为他有高尚的人格。让以赛亚受不了的是那些对自己身为犹太人心怀忐忑的美国犹太人：爱德华·沃伯格，门第显赫的沃伯格银行家族后代中一个被宠坏了的人；两位名噪一时的专栏作家阿瑟·克洛克和沃尔特·李普曼，他们俩都给人以这样的印象：因为自己是犹太人这一事实而满心不是滋味；还有《纽约时报》的发行人，阿瑟·海兹·舒尔茨伯格，他曾经把以赛亚拽到一边，对他说："伯林先生，您难道不相信如果在公众出版物上将'犹太人'这个词禁用五十年的话，会产生非常积极的影响吗？"[2] 刘易斯·纳米耶曾经说过一番令人难忘的话，将这样的犹太人斥为"浑身发抖的硬充外族人的犹太人"。以赛亚很快就和美国国务院一位有才华的俄国专家查尔斯·波伦结为朋友，两人一块儿杜撰了 OTAG 这个缩写词，意即"浑身发

[1] 根据对伯林的访谈，见沃尔夫森学院亨利·哈代的伯林档案，1989 年 1 月 30 日；《战时华盛顿的犹太复国主义政治活动：个人往事片段》，雅科夫·赫尔佐格纪念演说（耶路撒冷，1972，耶路撒冷希伯来大学），12—13。

[2] 根据对伯林的访谈，见沃尔夫森学院亨利·哈代的伯林档案，1989 年 1 月 30 日，1990 年 9 月 27 日；又见以赛亚·伯林致玛丽昂·法兰克福特，1940 年 8 月 5 日；T. 迈克尔·鲁迪，《谨慎的外交家》（伦敦，1986）。

抖的硬充外族人的犹太人类型”。[1]

这些“浑身发抖的硬充外族人的犹太人”突出了伯林心目中的英雄哈伊姆·魏茨曼的形象。他的尊严和权威感与布兰代斯相类：仅仅依靠纯粹的人格力量，就能使英国政府和美国行政部门把他视为一位即将上任的国家领导人。但他比布兰代斯更有人情味，更有意思，更舒适愉快地像个俄国人。魏茨曼于1941年4月来到美国，英国政府吩咐他来此鼓动犹太人支持盟军的事业，并为犹太事务处筹集资金。魏茨曼“具有一种无法抵御的政治煽动力”，以赛亚很快就向其屈服了。他始终清楚魏茨曼的自负和冷酷无情，但他对魏茨曼那种顽强的克制力和“现实感”佩服得五体投地。在美国，以赛亚与魏茨曼结成了密友，他成了魏茨曼一家餐桌上唯一的外人，饭后还把薇拉·魏茨曼带到电影院去，留下哈伊姆独自一人待在饭店的套房里给他为数众多的盟友、心腹和告密者们打电话。伯林在写给父母的信中非常幽默地描绘了魏茨曼在对付有钱的美国捐赠人时惯用的伎俩：

> 他一边甜蜜地微笑着，一边在电话里对某个不认识的人说：“海恩曼先生您好呀，是啊，当然，我们一定会很快见面的，见到您一定非常高兴，我们一定要好好安排……”然后在对方说话的时候转过脸来对着我，在我的耳边响亮

[1] 根据对伯林的访谈，见沃尔夫森学院亨利·哈代的伯林档案，1989年1月30日，10。

地说："钱"，然后又转过去对着电话道："和您见面肯定很愉快，您的女儿还好吗？"等诸如此类的话。这实在是很滑稽。我问他："这人有钱吗？"魏茨曼就会回答："富得流油啊。是个可怕的家伙，可实在是有钱。"[1]

身为一个犹太复国主义者，以赛亚觉得那份禁止向巴勒斯坦移民的白皮书实在可恨。但作为一名英国官员，他必须为之辩护。他和魏茨曼的友情毫无疑问是对他的忠诚的考验。伯林在这两极之间保持平衡的办法是：一面将自己与魏茨曼的谈话内容向政府进行正式的报告，同时又对某些复国主义者内部的混战和流言予以保留。就魏茨曼而言，他是把伯林作为自己通往英国政府的众多渠道当中的一条，但同时他也十分小心谨慎，从来不向伯林泄露任何他可能觉得非向上级汇报不可的敏感消息。双方的步子都迈得十分巧妙，但是对以赛亚来说，对不同对象的忠诚存在矛盾是在所难免的。[2]

一开始，他的主要任务是理顺魏茨曼和最高法院法官菲利克斯·法兰克福特两人之间的关系，后者在巴勒斯坦问题上对罗斯福有一定影响。法兰克福特和魏茨曼都是自负的人，所以当他们俩不想直接进行沟通的时候，以赛亚就可以起到一种缓冲的作用。同时以赛亚也和魏茨曼讨厌的人、与之争夺复国主

[1]《个人印象》，49；以赛亚·伯林致门·伯林，1941 年 5 月 17 日。
[2]《哈伊姆·魏茨曼书信与文集》，巴尼特·里特维诺夫编（伦敦，1980），卷 10，134，339，369，373，386。

义运动领导地位的对手大卫·本·古里安保持着联系。此人当时对魏茨曼在争取建立一支犹太军队之事上的失败已经批评得很厉害。本·古里安希望复国主义者们刻不容缓地开始为建立起犹太人的共和国而奋斗；魏茨曼则接受了英国官方的立场，认为巴勒斯坦的未来应留待战争结束之后再来决定。本·古里安设想的是一个完全独立自主的犹太国家；魏茨曼设想的却是在英国托管之下或者在共和国之内的一个犹太民族统一体。他们两人一个指望英国承认犹太的国家地位，另一个则想在必要的时候依靠犹太人自己的双手来获取这种国家地位；一个相信在英国权力机构内部施展高明的外交手腕是达成复国主义运动目标最好的办法，另一个则坚持认为由美国犹太人带头，在世界范围内向英国方面施加压力就一定能够迫使英方放弃巴勒斯坦。[1] 这些逐渐走向白热化的持久争论最终可能会演化为一场公开的冲突。伯林自己站在魏茨曼一边，但他同时也设法取得了本·古里安的信任。

1941 年 9 月，以赛亚在曼哈顿的一家旅馆里与罗斯福的心腹本·科恩在深夜里见过一次面。科恩星期六在纽约待了一天，第二天凌晨搭乘从中央车站开出的早班火车返回华盛顿。午夜时分，以赛亚前去敲科恩的门，结果却走错了，开门的是一位壮实的小个子男人，长着轮廓分明的鼻子和乱蓬蓬的白头发。本·古里安示意让他进来，两个人彬彬有礼地谈了一会儿

[1] 见 S. 特维斯，《本·古里安：燃烧的大地，1886—1948 年》（伦敦，1987）；诺曼·罗斯，《哈伊姆·魏茨曼传》（伦敦，1987）。

柏拉图，然后以赛亚向他道了歉，前往科恩的房间。这次初见定下了一个模式：本·古里安试图把以赛亚从魏茨曼的阵营里拉过来，他的办法是向以赛亚展示自己在哲学上的博学，不过这一点从来就没怎么让以赛亚相信过。以赛亚喜欢被双方拉来扯去。他和魏茨曼的关系是视如家长式的、热情的，而他和本·古里安的关系则要谨慎一些、疏远一些，但是他同时又想方设法避免向这两个阵营中的任何一个投降。

有一段时间，伯林肯定以为自己倘若在公共场合下能够中规中矩地遵循英国外交部的规定而不越出雷池半步的话，那么在私下谈及英国的政策时一定想多轻率就可以多轻率。1941年9月在一封私人通信中，他无意间发表了一句评论说，虽然对他的要求是像鹦鹉学舌一样重复政府的外交路线，可是英国反对建立起一支犹太武装力量的真实原因是这样做会引发阿拉伯人的敌对情绪。这封信被英国邮政检查员们中途截取，然后转给了情报处他的上级。其中一人在一份绝密备忘录中写道："我想，伯林先生的部分任务便是向在美国的犹太人阐释我们的政策。如果这份报告可靠的话，那么伯林先生似乎并没有很好地执行他的任务。"另一位部里的官员还加上了这句该死的话："是的，看上去那些与他信奉同一宗教的狂热信徒们已经让他走投无路了。"[1] 实际上，伯林只不过是毫不隐瞒地说破了每一个犹太人都知道的事实而已，即英国外交部实际上为阿拉伯人的舆论所掣肘。但是直言不讳在外交当中算不上什么优

[1] 伦敦档案局 / 外交部文件 371/27128–E 5649/60/31。

点，以赛亚最后终于明白，像这样让自己犹太式的忠心耿耿压倒英国式的深思熟虑的错误他绝对不能再犯第二次。

当时，以赛亚只受到了轻微的责备：这次事件当然并没有影响他的事业。他在与权贵人物建立关系方面表现出了极高的才能，以至于驻华盛顿的英国大使馆开始试图把他从这儿挖走。

1941 年 12 月 7 日，以赛亚与大卫·本·古里安共进午餐。两人的谈话中夹杂着犹太复国主义者们有关政治的小道消息和希腊哲学。本·古里安说话时用的是一种“短短的、激烈的爆发式的语流，而他停顿时的沉默甚至更为热切，是一种全神贯注的沉思般的沉默……就好像当时支配着他的那种启示式的所见超出了他表达的能力”。[1] 这其实是将自身极度戏剧化并且完全专注于自身的一种政治上的浪漫主义：以赛亚发现他这种说话方式就像奇迹一样引人注目，但同时又像政治一样靠不住。当时，他相信本·古里安试图煽动美国犹太人、将其舆论引向反对英国在巴勒斯坦的政策的这种做法本身就是错误的；原因在于犹太人的游说活动几乎没有什么实际的影响力，而采取这种煽动的方式还会在英美两国之间播下分歧与不和的种子。直到后来以赛亚才意识到，本·古里安的“现实感”之强其实与魏茨曼或他本人不相上下。

午饭后，本·古里安动身前往华盛顿拜望本·科恩，希望他能为自己和罗斯福安排一次会面。以赛亚刚跳进一辆出租车，想要返回洛克菲勒中心的时候，司机转过头来，告诉他一

[1]《战时华盛顿的犹太复国主义政治活动：个人往事片段》，28。

个令人震惊的消息：日军袭击了珍珠港。当他回到办公室时，英国官员们正沉浸在一种欢欣鼓舞的气氛中：他们进行了一年多的努力，试图将美国卷入战争，现在这一目标的实现已经指日可待了。只有嫁了个美国丈夫的达芙妮·斯特雷特一人泪流满面。[1]

[1] 根据对达芙妮·斯特雷特的访谈，1995 年 11 月 15 日。

九

以赛亚的战争：华盛顿，1942—1945

伯林为英国信息处进行的多次新闻调查极为成功，结果现在英国外交部要他到英国驻华盛顿使馆去为他们做同样的工作。[1] 英美联盟目前正处于最火热的时期，美国民主最终被争取到了同盟国一边，两位主要领导人所持的立场是一致的。丘吉尔和罗斯福两人“对于未来的勃勃雄心”，以及他们认为自己“已经满怀着成功驾驭时代潮流的信心为它的到来做好了准备”的自觉，都让以赛亚感到十分振奋。[2] 用战时的灰色或绿色油漆漆过、供新的军工队伍住宿的半圆拱形活动房屋，临时建筑和用夹板建的综合性办公房，已经把华盛顿挤得满满当当，简直快要爆炸了。[3] 整座城市正随着战争的波涛而起伏震荡。在华盛顿，一共有大约三千名英国官员——牛津公共休息室里的那些人有一半都在这儿担任着某种职务——而且英美官僚那种旧式的拘礼作风已经被以赛亚这样的外来者的大批拥入破坏无遗，因此他很快就如鱼得水起来。对美国公众舆论状况每周一次的总结给了以赛亚与当时所有那些举足轻重的人物会面的特权，他就这么举步走进了战时华盛顿那些互相交叠的世界里，而他在交际中表现出的敏锐和精明使得他在大使馆的同事们惊讶不已。以赛亚很快就开始跟主笔们和专栏作家当中的头面人物，如蔡尔兹侯爵、德鲁·皮尔森、阿瑟·克洛克以及

[1] 他一边向外交部报告，一边继续在驻纽约的英国信息处工作，直到 1942 年春。见以赛亚·伯林致门·伯林，1942 年 2 月 14 日。伦敦档案局 / 外交部文件 371/26162 A 4562/16/45。

[2] 以赛亚·伯林致门·伯林，1941 年 12 月 12 日，1942 年 1 月 2 日；又见《个人印象》，11。

[3] 大卫·布林克利，《走向战争的华盛顿》（纽约，1988）。

沃尔特·李普曼等人一起共进午餐了。他和李普曼常常海阔天空地对一些十分重要的正式话题进行详细的探讨，虽然两人的议论放眼全球，但总是会有意无意地绕过巴勒斯坦问题。李普曼在任何可能会触及令以赛亚深受困扰的犹太人身份的话题上都表现得十分小心谨慎。[1] 以赛亚很快就对华盛顿报界获得秘密消息的逻辑了如指掌：如果克洛克登出了一个关于劳动部的故事，伯林就知道他的材料是由某个敌对的部门泄露给他的；他也知道哪个专栏作家手里有些什么样的秘密消息渠道，哪些渠道靠得住，哪些则不行。正如他的朋友哈伊姆·魏茨曼所写的那样，华盛顿就像是一道“定期散布流言的长廊，兼有大都市和小村子的一切缺点……种种闲言碎语好像插上了无形的翅膀一样以闪电般的速度传播着，而且在大多数情况下都是对事实的歪曲”。[2] 伯林便成了英国在这条流言走廊里的耳目。

他很快发现，政府部门之间就如同牛津内部的各个学院之间一样互不来往。而另一方面，工作关系在很大程度上也就是私人关系。在华盛顿，你为伊克斯先生、莫根陶先生或者赫尔先生工作，这往往会让人行事轻率，因为个人感情会超过机构联系。在牛津认识的朋友对于打开门路也会有所帮助。菲利克斯·法兰克福特将以赛亚引见给了白宫里的一些关键性人物。伯林与华盛顿一个由绝顶聪明的青年新政拥护者们组成的圈子里的人交上了朋友。这个圈子里有这样一些人：凯瑟琳与菲利

[1] 以赛亚·伯林致沃尔特·贝尔，1981 年 4 月 8 日。
[2]《哈伊姆·魏茨曼书信及文集》，卷 10，316。

普·格雷厄姆夫妇，他俩当时刚刚从她父亲尤金·迈耶手里接管了《华盛顿邮报》；查尔斯·E. 波伦，一位贵族出身、才智过人的国务院官员，后来在罗斯福与斯大林的若干次会谈当中担任翻译兼记录员；乔治·凯南，国务院另一位重要官员，专门负责与俄国人打交道；约翰·弗格森，华盛顿一位年轻律师，当时正在为司法部工作；唐纳德·希思，国务院官员；约翰·奥克斯，情报机关官员；以及爱德华·普里查德，一名来自肯塔基的年轻律师，有着快活的性格和超人般的敏捷，曾经担任过菲利克斯·法兰克福特的秘书，现在是白宫的一名工作人员。他们当中的一部分人合住在一座叫作“霍克利”的房子里，而以赛亚很快就成了那儿宴会上的固定成员。绰号叫“普里奇”的普里查德是个胖子，当他被征召入伍的时候，他开玩笑说，他们已经喝干了筒里的美酒，现在该是拿［枪］筒子干的时候了。[1] 战争后期普里查德从部队退伍以后，就和以赛亚一起住在乔治敦一所租来的房子里。通过和这些人的交往，以赛亚获得了得天独厚的机会，得以与战时华盛顿最炙手可热当然也是最活跃的那些执政者接近。

全灵学院成员的身份让他在大使馆中上上下下畅通无阻。约翰·福斯特担任着法律顾问的职务，而大使本人以前也曾经是学院的一名研究员。这里的二把手哈利法克斯勋爵是一个遗

[1] 小阿瑟·施莱辛格，“‘普里奇’：新政回忆”，《纽约书评》，1985 年 3 月 28 日；凯瑟琳·格雷厄姆，《个人历史》（伦敦，1997），106—108。根据对约翰·弗格森夫人的访谈，1995 年；根据对凯瑟琳·格雷厄姆的访谈，1997 年。

老式的人物，一个“不属于这个世纪的人”，他把自己的手下大半视为外交部的笔杆子，可是对这位从自己母校毕业的地位卑下的芝麻官倒出乎意料地热情。[1] 除了哈利法克斯之外，还有另一个全灵学院同事，罗伯特·布兰德，他是拉扎德公司的资深合伙人，负责英国食品救援工作。

1942 年冬，伯林应邀参加由鲍勃·布兰德的女儿詹妮弗·布兰德·波尔克举办的一次华盛顿午宴。事先，别人警告说在那儿他会遇见一位可笑的中欧女冒险家，一个无聊得可怕的女人。可事实上，伯林坐在了二十四岁的伯爵夫人帕特里西娅·德·本德恩的身边，这位夫人原来是昆斯伯里勋爵的女儿，因此也就是奥斯卡·王尔德的“jeune homme fatal”（有致命诱惑力的年轻人）——阿尔弗雷德·道格拉斯勋爵——的亲戚。她的丈夫当时在北非战争中做了战俘，她便与女儿一道来到美国，在马萨诸塞坎布里奇的拉德克利夫女子学院登记入学。以赛亚觉得她“极富魅力”——深蓝色的双眼，柔软的棕发梳成下卷的齐肩发型，衬着她冶艳的面容，身材苗条而纤细，散发出诱人的女性气息。和当时上流社会的大多数贵妇一样，她也没有受过什么像样的教育，但十分机智，而且欣赏聪明的男人。很明显，她并不爱自己那位好脾气的无足轻重的丈夫，当以赛亚问她为什么跟他结婚时，她回答道：“噢，因为别人全都那么可怕。”[2] 她原本是伦敦那些机灵人当中的一个，

[1] 以赛亚·伯林致门·伯林，1943 年 2 月 21 日。
[2] 根据对伯林的访谈，见沃尔夫森学院亨利·哈代的伯林档案，1989 年 1 月 4 日，6—8。

却好像厌烦那种伶俐。在拉德克利夫，她忙着将自己改造成一个严肃的人：听 F.O. 马蒂森有关亨利·詹姆斯的讲座，上大提琴课，在自己的公寓里招待哈佛教授。以赛亚记得，她对巴赫的大提琴独奏组曲评价很高，说是自己最喜爱的乐曲。她是一位积习难改的喜欢卖弄风情的女子，以赛亚觉得成为她注意的目标令人陶醉。午宴还没结束，他就被她征服了。她邀请他周末到她在坎布里奇的公寓去。以赛亚回忆道："没有发生任何与肉体有关的事情。她觉得我和别人一样毫无魅力可言。可是不知为什么她却依恋着我，她想留住我。"很快，他就加入了围着她献殷勤的那些聪明伶俐的哈佛学者们的行列。在他眼里，她的言语令人着迷，她快活的性格和幽默感则令人无法抗拒。很快，以赛亚有生以来第一次坠入了爱河。1942 年剩下的日子里，他每个周末都在坎布里奇和帕特里西娅一起度过，而且每次他来纽约或是华盛顿的时候都会去看她。以赛亚的朋友们觉得他们俩的关系难以测度——这个矮胖而有趣的知识分子，谈不上有什么高明的手腕，这么明显地依恋着一个声名狼藉的荡妇；她那么性感，他却那么压抑；他犹太化的程度那么深，而她，如同以赛亚的一位朋友形容的那样，却是一个"非犹太种族的极端典型"。[1] 他对她的注意至少满足了她的虚荣心。当他不在的时候，不管是在华盛顿还是回伦敦开会，她都一定会给他写一封温柔的短信，把他拉回自己身边。可是，以

[1] 根据对斯图尔特·汉普希尔的访谈，1994 年。

赛亚很快就发现，她的不可靠达到了一种令人发疯的程度：她订下约会，然后又取消；她声称自己是属于他的，然后却一连几个月不见踪影，不知在跟谁秘密地恋爱。虽然她是在欺骗他，她同时却有一种不可抗拒的力量能使人原谅她。这次恋爱——如果能把这样一次令人灰心的没有结果的事件称之为恋爱的话——在 1942 年一直持续着。

1943 年夏天，帕特里西娅又爱上了别人，以赛亚这段情事已经超出了昏头昏脑的迷恋，变成了某种近乎真实的痛苦的东西。她献殷勤的对象是个有钱的年轻人，兼有法国和古巴血统，在哈佛读研究生，名叫雅克·阿布勒。在伯林的印象中，他极其俊美，而且几乎总是一本正经的样子。12 月间，帕特里西娅、阿布勒和以赛亚一起去纽约观看了歌舞剧《俄克拉荷马！》，然后回到旅馆。帕特里西娅和阿布勒的房间就在以赛亚隔壁。他虽然努力想让自己睡着，但小心压抑着的做爱的声音不断透过墙壁传入他的耳中。第二天早上结账的时候，他收走了房间的钥匙。他终生都没有丢弃这把钥匙。[1]

1944 年年中，帕特里西娅的丈夫从意大利战俘营中逃出，逃到了瑞士，从那儿给妻子发了封电报叫她回国。6 月 6 日同盟国军队开始大举进攻西欧以后，她怀着悔恨的心情回到了欧洲，但是仍然给以赛亚写信。这些信巧妙地让伯林接下来一年

[1] 根据对伯林的访谈，见沃尔夫森学院亨利·哈代的伯林档案，1989 年 1 月 4 日，8。

保持在一种活状暂停式[1]不省人事的痴迷状态中，抱着无望的期待。

幸运的是，他的工作需要他投入大量的精力。以赛亚并没有被拴在大使馆的某个特定的队伍或是专业领域内，而是有着广泛涉及华盛顿政界各个阶层的自由。午餐，宴会，捕风捉影，并且每周一次将搜集到的材料进行汇总，写成一份美国公众舆论情况摘要，送到外交部，并通过外交部转给英国政府其他部门，包括内阁。除了来自纽约的每周一次的新闻摘要之外，英国大使馆的调研处还接收来自美国各地的英国领事馆关于公众舆论状况的报告。以赛亚在华盛顿和纽约以外的地方进行冒险活动的次数很少——他曾经去过洛杉矶、旧金山、芝加哥、波特兰和西雅图——但他真正了解的美国是从曼哈顿商业住宅区延伸至波托马克河的区域。[2]

以赛亚将搜集到的所有材料加以消化吸收，然后以口授的方式用自己独特的生动而尖锐的语言写成一篇摘要。还在修改他那本马克思传的时候，他就已经开始使用口授的办法了，在后来的日子里，这始终是他偏爱的写作方式。口授克服了书面语言给他带来的约束感，却成了他那些长期忍受着这种苦难的秘书们肩上的一副重担——他们的耳朵不得不拼命适应他那高度浓缩、发音含混、错综复杂的从句套从句的思想激流。然后

[1] Suspended animation，医学术语。——译注

[2] 关于他访问华盛顿州的情况，见以赛亚・伯林致门・伯林，1943 年 8 月 16 日；又关于他在旧金山、洛杉矶和芝加哥的情况，见以赛亚・伯林致门・伯林，1943 年 9 月 26 日。

这份艰难写就的初稿将由上级进行修改，删去其中某些不够谨慎的闲言碎语，这才签上哈利法克斯的名字送出。[1]

只有一次——在他即将离开华盛顿的时候——大使亲自改动过以赛亚写的这些快讯。那是一篇评价新任总统哈里·杜鲁门的文章，其中说到国会与杜鲁门的关系很可能要比与他那位更为傲慢专横的前任好一些。哈利法克斯提起笔来迅速地划掉了“更为傲慢专横的”几个字。他解释说，这几个字指的虽然是罗斯福，可是温斯顿会认为那实际上指的是他。[2]

以赛亚广泛的消息来源以及他有本事从美国政府最深处挖到的消息的可靠性，都给他的上司们留下了深刻的印象。但是偶尔他也会因为一些惊人的断言而受到申斥。他们会问他：这是真的吗？以赛亚则会以格言般的口气回答：“是真的，但是在更深的层面上。”[3]

在他的摘要报告的官方版用密电发到伦敦外交部时，一封包括了所有那些“让英国政府内年迈的官员们认为太让人眼花缭乱的”小道消息的信也会寄到以赛亚在“伤心之馆”（也就是信息部）的朋友们——主要是赫伯特·尼古拉斯——手中。[4]这些信件作为报告的“违禁”版渐渐有名起来，开始引起了人们的注意。这是一场危险的游戏，伯林不得不提醒尼古

[1]《华盛顿快讯，1941—1945年：来自英国大使馆的每周政治报告》（伦敦，1981），H.G. 尼古拉斯编，以赛亚·伯林序，vii—xiv。
[2] 根据对伯林的访谈，见沃尔夫森学院亨利·哈代的伯林档案，1994年5月6日。
[3] 威廉·海特，《双重生活》（伦敦，1974），69；根据对海特的访谈，1994年。
[4] H.G. 尼古拉斯致以赛亚·伯林，1943年5月21日。

拉斯不要把这些信件传得太广，因为他的美国朋友们已经开始抱怨说他们告诉他的内部消息正在返回华盛顿，并且一路上都在激起余波。

伯林的官方版摘要报告流传的圈子小而精。肯定会读这些报告的有温斯顿·丘吉尔、安东尼·艾登、内阁、信息部、外交部高级官员、高级大使以及内阁部长。此外国王也会看到它们。对于华盛顿政治情报的如饥似渴说明了英国对美国人的意见越来越倾向于屈从和奉承。现在这已经成了决策之前需要加以衡量、调查和报告的一个关键性因素，而以赛亚则成了英国籍主要的情报供应者。因此，他的资本上涨与他相对卑微的一等秘书的职位极度不成比例就不足为奇了。以赛亚本人十分厌恶英国新近出现的这种不弄明白美国猫会朝哪边跳就不采取行动的趋势。在他写给 H.G. 尼古拉斯的一封“违禁”信中，他坚持认为英国应该制定自己的政策，而不理会能不能指望美国人的支持。[1]

在巴勒斯坦问题上，英国政府特别注意美国猫会往哪边跳，因而迟迟不做决定。1942 年 6 月托布鲁克[2]沦陷后，巴勒斯坦对隆美尔的北非军队处于完全不设防状态。于是，美国的犹太复国主义运动领袖们开始向英国提出允许创建一支犹太军队的要求。以赛亚有关这一问题的报告清楚地说明先前对他的责备并没能让他服从地保持沉默。他在报告中写道：让犹太

[1] 以赛亚·伯林致 H.G. 尼古拉斯，1943 年 7 月 7 日。
[2] 利比亚港口城市。——译注

人作为犹太人参与战争这一要求的“简单性和人道性”已经在美国赢得了许多人的支持。英国政府对于一支犹太人军队的反对“在复国主义运动出版物上已经被反驳了太多次，难以再维持其表面上的合理性”。[1] 伯林认为，目前美国的犹太人势力之所以还没有无可挽回地转向反对英国立场的方向，纯粹是由于魏茨曼的影响。以赛亚所写的每一篇报告都是在英国人面前为魏茨曼的主张说项。举例而言，1942 年 6 月 9 日，以赛亚劝哈利法克斯说，对英国政府来说，“明智的做法是，通过对魏茨曼博士个人的让步而做出最终让步（此指建立犹太军队一事）”。[2]6 月 27 日，哈利法克斯将他的建议原封不动地转达给了丘吉尔，这些积极性意见促成了 8 月一个巴勒斯坦军团的成立，然而这又残忍地让犹太复国主义运动者们的希望落了空，因为这只不过是一支名义上比较好听的英国地方军。[3]

这一时期，魏茨曼对于美国犹太人团体的影响不断减弱。1942 年 4 月，在华盛顿的比尔特摩宾馆召开的一次复国主义组织会议上通过了一项决议，决议的通过主要是由于本 · 古里安的坚持，其内容是正式就英国禁止犹太人向巴勒斯坦移民的做法提出抗议，并且动员整个美国犹太人团体为在战争结束时在巴勒斯坦建立起一个犹太国家而积极奋斗。魏茨曼向英国方面寻求妥协的政策毫无结果，而本 · 古里安直接向英国进行挑

[1] 伦敦档案局 / 外交部文件 371/30378.6，1942 年 2 月 23 日。
[2] 伦敦档案局 / 外交部文件 371/31379，1942 年 7 月 9 日。
[3]《哈伊姆 · 魏茨曼书信及文集》，卷 10，316。

战的政策逐渐取得了支配地位。

伯林从来就不是个见风使舵的朋友，他仍然坚持站在魏茨曼一边。1942 年 8 月，当他离开华盛顿回到英国的时候，他为伦敦的犹太人带来了领袖的口信。当他 9 月重回美国时，又为魏茨曼带去了来自总部的最新消息。此时此刻，疾病更拉近了他们两人之间的距离。以赛亚在归途中染上了肺炎，卧床不起，只好住进了纽约的一家医院。他的身体十分虚弱，两条腿就好像“质量非常低劣的人造橡胶”。[1] 以赛亚首先想到的是把自己的情况瞒着母亲，于是他给她发了好多封让她宽心的电报：“很活跃”，“和以前一样不错”，“身体棒极了”，把自己的肺炎当作是鼻窦炎的一场小小发作而一笔带过。事实上，1942 年的整个秋天，他一直动弹不得，不过他仍然设法躺在纽约的病床上口授政治情报摘要。[2] 魏茨曼一家都加入了“说谎阵线”，以他们自己的名义给门德尔和玛丽发去若干封让他们放心的电报。而魏茨曼本人一方面由于与本·古里安的一次次斗争而精疲力竭，另一方面由于被英国和美国政府冷淡的拒绝弄得心灰意冷，也身心俱疲进了医院，整个秋天一直待在位于纽约州北部卡茨基尔山脉中的格罗辛格尔疗养地进行恢复。以赛亚也去了那里，和他们一家待在一起，那位老人当时已经六十七岁，而以赛亚三十四岁，他们俩常在树林中散步，或是在魏茨曼小屋的门廊上休息。魏茨曼的一位密友迈耶·韦斯格

[1] 以赛亚·伯林致魏茨曼，1942 年 10 月 26 日。
[2] 以赛亚·伯林致玛丽·伯林，1942 年 10 月 2 日，5 日，7 日，17 日。

尔曾经对领袖开玩笑说，他一定能得到充足的休息，因为以赛亚保准能把说话的事全包了。[1]

1943 年 1 月，在漫长的恢复期之后，以赛亚重返工作岗位，并且向母亲交代自己曾经得过一场大病。这时他又开始扮演起那种奇怪的双重角色：一面向哈利法克斯建议如何对付犹太院外活动集团，一面又建议魏茨曼应当如何对付哈利法克斯。至于魏茨曼这方面，其实是在利用以赛亚来让英国大使馆对自己与国务院的往来情况有所了解。魏茨曼曾经向国务院的萨姆纳·韦尔斯建议，让同盟国向沙特阿拉伯的统治者支付一笔数目可观的钱，条件是这位统治者必须答应帮助他迫使阿拉伯人承认犹太国家的存在。当伯林将这种方针上的改变向外交部进行汇报的时候，他们的反应是愤怒。外交部的哈罗德·卡恰激动地说："魏茨曼在这些事情上完全是个孩子。"认为能够通过行贿使得伊本·沙特承认犹太国家的存在这种想法根本就是荒谬的。外交部长艾登也极力赞同他的说法。在巴勒斯坦建立一个犹太国家只会导致阿拉伯人暴动，而且其规模将会使得二三十年代的那些起义活动相形见绌。1943 年 4 月，艾登在丘吉尔的批准下通过英国驻华盛顿使馆告诉魏茨曼，他无权重复丘吉尔以私人身份向他说过的一些亲犹太复国主义运动的言论，以煽动美国犹太人的舆论向复国主义的方向发展。如果魏茨曼曾经听到了这种警告的话，那么他的反应是采取充耳不闻

[1] M. 韦斯格尔致魏茨曼，1942 年 10 月 27 日，魏茨曼档案。

的态度。[1]

1943 年 5 月，以赛亚向外交部汇报说，魏茨曼曾经告诉他，要让犹太人这样一个“进步的少数民族”接受巴勒斯坦“落后的多数人”的统治是不可能的事情，而且几个大国越早迫使阿拉伯人承认这一事实，中东的种种问题解决起来就会越容易。在报告中，以赛亚自己的观点也曾反复出现，他间接地提到了 1939 年麦克唐纳白皮书中的“狭隘政策”，这一政策强行禁止了犹太人的移民活动。外交部的官员们对这份报告作了愤怒的注释：

> 魏茨曼博士总是反复地说，如果告诉阿拉伯人他们必须接受犹太人的移民活动，他们就会默认，但是，这根本就是错误的。我们受到警告说，在巴勒斯坦将会不可避免地出现爆炸性局面。如果这种情况出现的话，那并不是因为马尔科姆·麦克唐纳的“狭隘政策”，而是因为本·古里安之流的不妥协态度。[2]

以赛亚从来没有看到过这些秘密备忘录，但他对于读到他报告的那些官员们的反犹太复国主义倾向始终有着清醒的认识。

1943 年夏天，隆美尔的军队给巴勒斯坦带来的直接威胁已经减退，犹太复国主义地下组织也重新开始了他们的秘密活

[1] L. 伍德沃德，《二战期间的英国外交政策史》（伦敦，1972），386—389。
[2] 伦敦档案局 / 外交部文件 371/35034，1943 年 5 月 22 日。

动。驻巴勒斯坦的英国行政机关对当地发生反殖民主义暴动的前景越来越恐慌。他们发给以赛亚一些评价巴勒斯坦犹太人地下活动的绝密情报，并向他征求意见。在以赛亚看来，这些评价“既是反犹太主义的，又荒谬得毫无意义”。[1]一方面，他们坚决不允许犹太人建立一个为同盟军方面作战的犹太旅，因为犹太人都是些不堪造就的战士；另一方面，也绝对不能将犹太人武装起来，以防他们把枪口转向英国人。

以赛亚的忠诚在1943年夏天遭到了极为严峻的考验。当时巴勒斯坦的犹太人活动和美国的犹太院外活动集团的双重影响使得英国政府越来越惊恐。驻开罗使馆汇报了阿拉伯人对于犹太人向英国政策施加压力的关注，当时由于害怕在美国发生抗议活动，英国设法阻止向巴勒斯坦犹太地下组织进行非法武器运输的军事行动被暂时搁置了起来，收到汇报以后，艾登开始担心英国的政策正在受到美国犹太院外活动集团的掣肘和左右。美国石油利益集团鉴于与沙特阿拉伯的利害关系，同样有理由担心华盛顿犹太复国主义组织日益增长的影响，因此向已经强烈倾向于亲阿拉伯的国务院施加了大量的压力。1943年5月，艾登向英国内阁提交了一份备忘录，概要地陈述了他的担心，他认为如果战胜的结果就是在巴勒斯坦成立一个犹太国家的话，那么各阿拉伯国家可能就不会在战争中继续支持他们。1943年6月，美国驻英大使也向英国政府表示了同样的担心，并且建议罗斯福和丘吉尔发表一份联合声明，谴责犹太复国主

[1] 根据对伯林的访谈，见沃尔夫森学院亨利·哈代的伯林档案，1989年4月5日。

义者的非法活动，并坚持巴勒斯坦问题必须等到同盟国获得胜利以后再加以解决。

7月初，以赛亚从魏茨曼在华盛顿的世界犹太人代表大会办事处的助手纳胡姆·戈德曼那里听到了一些有关美国大使提出的联合声明的传言。[1] 这让伯林深感震惊。印度人正在为次大陆的独立积极地活动着，波兰人则在叫喊着要在战争结束之时建立起一个自由的波兰，为什么单单犹太复国主义运动就必须加以禁止呢？

以赛亚决定采取行动，他秘密地将有关上面提到的联合声明的情况通知了一家犹太复国主义报纸的发行人乔治·巴克尔，巴克尔又立即转告了财政部长亨利·摩根索。在向犹太院外活动集团泄密之后，以赛亚这才告诉哈利法克斯有关联合声明的消息已经走漏了风声，这使得那位大使大为恐慌。与此同时，摩根索则向美国总统提出了取消该声明的请求。[2] 罗斯福使了个缓兵之计，让他的一位高级顾问萨姆·罗森曼去征求英国以及犹太人团体的意见。罗森曼去找过以赛亚，问他是否有把握平息犹太人因联合声明而引起的愤怒，以赛亚则推托说“如果仅仅依靠我的官位，我毫无用处”。不出以赛亚所料，犹太人团体掀起了一场大规模的抗议活动，到8月8日，国务院已经通知英国政府美方取消了这份联合声明。哈利法克斯先是

[1] 伦敦档案局 / 外交部文件 371/35036 4212，1943 年 7 月 10 日。
[2] 根据对伯林的访谈，见沃尔夫森学院亨利·哈代的伯林档案，1989 年 3 月 23 日；又见彼得·格罗斯，《美国人心目中的以赛亚》（纽约，1983），179—181。

对外交部说应该为此事负责的是犹太院外活动集团，后来又叫以赛亚去查清那些人是如何得知有关这份声明的消息的，以及他们何以能够如此有效地在政府中挑起反对意见。

这样一来，以赛亚只好向外交部编造一堆事实，来隐瞒自己在对他们这一方案的破坏中所扮演的角色。他在调查报告中巧妙地把这一经过描述成一场法国滑稽剧，一个有趣的案例分析，其研究的对象是：在华盛顿政界，谣传是如何在所谓的“流言通道”里飞速传播的。他在报告中有意采用的轻快语调达到了预想的效果，它帮助他隐瞒了自己在这场戏里扮演的角色。[1] 虽然他把这些事情当作喜剧来讲，实际上他却度过了许多个不眠之夜，时刻担心着自己可能会被发现。以前他一直以灵活、幽默外加一点狡诈的态度应付着忠于英国和忠于犹太种族之间的矛盾，但是当他真的必须二者选择其一的时候，他是将对自己民族的忠诚置于对英国的忠心之上的。这次事件给他带来了困扰。直到很久以后，虽然他可能想过要披露自己在此事中扮演的角色（至少可以把它告诉犹太人），他也始终没有这样做。他一直竭力否认的犹太人双重责任问题也曾经纠缠到自己头上，直到在最后的日子里跟我谈话的时候才把这件事情告诉了我。[2] 虽然如此，这个问题的确困扰过他，如果说他曾经以为一个犹太人也可以在外交部愉快地工作下去的话，那么

[1]《华盛顿报告》，43。伦敦档案局 / 外交部文件 371/35037 5043，1943 年 8 月 28 日；又见以赛亚・伯林致 H.G. 尼古拉斯，1943 年 8 月 4 日。
[2]《战时华盛顿的犹太复国主义政治活动》，26。

1943 年的这次经历让他以后再也不抱这种幻想了。

这次事件发生后，在第二次世界大战结束之前的日子里，以赛亚在有关犹太复国主义运动的事宜上简直成了谨慎的化身。1943 年下半年，当有人开始公开提出对巴勒斯坦进行永久性分治的时候，他汇报了魏茨曼和戈德曼的反应。[1] 不久，魏茨曼在伦敦与丘吉尔及战时内阁进行了一次会谈。多亏伯林的摘要报告，丘吉尔才知道他们这次会晤经魏茨曼之口在华盛顿传播中的另一番面目。[2] 据魏茨曼的说法，丘吉尔声称

> 自己仍然是一名坚定的亲犹太复国主义者，他不会忘记阿拉伯人在这场战争中对英国几乎谈不上有任何贡献，还说自己现在就愿意“投身于这场混乱之中，并从中取得真正的成果”。然后他问艾德礼：“无论如何，工党是支持犹太复国主义运动的，对吧？”据报告，艾德礼对此点头表示同意，还补充说，如果犹太人没有在英美两国向他党内的人施加那么大压力的话，他们一定会比现在还要热心地反对那份白皮书。

艾德礼的话可以被视为一次警告，它不祥地预示着 1945 年工党上台以后是什么在等待着犹太复国主义运动。但是在当时，谁也没有看清楚这种山雨欲来的迹象。随着战争的进展，

[1] 伦敦档案局 / 外交部文件 371/45041，1943 年 11 月 15 日。
[2] 伦敦档案局 / 外交部文件 371/4019 4745，1944 年 1 月 21 日。

以赛亚的电讯报告也变得越来越笃定、越来越带有个人色彩，甚至可以说有些独断专横。比如在6月6日大规模进攻日那一天，他见到了共和党的犹太事务首席发言人——拉比西尔弗。西尔弗希望美国政府能正面与英国人进行对抗，迫使他们允许建立一个犹太国家。在以赛亚的报告中，他在记述与西尔弗的谈话时聪明地借魏茨曼的名望来改变外交部的立场：

> 我对他说，不等到战争结束就不可能公开宣布或者实际执行任何与巴勒斯坦有关的决定，魏茨曼本人多少有些反对分裂，但总觉得美国政府绝不会在这一问题的解决上起带头作用，相反，无论英国政府打算在巴勒斯坦干什么，它都可能对之表示支持，因而犹太复国主义者们对美施加的压力在他眼里多半属于无用功，非但无用，而且当其达到1943—1944年的高潮时，还起了破坏作用，因为它徒然激怒了伦敦那些跟他打交道的英国官员们，却并没能使他们改变政策。[1]

在国王陛下的政府中任职期间，在两位犹太复国主义运动领袖之间挑拨离间为以赛亚在上司那里赢得了高度的评价。在这份报告页边的空白处，一位外交部官员这样写道："伯林博士——三十比〇！"[2]

事实上，伯林已经相信外交部是在夸大美国犹太院外活动

[1] 伦敦档案局 / 外交部文件 371/40131 4690，1944 年 6 月 6 日。
[2] 用网球比分喻指伯林工作出色，两头得分。——译注

集团的势力。在 1944 年的一份电讯报告中，他认为“不管是在新闻出版物上还是在公众舆论中，犹太复国主义者在为他们的观点谋取广泛支持这一点上都没有取得什么进展”。他心里明白，罗斯福远不像犹太团体设想的那样亲犹太人，在美国政府中也根本没有亲犹太复国主义的势力。他写道：在巴勒斯坦问题上，“国王陛下的政府可以果断地采取它想要采取的任何行动，而不必过于担心美国公众作出的反应”。[1] 如果应于 1944 年过期的白皮书政策改变的话，那么对英国政府而言，正确的外交政策应该是搞“内部分裂”，即通过派遣像罗斯柴尔德勋爵这样有名望的英国犹太人前去与温和派犹太领袖谈判，来孤立极端犹太复国主义分子。既然有这样一些人物安稳地留在英国阵营中，那么英国政府就根本不用害怕美国政府或者犹太院外活动集团了。

伯林的这番论证虽然在外交官们听来十分受用，却让犹太复国主义者们疏远了他。魏茨曼的一位重要支持者达格代尔在 1944 年初伦敦的一次会议上听以赛亚发表了一篇有关美国犹太人舆论情况的谈话：他坚持认为犹太复国主义势力在美国虽然声势不小，却不足以影响美国政府来迫使英国政府采取行动。达格代尔通过刘易斯·纳米耶转告以赛亚，她觉得他的话“目空一切而又玩世不恭，不像是一位犹太复国主义者所说的话”。纳米耶也以极为直率的态度赞同了她的说法。他对伯林说，在大使馆的圈子里待上几年以后，“总是会丧失自己的风格，而且感情有所

[1] 伦敦档案局 / 外交部文件 371/30131 4690，1944 年 6 月 9 日。

僵化”。以赛亚的双重生活已经变得让人难以信服了。[1]

从1942年8月开始，华盛顿和纽约的犹太组织就开始收到有关集中营情况的报告了。[2] 世界犹太人代表大会接到消息说，真正的种族灭绝活动正在通过焚尸炉进行着。流亡伦敦的波兰政府也与华盛顿和伦敦的官员们交换着类似的报告。到1943年初，高级官员们已经认识到德国人正在计划进行的是一场大规模的种族灭绝行动。1943年2月，罗马尼亚政府向同盟国提议用70 000名罗马尼亚犹太人交换战争装备和现金。1943年4月，同盟国各成员政府在百慕大召开会议，讨论在战后清算中应当如何安置来自纳粹欧洲的犹太移民。

在与哈利法克斯进行的一次会谈中，魏茨曼恳请英国政府取消1939年白皮书对于犹太人移民活动的禁止。在百慕大会议的一份备忘录中，他预计能从纳粹手中逃生的犹太人数目为四百万到五百万。1943年5月下旬，在和以赛亚的一次忧心忡忡的谈话中，魏茨曼则大幅减少了这一估计的数量，他认为：如果被铁幕掩蔽的犹太人不计入总数，再除去那些很可能被德国人灭绝的人数，那么只有一百万犹太人能够死里逃生，并且向巴勒斯坦进行移民。伯林后来将这次谈话的内容向外交部作了报告。根据他

[1]《战时华盛顿的犹太复国主义政治活动》，47—48；布兰奇·达格代尔，《高尔夫球棒：布兰奇·达格代尔日记》（伦敦，1988），217。
[2] H.L. 费因戈尔德，《救援政治》（纽约，1980）；A.D. 莫尔斯，《六百万人死去之时》（伦敦，1968）；怀斯，《挑战的岁月》，190—194；托尼·库什纳，《大屠杀与自由主义想象》（伦敦，1994），第6章；G.B. 谢克特曼，《美国与犹太国家运动》（纽约，1966），92—117，134—137。

的报告，魏茨曼接下去说：虽然这件事情本身在他看来是一场悲剧，不过这似乎使犹太人问题更容易沿着复国主义路线得到解决。因为这样一来，以前那种认为无论巴勒斯坦门户如何开放，单单这一个地区不可能吸纳四百万或五百万流离失所的犹太人的说法就不复成立了。一百万是一个不难驾驭的数目。[1]

在伯林与魏茨曼的讨论中，这还是第一次拐弯抹角地提到大屠杀。面对这些令人惊慌的数字，以赛亚唯一有据可查的反应是向魏茨曼询问阿拉伯人对于这一百万新移民可能会作出何等反应：

> 我提出了那个有关阿拉伯人的老问题。他则按照那种老办法回答了我——如果清清楚楚地让阿拉伯人明白，他们没法指望让巴勒斯坦成为一个阿拉伯国家或其一部分，他们就只好默认……我对此表示怀疑。那些问题只会悬而不决。

1942 年下半年到 1943 年初，有关那场降临到欧洲犹太人头上的“令人不知所措的悲剧”和“恐怖”的言辞开始在魏茨曼以及像斯蒂芬·怀斯这样的主要犹太领导人的书信中出现。但是很明显，他们根本没有完全明白正在发生着的一切——机械化的屠杀，齐克隆 B 和焚尸炉的使用，以及一个国家为了种族灭绝的目的而动用国内的全部资源。伯林后来坚持认为，能够有什么样的料想是由整个民族对集体迫害的记忆以及战前集中营的证据决定的。大多数人根本不能或不愿走得那么远，得

[1] 伦敦档案局 / 外交部文件 371/350234，1943 年 5 月 22 日。

出1943年发生的种种事情似乎支持的那种结论。大屠杀本身及其使用的种种恐怖手段仍然是令人无法想象的。[1]

从1943年5月份开始，在伯林自己的备忘录中也开始出现“大灭绝”的字样了，但是后来伯林始终羞愧地说，自己直到集中营获得解放，布痕瓦尔德、达豪和贝尔森的照片于1944年冬及1945年春公开的时候，才对大屠杀有了清楚的意识。直到1945年4月28日，在他的工作报告中才直接提到过这几个地方。虽然他可能是在回避一个别人看得清清楚楚的事实，但是当时不相信像“大灭绝”这类词所指的情况正实实在在地发生着的人并不止他一个。

至于同盟国应当做些什么来拯救犹太人这一点，据以赛亚个人也赞成的官方观点认为，唯一可能的战略方法是迅速获得同盟国一方的胜利。对各种诸如炸毁铁路供应线以及集中营之类的计划，以赛亚始终持怀疑态度，他坚决认为轰炸完全有可能误杀成千上万的无辜居民。他觉得同盟国完全可以采取进一步的行动来警告轴心国盟国——意大利、法国维希政权、罗马尼亚、匈牙利、保加利亚和克罗地亚——如果它们在大屠杀中与纳粹相勾结的话，那么除了交纳惩罚性赔款以苟求和平之外什么也别想指望。[2] 但是在第三帝国内部则无计可施。整个帝

[1] 伦敦档案局 / 外交部文件 371/35036 4674，1943年7月6日；根据对伯林的访谈，见沃尔夫森学院亨利·哈代的伯林档案，1989年3月23日，1月30日。
[2] 根据对伯林的访谈，见沃尔夫森学院亨利·哈代的伯林档案，1984年1月30日；又见W.D. 鲁宾斯坦，《救援的神话：为什么民主党人无法从纳粹手中救出更多犹太人》（伦敦，1997）。

国正集中全力进行着这场灭绝活动，除对其进行武力征服并迫使其无条件投降之外，什么也阻止不了它的步伐。

1944年2月，埃德加·安斯维尔·莫勒在《纽约邮报》上发表文章，皮埃尔·冯·帕森也出了一本名为《被遗忘的同盟》的书，两人都坚决认为同盟国正在“消极容忍对欧洲犹太人的灭绝活动，而实际上它们完全可以挽救其中的许多人”。在起草对这类指控的答复时，当局向以赛亚和其他一些人进行了咨询。商量的结果是拟出了一份绝对标准的外交部新闻公报：

> 英美两国政府正在力所能及的范围内进行着各种努力，包括向希特勒提出警告以及与各中立国进行协商，以求制止这场屠杀，并且帮助屠杀中的受害者逃亡。出于一些十分明显的原因，两国政府的行动不可能尽数加以披露。[1]

像“屠杀”这样的词暗示了这次事件的规模之大完全非伯林在其所处的环境之中能够想象，他通常的现实感以及从一大堆细节当中推断一幅更为广阔的图景的能力似乎都已经离他而去了。

例如，有人会疑惑，他想过多少关于他那些留在里加的亲戚的事。他们一家人还在伦敦的时候，最后收到的消息是来自以赛亚的外公所罗门·沃尔什沃诺克，1940年1月，在独立共和国即将灭亡的日子里，他曾经给他们一家寄了一张明信片，当时红军还没有来得及到达那里并且切断与外界的一切联系。

[1] 伦敦档案局 / 外交部文件 371/40129 4745，1944年2月9日。

他用流利的英文写道："愿上帝永远保佑你们！"接着又问了一下沙加（原文如此）的情况，并且对他们说在里加没有什么可说的新闻。[1] 在明信片的左下角贴着一张德国邮政带钩十字饰的邮票，使得这张明信片得以穿越第三帝国的领土，这就像是一个不祥的征兆。这是他们与留在里加的族人最后的一次联系。1941 年 7 月，德国军队赶走了溃败的俄国人，随之而来的是纳粹党卫军。1941 年 11 月到 12 月，里加的犹太人被拉脱维亚法西斯分子和德国警察包围了起来，带到了市郊的沙坑旁边，在那里被枪杀，随后尸体被扔进了一个巨大的墓穴。里加的沃尔什沃诺克和施内尔森两大家族，包括以赛亚的祖父和外公，都在这次事件中丧生。以赛亚直到战争结束时才得知此事。

对他们的种族灭绝是以赛亚可以提及但永远不愿拿来讨论的事实。他在以后的作品中也从来没有直接谈论过这场大屠杀。激起他最强烈的想象反应的是斯大林的行为而不是希特勒的罪行。以赛亚身上这种奇怪的现象容易描述却很难解释。每当别人问起的时候，他只会说，关于这场大屠杀，他说不出什么别人没有说过的话。[2] 他主动对"大屠杀产业"表示蔑视，与为他的民族的可怕命运所作的一切口头上的祈祷保持着距离。沉默倒显得更为真实。

但是，战时在华盛顿的经历倒的确让以赛亚认识到了他和魏茨曼的自由改良主义的巨大局限性。当犹太地下组织重新恢复了

[1] 所罗门·沃尔什沃诺克致以赛亚·伯林，1940 年 1 月 19 日。
[2] 根据对伯林的访谈，见沃尔夫森学院亨利·哈代的伯林档案，BBC 二台，1997 年 11 月 18 日广播。

积极反抗英国统治的努力时，以赛亚感到十分震惊。1944 年下半年，斯特恩团伙暗杀了英国托管部门的负责人穆因勋爵。伯林在使馆的一位同事、正巧也是犹太人的苏格兰文学工作者大卫·戴希斯记得，在穆因遇害以后，伯林把他拉到一边，低声说："以后我们只好像瑞典人那样想问题了。"他的意思大概是说，既然自己的民族在与英国的殊死搏斗中打得难分难解，那么作为英籍犹太人，他们除了保持中立以外别无选择。[1] 伯林身上的每一个细胞都对犹太复国主义者的恐怖活动感到痛恨，前进的道路是魏茨曼的道路：在幕后进行谨慎的游说活动。但是到最后，使得犹太复国主义事业突然变得难以压制的不是魏茨曼的种种策略，而是"集中营里已死和将死的人的惨状，骷髅和消瘦的尸体的照片与影片，鼓胀着肚子的孩子们，以及一堆堆破破烂烂的可怜的个人财产"。"一股巨大的恐怖、怜悯以及愤怒的人类情感的潮水席卷了全球。"[2] 除此以外，1945 年工党政府对犹太复国主义运动的压制及其造成的犹太恐怖活动的急剧发展，还有杜鲁门总统做出的建立一个犹太国家的出人意料的决定——所有这些因素在当时都是完全不可预见的，它们综合在一起产生出了魏茨曼式温和外交策略一辈子也不可能达到的结果。以赛亚从来没有因为自己对魏茨曼的支持而后悔过，但是他悔恨地认为自己和魏茨曼——两位"中心人物"——以前是在"水上写字"，"沙上建房"。[3] 华盛顿让他明白了：即使是

[1] 根据对大卫·戴希斯的访谈，1997 年 11 月。
[2]《战时华盛顿的犹太复国主义政治活动》，60。
[3] 同上，66。

伟大的政治人物也很少能够理解他本人试图按照自己的计划来加以改造的历史，而政治也总是具有一种产生悲剧的潜在可能性，因为它试图掌握的那些力量永远不可能完全被人力所控制。

人们可能会产生这样一个印象，即认为以赛亚在华盛顿除了准备有关犹太事务的报告以外，其他几乎什么事情也没有做。但是实际上，巴勒斯坦在他的生活中只占了很小一部分，而在他每周一次的摘要报告中所占的比例更小。以赛亚明确表示自己很愿意向从事犹太复国主义运动的朋友们指出，对像哈利法克斯这样的人来说，巴勒斯坦的未来根本就是无足轻重的。[1]以赛亚的大部分工作时间实际上都是用来汇报总统与国会关系的每一点细微差别，以及在美国这个大熔炉中各工会、报纸专栏作家和爱尔兰、印度、捷克还有波兰等少数民族团体中反英情绪的每种表现。这些报告在英国政府中引起了越来越多的注意。1944 年 1 月，丘吉尔在给艾登的一份内容十分丰富的电报后附了一封短信，问他这些以哈利法克斯的名义送出的摘要报告到底是谁写的。丘吉尔本人十分讨厌哈利法克斯，他敢肯定哈利法克斯手中那支苍老的笔根本写不出这样生动的电讯报告。

数日后，摆在丘吉尔桌子上的外交部的回函是这样介绍那些报告的作者的："伯林先生，具有波罗的海沿岸犹太人血统，职业为哲学家。"1944 年 1 月 27 日，丘吉尔在给艾登的信中写道："这些报告显然写得很好。我觉得它们把每一件事情都写得淋漓尽致，并且使美国的各种事务呈现出一幅热烈的图景。"

[1]《战时华盛顿的犹太复国主义政治活动》，40。

艾登本人则这样评论道："我同意。可能东方味浓了一点。"[1]

丘吉尔用"热烈"这个词，实际上指的是近于狂热的兴奋之情。而艾登用"东方"这个词，指的则是过于微妙、色彩过于浓重以及非英国式。这位"波罗的海沿岸犹太人"哲学家无疑十分聪明，但他不是我们当中的一员。虽然如此，这件事情对以赛亚的成名仍然有着直接的影响。首相和外交部长不是每天都会争相寻找恰当的形容词来描述一位下级官员的报告。

以赛亚自己只见过丘吉尔一次，那是在六个月之前，也就是1943年8月下旬。他被派去将一份机密电报送到白宫，首相在参加完魁北克峰会以后还逗留在那里。以赛亚被带到了丘吉尔的卧室，手里拿着电报等在那儿，这时，首相刚刚洗过澡，穿着一身漂亮的海军蓝西服出现在来客的面前。他握了握以赛亚的手，接过电报十分用力地强调说："好极了。做得不错。再接再厉吧。"然后和蔼地挥挥手把以赛亚打发走了。以赛亚步出白宫，走进夜色，被这位老人的活力和兴致勃勃所鼓舞，但是同时，他也很清醒地知道丘吉尔完全不晓得他是谁。[2]

1944年2月初，克莱门汀·丘吉尔告诉她的丈夫，欧文·伯林正在伦敦，问他能否抽出时间感谢此人在战争中所做的工作。丘吉尔夫人原本的设想只是简单地握握手。可是正相反，首相说他一定得来吃午饭。丘吉尔夫人十分不解，但还是邀请伯林先生于2月9日在唐宁街10号一间名为"花厅"的

[1] 伦敦档案局 / 外交部文件 371/38537 9019，1944年1月19日，28日。
[2] 以赛亚·伯林致门·伯林，1943年9月26日；根据对伯林的访谈，见沃尔夫森学院亨利·哈代的伯林档案，1989年1月30日。

正好位于内阁会议室下面的小餐厅里参加一次午宴。受邀参加的客人包括皇家总参谋长艾伦·布鲁克爵士、巴克卢公爵夫人，以及莫利·拉塞尔斯。丘吉尔的秘书乔克·科尔维尔担任现场记录。宴会过程当中，伯林几乎一言不发，而科尔维尔的母亲以为他可能是一个公务员，所以一直试图让他就英国社会问题这一话题发表意见。坐在首席的丘吉尔则一直滔滔不绝地谈论着战争形势。午宴结束时，丘吉尔转向伯林说："现在，伯林先生，请告诉我们，你认为我亲爱的朋友总统先生是否有可能第四度当选？"伯林操着一口浓重的布鲁克林腔说，他觉得罗斯福的鼎鼎大名肯定能确保他获得胜利。为了加重此话的分量，他又补充道："但是如果他不再参选，我想我是根本不会投票的。"

丘吉尔问他："你的意思是说你觉得自己有选举权？"

"我真心希望这样。"

丘吉尔咕哝说如果教授在美国拥有选举权的话，那倒是英美合作的一个好迹象。丘吉尔接下来问的有关美国战时生产状况及产量的问题只得到了含糊而不明确的回答。丘吉尔越来越气恼，又问伯林认为战争将持续到什么时候。"首相先生，我会告诉我的子孙，温斯顿·丘吉尔问过**我**这个问题。"丘吉尔这时完全糊涂了，他问伯林写过的最重要的东西是什么。回答是："《白色圣诞节》。"

克莱门汀觉察到事情不妙，便温和地说大家都应该感谢伯林先生，因为他如此慷慨。"慷慨？"她的丈夫吼道，一边以大为吃惊的表情看着周围的人。这时乔克·科尔维尔在桌子下面轻轻地踢了踢首相。"你踢我做什么？"丘吉尔又吼了一句，然后就转过脸去，不再理会伯林。午宴很快不欢而散。伯林回到和制片人亚历山大·柯达一起暂住的旅馆。他说刚才的午宴令他十分迷惑。他和首相好像不太合得来。[1]

后来乔克·科尔维尔把请错了人这件事情谨慎地透露给了首相，丘吉尔觉得十分好笑，就又告诉了内阁。很快这件事就在英国政府官员中间传了开来，又泄露到新闻界，出现在1944年4月的《时代》杂志上。以赛亚当时正在伦敦，他从乔克·科尔维尔那儿听到这件事情以后，才知道自己已经误打误撞地成了一个不大不小的名人。“欧文—温斯顿—以赛亚事件”不胫而走。[2] 伦敦的比弗布鲁克勋爵打电话邀请以赛亚去赴宴，并在自己的报纸上为他腾出了一个专栏。[3] 以前那些站得远远的全灵学院的要人们现在都来征求他的意见。英国政府的同事写信给他，将他在华盛顿写的电讯报告与过去那些伟大的回忆录和日记的作者们——克里维、圣西门、克拉伦登和格雷维尔——取得的成就相提并论。他自己的顶头上司哈利法克斯勋爵据说兴高采烈地在华盛顿到处打听两个伯林的事情。[4]

以赛亚和他的上司相处极为融洽，1944年11月，哈利法

[1] 根据对伯林的访谈，见沃尔夫森学院亨利·哈代的伯林档案，1989年1月30日，3—4；根据对伯林的访谈，见沃尔夫森学院亨利·哈代的伯林档案，BBC二台，1997年11月18日；约翰·科尔维尔，《时代足迹》（伦敦，1984），168—170；又见约翰·科尔维尔，《权力边缘：唐宁街日记，1939—1955》（伦敦，1985），471—472；L. 贝尔格林，《当千万人喝彩时：欧文·伯林传》（伦敦，1990），430—432；以赛亚·伯林致特德·威克斯，1979年12月13日。
[2] 约翰·罗素致以赛亚·伯林，1944年4月，日期不详。
[3] A. 奇泽姆与D. 戴维，《比弗布鲁克传》（伦敦，1992），450，472。
[4] 以赛亚·伯林致门·伯林，1944年12月12日；伯肯黑德伯爵，《哈利法克斯勋爵传》（伦敦，1965），496—497。

克斯竟邀请他到自己大使馆的私人寓所去收听广播报道的罗斯福和杜威之间的总统竞选结果。经过精心挑选后受到邀请的还有凯恩斯勋爵、他的俄国夫人丽迪亚·洛波科娃，以及女王的兄弟大卫·鲍斯–莱昂。伯林以前只在1935年国王的一次宴会上见到过梅纳德·凯恩斯，但当时谈得并不投机。那一次他正在读一篇关于快乐的哲学论文，凯恩斯就坐在他身边，在高台餐桌旁，当知道伯林读的是什么东西之后，便尖刻地说他倒不如去读一份关于给他们上的汤的论文。[1] 可是这回两人在华盛顿再次见面的时候，气氛就不一样了。伯林被作为伯林教授介绍给了凯恩斯，当他坚决声称自己并非教授的时候，凯恩斯回答说自己也不是，还补充说："我拒绝这个词包含的侮辱意味，不过并不拒绝它给我带来的薪水。"

席间以赛亚用俄语和凯恩斯夫人聊个不休，这明显使得凯恩斯勋爵略有不快。饭后，大家一起来到哈利法克斯楼上的书房。作为美国政治方面的专家，以赛亚的任务是带来一份《华盛顿邮报》上面的选区示意图，然后当广播员宣布结果的时候，在图上分别加以注明。收音机中一个单调低沉的声音不停地报着："密西西比，490区选举罗斯福，10区选举杜威。"丽迪亚·凯恩斯渐渐不耐烦起来，又操着带浓重口音的英语和以赛亚聊开了："你喜欢罗斯福吗？人们都非常喜欢他。叫他'罗西'。我非常喜欢罗西。"梅纳德突然插了一句："现

[1] R. 斯奇德尔斯基，《J.M. 凯恩斯》（伦敦，1992），卷2，427，其中记录的这次见面的时间为1930年。以赛亚自己记得是在1935年：根据对伯林的访谈，见沃尔夫森学院亨利·哈代的伯林档案，1994年6月5日，6。

在别说话，丽迪亚，现在别说。”过了半小时，丽迪亚又问以赛亚：“你喜欢哈利法克斯勋爵吗？”哈利法克斯当时就坐在紧挨着的长沙发上。她说：“要知道他现在走红得很，可是以前却不见得。你还记得绥靖政策吗？太可怕了。慕尼黑，绥靖政策，真是可怕。”以赛亚总算没笑出声，连梅纳德这次也没打断她的话。显然这个恶作剧让他也觉得滑稽。面色苍白的主人哈利法克斯勋爵盯着自己的脚，拍拍他的狗。“好了，好了，弗朗基，”他对狗说，“听这种政治也听得够了。”他让狗走开，又给罗斯福的得力助手哈里·霍普金斯打了个电话。回来以后他说：“我已经跟哈里通过话了，他说这事十拿九稳。”然后大家就散了。[1]

每次凯恩斯来华盛顿的时候，他都会和伯林见面，有时是在罗伯特·布兰德家里，有时就在大使馆。以赛亚十分喜欢和这位了不起的人在一起，虽然凯恩斯那种挑衅式的漫不经心偶尔也会让他觉得不舒服。在 1944 年的酷暑里举行的一次宴席上，凯恩斯问他：“你有没有注意到国会在 7 月跟 8 月通过了一个白痴法案？太过激了。对白人来说太过激了。对黑鬼们挺好。对我这种人一点用也没有。”同时伯林对于凯恩斯对美国政治情况的了解也始终半信半疑。他好像认为，把伦敦《泰晤士报》上某一篇中肯的社论电传到某位来自南方的执拗的美国参议员的办公室，就能够使其信服一些正确的、有见地的观

[1] 根据对伯林的访谈，见沃尔夫森学院亨利·哈代的伯林档案，1994 年 6 月 5 日，6—8。

点。他会问以赛亚："这么做能有所改善吗？"以赛亚则会回答："根本没有。"但是他对凯恩斯这位自由国际主义者仍然极为称许。以赛亚曾为弗里德里希·哈耶克的著作《通往奴役之路》写过一篇评论，文中就表现出了他的凯恩斯主义色彩。该书出版于1944年，随后立即被华尔街的共和党人当作了武器，用来批驳凯恩斯的布雷顿森林体系。这一体系试图通过中央银行的调节来稳定国际货币市值，使得自由市场观念的信奉者们大为惊恐。以赛亚讽刺地说，在这场针对"像凯恩斯勋爵和英国财政部这样给他们带来灾祸的社会煽动者"的战役中，"华尔街将哈耶克视为迄今为止发现的最为富饶的一座金矿，到处兜售他的观念"。[1]

同样发生在1944年、照亮了以赛亚仕途的另一事件是与唐纳德·麦克莱恩进行的一次难忘的斗争。此人当时是以赛亚在使馆的同事，同时还有一重以赛亚不知道的身份，即苏联间谍。一天，麦克莱恩在以赛亚的办公室门外探头张望了一眼，对他说："我跟五角大楼和国务院的人一块儿工作，那些人全都自负得很。听说你认识些搞新政的，你能请来几个吗？"以赛亚有几位牛津朋友跟麦克莱恩关系也不错，因此他答应了麦克莱恩，让凯·格雷厄姆安排包括爱·普里查德在内的数位年轻官员聚餐一次。[2] 席上，以赛亚提到自己认识艾丽丝·罗斯

[1]《华盛顿报告》，535。
[2] 格雷厄姆，《个人历史》，155—157；根据对伯林的访谈，见沃尔夫森学院亨利·哈代的伯林档案，1994年2月8日；博伊尔，《背叛的风气》，291—293。

福·朗沃斯，她是总统的表亲，一位贵妇人，因其反对新政在华盛顿十分有名。这时喝多了的麦克莱恩怒道："我不是说你不该见她。我的意思是你不该有让你想见她的那种趣味。"以赛亚反驳道，去看朗沃斯夫人很难说就证明了自己有反动趣味。麦克莱恩又接着说："说不定再过十二个小时你就会站到我们这边来。可是不到那个时候，你还是这样两面讨好。"

这时让以赛亚大吃一惊的是，凯·格雷厄姆也加入了麦克莱恩一方——他第一次遇见朗沃斯夫人就是在她父亲家里。屋子里的人迅速分为两个阵营，以赛亚觉得自己好像进了一部道格拉斯·费尔班克斯的电影，主人公被迫跳到桌子上，只提一柄轻剑抵挡上百把利刃。这种看问题的方式颇为好笑，但当时的争论是十分严肃的。每个人都指责他和各地进步群众的头号敌人们站在一起。以赛亚记得自己当时用一种平时几乎从来没有用过的说教口吻道："我们应当捍卫文明，反对野蛮。"麦克莱恩却不吃这一套："文明的意思是你可以自由地选择朋友。"他坚决地说，"生活就是一场斗争。在斗争中，你得知道自己站在哪一边。"屋里其余的人，包括凯·格雷厄姆在内，都大声附和。以赛亚仍然不肯低头。"我能看出应该从你们交的朋友来判断你们的为人，这一点我可以承认。"他甚至准备好设想极端情况的出现，在其中一个人也许只好牺牲那些背叛了某种基本信任或是某种正义事业的朋友。"但是在此之前你必须有机会了解他们，即使别人因此而谴责你也罢。"

麦克莱恩不肯善罢甘休。他又重复道："生活是一场战役，我们应当知道自己站在哪一边，而不该和敌人打交道。"

那个夜晚在敌意的气氛中不欢而散，麦克莱恩摇摇晃晃地走到花园里去方便了。后来凯·格雷厄姆给以赛亚打过几次电话作为道歉的表示，麦克莱恩也写来一封信，深感懊悔地提议两人一起共进午餐作为和解。以赛亚准时出现，麦克莱恩问他对罗斯福的左翼副总统亨利·华莱士感想如何。以赛亚说他觉得什么地方总是可能有颗螺丝是松的。麦克莱恩又一次勃然大怒，他为华莱士辩护，称其是一切公正和进步事物的斗士。以赛亚就此断定和他做朋友是不可能的事情。就像和伯吉斯在一起时一样，他对麦克莱恩是间谍这一点毫不知情。但是与他的冲突在以赛亚心里留下的印象不只是一次饭后的争论。以赛亚终生都保持着一种可能会受人非难的自由的交友态度，一种只要他人具备其他一些优点作为弥补，对他们所持的具体观点就相对不太注意的度量。艾丽丝·罗斯福·朗沃斯身上的优点包括一种快活的贵族式的傲慢、敏锐的头脑、对华盛顿的传闻和流言的庞大记忆量，还有最重要的一点——一种在以赛亚眼中足以抵消她可怕的政见的活力。[1] 具有讽刺意味的是，以赛亚对麦克莱恩的同事伯吉斯也持同样的观点，亦即单纯的对生活的热爱就足以弥补他肮脏的感情生活和古怪的政见。与唐纳德·麦克莱恩进行的道格拉斯·费尔班克斯式的斗争只是一次并不重要的事件，在这样一些事件当中，以赛亚自由主义者的宽容性格经受了火的洗礼。

随着盟军在欧洲节节推进，胜利势在必得，和平终于在

[1] 根据对伯林的访谈，见沃尔夫森学院亨利·哈代的伯林档案，未注明日期。

望，这时阿诺德·汤因比在外交部调研司为以赛亚提供了一个职位，但这个“失败教授的洞穴”那种“槁木死灰的气氛”让他退避三舍。[1] 他暂时的想法是到巴黎担任达夫·库珀大使的新闻专员。[2] 他在 1942 年回英国时已经在伦敦的防空洞里见到过库珀的夫人黛安娜，并且曾为她冷若冰霜的美貌和致人死命的才情所倾倒。不过他看得出，到巴黎去与在华盛顿相比是下了一个台阶；其实白厅也是一样。他把外交部的工作看成是在权力中心心满意足地饱尝肉味之后回过头去吃素食主义者的饮食。[3]

以赛亚厌倦了每周写一次政治报告的苦差事，他对一个朋友说，他觉得自己就像一个给人吟唱过太多疯狂情节的歌剧演员。但是让他在大使馆觉得越来越烦躁的还不仅是疲倦。在反犹太复国主义和亲阿拉伯倾向强烈的外交部工作，令人既精疲力竭又倍感压抑。他觉得自己在跟自身的极度不慎重所进行的内心斗争中已经心力交瘁。最后，以赛亚发现自己有种“在地毯上面看出花纹”——认清事态发展的大致轮廓——的习惯，而这与其说是官僚气质，倒不如说是知识分子风格。[4] 每周一次的摘要报告是有限制的：他希望自己能在更广的范围内来进行写作。因此，由于上述种种原因，他开始幻想着重返新学

[1] 以赛亚·伯林致大卫·斯科特，1945 年 3 月 23 日。
[2] 根据对伯林的访谈，见沃尔夫森学院亨利·哈代的伯林档案，1989 年 10 月 11 日，5。
[3] 以赛亚·伯林致安东尼·朗博德，1945 年 1 月 11 日。
[4] 以赛亚·伯林致唐纳德·霍尔，1944 年 12 月 11 日。

院，还开玩笑说他脑子里正酝酿着一部至少长达二十五卷的关于欧洲历史的巨著，这部书的写作会把他的余生都消耗在无可非议的单调劳动上。

一次偶然的相遇让他开始苦苦思考自己知识分子生涯的未来走向。1944 年初，他曾在哈佛教职工俱乐部与数理逻辑学家哈里·谢弗尔共进午餐。[1] 谢弗尔对逻辑实证主义虚假的科学伪装给哲学造成的危害感到痛心疾首。他坚持认为科学的进步在类似认识论或伦理学这样的哲学领域内根本不可能出现。以赛亚记得谢弗尔是这样说的："说一个人在认识论上博学或是精通伦理学的知识都是一派胡言；这不是那种性质的学问。"只有在像逻辑这样严格遵循演绎推理或者像实验心理学这样经验性的学术领域内，属于科学范围的进展才可能发生。虽然以赛亚觉得谢弗尔对逻辑实证主义的指责不免有一棍子打死之嫌，这次遭遇却让他对重新从事哲学产生了新的怀疑。1944 年春，以赛亚乘坐飞往伦敦的飞机，踏上了横越大西洋的漫长旅程。当时的机舱没有经过增压，乘客们只能长时间待在黑暗中，通过一根输氧管呼吸。以赛亚由于担心管子会从嘴里滑落而无法入睡，整夜清醒地待在一架又黑又冷、嗡嗡作响的飞机上，除了思考以外无事可干。他始终很讨厌一个人思考，而这次旅行又异常不舒服。他又在记忆里重温了一遍谢弗尔所说的话，开始将单纯的哲学视为与评论或诗歌相类似的领域，在其中不可能为确实的人类知识添砖加瓦。他后来写道："我逐渐

[1]《概念与范畴》，vii—viii。

认定，我应当选择一个有望在生命结束时比开始时知道得更多的领域。”次日早晨着陆之时，衣服压得皱巴巴、视线模糊的以赛亚已经下定决心离开哲学，转而研究观念史。

他向自己从1938年开始在那里任教过的新学院表示自己愿意转入哲学史领域，并建议将伦理学、逻辑学和认识论留给他的朋友赫伯特·哈特去研究。哈特是他在牛津时的一位老朋友，来自约克郡一个犹太家庭，当时已经与他们的另一位老朋友詹妮弗·费希尔·威廉斯结了婚。在新学院，他是取代以赛亚的理想人选，他也确实在1945年适时地这样做了。20世纪30年代牛津的另一位伟大哲学家约翰·奥斯汀曾经将他令人生畏的力量转向了6月6日大规模进攻登陆的后勤工作。现在他也应该像在军队情报部门有过同样煊赫地位的、破译德国人密码电报的斯图尔特·汉普希尔一样回到牛津来了。当时后者正设法在巴里奥尔学院谋得一份教职以重新开始他的哲学生涯。以赛亚敦促赫伯特·哈特与奥斯汀和汉普希尔联系，再次让30年代那个圈子里的人重新走到一起来。关于正准备放弃内政部一份重要工作的詹妮弗，他警告赫伯特，“把妻子带到牛津就像把她带到黄金海岸一样——都是殖民地一样的环境”[1]。

这时已经是1945年4月，伯林萌生去意，可是“校长”——这是他现在背地里给哈利法克斯勋爵起的名字——

[1] 以赛亚·伯林致赫伯特·哈特，1945年2月23日。

却不愿让他重返研究领域。[1]4 月 12 日，富兰克林·罗斯福逝世，以赛亚的任务是为忐忑不安的英国政府评价业已发生的重大变化。这份电讯报告是以赛亚担任此职以来写过的最敏锐的几篇之一。他说，罗斯福死后受到了人们的颂扬，生前却是美国最为人痛恨的人物之一。他接着写道，其成就在于“也许是永久性地”改变了“人们对于美国政府特别是总统的职责和功能的一般概念”。下面他转而对未来形势作出了预言，认为罗斯福政府在新政中对联邦进行的主要改革将会维持不变。即便政府干涉的程度随着和平的到来而减小，罗斯福开创的“对社会福利采取积极行动的传统”在杜鲁门政府中仍将得到保持。[2] 尼古拉斯和信息部看到了这一报告的私传版，对此要坦白得多：

> 白宫的实情是，虽然杜鲁门显然直率而正派（伊克斯先生在罗斯福先生逝世那天夜里曾说：“我知道他很正派，可是谁能说得出他还有什么别的优秀品质吗？”），他的自由主义带着来自中西部的地方习气，他是美国退伍军人中的最佳典型，条理清楚得出人意料，性情活跃而爽快，能与艾登和利特尔顿这样的人相处下去，但是他在衡量整个局势的时候根本谈不上有什么恢宏的气度和见解，这样就像荷兰室内画，即使把他所有那些优点加起来也应付不了

[1] 以赛亚·伯林致 H.G. 尼古拉斯，1945 年 4 月 4 日。
[2]《华盛顿报告》，545—546。

无法以泛泛的原则来解决的第一次真正重大的危机。杜鲁门基本上只喜欢那些正派的、毫不足畏的政治仆虫。他曾经和蔼地对我的一个朋友说："也许我应当去做妓院里的钢琴师，而不是美国总统。"[1]

那年夏天，以赛亚原本想加入去旧金山参加联合国成立大会上的英国代表团，哈利法克斯却让他留在华盛顿起草每周一次的政治报告。不过5月下旬他还是坐上了飞机，前去执行协助代表团进行联合国宪章俄文翻译工作的任务。这次工作让以赛亚得以和一位老朋友，当时担任美方联络官、负责译出宪章俄文初稿的查尔斯（奇普）·波伦进行密切接触。波伦对语言十分协调的敏感性让以赛亚很是钦佩。波伦自1943年莫斯科会议以来一直担任罗斯福的个人翻译兼记录员，曾在三巨头会议上担任翻译。给波伦出了最多难题的实际上还是丘吉尔。他经常会说出像"高度不智之渊"这样的话来，在俄语中根本找不到对应的说法。[2]

现在波伦让以赛亚帮他翻译宪章。他俩在旧金山的老兵楼里待了两个星期，翻来覆去地前后斟酌着一个个俄语词的含义，衡量着它们隐含的意思，以确定苏联人无法在翻译条文时的选词用句中混入一些对他们有利的模棱两可的地方。在对成员国甲的军队穿越乙国以保卫丙国的权利一款的规定中，以赛

[1] 以赛亚·伯林致H.G.尼古拉斯，1945年5月8日。

[2] 以赛亚·伯林致乔·艾尔索普，1944年2月11日。又见查尔斯·波伦，《美国外交政策的转变》（伦敦，1970）；查尔斯·波伦，《历史的见证：1929—1969》（伦敦，1973），126；T.M.鲁迪，《谨慎的外交家》（伦敦，1986），48—51。

亚在意为“穿越”的俄语词前犯了踌躇。他说服波伦，表示这个词在俄语中表示的不仅是行军穿越的权利，还包括在必要情况下的驻扎权。当他们向苏联人指出这一点时，他们抗议说苏联的中小学生已经在用心学习他们提议的版本了，现在要做出什么改变为时已晚。以赛亚和波伦毫不让步，最后苏联人在这一点上终于表示妥协。还有一次，俄译本暗示所有的英国托管地区都应当即刻予以废除。以赛亚坚决要求另换一词，波伦开玩笑说，以赛亚大笔一挥，便拯救了大英帝国。[1]

当两人飞回华盛顿时，以赛亚已经给波伦留下了十分深刻的印象，于是波伦向哈利法克斯建议在将来与斯大林的峰会中再次起用以赛亚。哈利法克斯表示同意，并且推荐伯林在同盟国领袖们即将召开的波茨坦会议上担任安东尼·艾登的翻译。7 月初，以赛亚飞抵伦敦进行了准备。他个人对艾登并无多大好感，曾经有人听见他在艾登背后称之为“睡美人”。[2] 至于艾登这一方面，他对学者和知识分子也并不特别喜欢，尤其是滑稽诙谐的一类。出发前数日，外交部突然告诉伯林说根本不打算让他去波茨坦。虽然以赛亚一直不能肯定，但他说过的所谓“睡美人”的话有可能已经传入了艾登耳中。[3]

没能去成波茨坦让以赛亚十分失望，但这种失望没有持续多久，因为另一次机会正在向他招手，这哄得他又高兴起来。

[1] 根据对伯林的访谈，见沃尔夫森学院亨利·哈代的伯林档案，1995 年 12 月 9 日，10 日。
[2] 根据对伯林的访谈，见沃尔夫森学院亨利·哈代的伯林档案，1989 年 6 月 18 日。
[3] J. 贝尔福致以赛亚·伯林，1945 年 7 月 27 日。

十八个月以前，也就是1944年1月，在他有一次去华盛顿的时候，英国驻莫斯科大使阿奇博尔德·克拉克·克尔曾经向以赛亚说起对苏政策问题。闲谈中，大使提出以赛亚或许愿意去莫斯科看看。以赛亚欣然接受了这一提议。克拉克·克尔问他想什么时候去，他回答说："马上，今晚。"克拉克·克尔笑了，又说他肯定要提些什么条件。以赛亚回答："没有。无条件投降。"[1]

克拉克·克尔回莫斯科之后，这一计划在将近十八个月的时间里处于未完成状态。以赛亚在写给朋友的信中说，他觉得自己就像契诃夫的《三姊妹》中那个外省的弃妇一样，不停地叹着气说："去莫斯科，去莫斯科。"[2]1945年5月，克拉克·克尔又在华盛顿出现了，这次他是要去参加旧金山会议。他又向以赛亚提出了上次的建议，并且让以赛亚相信这是真的。"他用的办法很简单，却令人无法抗拒，那就是在我面前晃动着一张签证。"[3] 这一次，以赛亚没有重蹈伯吉斯事件的覆辙。他首先确定了外交部对克拉克·克尔的计划是赞成的。6月初，上面便已决定让他去莫斯科准备一份长长的报告，以战后世界美苏英三大国的关系为内容。以赛亚讽刺地说，这份报告将是"一件大事"，一项"长期的"衡量标准。[4] 他将在莫斯科待到1946年初，然后回华盛顿起草报告。这份报告将是

[1] 以赛亚·伯林致门·伯林，1944年1月31日。
[2] 以赛亚·伯林致M. 克罗斯维特，1945年5月12日。
[3] 以赛亚·伯林致H.G. 尼古拉斯，1945年5月8日。
[4] 以赛亚·伯林致萨姆纳院长，1945年6月6日。

他的天鹅之歌，他作为一名英国官员的告别曲。1945 年 7 月下旬，已经回到英国的以赛亚在帕特里西娅·道格拉斯婚姻破裂后一直租住的一座乡间别墅里和她共度周末。7 月 26 日，他俩通过收音机收听了英国大选结果的报道，在听到工党获得压倒性胜利的新闻时在草地上跳了一曲快步舞。她以一种迷人的坦率提出要和以赛亚结婚，这一次他发现自己终于可以说“不”了。[1] 从跟她的感情纠葛中解放出来以后，他登上了一架飞往柏林的飞机。在与诺埃尔·安南、葛伦威·里斯以及其他几位当时在德国首都的废墟上为英国情报部门工作的朋友们一起过了一夜之后，他又继续往莫斯科飞去。[2] 他处在一种高度兴奋的状态中。在写给父母的一封信中，他用俄语感叹道：“Chudno budet！一定会很棒的！”[3]

[1] 根据对伯林的访谈，见沃尔夫森学院亨利·哈代的伯林档案，1949 年 3 月 12 日，13。
[2] 根据对诺埃尔·安南的访谈，1992 年；又见诺埃尔·安南，《变化的敌人：德国的战败和重建》(伦敦，1996)。
[3] 以赛亚·伯林致门·伯林，1945 年 5 月 5 日。

十

莫斯科，1945

以赛亚此行忧心忡忡，他跟一个朋友开玩笑说自己根本不知道该带什么东西——“杀虫剂、皮鞋、海豹皮帽子或者天知道什么玩意儿”。[1] 结果，以赛亚 1945 年 9 月 8 日飞抵莫斯科的时候带着冬天穿的衣服，塑料嘴的瑞士小雪茄，以及鲍里斯·帕斯捷尔纳克在牛津的姊妹们托他带去的鞋子。

他一直就盼着回来——从刚二十出头的时候开始，他脑子里就在转着这样一次莫斯科之行的念头——但是现在等到真的回去时他又满怀忧虑。[2] 因为他出生在拉脱维亚，所以苏联人说不定坚持认为他是苏联公民，从此再不放他走。他反复地做着被捕的噩梦，他以一种不像是他个性的坚强不屈对自己说，一旦真的被捕，他就开枪打死自己。[3]

他没有担心多久，因为凭他常有的好运气，抵达莫斯科的时候刚好赶上大使馆里的一次宴会，在这次宴会上，他接触到的一些人将会提供机会，让他在莫斯科期间得以与俄国艺术界进行联系。大使馆坐落在正对着克里姆林宫的河岸上一所华丽的商人豪宅里，他到达时这里正在举行晚宴，庆祝它的俄文新闻刊物《英国同盟》创刊一周年。席上的主宾是一位名叫 J.B. 普里斯特利的客人，他看上去疲倦而暴躁。当英苏战时同盟关系在达到顶点时，普里斯特利曾经误入歧路般著文声称苏联文学是世界的良心。斯大林对他的报答是一次正式的拜访，

[1] 以赛亚·伯林致 M. 克罗斯维特，1945 年 4 月 12 日。
[2] 以赛亚·伯林致查尔斯·亨德逊，1931 年 9 月 20 日，再访莫斯科。
[3] 以赛亚·伯林致米丽娅姆·格罗斯，1971 年 5 月 4 日；他对斯蒂芬·斯彭德说的是同样的话。根据对斯彭德的访谈。

外加令人麻木的一次次工厂和集体农庄之行。[1]

精疲力竭的普里斯特利很快告辞回旅馆休息了，留下以赛亚和作曲家普罗柯菲耶夫的前妻丽娜·普罗柯菲耶夫、戏剧导演亚历山大·泰罗夫、批评家兼儿童文学家科尔涅·茹科夫斯基以及电影导演谢尔盖·爱森斯坦等人在一起。让这些人大为惊讶的是，现在跟他们交谈的这位英国官员不但讲一口流利的俄语，而且连他的思维方式，泰罗夫充满热情地说，也“完全是俄国式的”。

以赛亚很快发现，席上的每一个人都深怀恐惧，斯大林最近看了爱森斯坦的《恐怖的伊万》的第三部分，他将爱森斯坦对这位沙皇的刻画视为针对他自己越来越偏执和野蛮的统治而发的寓言式谴责。斯大林曾经亲自对这位导演进行过公开申斥。[2] 所以爱森斯坦拉长了脸、看上去心烦意乱也就不足为奇了。为了逗他开口，以赛亚问他什么时候觉得最幸福。爱森斯坦怀念地回答说，那是在 20 年代，实验方法还没有被禁止的时候。他说，有一天晚上，在一家莫斯科剧院，他们曾经把一群涂上油脂的猪放入观众席中。那些日子就是他最快活的日子。导演泰罗夫在 1939 年被斯大林从卡梅尔尼剧院打发了出去，他也觉得 20 年代曾经是一段好时光，可是莫斯科艺术剧院在大革命前的那些日子里还要强。泰罗夫天真地回忆起弗谢沃罗德·迈尔霍尔德的作品，这个人的实验作品曾经让莫斯科

[1]《个人印象》，206。
[2] 同上；玛丽·西顿，《爱森斯坦》，442—448。

成为 20 年代欧洲最重要的戏剧中心。对以赛亚而言，迈尔霍尔德只不过是一个名字而已；而对这些人来说，他还代表着一种命运，发出了一声警告。他们只知道他已经离开人世了：传说战争期间他曾经在塔什干出现过。实际上，他曾经身受折磨，并于 1940 年被枪杀。[1] 对此以赛亚当然一无所知。他问他们 20 年代所有那些艺术上的实验为什么都已经终止，泰罗夫阴郁地说："世事无常。"过了一会儿，他又补了一句："但又永远如此。这比无常更不如。"说完他就默默地低下脑袋盯着桌布，神情苍老而衰弱。

因而，从刚到莫斯科的那几夜开始，以赛亚就被包围在一种阴郁、羞耻和恐怖的气氛当中，它弥漫在那些从"Yezhovshchina"（叶若夫铁腕），也就是 1937 年针对全体俄国知识分子的那场大规模清洗运动中死里逃生的所谓"惊弓之鸟"当中。政府除了将成百万的普通人送进劳改营或者干脆枪杀之外，还把国内的文化精英也消灭了，其中包括诗人奥西普·曼德尔施塔姆、才华横溢的短篇小说家伊萨克·巴别尔、戏剧导演迈尔霍尔德、批评家 D.S. 米尔斯基以及其他无数的人。杀戮和放逐过后，俄国文化界一时间空虚地沉寂了，就如同经历了一场毁灭一切的大火之后的森林。[2]

[1] V. 申塔林斯基，《克格勃的文学档案》（伦敦，1995），25—26。
[2] P.B. 马格斯，《曼德尔施塔姆与"巢穴"的档案：斯大林时代的监狱和劳改营档案介绍》（伦敦，1996），5；关于巴别尔的命运，见申塔林斯基，《克格勃文学档案》，第 2 章；欧金妮娅·金茨堡，《在旋风中》（伦敦，1981）；维罗尼克·加罗斯等（编），《亲密与恐惧：1930 年代的苏联日记》（纽约，1995）；娜杰日达·曼德尔施塔姆，《希望反对希望》（伦敦，1971），《被放弃的希望》（伦敦，1974）。

随着战争的开始，破坏的步子慢了下来。1941 年，一部分艺术家获准加入了全国性的反德斗争：鲍里斯·帕斯捷尔纳克和安娜·阿赫玛托娃分别召开了朗诵会，苏共发现这些持不同政见者在道德上的权威性是一笔可供开掘的财富。当爱国性质的呼吁言辞一度降低到粗鄙口号的水准时，这些诗人却知道如何用魔力唤起民族感情最真切的源头：对俄罗斯民族语言的热爱。连普通士兵们也曾经熟读他们的作品，或是把他们的诗歌抄写在小纸条上随身携带着。[1] 现在，到了 1945 年，艺术家们小心翼翼地试探着——例如，他们敢于接受英国使馆的邀请。但是当天出席宴会的人们谁也不知道，几年战争之后得来的这种喘口气的机会究竟是预示着好日子即将到来呢，还是以前的恐怖仍然可能重演。以赛亚后来写道，那些幸存者就像是乔托壁画中利维坦嘴里的约拿一样，半被鲸吞。[2]

三个俄国人里面最心安理得的一个是批评家、前大革命时代的文艺工作者科尔涅·茹科夫斯基，他之所以能够在 30 年代的大清洗运动中幸存下来，是因为他变成了一个无可指责（而且碰巧还有才华）的儿童文学家。他受到人们广泛的喜爱，这一点至少在当时保全了他和他的家人。和以赛亚在一起他并不觉得有什么不放心，所以他才不揣冒昧地怀念起了大革命前在伦敦度过的那些赤贫的日子。在使馆设下的宴席上，他

[1] L. 弗莱施曼，《鲍里斯·帕斯捷尔纳克》（伦敦，1990），234—239。
[2] 伦敦档案局 / 外交部文件 371/56725 N 1811/24/38，“关于 1945 年后几个月俄罗斯苏维埃社会主义联邦共和国的文学和艺术的笔记”。

从背心口袋里掏出托马斯·卡莱尔的《拼凑的裁缝》的便士版，一战前他在伦敦曾经用这本书自学英文。他对以赛亚坦白说，自己渴望能拥有特罗洛普的小说，特别是关于巴切斯特那些教区牧师们的。他的朋友、那位不光彩的前外交部长生于英国的妻子埃维·利特维诺夫也同样喜爱特罗洛普，但是她觉得写信到英国去要他的书太冒险了。以赛亚许诺要满足他（并在回到英国以后很快给茹科夫斯基寄来了满满一包裹的特罗洛普作品）。[1]

接着以赛亚问他是否可以帮自己一个忙作为交换。茹科夫斯基能安排自己和鲍里斯·帕斯捷尔纳克见一次面吗？以赛亚曾经读过他的《生活，我的姐妹》，莫里斯·鲍拉在战争期间出版的一部诗集里也选过帕斯捷尔纳克的部分诗作，他曾经建议以赛亚拜访此人一次。茹科夫斯基在离莫斯科不远、坐火车很快就可以到达的佩列杰尔基诺艺术家村有一所乡间别墅，就在帕斯捷尔纳克宅邸的附近，他说自己与这位诗人的关系有些别扭，但是答应帮这个忙。丽娜·普罗柯菲耶夫也主动表示愿意从中协助。就因为他这种善于把握时机的机灵劲儿，以赛亚才能在刚到莫斯科的日子里就获得亲近俄国作家的机会，让常驻莫斯科的西方外交官们只能白白眼红。后来以赛亚写道：莫斯科的各国西方人就像是住在“动物园里，各个笼子里的人可以相互联系，但被一堵高墙与外面的世界隔绝开来”。[2] 他刚

[1]《个人印象》，208—210。
[2] 同上，205。

找到了一条通向笼子外面的路。

他大胆地闯进了那个9月的莫斯科，一座满是退伍士兵和呆头呆脑乡下人的城市，这里仍旧被1945年8月那个著名的仪式上异常的欢欣鼓舞支配着，当时溃败的德军旗帜被人们扔到了红场的鹅卵石地面上。打十一岁起，以赛亚就再也没听见过哪座城市整条街上都讲的是自己的母语了。他偷听人们的谈话；他走遍了阿尔巴特区的一条条街道，走进斯大林地铁，倾听在面包店外排队的妇女们的交谈，如饥似渴地感受着自己被迫离开了二十五年之久的俄国生活。他在列宁图书馆浏览着书目，然后挤进阅览室里，看着，带着些惊异之情，像年轻的研究生们那样匆匆翻寻着，老老实实地抄下书中那些经过官方确认可以引用的文字。但是这实际上是再度沐浴在最能打动他的那种语言中的体验。在一封家书中，他呼喊道："我已经忘记世界上还有这样的情感和表达方式了。"[1]

以赛亚很快就发现自己被人跟踪了。知道有穿着胶布雨衣的影子在身后的人群中偷偷地钻进钻出的感觉虽然不舒服，却也并不特别让他感到惊恐。即使心里觉得害怕，他也极少表现出来，只是跟父母保证说自己现在"极其小心、谨慎、品行端正等等"，特别强调自己现在不会凌晨三点出去散步了。[2] 他住在阿尔巴特区的一座使馆公寓里，他对家里人说自己每天晚上都去观赏芭蕾、看戏或者听歌剧——契诃夫的《樱桃园》、普罗柯菲耶夫

[1] 以赛亚·伯林致门·伯林，1945年9月19日。
[2] 以赛亚·伯林致门·伯林，1945年10月11日。

的《灰姑娘》和柴可夫斯基的《奥涅金》他全看过。有一点特别不像以赛亚平素性格的是，他甚至还注意到了自己吃的东西：蘑菇汤、馅饼、罗宋汤。他也汇报了自己和使馆公寓女仆的滑稽对话。她会大胆地对他说："他们说斯大林病得很重。"

以赛亚则会回答："没有，美国大使在索契看见过他，他看上去棒极了。"

"你读托洛茨基的作品读得多吗？"

"不多。"

"他是个大好人，对吧？"

这个女仆是个"和气的老家伙"，她试图为了她的雇主们而诱哄他上钩的笨拙努力并不让以赛亚觉得有什么威胁性，倒让他挺喜欢她。他还无意中听见过她对另一个女仆叽咕说他是个十分古怪的家伙——到十一点还在睡觉："Sovsem ne Anglichanin."（"根本不像是英国人。"）[1]

真的，他对父母说，这是"我生命中最丰富多彩的几个星期"。他对他们说，自己正"为各种印象所充斥"，10 月份秋天的头几场雪降下的时候，他对这一景象的描述一面带着讽刺，一面又活跃着感情：

> 我需不需要给你们描绘这嘎吱嘎吱的雪、这些教堂的圆顶、这清新的空气、农民、皮帽、街上人们说话的俄语

[1] 以赛亚·伯林致门·伯林，1945 年 9 月 19 日；根据对伯林的访谈，见沃尔夫森学院亨利·哈代的伯林档案，1994 年 1 月 5 日，1996 年 1 月 25 日。

> 音色，还有远远传来的红军行军时的歌声？这一切就像是感伤得近于俗气的列宾的图画……[1]

在莫斯科，有一些近亲关系有待恢复。他父亲的兄弟列奥大革命后定居于莫斯科，现在是大学的营养学教授。以赛亚曾经两次在芭蕾演出的中途溜出去，甩掉他的尾巴，来到列奥一家在莫斯科的公寓拜访他们——那是一个舒适、窄小、摆放着一排排书籍的安乐窝，里面充满了犹太式的欢乐气氛和对里加的回忆。以赛亚第二次去的时候，整个伯林家族欢聚一堂——有他的两个叔叔萨缪尔和所罗门，还有他的婶婶叶芙根尼娅，她曾经嫁给了伊萨克·兰德伯格，现在又和他分开了。英国和俄国的伯林家族最后一次联系是在1935年，当时门德尔·伯林随一个木材商人代表团访问了莫斯科。因此有许多重温亲戚感情的事要做，也有许多关于身体和工作状况的话要问，不过谁也没有估算过留在里加的整个家族的损失。谁也没有提起这个悲哀的话题，虽然以赛亚当时已经疑心一个幸存者也没有。[2] 温和而有魅力的列奥并没有冒险进行有关政治的讨论。即使是跟他自己的侄子，在他自己的家里，政治也是一个过于危险的话题。他无意间说过的一句话倒是鲜明地显现出了苏联

[1] 以赛亚·伯林致门·伯林，1945年10月24日。

[2] 以赛亚·伯林致门·伯林，1945年12月5日：“前几天我看见了罗沙·拉斯金——还是很漂亮——特别想回去——她妈妈身体状况不妙——她叔叔说，据他所知，没有一个待在里加的人……”又见以赛亚·伯林，“《被红色法老监禁》一书摘要”，未发表的抄本，1996年3月21日，上有列奥·伯林的详细生活状况。

人生活的真实轮廓。当以赛亚绕着弯儿说大学教授的生活可能还不是太差的时候，列奥直率地问他：“你去过佛罗伦萨吗？你去过威尼斯吗？”以赛亚点点头，列奥用一种有力但是温和的尖锐口气对他说：“我们也愿意到那儿去。”

以赛亚的触角确实捕捉到了这样的印象，即战争期间暂时平息的反犹太情绪正在重新抬头。他的一个叔叔当时正在苏联军中任职，也做出了类似的暗示，不过没有详细地加以说明。但是以赛亚对于未来将发生什么毫无概念，列奥也同样懵然无知。如果你问他担不担心内务人民委员部很快就会登门拜访，列奥会快活地回答说他倒更可能去拜访**他们**。和大使馆的知识分子们一样，他一定希望战争的结束也标志着他们苦难的结束。而实际上，苦难才刚刚开始。

以赛亚在大使馆办事处分到了一张办公桌，但是除了准备每周一份的新闻摘要之外，他几乎无事可做。不用说，俄国报纸不如美国报纸有意思，它们使用的宣传方法是黑白照片，内容则简直千篇一律。事实上，这些报纸让他想起了英国公立学校杂志里那个单调、愉快而虚伪的世界。[1] 只有在极少数情况下，苏联人生活中冷酷而可怖的现实状况才会无意间暴露出来：例如，三节满载着复员军人的列车车厢被遗忘在了敖德萨北面一条铁路的侧线上，结果里面的人全部被活活冻死了。

除了这样的短文而外，以赛亚无法从报刊中知道在外国人“相互联系的笼子”外面在发生些什么。与政界精英的会面

[1] 以赛亚·伯林致安格斯·马尔科姆，1946 年 2 月 20 日。

极其稀少，每次在这种会面中——哪怕是在一次正式的鸡尾酒会上短暂的相遇也罢——每一句话都得设法破译其中隐藏的含义。在9月7日一次这样的聚会上，他和一位高级官员交谈起来。以赛亚没有听清此人的名字，不过从站在他周围的官员对他那种又敬又怕的表情以及他说话时自信的模样，不难判断这个人应该是一位高官。[1] 他告诉以赛亚，战争结束后农民们不愿重返集体农庄，这一点让党有些担心。这位官员说，这场危机的大小“使人联想起20年代以及30年代初”，与当时农民对于集体主义的抵制和斯大林作出的决定性反应遥相呼应。他暗示说，现在类似的抵制情绪正在逐渐高涨起来。以赛亚的下一个问题直率得有些失策，他问这位官员，旧式的共产主义知识分子，多数是犹太人——特别是前外交部长马克西姆·利特维诺夫以及前驻英大使伊万·迈斯基——是否正在受到排挤。这位人民委员和蔼地请他放心，“种族主义”的罪恶在最近一期的《布尔什维克》上遭到了谴责。在此之前，谈话的局面还是“两个人的对话，余下在场的十个或十一个人则略微紧张地沉默着”，这时候情况松弛下来了，俄国人包围了以赛亚，为战争期间英国的对俄政策责备起他来。这些俄国人相信，1940年鲁道夫·赫斯在飞往英国的时候和丘吉尔做了一项秘密交易，让那个德国独裁者在要攻打俄国人的时候可以随心所欲地行动。他们承认自己在1941年英国支持俄国的时候曾经感到很迷惑，情愿将这一举动理解为在德国背后捅了一刀。以赛亚

[1] 伦敦档案局 / 外交部文件 371/47925。

试图让他们忘掉这种编造的阴谋论，但是“当时的气氛就好像一帮美国中西部商人听一位英国官员告诉他们澳大利亚不是殖民地一样”。这些人完全不为所动：这次见面让以赛亚深深地感到苏联人并不像乐观主义者们相信的那样实事求是，那样能够听取合理的观点。苏共的教条已经渗透了意识的每一点空隙。

不久以后，在阿菲诺格诺娃夫人家举办的一个文学沙龙上，伯林感受到了知识分子生活中弥漫着的那种谄媚的味道。他应邀前去与官方的一位诗人伊利亚·谢尔文斯基见面，前不久，此人刚刚因为天真地建议应当以社会主义的浪漫主义来补充社会主义的现实主义而受到了官方的斥责。很自然，在和以赛亚一起以那个年代典型的呆板做作的交流方式谈论着当代文学的时候，谢尔文斯基免不了为自己的前途感到忧心忡忡。他问以赛亚，当代英国最伟大的作家有哪些？以赛亚没有提到阿瑟·格林伍德的《救济金之爱》以及其他一些官方经典的工人阶级文学，而是暗示臭名昭著的资产阶级分子、反动的弗吉尼亚·伍尔夫或许才是更具永恒性的作家，这时他感觉到一阵寒意充满了整个房间。这时谢尔文斯基用激烈的语气大声说，他虽然知道西方谴责俄国作家说他们总是规规矩矩地遵照指示，但是他们要对这种谴责表示欢迎。“我们之所以要这样做，是因为我们发现每当我们偏离了党的指导的时候，结果总是党是对的而我们错了。”一阵尴尬窘迫的沉默笼罩了他们俩。伯林意识到谢尔文斯基的话是说给麦克风听的。[1]

[1]《个人印象》，211—212。

而在佩列杰尔基诺，在这个茹科夫斯基、帕斯捷尔纳克以及其他作家各有自己消夏别墅的艺术家聚居地，盛行的则完全是一种更为自由、更为高尚的作风。9月末的一个阳光明媚的秋日黄昏，以赛亚扛着丽迪亚和约瑟芬·帕斯捷尔纳克姊妹收拾好的一包裹靴子，在丽娜·普罗柯菲耶夫的陪伴下坐火车去了那个地方。他看见诗人和妻儿一道围坐在后花园一张粗糙的木桌旁边。帕斯捷尔纳克当时五十五岁，有着一张“深色、忧郁而富于表情的脸”。[1] 正如玛丽娜·茨维塔耶娃曾经难忘地说起过的那样，他的嘴唇和眼睛那种东方式的弯曲使他看上去就像是一位骑在马上的阿拉伯人。当伯林把那包靴子交给帕斯捷尔纳克时，姊妹们的善行似乎让诗人十分窘迫。帕斯捷尔纳克的妻子试图打破沉默，便问英国从战争的影响中恢复得如何了。以赛亚还没来得及回答，帕斯捷尔纳克插了进来，开始以一种不容打断的单调的男高音低声细细描述起他最后一次见到自己姊妹时的情形。那是在1935年6月，当时他作为官方派遣的苏联代表参加由安德烈·马尔罗、伊利亚·爱伦堡和其他一些左倾反法西斯知识分子组织的保卫文化国际作家代表大会，顺便访问巴黎。[2] 他是由斯大林紧急下令派往巴黎的，但是帕斯捷尔纳克并没有照着那篇事先准备好的讲稿念，而是告诉那些挤在互助会大厅里的作家们，他们应当不问政治。不

[1]《个人印象》，213—226。

[2] 弗莱施曼，《帕斯捷尔纳克》，191；又见J. 鲁宾斯坦，《被困扰的忠诚：伊利亚·爱伦堡的生平及时代》（纽约，1996），125—129；《个人印象》，214；彼得·列维，《鲍里斯·帕斯捷尔纳克》（伦敦，1990），188—189。

要组织反法西斯抵抗运动，他说，作家们永远不应当组织起来。“我恳求你们，不要搞组织。”然后他就不再说话了，而整个大厅里的人都在眼巴巴地等待他接着说下去。这样的沉默经扩音器放大以后——至少在苏联代表们的印象里是这样——有了一种“破坏性的影响力”。帕斯捷尔纳克的默然不语不免令人回想起大概就在这一时期，据传闻伊萨克·巴贝尔曾对苏联审问者们说的那句话，即他正在发展一种“新的体裁——沉默”。[1]

1935年，大会结束以后，帕斯捷尔纳克坐火车返回莫斯科，此时此刻，自己正在被与西欧的文化隔绝开来的感觉以令他心魂俱裂的力量压迫着他的心。在卧铺车厢里，他泪流满面地几乎是逼着作家协会的书记跟他谈了整整一夜。在为以赛亚复述这件事的时候，他甚至暗示说，他那种发狂般的举动为自己招来了一个疯癫的名声，这在以后起到了保护他的作用。在后来那段暗无天日的日子里，帕斯捷尔纳克的朋友们大部分被枪决或者放逐到劳改营里。他自己名气太大，倒没人敢动他，但是他被迫以各种方式贬低自己，这令他在余生中都受折磨。1936年，当党内高层人物季诺维也夫和加米涅夫因托洛茨基主义的罪名受审时，苏联作家协会也插了一手，叫嚷着要判这两个人死刑。在《真理报》上一篇名为《将他们从地球上清扫出去》的文章中，作家协会谴责加米涅夫和季诺维也夫是恐怖主义者，要求将他们枪决。帕斯捷尔纳克正是在这篇呼吁书上

[1] 申塔林斯基，《克格勃文学档案》，38—41。

署名的十六名作家之一。[1]

以赛亚原本对此一无所知。他是怀着一种不加质疑的理想化的心情来到佩列杰尔基诺的。对他来说，帕斯捷尔纳克是俄罗斯白银时代的化身，体现了沙皇统治行将结束的岁月里艺术的繁荣。他已经注意到这些艺术家绝口不提苏联，只说俄国，以赛亚是把他视为那已经失去却直接孕育了他的俄罗斯民族文化的化身来接近他的。只是到后来的若干次见面中，他才开始看出纠缠在刚刚过去的那个时代所有幸存者身上的羞耻之情。

伯林很可能是听到1934年帕斯捷尔纳克和斯大林在电话上进行的有关诗人奥西普·曼德尔施塔姆的不祥对话一事的第一位西方人，当时曼德尔施塔姆涉嫌在莫斯科的一次小型集会上背诵了一首攻击“克里姆林宫山民”的野蛮诗歌。帕斯捷尔纳克开始还以为打电话的人是在恶作剧，于是把电话挂了。斯大林接着又打，这一回，帕斯捷尔纳克意识到自己是在直接和领袖讲话，他用他所能发出的最欣喜若狂的声音说，他一直就知道这一刻总有一天会到来，希望能马上见到领袖，与他讨论生与死的终极问题以及俄国的未来。斯大林没有理睬他说的这一大堆话，而是粗暴地问当曼德尔施塔姆朗读这首诗的时候他是否在场。帕斯捷尔纳克支吾其词；斯大林步步紧逼。曼德尔施塔姆是不是一位伟大的诗人，一位大师？帕斯捷尔纳克回答说这不是关键——意思是诗人们理应得到像样的对待，而不

[1] 弗莱施曼，《帕斯捷尔纳克》，204。

管其作品质量如何。这时斯大林打断他，说了一句有名的话："如果我是曼德尔施塔姆的朋友，我会更清楚应当如何为他辩护"，然后便放下了话筒。随后，曼德尔施塔姆遭到流放，于1938 年 12 月死在马加丹的劳改营中。[1]

但是到了 1945 年秋，帕斯捷尔纳克深信不疑地以为所有这些恐怖的、迫使他贬低自己人格的事情都已经一去不复返了。他的心情轻快得近乎异常。

这次战争尽管带来了各方面的匮乏，却使得帕斯捷尔纳克得以把自己和自己的作品与爱国主义斗争统一起来。他为自己的诗歌举行的朗诵会次数比以往任何时候都要多，他发现当自己在某一行诗上打磕巴的时候，大厅里就会有许多人纷纷说出他忘掉的词句。自苏联成立以来，他第一次觉得自己不仅仅是业已消亡的前大革命文化的一个孤立无援的残存者，而是在祖国生死存亡的斗争中一个积极的参与者。这种试图参与斗争的愿望令他写下了陈腐的爱国主义诗篇——《在早班列车上》，但他身上有着起码的艺术家的诚实，典型的一个例子便是该诗的出版让他十分尴尬，当以赛亚告诉他自己并没有读过那首诗的时候，他松了一口气。

在花木掩映的园子里，帕斯捷尔纳克"以华丽惊人的辞藻缓缓述说着，偶尔也会出现词句的急流；他的言语常常会漫过

[1] E. 拉津斯基，《斯大林》（伦敦，1996），301—302；曼德尔施塔姆，《希望反对希望》，172—178；弗莱施曼，《帕斯捷尔纳克》，180—182；申塔林斯基，《克格勃文学档案》，183；《个人印象》，223—224。

语法结构的堤岸”。说得起劲的时候，他就好像舞蹈家尼金斯基一样：在半空中停留的时间似乎比常人更久。[1] 以赛亚既佩服帕斯捷尔纳克滔滔不绝的口才，又不无怀疑地与之保持着一段距离。对于帕斯捷尔纳克所谓“恐怖和战争曾经是俄罗斯民族之魂必要的涤罪炼狱”的观点，他始终半信半疑。当帕斯捷尔纳克以预言家的姿态开口时，以赛亚发现他的话既晦涩难解，又时而语无伦次。但他的口才，他的天分，或是他那种随着战争的结束自己的艺术生命已渐渐达到了一个转折点的感觉，都是无可怀疑的。那天下午，在佩列杰尔基诺，伯林成了第一个知道帕斯捷尔纳克有了一份新计划——写一本关于自己这一代人以及他们在革命和战争中的命运的小说——的外国人。他已经写完了最初几章，这时便委托以赛亚将稿子带给他在牛津的姊妹们。这本书当时的书名叫作《男孩们和女孩们，一个俄国浮士德的故事：取自日瓦戈家族未发表的书信集》。以赛亚把前几章的稿子夹在胳膊底下带走，在回英国的时候连看也没看就交了出去。[2]

两人一起坐在日影慢慢西斜的花园里时，帕斯捷尔纳克开始询问以赛亚有关西方作家和思想家的事情：乔伊斯、海明威、英国艺术哲学家赫伯特·里德。在战争期间，帕斯捷尔纳克感动地发现，自己在西方根本没有被人们所遗忘：出现了

[1]《个人印象》，217。

[2] L.P. 列维，《鲍里斯·帕斯捷尔纳克》，64，209，241；G.G. 德·马拉克-索齐耶，《鲍里斯·帕斯捷尔纳克》（诺曼，俄克拉何马，1981），182—185。

一些对他的诗歌的批评性研究，莫里斯·鲍拉在其1943年出版的《俄罗斯诗歌》一书中也收入了他的一首诗作；帕斯捷尔纳克的《柳威尔斯的童年》也已经翻译出版，以赛亚对他说自己读过这一作品更让他觉得高兴。对帕斯捷尔纳克来说，来自西方的每一点注意都是可贵的：这证明自己并没有被活埋。他对西方的理想化实在让以赛亚觉得窘迫。他似乎相信，曾经有过俄罗斯人难以企及的“一次艺术和文学的惊人繁荣”。伯林“试着向他指出我们的文化发展并不像他们宽宏地设想的那样成功得无从抗拒”。他怀疑这种理想化是帕斯捷尔纳克对于苏共对西方夸大其词的诋毁的逆反。他并没有为难帕斯捷尔纳克；当已经有整整十年得不到这样一位对话者的诗人现在重新开始同曾经与之隔绝的那一文化对话时，他只是静静地听着。

诗人告诉以赛亚，大概在1928年，当与外部世界的关系中断的时候，俄国的时钟便停止了走动。帕斯捷尔纳克对当代西方作家几乎一无所知。至于移民国外的俄国作家们——布宁、纳博科夫、霍达谢维奇、贝尔贝罗娃——简直就连提也不用提了。在1914年还是浑然一体的俄罗斯文学已经一分为二。

而一堵堵高墙同时也把佩列杰尔基诺的艺术家们与他们自己的大众分隔开来。帕斯捷尔纳克的一个邻居丽迪亚·塞福林娜也来到花园里和他们一起聊天，当帕斯捷尔纳克告诉伯林《苏联百科全书》对他1928年以后的作品只字不提的时候，她插口说：“我的命运跟你完全一样。百科全书上那篇关于我的文章的最后几行说：‘塞福林娜目前正处于一种心理上和艺术上的双重危机中。’二十年了，”她讽刺地说，“我始终停留在同样的危机状态中。”然后她又补充道：“我们就像庞贝城里的人一样，你、我、鲍里斯·列奥尼多维奇，话还没有说完就被埋在了灰烬当中。”[1]

塞福林娜问起诗人弗拉基米尔·霍达谢维奇的命运，她还不知道他已于1939年死于巴黎。这个问题似乎让帕斯捷尔纳克觉得她太过坦率了。他明显变得越来越尴尬，于是以赛亚决定离开，并答应在莫斯科再去拜访帕斯捷尔纳克。他又向茹科夫斯基的别墅走去——茹科夫斯基和帕斯捷尔纳克没什么交情，不在一块儿谈天——他在那儿遇见了两位作家萨穆伊尔·马沙克和列夫·卡希尔。但他没怎么注意他们的话——他已经被与帕斯捷尔纳克的见面征服了。

因为天黑了下来，他请人把他送到车站。等车的时候，天下起了雨，他便和两个年轻的学生一起在一个车站候车亭下避雨。在黑暗中变得胆大起来的两个学生开始和这个来自英国的陌生人攀谈。那个女孩是一名历史系的学生，她坦承自己无法理解，如果沙皇帝国真的是教科书里说的所谓牢狱的话，为什么极端分子和革命党人还能有相对的自由来策划让它倒台。以赛亚没有作答，但他可以感觉到她正在摇晃包围着她的栅栏。同样明显的是他们对于大革命前的作家远比对革命后的这些更为喜爱。当他问他们喜不喜欢当代苏联作品时，女孩尖刻地回

[1]《个人印象》，216。

答："你喜不喜欢呢？" 两个学生就像以赛亚刚刚作别的那位伟大诗人一样坚信，在把他们与欧洲隔离开来的高墙那边，是一个他们永远被排除在外的金色的文化王国。就在火车进站前，他问他俩为什么人们仍然觉得没法说出关于社会问题的真实想法。在候车亭的黑暗中，那个年轻人回答道："如果有人这么做的话，他就会像被扫帚扫掉一样被消灭掉。"[1] 火车来的时候，他们三人各自上车，一路无话地回到莫斯科，就像这次谈话从来没发生过一样。

一回莫斯科，以赛亚就去帕斯捷尔纳克的公寓看望了这位诗人好几次。他们见面的时候总是没有旁人在场，帕斯捷尔纳克坐在一张光亮的书桌后面，"桌上连一本书、一张纸也看不见"。帕斯捷尔纳克谈他的父亲、艺术家列昂尼德·帕斯捷尔纳克，就在他逝世前不久以赛亚还在牛津见过他。列昂尼德·帕斯捷尔纳克曾经画过托尔斯泰，1910 年还把鲍里斯带去阿斯塔波沃国营农场看过托尔斯泰临终前睡的床。[2] 帕斯捷尔纳克将自己视为 19 世纪俄罗斯传统最后一个真正的代言人。伯林则是来自那个失落了的欧洲世界的来访者中最为稀有的一个：一个以俄语为母语的人，他就像帕斯捷尔纳克自己一样，觉得 19 世纪的文化是自己的精神家园。不但是家园，而且是避难所：因为以赛亚注意到，帕斯捷尔纳克

[1]《个人印象》，219；又见伦敦档案局 / 外交部文件 371/56725，28。
[2] 列昂尼德·帕斯捷尔纳克，《回忆录》（伦敦，1982），詹妮弗·布拉德肖译，约瑟芬·帕斯捷尔纳克序，125—178；《个人印象》，221。

似乎对现代主义无动于衷。他读过也欣赏《尤利西斯》，但是他对艾略特、斯特拉文斯基、毕加索，以及所有那些代表了20世纪对艺术上托尔斯泰式优点的反叛的人物则完全隔膜。既然现代主义曾经与革命结盟，而革命又已经变成了暴政，因此帕斯捷尔纳克的立场是——和伯林一样——两者都反对。

他俩在帕斯捷尔纳克的莫斯科公寓里聊天的时候，这位诗人吐露了自己由于不得不与政府进行合作而感受到的痛苦，以及身为犹太人的极度苦闷。他们两人在灵魂深处是息息相通的。他渴望人们将他视为一名真正的俄国爱国主义者，认同他的作品说出了俄国人民的心声；然而，作为一名犹太人，别人从来就不容许他觉得自己是个真正的俄国人。由于缺乏这种名正言顺的感觉，他一直是在蜷缩着自己的身子和头脑以求苟安。这种双重的羞耻是他所受的名副其实的自我折磨的缘由之一。以赛亚注意到帕斯捷尔纳克如何一再地指出，佩列杰尔基诺曾经是俄国爱国主义者、斯拉夫文化优越论者尤利·萨马林地产的一部分。帕斯捷尔纳克想要的不是和那些自由主义的（有时候是犹太血统的）知识分子而是和更像真正俄国人的斯拉夫文化优越论者打成一片。“希望被人看作是一名俄罗斯作家，这种强烈的、简直让他无力摆脱的愿望”导致他对自己的犹太血统持一种鲜明的否定态度。以赛亚尖刻地指出，他给人的感觉是，他宁愿自己生为一个长着亚麻色头发和蓝眼睛的农民的儿子。帕斯捷尔纳克坚持说犹太人应当被异族同化，又说他认为自己是一名虔诚——虽然有些特殊——的基督徒。以赛亚的评论是这一事实使他陷入了“显而易见的苦闷之中”。[1] 十年以后，当以赛亚回到佩列杰尔基诺的时候，帕斯捷尔纳克交给他一份手稿，并说愿意不计后果地在西方将其发表。伯林在离开以后读了这份手稿，他一读就知道帕斯捷尔纳克的身份危机已经安然度过了。他已经将自己所有的支吾其词抛到脑后，投身于一个单纯的挑战权威、展露天才的行动之中：那就是《日瓦戈医生》的写作。

[1]《个人印象》，222。

十一

列宁格勒，1945

他听说列宁格勒的书店里向外国人出售的大革命前的东西可能要比在莫斯科多一些，因此是书而不是怀旧之情将伯林吸引到了这座他童年时代居住过的城市。11 月 12 日，他和英国议会代表、有机化学家布伦达·特里普一起坐“红箭号”夜间卧车出发了。她在日记中写道，他是个害羞的人，避免和她有所接触，用滔滔不绝的方式来掩饰他的不安。在餐车上吃过晚饭以后，他们回到自己车厢，他在上铺穿着睡衣看报纸，她则待在下铺。关灯的时候，他把所有的报纸都丢到地板上，就像一个小孩从婴儿车里往外扔玩具一样，让她觉得十分可笑。[1]

他俩下榻的阿斯托里亚宾馆几乎没有什么供暖设备，但仍然保持着大革命前的壮观，办完登记手续后，两人一道重访了安格里斯基大街上他家的旧公寓。他在屋外的雪地里待了一会儿，呼吸着内院阴湿的空气，那个院子还像他在列宁时代最后看见的那样污秽和荒芜。他的双手抚过楼下小铺子那熟悉的破烂栏杆，这个小铺子打着写了错别字的“茶炊”招牌，老补锅匠曾经在这儿修补过茶炊和其他家庭用品。他觉得自己一半悬在太真实的过去中，一半悬在不真实的现在里。

他怀着一种忧郁的茫然心情沿着涅瓦河的河岸漫步，然后又顺着河往涅夫斯基大街走去。挤得满满当当的有轨电车沿着街道往前蠕动，“好似残废了的巨大黄蜂，里面密密麻麻全是一片片眼镜”。[2] 街上的人们看上去比莫斯科人更寒酸，也更

[1] 布伦达·特里普，《日记》，1945 年 11 月 12 日；《个人印象》，232。
[2] 伦敦档案局 / 外交部文件 371/56724，21。

憔悴。持续了一千天的封锁的痕迹仍然显现在每一个人的脸上。他的眼睛搜寻着他以前认识的这个城市的幸存者：“被折磨得精疲力竭的老式知识分子，他们身上破旧的衣服在刺骨的风雪中上下拍打着。”如果说这些幸存者们衣衫褴褛的话，那么这座城市本身就是荒芜和富丽的令人难忘的结合体。在刚刚过去的封锁结束后的那一年中，轰炸造成的最严重破坏已经得到了修复。但是皇宫和位于城市边缘的几处胜地——皇村、彼得霍夫、奥拉宁鲍姆——仍然是一片废墟，城里许多建筑的表面也还留有枪炮的痕迹。而这些建筑的内部，正如约瑟夫·布罗茨基后来所描述的那样，“在陈旧的钢琴、破烂的毯子、沉重的铜框里满是灰尘的画以及在封锁中被铁炉子烧剩下的家具（其中最少见的是椅子）中间——一种微弱的生命力正在开始闪光”。[1]

到达列宁格勒的第二天，在涅夫斯基大街的尽头，伯林和布伦达·特里普偶然发现了作家书店。在外堂的柜台后面摆着一架又一架大革命前的书籍，价格比莫斯科便宜得多。帘后还有一间内堂，作家和批评家们把这里当成他们的准俱乐部，他们到这儿来躲避寒冷，来浏览和闲聊。这家书店的经理是一个名叫根纳季·莫伊谢耶维奇·拉克林的“身材瘦小、性情愉快、略微秃顶的红头发犹太人”，他把他俩请进了内堂。[2] 拉

[1] 约瑟夫·布罗茨基，《小于一》（纽约，1986），4；又见 S. 沃尔科夫，《布罗茨基谈话录》（纽约，1998）。
[2] 伦敦档案局 / 外交部文件 371/56724，22。

克林骄傲地告诉伯林，他的书店正好就在斯米尔金那所著名的建筑遗址上，别林斯基和19世纪三四十年代的俄国作家们曾经是那里的常客。人们穿着破烂的外套在这里翻阅旧时的书籍，小声地交谈着。以赛亚看得出，俄国文学仍然不屈不挠地焕发着生命力。拉克林是一个有点类似于“列宁格勒的费加罗”的角色：他是这座城市里书价的操纵者，向城里的作家们出售文学作品的主要供书商，不知疲倦的掮客，闲言碎语、骂人话和俱乐部的管理人。他同时也负责戏院的门票、演说以及跟外国人打交道。他向人们炫耀他那些重要的顾客的名字：外交部长莫洛托夫，秘密警察头目贝利亚，更不用说主教亚历克西斯和列宁格勒拉比了。拉克林计划在莫斯科开一家店，他似乎相信这些不同部门的当权者们会支持他。

以赛亚和在后堂里浏览书籍的一个人攀谈了起来。这个人原来就是批评家兼历史学家弗拉基米尔·奥尔洛夫。他告诉以赛亚，那次封锁根本无法想象：凡是在那三年中出生的孩子几乎全部死光了；拉克林描绘了一具具尸体躺在街道上的情景，因为根本不可能把他们埋在冻土地里。他说，就是在这间店里，饥寒交迫、半死不活的人们曾经闯进来从旧书上扯走一把一把的纸，希望能用它们换取食物。拉克林和奥尔洛夫两个人都是靠着发给知识分子的特别定量供应才活了下来。拉克林开玩笑说，为了获得定量配给，他曾经被划为一名“二等作家”：现在他的嘴里仍然还有木匠的糨糊味，他曾经把它用水冲淡了当汤喝。封锁结束以后一年多，有的列宁格勒人还会因为营养不良而觉得头晕。如果不是1943年日丹诺夫同志越过冰封的拉多加湖派来的一支支护送队，他们可能已经死掉了。没错，拉克林坚持说，就是日丹诺夫同志拯救了这座城市。[1]

伯林问起了城里作家们的命运。他提到了两个名字：米哈伊尔·左琴科，辛辣而又忧伤的讽刺作品《澡堂》使其成为20年代最受欢迎的苏联作家之一；另一个是安娜·阿赫玛托娃，大革命前的诗人，自1925年起她的作品未准发表一字。政府堵住了他们两个人的嘴，却仍然将他们视为国宝。1941年秋天德军包围列宁格勒的时候，日丹诺夫曾经下令用飞机将他们运过德军封锁线，送往莫斯科，再从那儿到塔什干去，二战期间他们就一直待在那儿。左琴科当时碰巧就在那家书店里，他颓然缩在一张椅子里面——面色蜡黄，神情孤僻，全身仿佛散了架，“苍白、虚弱而憔悴”。以赛亚跟他握了握手，但是并没有想把他拉进谈话里来。[?]

以赛亚读过左琴科的《澡堂》，阿赫玛托娃的诗歌他却一行也没有读过，她是个来自过去那个业已消失的沙皇时代的传说中的名字，他知道她是因为莫里斯·鲍拉曾经翻译过她几篇早期诗歌，还把它们收入了他战时编的俄国诗歌选集当中。鲍拉甚至连她死了没有也不知道。[3] 因此，以赛亚毫不知情地问

[1] 伦敦档案局 / 外交部文件 371/56724，24。

[2] 以赛亚·伯林致安娜·库尔特，1988 年 12 月 19 日；米哈伊尔·左琴科，《澡堂》，西德尼·莫纳斯译（安阿勃，1962）。

[3] 以赛亚·伯林致莫·鲍拉，1945 年 6 月 7 日；C.M. 鲍拉，《俄罗斯诗歌集》（伦敦，1943）；又见他的《俄罗斯诗歌又集》（伦敦，1948）。

她是否还健在，批评家奥尔洛夫的回答让他吃了一惊："噢，当然了，她就住在离这儿不远的枫丹卡运河的喷泉屋。你愿意见见她吗？"在以赛亚的印象中，那就好像是应邀去见克里斯蒂娜·罗塞蒂或是别的什么文学史上的半神话式人物一样。[1]他兴奋得只会结结巴巴地说他实在是愿意见见她。这时奥尔洛夫就在那儿打了个电话，他回来说那位诗人愿意在当天下午三点钟接待他们。以赛亚把布伦达·特里普送回阿斯托里亚宾馆，然后又返回了书店。

他和奥尔洛夫一起出发，穿过有奋蹄而起的铜马雕塑的阿尼奇科夫桥，沿着枫丹卡运河，在一个阴暗雪天的下午渐渐暗淡的日光中往前走去。喷泉屋是18世纪舍列梅捷夫家族的豪宅。它那巴罗克式的黄中带白的石膏墙面还残留着弹片，有的地方则因疏于照管而破损了。他们穿过上方装饰着舍列梅捷夫家族纹饰的巴罗克风格的入口，经由洛可可式的铁门走进内院。伯林和奥尔洛夫爬上陡峭的深色楼梯，来到三楼的一套公寓门口——44号——这套公寓占据了走廊上的五六个房间。公寓的大半部分都归阿赫玛托娃的前夫尼古拉·蒲宁和他的妻儿使用。阿赫玛托娃自己只有一个房间，在大厅的尽头，俯视着下面的院子。整个房间空荡荡的：地板上没有地毯，窗户上没有窗帘，只有一张小桌、三把椅子、一个木橱、一张沙发，在离床不远的地方有阿赫玛托娃的一幅画像——低着头，斜靠在躺椅上——是她的朋友阿梅迪奥·莫迪里亚尼在她1911年

[1]《个人印象》，233。

去巴黎的时候为她画的速写。这是她在三十四年前见过最后一眼的那个欧洲的唯一的画像。现在已是两鬓斑白的她裹着白色的披巾，以高贵的姿态站起身来，迎接来自那片失去的大陆的第一位访客。以赛亚鞠了一躬——这似乎更合适一些——因为她看上去就像是悲剧中的女王。

她比以赛亚年长二十岁，曾经是位有名的美人，现在虽然穿着破旧的衣服，身形臃肿，深色的眼睛下面有黑眼圈，却有着高傲的姿态和冷冷的尊严表情。当他们在房间另一头那几把摇摇晃晃的椅子上坐下来开始说话的时候，以赛亚只知道她是大革命前所谓的阿克梅派诗人当中一位才貌双全的成员，是圣彼得堡的战时先锋派及其聚会点“迷路狗”咖啡馆里最闪亮的颗星。[1] 但是对于革命之后在她身上都发生了些什么，他就一无所知了。

她身上那种悲剧气质并没有什么虚假的夸张之处。她的第一位丈夫尼古拉·古米廖夫于1921年被枪决，给他捏造的罪名是阴谋对列宁不利。对她来说，恐怖的日子从那时候就开始了，而不是从1937年。她虽然写作不辍，但从1925年到1940年，她的诗歌一行也未获发表。那时候，她只有靠在一家农学院的图书馆工作，以及翻译和写作有关普希金以及像本雅明·贡斯当那样的西方作家的批评文章度日。[2] 虽然与外

[1] 罗伯塔·里德，《安娜·阿赫玛托娃》（纽约，1995）；又见阿曼达·海特，《安娜·阿赫玛托娃：诗意的朝圣》（伦敦，1976）。

[2] 见《安娜·阿赫玛托娃诗歌全集》，“年表”，朱迪斯·赫姆舍梅耶译，罗伯塔·里德编（波士顿，1989），59—60。

部世界的一切联系都中断了，阿赫玛托娃和与她同病相怜的诗人奥西普·曼德尔施塔姆却怀抱着一种坚定的信念，那就是将他们与巴黎、伦敦和柏林隔离开来的暴政不会永远持续下去。正如曼德尔施塔姆1933年在他的诗《阿里奥斯托》中写的那样：

欧洲严寒，意大利一片黑暗，
权力如彼得大帝的双手一样野蛮。
噢，快在亚得里亚海上
猛地敞开一扇巨大的窗。
……亲爱的阿里奥斯托，或许一个世纪将会过去——
而我们将把你的蔚蓝和我们的暗黑一起
倾注进一片兄弟般辽阔的蓝黑色海洋。
我们也在那儿。我们也喝下了蜜酿的酒浆。[1]

1934年的那个晚上，当曼德尔施塔姆被抓去接受第一次审讯的时候，阿赫玛托娃就在那儿；从那个时候起，一直到他死在马加丹为止，她始终在支持和帮助着他的妻子娜杰日达。[2] 但是1938年3月，恐怖直接降临到了她的头上。她的儿子列夫·古米廖夫遭到了逮捕。有十七个月的时间，她根本不知道他是死是活。因为恐怖封住了她周围的人的嘴，她把自

[1] 奥西普·曼德尔施塔姆，《黄蜂的视力》，詹姆斯·格林尼译（伦敦，1989），78。
[2] 曼德尔施塔姆，《希望反对希望》，8—12，14—17，20，30。

己变成了描写绝望和遗弃的诗人：

> 整整十七个月的时间我一直在呼喊，
> 我在呼唤你回家。
> 我曾经跪在刽子手的脚下，
> 你是我的儿子、我的孽障。
> 一切的一切已经永远混淆，
> 我再也分不清
> 谁是野兽，谁是人，
> 等待判决还要等多久。[1]

有十七个月的时间，她和许多妇女一起排着队站在列宁格勒克雷斯底监狱外面，徒劳地打听着消息。正是在这些队伍里，她听到了始终被她看作是在迫切召唤着诗人做见证的东西：

> 当时站在我背后的一个嘴唇发青的女人——她当然从来不曾听到过叫我的名字，她从我们都已习以为常的恍惚状态中惊醒，在我的耳边悄悄地说（这里所有的人都悄悄地说话）："您能把这写下来吗？"我说："能。"于是一丝依稀的微笑在她那张不成人形的脸上掠过。[2]

[1] 赫姆舍梅耶，388。
[2] 同上，384。

阿赫玛托娃的组诗《安魂曲》兑现了她对那个无名女人的诺言：它以诗纪念了整整一代人经受的折磨。在那个年代，用书面形式保存这些诗太危险了。阿赫玛托娃的朋友、小说家丽迪娅·朱可夫斯卡娅还记得阿赫玛托娃悄声读完这些诗以后那个痛苦的仪式——就着烟灰缸将一页页纸默默地烧成灰烬。[1]

从 1941 年到 1944 年，也就是她在战争期间被遣送到塔什干这一时期，阿赫玛托娃住在为莫斯科作家们修建的宿舍顶楼一间窒闷的屋子里。丽迪娅·朱可夫斯卡娅和娜杰日达·曼德尔施塔姆也住在那儿，有一段时间她们的状况稍有改善。阿赫玛托娃获准出版一部经过严格审查的《诗选集》，并且在医院里为伤兵们举行了若干次朗诵会。1944 年 5 月，她终于被批准离开塔什干。回家途中，她在莫斯科稍作停留，在工艺博物馆举行了一次朗诵会。朗诵结束时，观众像对待民族英雄和成功的俄罗斯语言的化身一样，全体起立，对她报以热烈的掌声。她本人被这种敬意的表示吓坏了，她害怕这种表示会引起当局的注意。她的恐惧不是多余的，因为帕斯捷尔纳克告诉她，斯大林曾经猜疑地问日丹诺夫："是谁组织了这次起立鼓掌？"[2]

阿赫玛托娃于 1944 年 6 月回到列宁格勒，她看到的是满目凄凉：整座城市就像一个"恐怖的幽灵"，她的朋友们有那么多都已亡故，她在喷泉屋的房间已经被洗劫一空，搞得破破

[1] 丽迪娅·朱可夫斯卡娅，《安娜·阿赫玛托娃日记》，卷 1（1938—1941），M. 米沙尔斯基及 S. 路巴肖娃译（伦敦，1994），6—7；又见丽迪娅·朱可夫斯卡娅，《索菲娅·彼得罗夫娜》，D. 弗洛伊德译（伦敦，1989）。
[2] 曼德尔施塔姆，《希望反对希望》。

烂烂。她希望能够与维克多·加尔辛再度聚首，他是列宁格勒的一个验尸官，在离开蒲宁以后，她曾经和他很亲密。他到车站来接她，对她说他已经决定跟别人结婚了。[1] 因此当她和以赛亚见面的时候，五十六岁的她刚刚迫不得已下定决心要孤独一人了此残生。

她的儿子列夫从西伯利亚提前获释去德国在苏联红军中服役，终于在1945年夏末回到了家。她希望生活从此或许可以好起来了。当然，如果不是最近列夫的获释——或许他的命运曾经让她变得小心翼翼——很可能她就不会冒险与英国驻莫斯科使馆的临时一秘见面。

他们交谈的时候，弗拉基米尔·奥尔洛夫和阿赫玛托娃的一位“女学究”朋友也在场，几人的谈话一开始是正式而拘谨的。伯林说很高兴见到她身体健康，因为“已经有很多年没有她的一点消息了”。她则庄严地纠正道：她在博洛尼亚听人说，有关她的一篇文章曾经出现在《都柏林周报》上，还有人写过一篇关于她的作品的论文。[2] 这时候，她可能在想以赛亚到底读过多少她的东西，而他当然很担心她会发现他什么也没有读过。

然后她问他伦敦是如何安然度过这场战争的。他尽可能巧妙地作了回答，却不知道1940年她曾经写过《致伦敦人》一诗。她在诗中表达了想到伦敦遭破坏时的恐惧，但同时也声明

[1] 捷尔吉·达洛斯，《未来访客：安娜·阿赫玛托娃与以赛亚·伯林爵士》，安东尼·伍德译（伦敦，1998），25—27。
[2]《个人印象》，233。

了对于欧洲文化统一性不可动摇的信心，现在坐在她面前的这位紧张不安的年轻英国官员无意间就成了这种统一性的象征：

时间，正以冷漠的手，编写着
莎士比亚的第二十四出戏。
我们，在这场可怕的盛宴上主持仪式的人，
宁愿在铅灰色的河边
朗诵《哈姆雷特》、《恺撒》或是《李尔王》；
今天，我们宁愿手持火把，唱着圣歌，
为小鸽子朱丽叶送葬，
宁愿向麦克白的窗内窥视，
和受雇的杀手一起发抖——
只要不是这一幕，这一幕，这一幕，
这一幕我们实在无力朗诵！[1]

谈话间，以赛亚听到不远处有人在喊他的名字。他开始还以为是幻觉，直到“以赛亚”这个词在下面院子里引起的回声响得让他不能再坐视不理。他走到窗边向下望去，结果看见的人让他吓了一跳：原来是伦道夫·丘吉尔，他正站在院子中间，抬起脑袋朝着窗户大喊大叫，就像一个喝醉了酒的大学生在基督教会学院的四方院子中间一样。伯林咕哝着说了声对不起，便狼狈地逃出了房间，后面跟着奥尔洛夫。在院子里，以

[1] 赫姆舍梅耶，423。

赛亚把这位苏联批评家引见给了温斯顿·丘吉尔先生的儿子，刚一握过手，奥尔洛夫就逃走了。这样一来，想要不受人注意地和阿赫玛托娃见面是不可能了。确乎如此，流言立刻不胫而走，说丘吉尔在列宁格勒侦察一项英国救援行动，要将阿赫玛托娃迅速送往英国。事实上，丘吉尔只不过是想要以赛亚——他们两人在大学时代就已经认识了——回阿斯托里亚宾馆，跟工作人员说一下他刚刚买来的鱼子酱应该放在冰上。以赛亚气得咬牙切齿，他回到阿斯托里亚宾馆，把丘吉尔的鱼子酱平平安安地和必不可少的冰放到一起，然后打电话向阿赫玛托娃道歉，同时约定下一次见面的时间。她的回答是："我今天晚上九点等着你。"[1] 她的决定当中有着一种君王般的天真：只有一个女王才能对自己所冒的危险如此不以为意。

我们知道，她热切地等着他回来。后来，她将数行诗献给了那种热切的期待之情：

可是我是多么欣喜
听见他的脚步声在楼梯上响起，
他的手轻轻拂过门铃
羞涩得就像少年的指尖
触摸着他初恋的姑娘。[2]

[1]《个人印象》，233—234。
[2] 乔恩·斯托沃西，"未来访客：三联画，1944—1988"，《牛津杂志》，第 48 期（1989）。

但是，当她为他开门的时候，她并不是孤身一人。另一位女学者——一位亚述古文物专家——也在那儿，问了伯林一些关于英国大学的问题，阿赫玛托娃则默默地坐着，一言不发。他们俩终于单独在一起的时候已经是午夜了。房间里灯光昏暗，两人各自坐在一个角落里，吸着带塑料嘴的瑞士小雪茄。她的脸为黑暗所包围，他的脸则被烟雾萦绕着。她马上开始向他询问移民国外的俄国朋友们的情况。他告诉她，二战时他曾经在纽约遇见过作曲家阿瑟·劳里。她曾经和劳里有过一段短暂的恋情，那已经是十分遥远的事情，当时她还是"迷路狗"咖啡馆的常客，而他曾为那里的演出写过未来派的音乐。她又问起鲍里斯·安列普的情况，以赛亚告诉她，他现在是伦敦的一位艺术家。这个完全陌生的人居然认识这些老朋友，能够使她和他们被革命所中断的联系得到恢复，这一点未免显得有些不可思议。当以赛亚告诉她自己还认识萨洛梅娅·安德罗尼科娃·哈尔佩恩的时候，她的欣喜之情不难想象。那是"迷路狗"时代圣彼得堡的一位美人，曼德尔施塔姆和她曾经短暂地相爱过，所有的阿克梅派诗人都曾经为她的美貌和她倾听与激励他人的力量所倾倒。[1] 以赛亚告诉她，她嫁给了一位俄国律师亚历山大·哈尔佩恩，现在住在纽约。阿赫玛托娃后来写道，这个年轻的陌生人奇迹般地"把萨洛梅从'迷路狗'酒吧

[1] 以赛亚·伯林，"萨洛梅娅·哈尔佩恩夫人"（讣闻），《泰晤士报》，1982 年 5 月 17 日；里德，《安娜·阿赫玛托娃》，38—42。

那昏暗的法老式拱顶下带回到我的身边”。[1]

在她的眼中，以赛亚充当了两种俄罗斯文化之间的信使——一种流亡在外，另一种在国内遭到贬黜——是革命将它们分而为二。在他离开之后她的诗作中，她说欧洲正在生出新叶：从那一度也属于她的文化中长出的嫩绿枝条终于蜿蜒地伸进了喷泉屋。[2]

但她对于移民国外这一问题的态度是十分明确的。萨洛梅娅·安德罗尼科娃、鲍里斯·安列普以及其他人可以选择逃亡之路，她却决不会离开俄国。她的位置是和她的人民在一起，是和她的民族语言在一起。因此这一夜对她而言就具有了另一种重要的意义：此时此刻再度肯定了她的使命感：做她的民族语言中不朽的缪斯。以赛亚敢肯定自己以前从来没有遇到过具备这样一种自我戏剧化的天才的人——但同时他也意识到她对悲剧命运的声言和他以前见过的任何一个人一样真切。

他始终在寻求着天才人物对自己的肯定：弗吉尼亚·伍尔夫、弗洛伊德、维特根斯坦和凯恩斯这些人都曾经看到过他的价值，这一点对他来说是事关重大的。但是与阿赫玛托娃的这次相遇比以往的任何一次都更重要。在他面前的是用他母语写作、尚在人世的诗人中最伟大的一位，她跟他说话的时候就好像他始终都是她那个圈子里的人一样，就好像她认识的每个人他也认识，她读过的东西他也都读过，她说的话以及她的言外

[1] 斯托沃西，“未来访客”。
[2] 同上。

之意他全都明白。当然，这实际上不过是一种幻觉：他对她的了解远比她想象中的要少。虽然如此，他们之间进行的却是那种人的一生当中只可能发生一两次的最纯粹的交流。

沉浸在越来越强烈的热切心情和怀旧情绪之中的阿赫玛托娃向他说起了她在黑海之滨度过的童年时代——那是“一片不信教的、未受洗的土地”——以及自己终生保持的与俄国南部海岸的“一种古老的、半希腊半野蛮人式的、其精神与俄罗斯文化迥异的文化”的密切联系。她回忆起自己年轻的时候见过的那个敖德萨，伊萨克·巴别尔的故事中那喧嚷的海港城市，犹太人、比萨拉比亚人、土耳其人和乌克兰人聚会的场所。他则给她讲他在里加度过的童年，在彼得格勒的少年时代，以及——当时她已经是一位著名诗人，她的崇拜者们能够逐字逐句地背诵她新出的选集——他小时候怎样一个人待在父亲的书房里，看梅恩·里德的牛仔故事。[3]

她谈到了与古米廖夫的婚姻，也谈到两人尽管离异，自己却始终记得他在接受她的才华时那种简洁和毫不犹豫。在描述1921年他遭枪决的情况时，她热泪盈眶。接着她开始背诵拜伦的《唐璜》。她的发音很难懂，但是她在背诵的时候倾注了如此强烈的热情，以至于以赛亚不得不站起身来望着窗外，以掩饰自己的感情。

很快她又背起了自己的诗：《耶稣纪元》、《白色的群鸟》、《选自六书》以及《克里奥帕特拉》，最后一首诗写于1940年，

[3] 里德，《安娜·阿赫玛托娃》，38。

她生命中最难熬的时期之一，当时她不知道除了像那位埃及女王一样自杀以外还有什么别的办法。她告诉他，像这样的诗曾经导致一位比她更为伟大的诗人的死——但伯林不清楚她指的是曼德尔施塔姆还是古米廖夫，因为她再一次情不自禁地痛哭起来。哭过以后，她开始背诵 1940 年始作于列宁格勒、当时尚未完成的《没有主人公的叙事诗》。以赛亚后来写道，那是“对她作为诗人的一生以及那座城市的过去的一种最后纪念”，“其体裁如同《第十二夜》式戴面具人物的狂欢游行”。在听她背诵的时候，他并不知道在这部作品中——她在 1962 年对它进行了修改——自己后来成了神秘的“未来访客”、“来自镜子后面的客人”。

然后，她为他朗读《安魂曲》的一份手抄本，这首诗大部分都是在他们现在坐着的这间屋子里写成的。这部组诗是她对自己那一代人当中所有被折磨、被残害的人的纪念：

> 我本想一一报出大家的名字，
> 无奈名单已被攘夺，无从寻觅。
> 我用偷听到的她们的不幸的话，
> 为她们编成了一张巨大的披褂。
> 今后我会时时处处将她们回忆，
> 即使新的灾难来临也决不忘记。[1]

她突然停下来，向他描绘起了她的儿子和丈夫，在以赛亚

[1] 赫姆舍梅耶，393。

的记忆中，她用一种平淡的声音讲到自己在监狱门口的守夜，丈夫和儿子在狱卒手里所受的折磨，还有许许多多以前的朋友的绝情与背叛。她不停地打断自己的话。他记得她曾说："没用。你是从人的社会里来的，我们在这儿却被人与人之间的高墙所隔绝，而且……"[1] 在二战开始以前，背叛和唾骂已经在她身上残酷地压迫了许多年，以至于她已经无法信任除娜杰日达·曼德尔施塔姆和丽迪娅·朱可夫斯卡娅之外的任何人了。关于曼德尔施塔姆和他的命运，她无话可说。她改变了话题，逼自己去回想战争期间在塔什干度过的更愉快一些的时光了。

她的儿子列夫·古米廖夫回到家的时候已经是凌晨三点了。他比以赛亚小两岁——以赛亚当时三十六岁，他三十四岁——受过出色的教育，学识渊博非凡，尽管曾在二十四岁被逮捕过。他读过普鲁斯特和乔伊斯的著作原文，不过从来没有走出过苏联边境，而且显然认为他自己像他母亲一样，也是在苏联的不利形势之下保持着欧洲的文化标准。[2] 他曾经遭到逮捕，罪名是尼古拉·古米廖夫和安娜·阿赫玛托娃是他的父母。现在他似乎相信自己的厄运已经结束，想要在自己出生的城市里重新开始学者的生活。他走进建在凹室里的厨房，在一个盘子里找到了一点煮土豆。他的母亲因为没有什么东西招待客人而觉得非常尴尬，但是以赛亚高兴地记得，当时在那间昏暗的房间里，他们几个如何坐在闪动着火光的炉子旁边，一起把盘子里的那串土豆分着吃了。

[1]《个人印象》，237。
[2] 伦敦档案局 / 外交部文件 371/56724，25。

她的儿子走后，以赛亚请求阿赫玛托娃让他抄下《没有主人公的叙事诗》和《安魂曲》。她拒绝了他，同时许诺说她会给他寄去自己应于次年出版的一部诗选集，这说明了她当时是如何满怀希望。然后他们讨论起了自己最喜欢的作家，并且第一次开始争执起来。和她一样，他也尊敬普希金，讨厌契诃夫的"泥浆色世界"，但是他不喜欢她热爱的陀思妥耶夫斯基，她则对他欣赏的屠格涅夫不屑一顾。[1] 这些不仅仅是爱好的不同：它们标志着他俩情感世界之间的界限——以赛亚被屠格涅夫的轻快、精致和嘲讽意味所吸引，陀思妥耶夫斯基的暴力、阴暗以及强烈的感情则让他反感；阿赫玛托娃认同陀思妥耶夫斯基对内心世界深入的描写，却无法忍受屠格涅夫的微妙和精细之处。这种种品味的区别当然也是环境造成的。屠格涅夫的纤细精美在以赛亚所在的牛津可以打动一颗安逸的心，但很难想象它在斯大林的列宁格勒能够找到接受者。以赛亚最喜欢的俄国作家——赫尔岑和屠格涅夫——其艺术成形于逃亡生涯中，阿赫玛托娃喜欢的艺术家其作品都是在俄罗斯的土壤上锻造而成。他总是将"开朗、热情、纯粹出于自然的宽广的俄罗斯性格"和"斤斤计较、枯燥乏味、被抑制和约束着的"西方相对比，但是事实上最能打动他的是这二者的结合——而这只有在流亡艺术家那里才是可能的。[2] 这并不是他们唯一的分歧。以赛亚因为托尔斯泰宽广的历史眼光而将他理想化，阿赫

[1] 朱可夫斯卡娅，《安娜·阿赫玛托娃日记》，19；《个人印象》，238—239。
[2]《个人印象》，203。

玛托娃则厌恶他身上那种她看作是对性的伪善态度的东西。她说，在让安娜·卡列尼娜被追逼致死这一点上，托尔斯泰其实是向他声称谴责的那种庸俗社会风尚投降了。

以赛亚很高兴发现她身上轻蔑、嘲讽和略带恶毒的一面；这时候那种女王般的举止被某种更幽默和人性化的东西代替了。他开始看出她是一个饰演女王角色的完美无缺的女演员，但有着足够的敏锐和自知之明来将自己与角色本身区别开来，以一种偶尔一闪的嘲弄来看待自己和他人。她曾经以讲述趣事的口气说起帕斯捷尔纳克对她一再的迷恋；在20年代，他如何向她走来，叹着气说他没有她就不能活，他这样做只能让她觉得厌烦，并去恳求他的妻子来将他带回家。

她坦白地承认自己是多么孤独，她的列宁格勒已经变成了一个多么凄凉的地方。她说起了她以前的恋情：古米廖夫、希列伊科和蒲宁。以赛亚被她坦诚的方式所打动——但同时或许也是为了先发制人地止住她对他的肉欲——也向她坦白了自己正和某人相爱。他虽没有明说，但是很明显，他指的是帕特里西娅·道格拉斯。阿赫玛托娃似乎把他这些有关自己恋爱史的话加以严重的歪曲之后透露给了科尔涅·茹科夫斯基，后者在他数年以后出版的回忆录中把伯林说成是一个唐璜式的人物，他来到列宁格勒的目的是要将阿赫玛托娃列入他的俘虏名单。[1] 阿赫玛托娃自己似乎应当对这场误会负责。这种误解从此以后就一直和他们这次见面连在一起，没有一个读过《诗五首》——她献给他们共度的这

[1] 达洛斯，《未来访客》，162—163。

一夜的诗——的俄国人能够相信他俩没有同床共枕。

实际上，两人几乎连碰也没碰过对方。他待在房间的一边，她则待在另一边。[1] 以赛亚根本不是一个唐璜，而是一个性爱方面的新手，独自一人待在一个富有传奇色彩的狐狸精的公寓里，后者曾经和半打极富天分的男人发生过深厚的罗曼蒂克的恋情。她试图赋予二人这次见面以神秘的、历史性的以及肉体上的重要意义，他则努力躲避着这些感情的潜流，保持着一段安全、理智的距离。同时他还有一种更日常的需要。他到这儿已经六个小时了，很想去方便一下。但是这样做会破坏当时的气氛，更何况公共厕所在下面没有灯的过道里；因此他只好待在那儿，听着，抽着自己的另一支瑞士雪茄。当她滔滔不绝地讲着自己的恋爱故事的时候，他把她比作《唐璜》里面的安娜小姐，他自己则来回晃动夹着雪茄的手——这是她后来在一行诗中捕捉到的一个动作——跟随着萦绕在两人之间空气中的莫扎特的旋律。[2]

现在他们已经一连谈了好几个小时了，来来回回地从“迷路狗”咖啡馆说到大封锁，从列宁格勒说到牛津，穿越了他们那个世纪的整个进程，共同编织着一根交往联络的链条，它将在他们的余生中把两人联在一起。他们已经说到了最隐私的事情，现在他们又谈起了最抽象的、纯精神性的话题。他问她，文艺复兴时代对她而言是一个真实的世界还是一个想象中的世

[1] 根据对伯林的访谈，见沃尔夫森学院亨利·哈代的伯林档案，1994 年 11 月 10 日，6 月 5 日。
[2] 斯托沃西，“未来访客”：“以及他夹着雪茄的手 / 指挥着莫扎特的某部作品。”

界；她回答说是后者。她说，一切诗歌和艺术都是“怀旧情绪以及对具有普遍性的文化的渴望的一种形式，就像歌德和施莱格尔设想的那样，是所有那些成形于艺术和思想中的事物——自然、爱、死、绝望和牺牲——的一种形式，是一种没有历史可言的现实的形式，在它之外空无一物”。[1] 在喷泉屋度过的那个晚上，在那间空荡荡的房间里，伴着盘子里的土豆、莫迪里亚尼的画、缓缓下沉的雪茄烟雾，以赛亚的生命与艺术的沉静完美之间的距离缩短到了前所未有的程度。

这时天色已明，两人都能听见冻雨落在枫丹卡运河里的声音。他起身吻了吻她的手，步行回到阿斯托里亚，心情迷乱，“神魂颠倒”，飘飘欲仙。他看了看表，发现已经是上午十一点了。布伦达·特里普清楚地记得他一头倒在自己房间床上的时候，嘴里说着：“我恋爱了，我恋爱了。”[2]

在他的记忆中，列宁格勒之行别的什么也没有，只有阿赫玛托娃。实际上，他一共待了一个星期——像进行必不可少的朝圣一样去马林斯基剧院看了格林卡的《为沙皇献身》，和伦道夫·丘吉尔一起到拉赫林的公寓拜访了他，还给城里那些和暴徒差不多的政治领袖们一一打了个电话。但是所有这些记录在他的官方报告中的东西很快就从记忆中消失了。

他此次被派驻莫斯科的目的是写一份关于苏联外交政策的备忘录，但是伯林却把 12 月份这一个月的时间用来写“关于

[1]《个人印象》，242。
[2] 根据对特里普的访谈。

1945年最后几个月苏维埃社会主义联盟共和国文艺状况的笔记”，这说明阿赫玛托娃是如何从根本上打动了他。[1] 这篇笔记谦虚的题目与它宏大的目标并不相符：它相当于一部20世纪上半叶的俄国文化史，为注定不幸的阿赫玛托娃那一代人而作的编年史。它很可能是西方对斯大林发起的针对俄罗斯文化的那场战争的首次记载。在每一页上都有她以及茹科夫斯基和帕斯捷尔纳克向他讲述的他们在受迫害年代里的亲身体验的痕迹。他坚持认为，俄国文化真正的代言人仍然是“这些逐年老去但声音依旧清楚的……心智开化、敏感、挑剔、不会被人愚弄的……大革命前的俄国知识分子”。要说有什么不同的话，那就是他把他们想得太勇敢，忽视了他们的躲闪和推诿。他终生都把他们看作完美的标准、道德完善的试金石。

他在小剧院和马林斯基剧院见过由办公室职员和士兵组成的观众，见过他们在看莎士比亚或格里鲍耶陀夫的戏剧时是如何将之当作当代生活中的一幕来加以欣赏的，也见过他们是怎么如饥似渴地喃喃自语着表示赞成或是反对——这在穷奢极欲的西方是见不到的。如果说他是把这种饥渴的表现理想化了的话，那也是情有可原的。阿赫玛托娃和帕斯捷尔纳克都曾经告诉过他，前线的士兵们把帕斯捷尔纳克的某些诗背得烂熟。古拉格的犯人们把阿赫玛托娃的诗缝成手工制作的、用桦树皮装订起来的书，放在破烂的衣服里随身带着。[2] 这种坚信俄国文

[1] 伦敦档案局 / 外交部文件 371/56725 N 1811/24/38。
[2] 赫姆舍梅耶，770。

化总有一天会推翻苏联加在它身上的镣铐的感觉，来自他和阿赫玛托娃共度的那一个晚上。1945 年 12 月的公文完成以后，伯林被调派到英国使馆的日子也结束了，他必须回华盛顿去。但他下定决心，一定要见她最后一面。

1946 年 1 月 3 日，他乘坐“红箭号”夜间卧车再次来到列宁格勒，仍然住在阿斯托里亚宾馆。第二天他就得从芬兰车站出发前往赫尔辛基了。那天下午，他再度走进了喷泉屋第 44 号公寓。她独自一人在家等待着他的到来，神态依然是那么庄严。她告诉他，这所宅子的大铁门平时永远是关上的，但是自从他那天早上离开以后一直开着。她对于预兆之类有种本能的直觉，她相信这次也不会例外。[1] 他送给她一本英文版的卡夫卡的《城堡》和一部西特维尔诗选。她回赠给他的是自己的几部诗作，每本都有她亲手题写的献词。其中一本书上的献词提到了“用漠然的手将黑色的蝰蛇放到她暗黑的胸膛上”的渴望。但是她又写道，她已经把自己从克里奥帕特拉的渴望中解脱了出来。她将会忍受下去。在另一本书上，她引了《没有主人公的叙事诗》中的一段，仿佛这些很久以前写下的诗句已经预言了两人的会面：

> 没有人敲我的门，只有镜子梦见镜子，宁静护持宁静——阿，1946 年 1 月 4 日。

[1] 海特，《安娜 · 阿赫玛托娃》，143。

她还在一本书上写下了他们第一次见面以后写成的数行诗。他后来才知道，这些都是《诗五首》的一部分，那是一组爱情诗，它勾画了她的心醉神迷，她与希望所作的斗争、她振奋的心情以及他的离去带来的悲哀。

1

仿佛在天边的云际
我忆起了你的话语，
因为我对你的倾谈，
黑夜比白天更璀璨。
就这样从大地上升起，
我们像星星高高游弋。
无论现在、今后、昔日，
没有绝望，也没有羞耻。
但是在现实中，现在，
你可听见我把你召唤。
我再也没有力量，
把你虚掩的门关上。

2

声音在以太中徐徐消失，
黑暗吞没了黄昏的霞光。
只有你我二人的声音，
在这永远缄默的世界回荡。

从看不见的拉多加湖畔，
传来钟鸣般的风声
深夜的倾诉变成了
那交叉着彩虹的微明。

3

很久以来我一直厌恶
别人对我的怜悯，
但有你点滴的同情
我走来走去
犹如太阳就在我的身体里。
那就是为什么
我的身边布满晨曦。
那就是为什么
我走来走去
边走边创造着奇迹！[1]

他们分手的时候没有拥抱，连碰也没有碰一下对方。在位于芬兰边境的车站上，一位可敬的苏联女边境官员查看了这些由那位被压制的诗人题赠的书，庄重地鞠了一躬，让他通过了玻璃门，走进另一个世界。他漫不经心地经过赫尔辛基、斯德哥尔摩以及如同坟墓一般“整洁、美丽、沉寂而又空虚”的巴

[1] 赫姆舍梅耶，453。

黎。[1] 在英国稍作停留之后，他回到了华盛顿。但是他的思绪仍然萦绕在阿赫玛托娃身边，可资证明的是，在 2 月下旬写的一封信中，他还在说：造访阿赫玛托娃“在我看来是发生在我身上最令人激动的一件事”。[2]

他回到了外面的世界；她则又陷入喷泉屋的孤寂之中。在他离开一周之后，在《诗五首》的最后两首诗中，她的凄凉之感甚至她的愤怒都得到了表达：

4

你自己也知道，我不会去庆祝
我们见面的那个最苦涩的日子。
我该留下什么给你作为纪念呢？
我的影子？影子对你又有何益？
那业已焚毁的剧本的献词
连灰烬也已了无踪迹，
或是那张突然从画框中走出的
可怕的新年画像？
或是白桦木的焦炭焚烧时
几乎听不见的隐约声音，
或是他们没来得及告诉我的
别人的爱情故事？

[1] 根据对伯林的访谈，见沃尔夫森学院亨利·哈代的伯林档案，1994 年 6 月 5 日，1989 年 2 月 21 日。
[2] 以赛亚·伯林致弗兰克·罗伯茨，1946 年 2 月 20 日。

5

我们没有呼吸过沉睡中罂粟的气息，
我们也不知道自己的罪行。
在我们的星宿中是什么
注定我们痛苦一生？
一月的黑暗为我们端上的
是哪一道地狱般的杂拌汤？
又是哪一道看不见的霞光
让我们在黎明前为之疯狂？[1]

他们两人的相遇属于那种永远不会结束的类型，它的影响会持续终身。以赛亚离开以后，不出数日，秘密警察就趁阿赫玛托娃不在的时候来到她家里，在她的天花板上手忙脚乱地装上了麦克风。他们甚至连掉到地板上的一小堆一小堆灰泥屑也懒得清理一下。

在圣彼得堡的安全机构总部，有三卷文件，一共九百页，全是告发材料、电话窃听报告、从作品中引用的词句以及那些和她关系密切的人的口供。这些档案从1939年起就有了，名为“隐藏的托洛茨基主义和反苏联姿态”。[2]克格勃特务奥列格·卡卢金是唯一见过它们的人，他在海因里希·伯尔基金会

[1] 赫姆舍梅耶，454。
[2] 海因里希·伯尔·斯蒂夫通，《东德秘密警察、克格勃与文学》（科隆，1993），115—126；达洛斯，《未来访客》，11，48—78。

1993 年在莫斯科组织的一次大会上就阿赫玛托娃的档案问题做了演说。卡卢金透露，克格勃曾经强迫一位当时正在翻译阿赫玛托娃作品的佚名波兰妇女告发她。她告诉克格勃，英国间谍伯林曾经两度拜访这位诗人，并且向她示爱。即使是在这样粗鄙的告密者看来，阿赫玛托娃还是一副庄严、傲慢的形象，神情忧郁，高高在上，无所畏惧。

1946 年 4 月，阿赫玛托娃来到莫斯科，和帕斯捷尔纳克一起在圆柱大厅举行了一次诗歌朗诵会。她的作品在经过严格的审查以后出版了一部选集，她朗读的就是其中的诗歌，她身上穿的是朴素的黑裙，围着白色的披巾。就像在 1944 年一样，她再次被人们大声而热情的追捧吓坏了。她后来写道："在圆柱大厅里，当我读完我的诗以后，一个小姑娘朝我跑过来，在我面前跪下，这时我觉得自己正在接受判决。"[1] 那天晚上，她和帕斯捷尔纳克重又聚在一起，在他的公寓里吃东西、喝酒，一起朗诵诗歌。他们也谈起了以赛亚。1946 年 7 月，英国大使馆转给伯林一封信，在信中，帕斯捷尔纳克告诉他：

> 阿赫玛托娃在这儿的每三句［话］就会说到——你。如此富有戏剧性而且神秘！比方说，晚上在从某个晚会或是招待会回来的路上，在出租车里，充满灵感而又十分疲惫的她会稍有些心不在焉地（或是陶醉地）用法语说："我们的朋友（那指的就是你）曾经说过，或是答应过"等等。

[1] 里德，《安娜·阿赫玛托娃》，289。

> 到后来，她那些嫉妒她对你的迷恋的朋友就开始缠着我，恳求我说：鲍里斯·列昂尼多维奇，请你给我们形容一下伯林吧，他是谁，是什么样的人？然后我就把你夸奖一通，这时候，他们真正的痛苦就开始了。每个人都很喜欢你，在回想起你的时候都满怀温馨。[1]

那个夏天，以赛亚时时刻刻都想着他们俩。当时他已经回到了英国，当他站在牛津站的月台上的时候，他向副校长走过去，建议提名帕斯捷尔纳克为荣誉学位获得者。副校长说自己从来没有听说过这个名字。他还说，无论如何他都不赞成将学位授予仪式用作政治姿态的表示。[2]

阿赫玛托娃对莫斯科朗诵会上人们向自己倾泻的热情感到恐惧实在是正确的。1946 年的夏天，套索慢慢地收紧了。来到喷泉屋的娜杰日达·曼德尔施塔姆记得，每次她们出去散步的时候，都有些“嘴脸丑恶”[3] 的模糊身影像影子一样紧跟着她们。有一次，在回家的时候，她俩发现大铁门锁上了，看门人毫无道理地挡住了她们。当她们终于被放进院子的时候，楼上一扇窗户里与闪光灯配合的闪光操纵装置也关上了：原来是特务们在拍照片。

随后，8 月份阿赫玛托娃在“作家协会”的时候——她将之称作“痴呆老人院”——她注意到别人都躲避着她的视线，而且

[1] 鲍里斯·帕斯捷尔纳克致以赛亚·伯林，1946 年 7 月 26 日。
[2] J. 利文斯通致以赛亚·伯林，1946 年 6 月 1 日。
[3] 曼德尔施塔姆，《被放弃的希望》。

显然都避免跟她在一起。回家的路上，她买了些鱼，包在报纸里。她偶然碰见了米哈伊尔·左琴科，他十分苦恼地问她以后该怎么办。她镇定地回答道，他们只能忍受，心里不明白他看上去为什么那么不安。回到家，她打开包着鱼的报纸，看到报上说党内刚刚通过了一项决议，决定对杂志《星》和《列宁格勒》发表的作品进行审查。一周以后，安德烈·日丹诺夫发表了一份党内报告，报告中，阿赫玛托娃的作品被形容成“为一位穿梭于闺房与小教堂之间的心情狂乱的小美人所作的画像”。她的诗歌是“哀愁、渴望、死亡、神秘主义和宿命”的反动混合品。她本人是“旧式贵族文化的残余”，是个“半修女、半妓女”式的人物，或者毋宁说是“妓女—修女，她的罪过和她的祈祷混在一起”。1946 年 9 月 4 日，她被赶出了作家协会，而她的诗作——就是她答应寄给以赛亚的那本——被捣成了纸浆。[1]

她再一次被抛进了黑暗和炼狱之中——虽然根据克格勃的记录，有一些没有留下姓名的邻居和朋友勇敢地在喷泉屋 44 号公寓门前留下了束束鲜花和一包包食物。最后，连这些也没有了，而且在 1949 年，列夫再一次被抓进了监狱，罪名仍然是身为她的儿子，这时，阿赫玛托娃完完全全成了孤独一人。

她毫不怀疑这一次次大祸全都是以赛亚那次拜访的结果。她并没有因此而怪他。这是她的命运。她永远是以最自负的观点来看待自己的处境的。对她来说，伯林的来访以及日丹诺夫因此而对她的作品进行的谴责，就像冷战的开始，战时与西方同盟国的

[1] 海特，《安娜·阿赫玛托娃》，144。

合作的终结，以及两种极端不同的世界秩序之间意识形态、道德和政治斗争的恢复一样。关于伯林的那次造访，她写道：

> 他不会成为我亲爱的丈夫
> 但是他和我，我们所成就的，
> 将让20世纪骚动不安。[1]

这样说未免有些自以为是，但并不全是错误的。有人告诉过她——很可能就是帕斯捷尔纳克，据说斯大林曾经读过克格勃的监视报告，还对日丹诺夫说："这么说我们的修女现在又陪起英国间谍来了？"因此，当她在《没有主人公的叙事诗》中写下她与一位未来访客共度的夜晚将会改写历史的话时，她是认真的。

以赛亚从来没有设想过他的到访可能造成的后果——不管是对她来说，还是对他在莫斯科的亲人来说——但是，若干年以后，他开始意识到后果曾是多么严重。1947年和1948年整整两年间，驻莫斯科使馆一直在努力设法减轻他对阿赫玛托娃命运的担心。他听说，她"身体健康，正平静地住在自己的公寓里，靠着每个月六百卢布的国家退休金生活"。[2] 他不必因为她以前经受的种种困厄而责备自己。另一封信描绘的则是一幅全然不同的惨景。没人去管帕斯捷尔纳克写他的小说，而阿赫玛托娃已经失

[1] 赫姆舍梅耶，547。
[2] 布伦达·特里普致以赛亚·伯林，1947年2月12日。

去了作家协会的资格，正处于令人怜悯的艰难处境当中。[1]1947年年中，大使馆向以赛亚转发了一份安德烈·日丹诺夫最近对苏联哲学所作的责难，从中以赛亚不难看出，苏共在意识形态方面施加的压力如同以往一样毫不松懈。[2]1948 年 4 月，他在莫斯科大使馆里的朋友们劝他说，现在对外国的畏惧和憎恨之情如此高涨，任何与她进行联系的努力都只会让她更加危险。[3] 在接下来的六年中，他再也没有听到过她的任何消息。

那几年是阿赫玛托娃生平最黑暗的日子。因为对儿子的再次入狱感到绝望，她向政府屈服了，敷衍了事地为斯大林同志写了几首让人难以信服的颂歌，企图让他放了她的儿子。这种徒劳无益的姿态只能让她受辱更深。她骗不过斯大林。这位年岁日高的克里姆林宫领袖以前可能读到过她写的东西当中对他的严厉指责，这些内容收在了列宁格勒克格勃的档案中。在这些文字当中，就像奥列格·卡卢金报告的那样，她以一种不屈不挠的欣喜姿态来迎接自己命运，她告诉那个波兰告密者，斯大林对她持续的兴趣只会让她觉得自豪，就像放在她门口的那些没有留名的花束一样。她说，人们会忘记那些吃得胖胖的猫，却不会忘记它们受苦受难的同类。[4]

1953 年，斯大林去世了，但她所受的折磨没有就此结束。1954 年 5 月，一群英国大学生参观了列宁格勒作家之家。阿

[1] 致以赛亚·伯林的匿名信，1947 年 2 月 19 日。
[2] 伦敦档案局 / 外交部文件 371/66395。
[3] 致以赛亚·伯林的匿名信，1948 年 4 月 12 日。
[4] 海因里希·伯尔·斯蒂夫通，《东德秘密警察、克格勃与文学》，115—125。

赫玛托娃和左琴科神情紧张、脸色苍白，在一帮人的包围之下在他们面前接受检阅。这些学生当中只有哈里·舒克曼一个人会讲俄语，他当时是诺丁汉大学的学生。舒克曼十分天真地问他们，在苏联文学中，讽刺文学是否占有一席之地。这样的问题将这两位作家置于一种十分困难的处境：只要说错了一个字，就会遭到坐在这间屋子里的那些唯命是从的党徒们的攻击。左琴科的回答是“有的”——一种莽撞（抑或勇敢）的议论，而他会为之付出高昂的代价——然后就不说话了。问及她的观点时，阿赫玛托娃急促地说，她表示同意，然后也沉默了——究竟是对左琴科的话还是对党的教条表示同意，她故意没有说清楚。她回家时心里以为这些学生一定是以赛亚派来的。事实上，他们当中并没有来自牛津的人，以赛亚也并不知道这些学生的访问。[1]

他始终坚信对阿赫玛托娃的访问是他一生当中最重要的一件事情。他在离开俄国的时候，心中满怀着对苏联专制的憎恶之情，这种憎恶几乎在他后来为捍卫西方自由主义和政治自由而写的每一篇文章的字里行间都可以看到。他对于历史决定论猛烈的攻击是被他从她身上学到的一种东西激起的，那就是：对个人良知绝对的坚守可以让历史在它面前屈服。[2]

但他的俄国之行同时也令他深感内疚。除了他自己之外，每个人都因为他的到来而付出了代价。1948 年到 1953 年间，

[1] 根据对哈里·舒克曼的访谈；达洛斯，《未来访客》，102—107。
[2] 以赛亚·伯林致琼·弗拉德，1975 年 7 月 31 日。

反犹太浪潮达到了顶点。作为对苏联生活中所谓民族主义和“世界主义”表现形式的大规模镇压的一部分，苏联的犹太人机构和出版物遭到了查封。这在1952年十五位著名犹太博士因阴谋暗害斯大林而遭到逮捕、审判并最后被枪决的时候达到了最高潮。以赛亚的叔叔列奥被围捕，指控是他隶属于一个英国间谍网，他的兄弟门德尔和侄子以赛亚也在为这个网服务。那些对他进行指控的人将门德尔1935年对木材商人代表团所作的访问与1945年以赛亚的那次来访联系起来，宣称是英国情报部门安插列奥在大学里进行营养学讲课，目的是要搜集有关斯大林及其他苏联领袖健康状况的情报。审讯者们还坚持说，以赛亚那次来访的目的就是将列奥的情报带回伦敦，交给英国当局。列奥·伯林遭到他们的鞭打，直到他试图自杀为止。后来，完全是为了结束自身所受的这种折磨，他承认自己确实是一名英国间谍。他在监狱里关了一年，斯大林死后，他于1954年2月获释。[1] 他走在莫斯科的大街上，营养不良的身体还很虚弱，就在这时，他看见以前曾经拷打过他的一个人正在前面过马路。结果他心脏病突发，孤独地死在了积满冰雪的大街上。[2]

[1] 吉恩纳迪·柯斯蒂尔琴科，《走出红色阴影：斯大林统治下俄国的反犹太主义》（阿默斯特，纽约，1995），282—283。

[2] 以赛亚·伯林关于柯斯蒂尔琴科作品俄文版的短文，1996年3月21日；根据对伯林的访谈，见沃尔夫森学院亨利·哈代的伯林档案，1996年1月26日。

十二

宗族，1946—1948

阿赫玛托娃和二战改变了他。同1940年6月盖伊·伯吉斯那次越洋远行中那个幼稚的帮手相比，1946年4月回到牛津的这个三十七岁的人已经变成了一位饱经风霜、取得了更大成就的人物。他已经证明了自己的能力，外部世界对他的看法也相应地提升了。他在华盛顿写的那些公文快报的良好声誉让他成了英国政府中的著名人物，他的名声又由此传入了伦敦的上层社会。结识伯林成了一种荣誉、一件有意思的事。贵妇们邀请他参加宴会；BBC请他发表广播讲话。[1]1945年，比弗布鲁克勋爵邀他为《快报》写专栏。[2]以赛亚后来回忆道："我的表现就像是瑞士家庭女教师，正有人企图夺走她的贞操。"这邀请很容易拒绝，不过这个老恶棍的求爱实在是一种恭维。那些战前曾经屈尊俯就般对待以赛亚的牛津人士现在都听从他的意见。1951年，他已经被人认真地看作全灵学院院长候选人；1953年，人们又将他视为纳菲尔德学院的院长候选人。[3]他的名气开始给他罩上了一层光环。1951年，弗雷迪·艾耶尔告诉伯林，在伦敦的一次聚会上，别人在介绍他的时候说他是"英国最聪明的人"，这时有人叫道："哦，那你一定就是以赛亚·伯林。"[4]

[1] 以赛亚·伯林，大卫·福特曼评论，《欢乐之路》，BBC三台，1946年12月17日；又见汉弗莱·卡本特，在三台上对以赛亚·伯林的访谈，1996年1月3日。
[2] 奇泽姆与大卫，《比弗布鲁克》，472。
[3] 根据对伯林的访谈，见沃尔夫森学院亨利·哈代的伯林档案，1989年5月18日，13；以赛亚·伯林致玛丽昂·法兰克福特，1953年11月29日；以赛亚·伯林致约翰·斯帕罗，1953年11月21日；以赛亚·伯林致安娜·科林，1953年12月2日。
[4] A.J. 艾耶尔致以赛亚·伯林，1951年，日期不详。

在丘吉尔写他的30年代回忆录《风云紧急》的时候，伯林是仅有的八名顾问之一，为丘吉尔提供有关总体架构和历史细节方面的意见。沃德姆学院教授威廉·迪金是丘吉尔写回忆录时的主要助手，二战期间在纽约认识了以赛亚，后来便说服丘吉尔利用他来为自己的书大造声势。[1]1947年12月，丘吉尔派人将书的前六章送给伯林，要他作一个笼统的评价。1948年2月，伯林直率地答复说，这本书进入正题的速度太慢，开头的几章“太像小说中的情节，而且过于薄弱，不足以作为后面几章的支架”。[2]此外，丘吉尔对斯大林于1937年处决苏联元帅图哈切夫斯基的原因的记载只是根据一句靠不住的流言。伯林还让丘吉尔注意他以前随便讲过的一句话。1933年，他曾经说过，希特勒对犹太人的敌意是没有道理的，尽管“如果犹太人竟然反对他们的国家的话，那他们就必须老实点”。伯林评论说，这样一句离题的话容易引起误解。丘吉尔认真地听取了这些批评意见，将书稿进行了相应的改动，还给以赛亚送去了一份两百几尼的谢礼。

其他赏识的表示也开始落到他头上了。美国外交政策机关出版的刊物《外交事务》向他约稿，他为他们写了两篇文章，一篇讲20世纪的政治观念，另一篇则是关于斯大林的政治艺

[1] 马丁·吉尔伯特，《W.S. 丘吉尔》，卷8（伦敦，1988），383，391，393，394。
[2] 以赛亚·伯林致丘吉尔，1948年2月14日；又见丘吉尔，《风云紧急》（伦敦，1948），64—65，225，287。

术，这两篇文章在美国为他赢得了俄国事务专家的名声。[1] 查塔姆学院还有后来的工党、保守党和自由党的暑期学校都请他去做演讲。[2] 外交部从莫斯科给他发来报告和备忘录请他发表意见。[3]1947 年夏，奥立弗・弗兰克斯请伯林在制订襄助欧洲的马歇尔计划的巴黎大会上帮忙。以赛亚讽刺地说，在大会上那些欧洲人的表现就好像和一位“聪明的百万富翁”打交道的“高傲而又有求于人的乞丐”一样。用拐弯抹角的话起草国家之间的和约对他没有丝毫吸引力，他只待了两个星期就回牛津去了。[4]

如果说他变了的话，牛津也同样变了。各个学院里挤满了复员军人，他们在这儿继续自己 1939 年被迫中止的学业。在新学院，他很快就开始了闻所未闻的每周十八个小时的授课——政治思想史，贝克莱主教的哲学，认识论辅导课。[5] 他是个古怪的老师，经常穿着睡衣和晨衣或是干脆躺在床上讲

[1] 以赛亚・伯林，“二十世纪的政治观念”，《外交事务》，第 28 期（1950），重印于《自由四论》（伦敦，1969）；用笔名 O. 乌提斯发表的“最高统帅斯大林与政治艺术”，《外交事务》，第 30 期（1952），197—214。关于这个笔名，见以赛亚・伯林致汉密尔顿・费希・阿姆斯特朗，1951 年 8 月 16 日：“由于我在苏联有一些亲戚（我希望他们还活着），也由于我曾经访问过那里一些无辜的作家，我始终坚持不用自己的真名发表任何与苏联有关的文章，因为那样做可能很容易导致一些可怕的事情发生在和我说过话的苏联人身上。”

[2] 以赛亚・伯林，“为什么苏联要闭关锁国”，在皇家国际事务学院所作的讲话的抄本，查塔姆学院，1946 年 6 月 27 日。

[3] 伦敦档案局 / 外交部文件 371/66395，“苏联哲学”，寄与以赛亚・伯林，1947 年 11 月 24 日。

[4] 安东尼・比弗与阿蒂米斯・库珀，《解放后的巴黎，1944—1949》（伦敦，1994），349；亚历克斯・丹切夫，《奥立弗・弗兰克斯：先驱》（牛津，1993），81。

[5] 以赛亚・伯林致哈伊姆・魏茨曼，1947 年 9 月 15 日。

课。一台装着特大号喇叭的巨大留声机俯视着他在新学院的房间，他的壁炉台上陈列着各式各样的小摆设：从牛津的一个车库里弄来的“奥斯汀”的标牌，一大堆伍尔沃斯的六便士玩具，一只装着发条的老鼠和一辆小汽车，还有一块颜色和形状都像是公立学校领结的海边礁石。一个名叫罗纳德·霍普的学生在读文章的时候抬起头来，看见以赛亚正在拧那只机械老鼠的发条，然后让它在地毯上跑来跑去。[1] 另一个学生伊莎贝尔·罗伯茨记得他曾经让学生们写一篇题为“所谓自然权利并不存在”的文章，然后朝着书架的方向挥挥手。“关于这个题目已经有过许多像木头屑一样乏味的文章——有不少了。根本不要去读那些东西，到一边儿去自己想。”[2]

他没有让他的学生们觉得厌烦，却经常厌烦他们。1946年，在一种与他平时的心境十分不同的萎靡不振的情绪支配下，他曾经写道，他们“呆板、客气、没精打采，［内心］有太多的兵营习气，这些人一打又一打乱糟糟地挤在一起，塞满了每一点可用的时间和空间的缝隙，不管是早晨、下午，还是晚上”。[3] 至于他的同事们——除了赫伯特·哈特、斯图尔特·汉普希尔和大卫·塞西尔之外——他嫌恶地说，全都是些“一心钻营、老于世故、无足轻重的唯命是从的角色”。1950

[1] 罗纳德·霍普致亨利·哈代，1998 年 1 月 19 日。
[2] 伊莎贝尔·罗伯茨致笔者，1997 年 11 月 24 日；又见伯纳德·伊利致笔者，1997 年 12 月 7 日；迈克尔·戈德曼致笔者，1998 年 1 月 1 日；黛博拉·索恩顿致笔者，1998 年 1 月 14 日；大卫·巴特勒，“以赛亚·伯林与菲利克斯·法兰克福特”，1998 年，日期不详，寄与笔者。
[3] 以赛亚·伯林致西比尔·柯利法克斯，1946 年 11 月 9 日。

年，他把自己从新学院的教书生涯中解脱出来，回到了全灵学院，希望自己在这次“修士式的”隐退期间或许终于可以重新开始写作。

阿赫玛托娃重新燃起了他在学术上对俄国的热情，但是在牛津，他几乎找不到一个同路人。思想史两头落空，无论是哲学、历史学或是政治学都对之不加理睬。斯图尔特·汉普希尔注意到，在学院派哲学家的圈子里，与其说伯林是一个参与者，倒不如说他已经变成了一个旁观者，他正在别的地方找寻学术上志同道合的同伴。[1] 从 1949 年起，他就开始定期到美国学术界进行朝圣，他曾经去过哈佛、布林·摩尔学院和普林斯顿。在那儿，思想史（特别是 19 世纪的俄国思想史）是有学术地位的。

逃离牛津的另一条道路在伦敦，在那些神圣的怪物，那些贵妇人们接待他的地方。柯利法克斯夫人常请他去诺斯勋爵街吃午饭，丘纳德夫人以及后来住在牛津郡迪奇里庄园的玛丽埃塔·特里也常请他去做客。他居然进入了上流社会，这一点让他的朋友们瞠目结舌。后来嫁给了安东尼·艾登的克拉丽莎·丘吉尔是以一种复杂的失望之情来看待以赛亚的交际活动的。她的想法是：他本来可以成为一个哲人，却让自己变成了沙龙里的一个健谈的人、社交竞技场中的一个知识杂技演员。[2]

[1] 根据对斯图尔特·汉普希尔的访谈。

[2] 根据对克拉丽莎·艾登的访谈，1995 年 6 月；又根据对斯图尔特·汉普希尔和詹妮弗·哈特的访谈。

这样的责备给他的名声蒙上了一层阴影，但它的基础其实是人们对知识分子生活应有的朴素性那种漫画式的概念。实际上，宴会是一个让他产生灵感的地方。比如说，他最优秀的思想之一就是在一次宴会游戏当中产生的。就在二战爆发前，牛津勋爵——当时在巴里奥尔学院学习古典文学的一位世袭贵族、信奉天主教的一位同龄人——告诉以赛亚，他偶然间发现了希腊诗人阿基洛科斯的一行诗。[1] 它具有日本俳句的一切优雅和神秘："狐狸知道很多事情，但是刺猬知道一件大事。"以赛亚马上就开始将以前那些伟大的人物分为刺猬和狐狸两类：歌德和普希金是狐狸；陀思妥耶夫斯基和托尔斯泰则是刺猬。这种区分方式将艺术个性类型和创作生涯中的道德之间根本的不一致性戏剧化了。1951 年，当他著文研究列夫·托尔斯泰对历史的理解时，他又想起了这种分类法：它似乎捕捉住了托尔斯泰作为一名小说家在传达人类生活精致的细节方面狐狸般的天赋，和他对贯穿人类生存的理论刺猬似的搜寻二者之间的分歧。

这也是他自身存在的一种分歧。大多数朋友都把他看作是一只狡黠的狐狸——灵巧、狡猾、机智，从一个话题飞快地扑向另一个话题，避开别人的追逐。但他同时又是一只渴望成为刺猬的狐狸——在一件事情上比对其他任何东西都能更真切地了解和感觉。他花了不止十年的时间才发现这件事情是什么。

因为他自己的轻浮和世俗经常受到攻击，对个人理性道德

[1]《俄国思想家》，22；牛津勋爵致亨利·哈代，1992 年 2 月 5 日。

的寻求便成了他作品当中一个核心的特点。他试图在困难重重的交战和保守知识分子的超脱之间寻求一条中间道路，他希望自己认真但不要过于严肃，这样才能捍卫自己的信念而不致走向玩世不恭，才能让人觉得有趣而不至于给人以肤浅的印象。他也像一般的英国人那样觉得大陆知识分子不可信任。例如，法国知识分子在战后声名如日中天，但一个法国知识分子到底知道什么呢？

雷蒙·阿隆是以赛亚唯一敬重的法国知识分子。1950 年在巴黎的时候，以赛亚曾经拜访过他，此后两人一直保持着联系。阿隆是一位自由主义兼反共产主义者，犹太人，并且信奉怀疑主义——这些全都吸引着以赛亚——但他对自己的头脑太过自负，这使以赛亚和他无法成为好友。这位年轻的牛津教授似乎并没有把自己看成一名阿隆主义者，这好像让阿隆很生气；伯林则认为阿隆是个十分出色的政治记者，但作为一名观念史家并不怎么样。[1]

对于法国，他至少还尊敬一种笛卡尔式的清晰思想。至于德国，伯林对其哲学传统中那种傲慢的晦涩本来就觉得不耐烦，当它竟然开始觍颜侍奉法西斯主义的时候，他更是从不耐烦变成了瞧不起。海德格尔专门用来解释自己与纳粹政府的同流合污的那些申辩之辞令他反感。1949 年，以赛亚曾经尖刻地写道，海德格尔的世界观“有种模糊的悲剧性，但过于冷漠，不能让人认识到刚刚过去的罪行和恐怖，它是在用一篇围

[1] 根据对伯林的访谈，见沃尔夫森学院亨利·哈代的伯林档案，1994 年 11 月 10 日。

绕其笼统本质而作的含糊其词的学术论文来减轻自己特殊的罪恶”。[1]

对欧洲大陆这些知识分子生活模式的否定并没有让伯林向牛津现有的那些模式靠拢。在写过马克思传之后，他明白自己天生就不是做一个英国式学者的料子。他赋性长于综合而非学问，善写随笔而不善专著。他所关心的读者是受过教育的中产阶级，而不是那些专家，当然他也知道自己还是要赢得他们的尊重。此外，他太喜欢和人待在一起，因此不可能把自己一生的黄金时间在图书馆里打发掉。

战前，他的学术方向是由种种外部原因决定的；现在他必须在自身当中找到持续的动力。他已经来到了一个岔路口：要么进行属于自己的严肃的学术追求，要么堕落成一个他最害怕自己变成的那种“饶舌的人”。在他周围，同时代最优秀的思想家们都在对自己的思想进行详细的阐述。例如卡尔·波普尔二战期间一直待在新西兰，写他的《开放社会及其敌人》。[2]波普尔为自由主义价值观念所作的热情辩护感染了以赛亚，但他和波普尔是截然不同的两种人：波普尔是一位持不可知论的理性主义者，以赛亚作为思想家则更注重直觉，并且对内心的苦恼、个人的困境以及人类各种价值观念之间的矛盾感兴

[1] 以赛亚·伯林，“文化趋势”，为“历史观点下的1949年”所撰，见《1950年大不列颠年鉴》，xxii—xxxi；又见以赛亚·伯林致安娜·科林，1951年7月27日：“与（卡尔·）雅斯贝尔斯毫无关系。他说的全是些悲观的废话……”

[2] 卡尔·波普尔，《开放社会及其敌人》，2卷（伦敦，1945）；布莱恩·马吉，《波普尔》（伦敦，1973）。

趣——波普尔却绝对不是这样。

不管他们俩有多么不同，两人的立场都反对马克思主义知识分子——E.H. 卡尔，当时正着手研究布尔什维克革命的漫长历史；伊萨克·多伊彻，为托洛茨基立传的人；克里斯托弗·希尔，研究清教徒革命的历史学家，当时在巴里奥尔学院。30 年代，以赛亚与克里斯托弗·希尔曾是朋友，两人交换过有关马克思的俄国和欧洲先驱者的书和笔记。但是 1947 年，希尔在《列宁与俄国革命》一书中宣称，布尔什维克解散 1917 年国民代表大会的做法是正确的，因为普通农民对之并不信任。希尔认为，当时在国民代表大会中占有大量席位的社会主义革命党并没有真正地代表投过他们一票的普通农民的利益。这段话让以赛亚感到双倍的愤慨。他的感觉是，这种说法既歪曲了历史事实，又等于说：你不能相信普通人——在这里指的是饱受辱骂的俄国农民——竟会知道什么对自己是最有利的。希尔听说了以赛亚的反应，两人还又见了一面，但是也没能恢复从前的关系。30 年代轻松的交游结束了；从现在开始，自由主义者和马克思主义者成了敌人。[1]

在这种两极分化越来越严重的形势之下，伯林仍然走着自己的路，设法列出自己的学术日程，试图自己来规定身为知识分子应尽的义务。战后，他进行的第一次大规模资料搜集和写作工作是为了对 19 世纪的批评家维萨里昂·别林斯基进行研

[1] 根据对伯林的访谈，见沃尔夫森学院亨利·哈代的伯林档案，1994 年 3 月 12 日；克里斯托弗·希尔，《列宁与俄国革命》（伦敦，1947），217。

究。别林斯基创造了俄国知识分子作为道德见证的形象，提出了诗人应当捍卫俄罗斯民族语言的观念。在这个意义上，别林斯基使得阿赫玛托娃的道德事业成为可能。但对别林斯基的研究同时也是挖掘伯林自身才能的一种途径。他开始完全像别林斯基那样去看待观念，将它视为人类生存的目的和手段："一种对于拥有它的人来说比意见或者甚至比原则都更为宽广、更为本质的东西……在个人与自身乃至与外部世界的关系之中实际上是最关键的复合物质。"[1] 从对别林斯基和那些俄国人的研究中，以赛亚逐渐勾画出了一个与众不同的学术课题的轮廓：他不会去作逻辑或是语义学分析，而是要研究观念是如何渗入并最终形成学术倾向本身的；学术研究的严肃性本身是如何一代又一代地得到发扬和维护的。不过在试图成为研究俄国知识分子学术倾向的历史学家的过程当中，他最后实际上变成了在向自己论证：为什么一种轻快得多的、更具讽刺性的、不问政治的风格会更适合他自己的天性。别林斯基创造了俄国知识分子在道德方面的严肃性，但他同时也使一种道德上的狂热和盲信合法化了。除了列宁一个人以外，还有谁会称别林斯基为自己精神上的先辈呢？相比之下，伯林式的独立而理性的怀疑精神倒是值得赞扬的。

不过有一个问题，那就是以赛亚十分讨厌写作。他曾经对一个朋友坦白地说："口头上说的话稍纵即逝，不会有什么责任萦回不去；于是一个人便从这些对各种瞬间状态的令人尴尬

[1]《俄国思想家》，155。

的见证中解脱出来。”[1]写作则意味着承担责任，而他是个不愿承担任何责任的人。他没有孩子，没有随从，也几乎没有什么工作上的责任。他是在有意识地延长自己的青春时代。他现在已近中年，仍然独身，并没有定居在某个地方，将来注定要在牛津做一个仍未成年的名人。

在写给朋友的一封信中，他哀叹道：

> ……我急急忙忙地四处奔走，就像一个美国学生，一次次地被考试折磨着，不断地评论和被评论，连片刻的平静以及一丁点人类还可以忍受的生活所必需的安宁都没办法得到……我什么也不知道，我什么也没写过，我想说的话都没说出来。我已经记不得什么是我真正想说的话了，现在会有人注意到我的行为是多么空洞，摊牌的时候就要来到，游戏就快结束了。[2]

当极度紧张的工作节奏和社交生活导致他周期性的衰弱症发作时，他只好到一家小型疗养所里去休息一阵子。这时他的朋友斯图尔特·汉普希尔请求他强迫自己遵守一种“精神经济学”：收收缰，对自己的精力进行疏导，不要再浪费在一千个不同的方向上。[3]伯林意识到，做富人的清客是一个犹太人特别容易掉进去的陷阱，要保住自己的名誉，他就必须采取一些

[1] 以赛亚·伯林致爱丽丝·詹姆斯，1950 年 9 月 3 日。
[2] 以赛亚·伯林致爱丽丝·詹姆斯，1951 年 8 月 14 日。
[3] 斯图尔特·汉普希尔致以赛亚·伯林，1947 年 12 月 16 日。

更不含糊的方式，而不光是夸夸其谈。

当他认识到自己处境的危急时，他对英国人的反犹太主义有了一次少有而且很不愉快的经历。由于他和丘吉尔的关系，保守党政治家奥立弗·利特尔顿和他成了朋友。利特尔顿被伯林的口若悬河迷住了，1950 年夏天，他向圣詹姆斯俱乐部提名伯林为其成员，结果有几个会员“坚决不愿让有犹太血统的人混入俱乐部”。[4] 伯林马上撤销了申请，后来利特尔顿又向同一条街上更有名气的布鲁克斯俱乐部推荐他为会员，并且成功了。但他在圣詹姆斯遭到的拒绝提醒了他，仍然有些看不见的门阻挡着他进入这个非犹太社会。

战争结束时，有一些新的压力迫使他在自己的犹太人和英国人身份之间做出选择。犹太人正在潮水般地从难民营涌向巴勒斯坦；各个地下组织正在与当地的英国托管当局进行公开的斗争。当艾德礼政府企图继续战前对犹太移民入境的限制时，当政府将装着绝望的欧洲难民的船只赶走时，英国犹太人感到要同时忠于国家和民族开始变得困难起来。1946 年，魏茨曼长期以来实施的亲英政策宣告破产，权力落入了那些拿起枪杆子的人手中。1946 年 7 月 22 日，在梅纳赫姆·贝京指挥下，犹太地下组织在耶路撒冷的英国行政机关驻地大卫王宾馆制造了一起爆炸事件，九十一人在这次事件中遇害。魏茨曼徒劳地努力试图阻止犹太恐怖主义的浪潮。他就自己将在 1946

[4] 奥立弗·利特尔顿致以赛亚·伯林，1950 年 7 月 4 日。利特尔顿在 1951—1954 年间担任丘吉尔第二届政府的殖民部长；《国家传记辞典》。

年 12 月巴塞尔犹太复国主义运动大会上的讲话稿向以赛亚征求意见，以赛亚为他写了一段谴责犹太恐怖主义活动的有力的话：“恐怖主义玷污了我们的历史，它是对一个犹太社会必须树立的理想的嘲讽，它污染了我们的旗帜，它令我们为世界的自由主义良知而发的呼吁遭到损害。”[1] 魏茨曼对自己的副手梅耶·怀斯格尔说：“以赛亚写的有关恐怖主义的那段话挺有力的，对吧？”[2] 但是那次讲话根本没能恢复魏茨曼的政治威信。大会还没有结束，他就已经被夺去了犹太事务处的领导权，沦为在野人士。老得快要瞎了的魏茨曼被激怒了，遭到抛弃之后，他梦想着率领自己的余党——那些谦和的追随者们，包括以赛亚在内——退出这场运动。[3] 他的梦想只是一场空，在犹太事务处工作的本·古里安的朋友们开始想办法把以赛亚挖过去。1947 年 1 月，以赛亚接到犹太事务处一名高级官员摩西·谢尔托克的一个电话，提出要派他去中东欧为事务处效力。谢尔托克正在努力将能干的“魏茨曼党人”从“领袖”身边拽走，但是以赛亚拒绝了这种诱惑。[4]

1947 年夏天，四千名犹太地下党人已经牵制住了八万英国军队，深入到各个被称为“贝文格勒”——这是照着外交部长欧内斯特·贝文的名字取的——的驻防指挥所当中。魏

[1] 巴塞尔犹太复国主义运动大会上的讲话稿，1946 年 11 月 12 日，魏茨曼档案。
[2] 哈伊姆·魏茨曼致梅耶·怀斯格尔，1946 年 11 月 18 日，魏茨曼档案。
[3] 哈伊姆·魏茨曼致菲利克斯·法兰克福特，1947 年 1 月 7 日；又见 1947 年 3 月 18 日；萨查尔，《以色列历史》，267—268。
[4] 根据对伯林的访谈，见沃尔夫森学院亨利·哈代的伯林档案，1989 年 3 月 23 日。

茨曼命令伯林来看看自己。[1]1947 年 7 月下旬，伯林不情愿地和他的父亲一起启航前往巴勒斯坦。旅途中，门德尔时时刻刻要他陪在身边让他觉得很烦躁，但这是他第一次以自己终于具备的成熟所带来的超脱眼光来看待六十四岁的老父亲。他在给母亲的信中写道，她一直在他们父子俩的生活上空搭着一顶帐篷，因此，门德尔始终没有经历过真正的风雨。他和蔼、善良、正直而且天真，是一个“缺乏斗争天性的与世无争的”人。至于门德尔，在家信中则悲伤地谈到父子之间的代沟。玛丽从巴登——她从那儿上船——写信回来，十分明智地说，这种代沟是很自然的。不过她又说，他仍然是“我们的沙耶儿”。[2]

当船从马赛到雅典、从亚历山大港到海法蜿蜒前行时，以赛亚和统舱的犹太移民攀谈了起来。英国战舰正在遣回其他装满难民的船只，这艘船上的移民却属于拥有去巴勒斯坦的合法证件的极少数人中的一部分。在获得进入巴勒斯坦的通行权之前，他们曾经被当局从一个难民营赶到另一个难民营，如今挤在甲板底下，身上只有最起码的财物。但是现在，以赛亚向他母亲转述说，这些人“所有的精神问题——还有物质问题——都已得到了解决。他们对生与死都已不再害怕——那么还有什么可说的呢？”[3]

当船最终在海法靠岸时，船上的犹太同胞们看到英国地区

[1] 以赛亚·伯林致帕特里克·雷利，1947 年 8 月 3 日；谢尔曼，《托管年代》，206—207。

[2] 以赛亚·伯林致门·伯林，1947 年，日期不详；门·伯林致以赛亚·伯林，1947 年 8 月 6 日。

[3] 以赛亚·伯林致门·伯林，1947 年 8 月，日期不详。

助理专员牛津勋爵——以赛亚在牛津时就认识的朋友——和一支英国武装警卫队来到码头上迎接一个犹太人，他们一定觉得很惊讶。[1] 海法当时正处于紧张状态中。就在几周以前，英国海军陆战队刚刚登上“出埃及号”，这艘驶往海法的船上载有四千五百名犹太难民。陆战队员们夺取了船的控制权，将它拖进海法港，强迫难民们上岸，并用暴力将他们遣返回德国难民营。同时，有人发现两名英国军士被吊在内坦亚的桉树林中，他们是被一支犹太地下武装力量处死的，目的是为了报复英国人杀害他们的战士的行为。英国人和犹太人正在交战，而伯林现在坐在一辆英国官方专用车里，从海法南下，去陪伴魏茨曼。当时的气氛极为紧张，以至于当他抵达魏茨曼的故乡、向人打听到领袖家怎么走的时候，他问的一个雷霍沃特居民面无惧色地正视着他，冷冷地说：“不知道。”即使是魏茨曼家乡的犹太人也因为他想要与英国人进行谈判的意愿而憎恨他。事实上，当以赛亚待在雷霍沃特的时候，这些谈判也仍在继续。当地的英国军方地区长官和魏茨曼共进晚餐，“哈伽拿”卫军驻在当地的分遣队在长官来的时候把路修好，长官走后又重新把它破坏掉。[2]

魏茨曼这时已差不多全瞎了，他在高墙拱卫的花园里跌跌撞撞地走来走去，因为愚蠢的英国人和自己的同胞——愚蠢的犹太人——而大发脾气。他刚刚发表过另一次讲话，恳求他的

[1] 以赛亚·伯林致帕特里克·雷利，1947 年 8 月 3 日。
[2] 根据对伯林的访谈，见沃尔夫森学院亨利·哈代的伯林档案，1989 年 4 月 5 日。

人民信任英国人；尽管他费尽气力，这样做换来的仍然只是人们的嘘声。以赛亚问他为什么采取这样过激的行动，魏茨曼反击道："这个国家的每一个人行为都很过激，我不知道为什么我就不能。"[1]

他请求以赛亚离开牛津，不要再教那些异教徒，到这儿来做应该做的事——来当魏茨曼的参谋长。但是以赛亚是个聪明人，他知道事情的真相：除了参谋长而外根本没有别的参谋。伯林拒绝了这一请求，魏茨曼勃然大怒。他不明白，在祖国的命运悬而未决的时候，一个犹太人怎么会宁愿继续旅居国外。以赛亚记得他嘴里嘟囔着说："你的朋友菲利克斯·法兰克福特一周七天就在那些异教徒中间坐着。他怎么能这样？他是在干什么？"在写给法兰克福特的信中，伯林吐露道，魏茨曼已经变成了一座"巨大而哀伤的悲剧性的废墟"，一个"毕生追求权力"的人现在"被极其残忍地剥夺了他的权力"。[2] 伯林可以肯定，自己不应该为了在巴勒斯坦获得一份职业而放弃牛津。犹太人的政治分化太严重了。他害怕自己会被撕成碎片。[3] 他也意识到自己在这儿是没有地位可言的。正在形成的以色列社会是属于中东的一个讲希伯来语的社会，它本能地要反对英国。犹太复国主义计划产生出来的是一种与他没有任何共同点的犹太人。在加利利的一个基布兹，他遇见了看起来像

[1] 以赛亚·伯林致帕特里克·雷利，1947 年 8 月 3 日。
[2] 以赛亚·伯林致菲利克斯·法兰克福特，1949 年 9 月 12 日。
[3] 根据对伯林的访谈，见沃尔夫森学院亨利·哈代的伯林档案，1989 年 4 月 5 日。

是来自塞浦路斯或是马耳他的棕色皮肤的地中海人，他们粗鲁、无忧无虑、无所畏惧。和欧洲犹太人之间的这些巨大差别只会日渐加剧。[1] 在这一切当中包含着一种讽刺：一位终生致力于犹太复国主义事业的伟大人物却发现自己在犹太人当中已经没有地位了。

以赛亚告辞了魏茨曼一家，心里松了一口气，随后他又去了耶路撒冷，去看望伊达·萨姆诺夫姨妈以及伯林家族中的其他成员。其中有一个人正在为独立作激烈的斗争，这个人就是他的姑父伊萨克·兰多伯格。他在20年代初逃出俄国，来到巴勒斯坦，改名为伊扎克·萨德赫，现在住在特拉维夫，是一名正在被英国当局缉捕的犹太地下党人。[2]1943年，他曾经在黎巴嫩和叙利亚同站在英国一边的法国维希武装力量战斗过，现在他已经成了犹太地下军队的精锐之师帕尔玛的缔造者之一。萨德赫本人虽然没有参与恐怖主义活动，却积极支持对英国人采取直接军事行动。伯林本应对此表示反对，但他被“大伊萨克”——那是英国人对他的称呼——强烈地吸引住了，他很明显是生活中那些不合常规的人物之一。以赛亚印象中彼得格勒那个高挑、优雅而且十分自负的人现在变得胖乎乎的，留着胡子，不修边幅，但仍然像以往一样愉快，并且热衷于危险的地下活动。他俩在特拉维夫一条小巷子里的一家咖啡馆见了面。以赛亚担心咖啡馆里会有人向英国政府告密，但是伊扎克却对这种危险一笑置之。他说他并不反感

[1] 根据对伯林的访谈，见沃尔夫森学院亨利·哈代的伯林档案，1989年4月5日。
[2]《个人印象》，78—84。

英国人，他甚至还很赞赏那些英国机构，但是大多数的殖民地统治者都是些可怕的庸人。要跟他们谈论有关书啊、思想啊、音乐啊或者是历史之类的事情是根本不可能的。向阿拉伯人的统治屈服——很明显殖民政府就是这么想的——是一件不可思议的事情。以赛亚在离开萨德赫和巴勒斯坦的时候已经相信，分裂和独立在所难免，而他属于英国。[1]

英国人宣布说他们正在将巴勒斯坦问题移交给联合国，1947 年 11 月，联合国决定将巴勒斯坦分成两部分。犹太人接受了这一决定，阿拉伯人则表示反对；英军撤离的时候，巴勒斯坦的这两方正准备开战。在大屠杀和报复行动的驱使之下，巴勒斯坦的阿拉伯人开始逃离这里。1948 年 5 月 14 日，大卫·本·古里安宣布以色列国独立。在英国接受过训练的武装阿拉伯军团穿过约旦，对耶路撒冷进行包围，叙利亚、黎巴嫩和埃及军队都发动了攻击。世界各地的犹太人都相信，抛弃了巴勒斯坦的英国人是站在阿拉伯人一边的。[2]1948 年 6 月 6 日，当耶路撒冷的命运仍悬而未决的时候，以赛亚写信祝贺魏茨曼当选为以色列第一任总统，并在信中愤怒地批评英国在对这个新国家的攻击中充当的帮凶角色。他告诉魏茨曼，外交部的人已经自欺欺人地相信一个犹太国家必须在它“在意识形态和政治上落入苏联的轨道”之前就被粉碎。[3] 他在这封信的结

[1] 以赛亚·伯林致帕特里克·雷利，1947 年 8 月 3 日。

[2] 萨查尔，《以色列历史》，295—325。

[3] 以赛亚·伯林致哈伊姆·魏茨曼，1948 年 6 月 6 日；魏茨曼致以赛亚·伯林，1948 年 6 月 12 日。

尾表示自己愿意接近温斯顿·丘吉尔——当时反对党的领袖，以敦促其向工党政府的政策发动攻击。魏茨曼在回信中以君主般的镇定对他说，不应当去打搅丘吉尔。当然，到了这个时候，即使是魏茨曼也看得出，在对自己怀着同情的英国政界人士耳边吹风这种以往的复国主义运动策略是徒劳无益的：现在以色列的命运取决于它的武装力量，以及此时此刻领导“帕尔马赫”抗击在内盖夫和西奈沙漠的埃及指挥所的伊扎克·萨德赫这样的人物。

当这个新生的国家为自己的存在而奋斗的时候，以赛亚对于自己的漠不关心仍然会不时感到良心上的不安。1948 年夏天，耶路撒冷一直陷于包围之中，他与全灵学院的同事、前殖民部长利奥·埃默里进行了联系，看能否向阿拉伯政府施加压力，让他们放松对这座城市的控制。[1]

1948 年 9 月，以色列在力保生存权的斗争中占了上风。这时，以赛亚在给魏茨曼的信中明确地说，虽然自己愿意永远做一名犹太复国主义者，却不愿意将自己的生命与新生的国家联成一体。他说自己永远不会背弃以色列，还坚持说与魏茨曼的交往比别的任何事情都让他觉得骄傲。他承认，“在我们的民族危急之时”选择牛津“也许显得自私自利得不可原谅，甚至像是变化无常”，但是如果不定下心来做一些严肃的事情的话，“我在自己的眼里就会变成一个毫无价值的人”。[2]

[1] 根据对伯林的访谈，见沃尔夫森学院亨利·哈代的伯林档案，1989 年 4 月 5 日。
[2] 以赛亚·伯林致哈伊姆·魏茨曼，1948 年 9 月 16 日。

这封信既是他最热情的效忠声明，同时也是一份独立宣言——独立于魏茨曼、以色列和复国主义。在接下来的三年中，当以色列国逐渐成形的时候，本·古里安本人以及阿巴·埃班、特迪·柯勒克和沃尔特·埃坦（他是以赛亚在圣保罗学校的同学，现在以色列外交部担任高级职务）这样的高级官员都恳请他来以色列生活。[1]

魏茨曼为人既高尚又精明，故而情愿让权，他的妻子薇拉却不想这么轻易地放手。到了 1951 年，她还在恳请以赛亚来以色列定居。[2] 然而 1948 年以后，他已经开始逐渐脱离魏茨曼的轨道了。虽然他每次来瑞士休养的时候还会来看望领袖，但是他发现对“这个老怪物”的探访变得越来越困难。魏茨曼是为权力而活着的，可他的职位并不受人重视，只不过是一种纯粹的礼仪性角色，这一点让他十分痛恨。阿巴·埃班告诉以赛亚，自己去看魏茨曼的时候问他在做什么，魏茨曼吼道：“做？人们都说我是以色列国的象征。我就坐在这儿，象征着以色列。”[3]1950 年，伯林再去看他的时候，他还是犹太人的“国王”，还是这个弱小民族的种种愚蠢行为的尖刻评论者。但是现在，他的身上散发着一种悲怆感，一种让他们的见面显得痛苦的辛酸味道。以赛亚说，他现在就像一头“生病的老狮

[1] 阿巴·埃班，《个人证词》（伦敦，1993），38—39；乔治·韦登费尔德，《回忆我的好友》（伦敦，1995），202—203，211；又见以赛亚·伯林致沃尔特·埃坦，1951 年 4—5 月，日期不详。

[2] 薇拉·魏茨曼致以赛亚·伯林，1951 年 6 月 19 日。

[3] 根据对伯林的访谈，见沃尔夫森学院亨利·哈代的伯林档案，1989 年 4 月 5 日。

子”。[1] 当薇拉·魏茨曼提议让以赛亚为她的丈夫立传的时候，以赛亚婉言拒绝了。

在雷霍沃特陪伴过魏茨曼之后，再去拜访伊扎克·萨德赫就变成了一件很轻松的事情。他住在雅法的一所小房子里，室内陈列装饰着他在独立战争中和埃及人作战时缴获的战利品——头盔、旗帜、匕首——房间里一个显眼的地方还放着一大瓶伏特加，那是苏联大使的礼物。他和一个“小狙击手”（1948 年战争中的敌后游击队员）住在一起。房间里有他身佩武器和他年轻的被保护人摩西·达扬和伊加尔·阿隆一起拍的照片，以及在内盖夫被攻陷的埃及防空洞中拍的快照。当以赛亚把他叫作犹太的加里波第时，他显然很高兴。[2]

以赛亚很喜欢“伊扎克先生”对新生的以色列的热情，但他自己心里没有这种感情。他在给菲利克斯·法兰克福特的信中写道：“以色列人的问题不仅仅在于他们源于经验的那种半无意识的信念——道德永远不能取胜，只有强横方能获利——还在于那种对外部世界所持的极为褊狭的地方主义和视而不见的态度。”很难说以色列人到底知不知道他私底下是如何毁谤这个他公开捍卫的国家的。比如本·古里安，他会不会仍旧在每次来英国的时候都请以赛亚和他做伴，就像他在 1950 年 12 月那样呢？他知不知道以赛亚实际上抱的是多么怀疑的态度？总理带着保镖们微服抵达，在书店周围徘徊不去，然后把夜

[1] 以赛亚·伯林致玛丽昂·法兰克福特，1950 年 8 月 17 日。
[2]《个人印象》，88。

晚消磨在“主教冠”，一杯又一杯地喝着葡萄酒，一边兴奋地高谈阔论，从柏拉图的哲学一直说到印度寓言里大象的角色。本·古里安给以赛亚的印象是一个活跃的“农民领袖”：粗野、残忍而狡猾。他痛斥伯林的生活方式，同时又表示愿意让他在以色列外交部担任处长职位，但是以赛亚拒绝了他。[1] 尽管如此，1951 年，当以色列总理想要向英国人建议从埃及人手中联合夺取西奈的时候，他还是考虑过利用以赛亚充当自己和丘吉尔之间的秘密中间人。[2] 这项荒谬的计划幸好并没有付诸实际，但是总理想到让以赛亚来执行这一任务，这一点充分说明了当时以色列领导层对他是何等信任。

1953 年在英—以友好协会发表一篇关于以色列的演说的时候，伯林因为这个国家允许犹太人逃离那些刻板陈规和他们的过去而赞扬了它。他们再也不用被迫去做“在咖啡馆里下国际象棋的老练的知识分子”了。在经历了牺牲和殉难的历史之后，他们已经赢得了“正常”、“安全”甚至“单调”地生活的权利。如果以色列人不“想把他们的时间用来哀悼死去的六百万犹太人”的话，那同样也是他们的权利。他们永远不会忘记那次大屠杀，但是谁也不会要求他们像“一场黑色悲剧的阴郁后嗣”一样生活。[3]

1952 年 11 月魏茨曼逝世的时候，薇拉给以赛亚寄去了一

[1] 以赛亚·伯林致菲利克斯·法兰克福特，1951 年 1 月 10 日。
[2] 阿维·施莱姆，《约旦河两岸的同谋》（牛津，1988），611—612。
[3] “以色列概观”，见《以色列国》（伦敦，1953），42—55。

封记述她丈夫弥留之际情形的令人心碎的信，后来很快又重提让他为魏茨曼立传的要求。以赛亚及时为《泰晤士报》写了一份讣闻，但是私底下，他坦白地说，领袖其人“太冷酷、太好高骛远，而且一心扑在公事上，几乎完全没有自己的私生活，因此不太好”。[1] 在公共场合，他则赞扬魏茨曼是“现代世界第一个完全自由的犹太人”。

如果说魏茨曼的去世终于解决了伯林是否接受犹太职务的问题的话，却并没有解决他作为英国社会里的一名犹太人应当如何生活的问题。以色列国的创立改变了问题的本质。1950年5月，以《中午的黑暗》一书闻名于世的反共作家阿瑟·库斯勒接受了《犹太纪事》的采访。采访过程中，他提出，散居国外的犹太人只有两种可能的选择：一是完全被同化并抛弃自己的犹太人身份；一是移民以色列，过一种完全的犹太人生活。任何中间道路都是错误的。[2] 这是对以赛亚所采取的立场做出的直接挑战，他决定对库斯勒的论点予以迎头痛击。1951

[1] 以赛亚·伯林致爱丽丝·詹姆斯，1952年12月9日；以赛亚·伯林，“哈伊姆·魏茨曼博士”（讣闻增补），《泰晤士报》，1952年11月17日；以赛亚·伯林，“传记之事实”，见M.W. 怀斯格尔与J. 卡米克尔编，《哈伊姆·魏茨曼》（伦敦，1962），17—56；又见《个人印象》，34—66。
[2]《犹太纪事》，1950年5月5日；又见阿瑟·库斯勒，“面临十字路口的犹太人”，载于《恐龙的足迹及其他文章》（伦敦，1955），106—142；以赛亚·伯林的信，见《耶路撒冷的明年：20世纪的犹太人》（伦敦，1976），道格拉斯·维里叶编；以赛亚·伯林致阿瑟·库斯勒，1954年11月18日；库斯勒致伯林，1954年11月16日（见库斯勒档案，爱丁堡大学）。蒙大卫·凯撒拉尼博士允许加以参考。见库斯勒日记/笔记，1944—1949年（MS 2304），1944年4月29日：“遇见以赛亚·伯林——十分不愉快，油滑……笨拙……”1954年12月29日：伯林——“举止轻浮，相当地装模作样”。

年秋，他的文章“犹太人之被奴役与被解放”发表在了《犹太纪事》上。伯林写道，在以色列成立之前，在身受异族人的监视、压制和约束等残害的情况下，没有一个犹太人能够自由地过上纯粹的犹太人生活。以色列国的建立是自由取得的一项胜利，这正是因为它“不仅恢复了犹太人作为人的尊严和地位，更替他们重新赢得了一种重要得多的东西，那就是他们作为个体选择自己的生活方式的权利”。[1] 但是，这并不意味着对一个犹太人而言唯一自由的生存方式就是在以色列生活。

库斯勒的同化/移民二者必居其一的抉择是一种理性上的威吓行为：“在这个世界上有太多的个体，他们并不愿意将生活作为非此即彼的极端选择形式来看待，我们也并不因此就谴责他们。有一位伟大的哲学家曾经说过：‘用扭曲的人性之材打造不出任何笔直之物。’”犹太人应当和其他任何民族的人一样享有设计自己生活的权利——同化、移民或是独立等任何一种经受得住自由生活考验的选择的权利。伯林的复国主义不是把以色列作为犹太人获得归属的必要条件，而是作为让他们获得自由的必要条件。

伯林不承认过犹太人的生活只能有一种方式。信教的犹太人相信，保留犹太教信仰是一种“绝对义不容辞的责任”，任何别的东西都必须为之牺牲。那些最不虔诚的犹太人则同样执

[1] 以赛亚·伯林，“犹太人之被奴役与被解放”，《犹太纪事》，1951年9月；出版于《希伯来大学文集》（伦敦，1952），诺曼·本德维奇编，18—42。又见F.拉斐尔，“再访伯林”，《犹太季刊》，1998年春，11—17。

着地相信为犹太价值观念的保存值得牺牲一切。另外还有一些人会问，在过去几千年中以“难以相信的血泪代价”保全了犹太教是不是正当的。如果犹太人曾经成功地顺应了外部环境，如果他们曾经作为一个信奉独特宗教的独特民族完全消失了，那么他们或许就不用做出那些牺牲了。

以赛亚从不相信犹太民族有可能被完全同化，但是关键在于：犹太人怎么才能肯定这种选择对他们来说不会更合适呢？阿维赛·马加利特曾经说过，对他而言，犹太民族遭受的苦难永远不可能是一种福佑；它始终都是诅咒。他猜想同化和消失要比活下来受苦好，这种想法让人感到一种怪异的寒冷。但他属于那样一种犹太人，就像他说普鲁斯特的一样——“将他的漂泊无依变成了在一切世界之外的阿基米德支点，从这一点出发可更好地评价它们。”[1] 因为他有能力对自己的责任提出疑问，所以他能够看出他人的核心价值观念可能是有争论余地的。一个人用来衡量另一个人的东西可能会被否定；关键性的价值——自由和归属——二者是互相冲突的。这些最重要的结论是他在与自己的犹太人身份的关系中锤炼而成的。某个犹太人可能会对以色列感到认同，另一个认同的则可能是英国；某人认同的可能是宗教信仰，另一个认同的则是坚持犹太习俗，第三个人根本就愿意将犹太教彻底抛弃。如果假定这些选择当中的某一个必定适合于每一个人，这就是一种理性专制的形

[1] 以赛亚·伯林致葛伦威·里斯，1952 年 12 月 23 日；阿维赛·马加利特，“演说”，谢尔登剧院，牛津，1998 年 3 月 21 日。

式。如果宗教和传统的要求胜过了个体按照自身愿望来设计自己的生活的要求，那犹太人只会是用自己加在自己头上的奴役代替了异族人几千年来强加在他们头上的奴役。

“犹太人之被奴役与被解放”也毫不留情地描述了他作为生活在外族社会中的一名犹太人的内心体验。他说，一个犹太人就像是研究一个部族的人类学家，如果他对于各部落的习俗比当地人更内行，那么他就能获得成功。因此，才有犹太人对那些接收他但并不真正接纳他为其中一员的机构的那种强烈热情。因此，“他们才会具备那种发达得出奇的，比任何人都更先察觉到时代趋势、辨别出变化的个人和社会状况中种种色彩和阴影的能力”。[1] 他自己在社会上取得的成功正是归因于这种精密的雷达装置。现在，他看出这些敏锐的感觉是一种扭曲的表现；因为这令他过分热衷于获得异族人的赞成，而且它本身形成了一种否定的辩证法：他越是变得敏感，他的自我意识越是突出，他就越是把自身置于排斥和否定的可能性之下。

这篇文章中的另一个比喻则更明显地表达了他对犹太人身份的体验的内在本质。他喜欢讲一个关于驼背美国发明家施泰因梅茨的笑话：施泰因梅茨和奥托·卡恩一起经过纽约第五大街上的伊曼纽尔寺犹太教堂，后者是一位金融家，有犹太血统，但已经彻底变成了一个美国人。卡恩抬头看着这所教堂说：“我以前曾经在那儿做过礼拜。”施泰因梅茨尖刻地回答

[1] 以赛亚·伯林，“犹太人之被奴役与被解放”，11。

道："而我以前曾经是个驼背。"[1]"犹太人之被奴役与被解放"一文中有一大段话毫无疑问是基于这个故事的，伯林在那段话中说，做一个犹太人就像是做一个驼背。每个犹太人对自己的驼背反应各不相同：有的人装作自己根本没有驼背；另一些则以自己的驼背为荣，拿它向全世界的人展览；还有第三种"胆怯而可敬的残疾人"，他们穿上巨大的斗篷来遮掩自己变形的轮廓。这个驼背的比喻读起来未免不自在。它说明了他复杂的内心活动：伯林在潜意识中把犹太人身份和身体缺陷联系起来，不过他终其一生一直公开表明自己是一名犹太人。

他在全灵学院的一位犹太同事、后来在撒切尔夫人政府中担任部长的凯斯·约瑟夫因为他发表那段有关驼背的话而责备了他。犹太人可以这么想，但是把这种想法说出来则是对宗族的一种背叛。[2]伯林为自己的坦率感到尴尬。他没有允许"犹太人之被奴役与被解放"再版过，那篇文章就此湮没在一本被人遗忘了的纪念文集当中。

这篇文章带来了一项重要的后果。以赛亚在文中粗略地提到了 T.S. 艾略特，把他列为那些"恐惧的思想家"、"那些充满了恐怖的灵魂"中的一个，他们力图将犹太人赶到"城市的边界之外"，因为他们批判和不满的精神危及了欧洲基督教文明的统一性。[3]用这样的批评口吻提到艾略特不免让人觉得吃

[1] 根据对伯林的访谈，见沃尔夫森学院亨利·哈代的伯林档案，日期不详。
[2] K. 约瑟夫致以赛亚·伯林，日期不详，疑为 1951 年 10 月。
[3] 以赛亚·伯林，"犹太人之被奴役与被解放"，21—22：所有提及艾略特之处均已从纪念文集中删去。

惊，因为以赛亚从30年代初开始就已经认识了这位诗人，并且深为钦佩他的诗才，还为艾略特的季刊《标准》写过一点东西。[1] 战后，艾略特偶尔也曾就交给费伯的哲学手稿征询他的意见。1948年12月，艾略特获得诺贝尔文学奖。

当人们开始争论起艾略特的主张时，伯林对这位诗人的看法也发生了转变。1950年，犹太诗人兼文人伊曼纽尔·里特维诺夫向伦敦听众——其中包括艾略特和斯蒂芬·斯彭德——朗读了一首题为“致T.S. 艾略特”的诗，诗中因这位诗人涉及犹太人民的言词而斥责了他。里特维诺夫读完他的作品之后，斯蒂芬·斯彭德站了起来，在反犹太主义的指控面前为他的朋友辩护。艾略特自己则低着头，咕哝着说：“是首好诗，一首很不错的诗。”[2] 因此，当《犹太纪事》的编辑给艾略特送去1951年10月发表在该刊上的“犹太人之被奴役与被解放”一文时，关于艾略特主张之确切性质的论战已经开始了。

在1951年11月写给伯林的一封信中，艾略特一开头就坚持说自己从未主张过让散居国外的犹太人进行大规模移民，而且对他来说，“犹太问题不是一个种族问题，而是一个宗教问题”。[3] 以赛亚不肯就此罢休。他在回信中说，1934年，在弗

[1]《标准》，第27期（1937），174—182；T.S. 艾略特致以赛亚·伯林，1949年2月1日。
[2] 安东尼·朱利叶斯，《T.S. 艾略特，反犹太主义与文学形式》（剑桥，1995），37，217；丹尼·阿波斯，《家中的诗人》（伦敦，1974），130—132；彼得·阿克罗伊德，《T.S. 艾略特》（伦敦，1984），201；又见克里斯托弗·里克斯，《T.S. 艾略特与偏见》（伦敦，1994），63—76。
[3] T.S. 艾略特致以赛亚·伯林，1951年11月28日。

吉尼亚大学所作的系列演说——后来结集为《陌生的神灵》出版——当中，艾略特难道没有说过一个现代社会只要有犹太人在其中，就不可能取得文化和精神的统一吗？他引用了艾略特自己的词句："种族和宗教方面的各种原因使得任何较大数量的自由思考的犹太人都不受欢迎。"[1] 关于艾略特所谓"种族"跟"犹太问题"毫无关系的坚决主张就说了这些。在尖锐地提到这些演说发表的时间是在希特勒上台一年之后这一事实以后，以赛亚承认艾略特从来没有提倡过"野蛮的办法"，但他接下去又说：

> 至少在1934年，你觉得大量"自由思考的犹太人"把盎格鲁–撒克逊基督教群体间原本十分同质的生活搞得复杂起来是一件憾事；如果不是因为他们，情况原本会更好；如果能够使用人道的方式、采取说服办法而不必依靠高压手段，就能把这些犹太邻居或是其中相当大一部分赶到"城市的边界之外"的话，对这些群体来说会更好一些——我若认为你这样想的话，是不是犯了个严重的错误呢？

艾略特在回信里为1934年在弗吉尼亚的演说中词义含混的句子道歉："如果我以前意识到了后来将要发生的事情——实际上当时在德国已经开始了，那么你所抱怨的那句话（你

[1] 以赛亚·伯林致艾略特，1952年1月30日；又见T.S. 艾略特，《在陌生的神灵之后》（伦敦，1934）；朱利叶斯，《T.S. 艾略特》，146—167。

抱怨得对）那时当然根本就不会出现……我至今也不明白‘种族’这个词是怎么跑到那句话里去的，因为我的重点是放在那个形容词‘自由思考的’之上的。”[1] 艾略特根本就不愿意放弃“种族”这个词——他说，如果只理解成是说某些文化和社会比另一些取得了更大的成功的话，“劣等种族”和“优越种族”这样的概念可能毕竟还是有些道理的。但是不管犹太人是不是一个种族，他们当然都是一种文化，而在他看来，文化没有宗教的支持是不可能延续下来的。因此，关键的问题在于，犹太人的宗教能不能或者应不应当世代相传：

> 从一个基督徒的角度来看，犹太教信仰已经终结了，因为它在天主教信仰当中得到了延续。在理论上，唯一尽善尽美的解决方法是所有的犹太人都变成天主教徒。问题是，这在很久以前就应该发生了，但是没有发生，这部分是因为你们民族的顽固态度；多半——也许是主要，比例在这里并无直接关系——则是因为那些自称是基督徒的人的不当行为。

艾略特继续写道，不信教未必就能让基督徒与犹太人和平共处。即使双方都抛弃了自己的信仰，犹太人仍然会处于被排斥在外、往里张望的位置上。因为非犹太种族的大多数人始终会保留一种本质上是基督教的文化，而抛弃了自己宗教的犹太

[1] T.S. 艾略特致以赛亚·伯林，1952 年 2 月 9 日。

少数民族在基督教文化中终将无法找到自己的家园。他接下去说："这就是我那个形容词'自由思考的'所暗指的意义。"在信奉世俗主义的现代文化中，犹太人注定将永远是异己分子，是不满的人，永远对自身感到厌恶。他的结论是：

> 唯一的可能是：犹太人通过保存自己的宗教以保存自己的文化（我不知道为什么在西方文化里就不应该有犹太人团体），或是他们完全接受异族的同化——可以肯定地说，只有一种真正的同化，那就是接受基督教徒的身份。

伯林对此没有作答，但是他在"犹太人之被奴役与被解放"一文中已经表明，完全的同化（也即放弃犹太教信仰）是不可能的。因此就再没有什么可说的了。由于不愿将艾略特与库斯勒的观点联系在一起，不愿冒犯这位诗人，在把自己的文章交给一部希伯来文的纪念文集发表之前，伯林把文中所有提及艾略特的地方统统删去了。多年以后，他觉得自己当时的礼貌带有谄媚的色彩。[1]

除了礼节性的让步之外，伯林对于两人之间区别的实质并没有做出任何让步。他们的区别不仅仅是一个不信教的犹太人和一个虔诚的英国天主教徒之间的区别，还是一个信奉自由

[1] 见以赛亚·伯林致艾略特，1952年11月7日，感谢"您那些关于犹太人等的给人印象极深的迷人信件"。1996年，以赛亚·伯林请他的编辑亨利·哈代在重印"犹太人之被奴役与被解放"一文时恢复以前删去的提到艾略特的地方。

主义的个人主义者和一个始终认为个人主义在腐蚀欧洲文明的保守主义者之间的区别。以赛亚的犹太人身份使他像艾略特一样清楚地认识到，如果个体想要获得真正的自由，就必须以稳固的文化归属作为保证。如果犹太文化从一个犹太人的身边消失，那么他就不再能够自由地做他的犹太人。就这一点而言，他和艾略特具有某种共同之处。他看到——就像艾略特看到的那样——各个现代社会里的不同个体对于善的本质的观念有着不可弥补的分歧，人们的信仰正处于无法挽回的争论之中。如今代替了文化统一性的，是各种相互竞争的人类利益之间那不可化约的冲突。[1] 对艾略特而言，这是一件憾事；对以赛亚来说，这却是现代世界并且实际上也是人类生活本身当中一个不容改变的事实，他在后来的著作中将把这一点作为讨论的中心。

[1] T.S. 艾略特，《关于文化定义的笔记》（伦敦，1948），48，70，122。

十三

冷战，1949—1953

1949 年 1 月，伯林开始了他长达二十五年之久的美国大学客座教授生涯。正如他必须和以色列和解一样，他也必须与美国言归于好。他在哈佛俄国研究中心任教，除了进行他自己关于俄国知识分子的研究，还为本科生开一门有关俄国思想的课。不久前曾在哈佛做过诺顿系列讲座的莫里斯·鲍拉给以赛亚写了一封信，揶揄他的督导职责。信中写道：

> 在那篇令人钦佩的大作《指导课程》第161页，“国际及地区研究”中，我得知牛津大学的伯林先生在星期一、星期三和星期五的九点将会讲关于“俄国的革命思想”的课。不过，九点钟在这个国家意味着上午九点，而星期一在世界各地全都一样。毫无疑问您想过这个问题，但我觉得向您指出这点是我的责任。[1]

对一个习惯了半教会式盛大学院正餐的中年牛津教授而言，在洛厄尔学院的自助餐厅里和美国青少年一起端着盘子排队无疑是一种纡尊降贵的体验。一开始，以赛亚的处境十分可怜。他的窘迫不安使得讲课对他来说无异于一种痛苦的煎熬，他不得不躲开听众密密麻麻的眼睛，一直盯着他们头顶上的天花板。他一头扎进了怀德纳图书馆，开始深入钻研俄国的有关资料；但同时他又怀念起了伦敦社交界，而且在经历过了华盛顿激动人心的岁月之后，马萨诸塞的坎布里奇在他眼里未免太

[1] 莫·鲍拉致以赛亚·伯林，1949 年 10 月 1 日。

单调了。他的学生们似乎并不清楚如何读写，或者至少“不像我们最好的大学里的师生们所理解的那样来读和写”。他们的思想乱七八糟，头脑里满是“嗡嗡作响、不断膨胀的疑团”。[1]最差的学生似乎对讽刺听而不闻，而最好的那些学生则好像深感内疚，惭愧不安。他认为他们对艺术和学问的毫无用处所怀的惭愧之情只不过是一种改头换面的庸俗而已。

他在怀德纳图书馆读到的俄国知识分子那些饱受折磨的道德言语，与他在洛厄尔学院就餐时碰到的年轻热切的美国大学生们那乏味的心理学话语之间形成的鲜明对比，为他提供了思考的材料。他们似乎为这个观念而困惑：生命的本质问题有可能无法得到解决。伯林越是思考这个问题，这个问题就越是像这时代的核心症状。“所有的悲惨或罪恶被设想为，”他写道，“一种坏的状态，一种心理上的不适，首先需要的是一种补救的措施。”[2]但这将是对生命价值的误解。当这种救疗文化与发达的社会福利制度相结合的时候——在艾德礼的英国或杜鲁门的美国——产生的结果就是一种缺少灵魂的社会趋同性。

他的头脑中正在孕育着某种思想，但当时他所评说的还只是战后美国学术界的一蹶不振。他在俄罗斯研究中心的同事们把时间花在“从生僻而不可信的材料中演绎出并不能令人兴奋的结论”上。在写给 E.H. 卡尔和艾伦·布洛克的信中，以赛亚

[1] 以赛亚·伯林“路上的笔记”，《时代与潮流》，第 30 期（1949），1133—1134，1157—1158，1187—1188。

[2] 以赛亚·伯林致雪莉·安格尔西，1949 年 5 月 9 日：“坎布里奇自身并非自信的而是充满内疚的：学习被视为一种奢侈，必须由十分虚假的社会工作的形式来弥补。”

尖刻地提到了美国社会科学中实证主义者的卖弄学问。[1] 他可能并没有读过太多有关的书，但这并不妨碍他评论说：美国学者们在写作的时候斯文得就像是坐在宴会上的深海潜水员。[2]

几个月之后，他交了一些朋友，心情也随之好了起来。和在伦敦的时候一样，他从不缺少社交才能。波士顿最重要的两位贵妇——华伦夫人和钱德勒夫人——邀请他去喝下午茶。与伦敦不同，波士顿上流社会的谈话并非伦敦社交宴会上那种活泼风趣的风格，而是对亨利·詹姆斯的滑稽模仿。[3]

他觉得谈得更投机的倒是这些人：专门研究苏联统治方式的哈佛政治学家墨尔勒·费恩索德；当时在怀德纳图书馆隔壁办公室里工作的伟大意大利学者、反法西斯英雄加埃塔诺·萨尔维梅尼；年轻的哲学系研究生欧文·辛格；洛厄尔学院院长艾略特·珀金斯；《新英格兰精神》的作者，才气横溢的佩里·米勒；以及刚刚因写了《杰克逊年代》一书而一举成名的年轻美国历史学家小阿瑟·施莱辛格。[4] 伯林战时在华盛顿初遇小施莱辛格，后来二人成为密友。他们俩都是爱好社交的自由主义者，都热衷于闲话和秘闻，不耐烦学术界那一套，而对权力和影响十分着迷。

[1] 以赛亚·伯林致 E.H. 卡尔，1949 年 5 月 14 日；以赛亚·伯林致艾伦·布洛克，1949 年 2 月 23 日。

[2] 根据对伯林的访谈，见沃尔夫森学院亨利·哈代的伯林档案，1994 年 11 月 10 日；又见“科学与人文学科的分离”，见《反潮流》，80—110。

[3] 以赛亚·伯林致 L. 费希尔，1949 年 6 月 3 日。

[4] 小施莱辛格，“灰色时代中的伟人：纪念以赛亚·伯林”，《纽约时报》，1997 年 11 月 10 日；根据对伯林的访谈，见沃尔夫森学院亨利·哈代的伯林档案，1989 年 4 月 29 日。

每个周末，只要有可能，他都会坐火车回华盛顿重游故地。仅仅三年的时间，这座城市的气氛已经大不一样了。丘吉尔—罗斯福大联盟剩下的只有回忆，杜鲁门和艾德礼在巴勒斯坦问题上发生过公开争执，不列颠在美国人眼里的没落再明显不过。以赛亚曾经欣赏不已的那种天真的自信已经被一种由“共产主义威胁”引起的乖僻的自我怀疑所取代。1949 年 1 月，共产党人的军队占领了北京，夏天尚未过半，中国的大部分领土已经落入了共产党手中。当时华盛顿流行的问题是：“是谁丢失了中国？”政府已经开始搜寻替罪羊——同情共产党的人、马克思主义知识分子和政府部门中的间谍。伯林的老朋友们心情郁闷，乔·艾尔索普则相信民国的日子已经屈指可数了。[1]

在此之前，灾难已经落到了爱德华·普里查德的身上。他被判在 1948 年肯塔基的一次民主党选举中犯有弄虚作假罪。虽有在华盛顿的有权有势的朋友为他求情，他的上诉还是遭到驳回。当时他正在一所联邦监狱中服刑，他给以赛亚写了一些伤心的信，承认了自己的罪行，并且对自己年轻时的目中无人表示悔恨。[2]

1949 年 5 月，以赛亚去科德角的威尔福利特旅行，在那

[1] 罗伯特·W. 默里，《担负世界：约瑟夫与斯图尔特·艾尔索普——美国世纪的卫士》（纽约，1996）；又见 E.W. 约德，《乔·艾尔索普的冷战》（教堂山，1995）。

[2] E. 普里查德致以赛亚·伯林，1949 年 10 月 31 日：“我并不怎么觉得我被陷害了，倒是更觉得很久以来的一种非同寻常的好运气离开了我。这件事情也使得我清楚地意识到研究生恶作剧式的可怕的可能性。我在某些方面成熟得这么早，导致我在另外一些方面就要成熟得晚些；而踢翻万圣节上的茅厕的强烈欲望——虽然它最近这几年来已经出现得不那么频繁了——没有及时离开让我避免灾难。”又见以赛亚·伯林致乔·艾尔索普，1949 年 8 月 1 日，10 月 21 日。

里和他的一个熟人、批评家埃德蒙·威尔逊又见了面。伯林曾经很欣赏《阿克塞尔的城堡》一书，两人初次见面是在1946年的春天，在纽约的普林斯顿俱乐部吃午餐的时候。以赛亚十分着迷于威尔逊“矮墩墩的身材，红润的脸色，圆滚滚的肚子……跟胡佛总统没什么两样”的外表，以及他非同寻常的热情。他说话时“用的是一种奇怪的、仿佛扼着脖子发出来的声音，句子与句子之间时时出现停顿，就好像思想在他脑子里拥挤着活蹦乱跳一样”。[1] 伯林认为威尔逊的政治观点有时候有点疯狂——比如他战时毫不妥协的孤立主义——但佩服他作为知识分子的严肃，以及他在开始一个新的研究项目时一头扎进不认识的语言（例如希伯来文和俄文）中去的无畏精神。威尔逊则对伯林的“俄国—英国双重人格”发生了兴趣。整整一个周末让人喘不过气来的无休无止的争论结束之时——其间还穿插着威尔逊的狂饮——他们俩已经成了挚友。[2]

那年夏天，在回英国之前，以赛亚在马萨诸塞州东部的曼荷莲学院做了一次关于“民主、共产主义与个人”的讲座。这时他已经喜欢上了美国大学生。在写给英国朋友们的信中，他说到自己像一个行坚信礼时的主教那样坐着，四周围着“数百名非常严肃的穿着蓝色牛仔裤、鹿皮鞋（和）白袜子的年轻妇女”是一件何等惬意的事情。这让他想起了1880年的俄国知

[1]《个人印象》，172。

[2] 埃德蒙·威尔逊致马梅纳·克斯特勒，1949年6月6日；杰弗里·迈耶斯，《埃德蒙·威尔逊传》，波士顿，1995，157，166，324，346—349。

识女性，当别人问她们在做什么时，她们就回答："我行走并思考。"[1]

共产主义的根源，他告诉这些严肃的年轻妇女们，存在于18世纪的信仰之中——其最为极端的形式在卢梭那里表现出来——即相信对于人类而言有一种正确的生活方式。这种信仰，他接着说，"否认生活的不同理想"可能并不是"可以互相调和"的；举例而言，自由、平等和博爱就是"美好但相互矛盾的"。[2] 共产主义继承了这种信念，斯大林的"人类灵魂的工程师"试图将全人类都塑造成相同的模样。同样，但凡规划者相信每个问题都必定有一个答案，但凡专家将社会视为"一个巨大的医院"，将人类的所有不满视为失调——西方的民主就会被这种乌托邦式的诱惑所威胁。民主，他对这些大学生们说，指的并非规划者和专家们的规则，而是由公民来制定的规则。

就在做了这次有价值但没有什么煽动力的讲座之后第二天，伯林就在《纽约时报》上惊骇地读到报道说，他敦促美国大学进行马克思主义研究。这条消息登在报纸内页并不明显的位置上，而且在后来就再也没有被提及，但以赛亚还是给编辑写了一封惶恐的信，坚持说自己遭到了误解。美国大学当然应该教授马克思主义，但必须是由"具有足够的批判眼光"的老师来

[1] 以赛亚·伯林致E. 冯·霍夫曼斯塔尔，1949年6月10日；以赛业·伯林致克拉丽莎·阿冯，1949年5月10日。
[2] 以赛亚·伯林，"民主、共产主义与个人"，未发表的讲话，1949年6月。

教。[1] 然后他又给哈佛的教务长写信，向其保证说自己并非一个共产主义的同情者，又要求国务院的乔治·凯南给FBI联络官写一封简短的保证书。[2] 凯南适时地对FBI的人说，他的朋友“很可能是整个盎格鲁–撒克逊世界中有关苏联问题的最伟大、最有智慧的学者”。一周后，以赛亚羞愧地给爱丽丝·詹姆斯写道：

> 事实上，我是个反共者，但是当异端在火堆上被烧得痛苦万状之时，向执行火刑的人宣布效忠可能并不是最勇敢的行为，尤其是如果你反对宗教裁判所的话。[3]

实际上调查活动已经开始了——美国国会某个委员会正在调查高等院校和国防工业中有共产主义分子嫌疑的人；麦卡锡参议员正要开始他阴险的工作。阿尔杰·希思已经因为危及国家安全被国务院赶了出来，现在还在法庭上接受重重审讯。以赛亚最亲近的那些朋友——法兰克福特、艾尔索普、施莱辛格和他们的家人——被这种威吓和谴责的恶意气氛震惊了。以赛亚似乎明显地对这种气氛感到恐慌：他一向谨慎，却几乎从来不是个勇敢的人。

[1] 马克思主义研究“在谈话中得到支持”，《纽约时报》，1949年6月29日。见伯林的信，1949年6月30日：“我原本的讲话是在强调任何形式的民主信仰与马克思主义教条之间的不相容性。”
[2] 以赛亚·伯林致乔治·凯南，1949年6月30日；凯南致洛奇，1949年7月5日。
[3] 以赛亚·伯林致爱丽丝·詹姆斯，1949年7月16日；又见以赛亚·伯林致乔·艾尔索普，1949年7月1日：“我觉得我的余生将会花在向哈佛教务长之类的人正式否认我是一条暧昧的蛇上……我不想生无谓的气，但是此时此刻，我肯定十分愤慨。”

虽然他站在美国自由主义者这一边，但他知道自己并不能真正地参与他们进行的斗争。法兰克福特一家帮忙为希思辩护的时候，以赛亚却与这件让他们陪上了无数耐心的案子保持着一定的距离。据说某个周末在华盛顿，他曾经对爱丽丝·罗斯福·朗沃斯夫人说，他认为希思“半是有罪，半是无辜”，朗沃斯夫人立刻又把这句话向玛丽昂·法兰克福特复述了一遍。当法兰克福特夫人责备以赛亚的时候，他已经回到了牛津，他的回答是冷战的烽火看上去很遥远。他很高兴自己平安地待在清静的围墙里，“几乎完全意识不到外面的世界”。[1]

他并没有完全拒绝团结的姿态。在当局因普林斯顿高等研究所所长罗伯特·奥本海默被指控对共产主义者表示同情而拒绝授予他安全许可证的时候，以赛亚和其他人一起写了抗议书。但是他仍然站得远远的。1951 年 6 月，盖伊·伯吉斯逃到苏联，别的朋友都表示自己感到情感和道义上的双重震惊，以赛亚仍然不为所动，虽然当伯吉斯 1953 年通过罗伊·哈罗德从莫斯科转给他一封厚颜无耻的信向他表示问候时，他的愤怒多于欢喜。[2] 当英国情报部的“抓间谍者”彼得·赖特打电

[1] 以赛亚·伯林致玛丽昂·法兰克福特，1950 年 1 月 5 日：“我突然有了一种轻浮的心境，我觉得并没有什么地方正在发生很糟糕的事情，尽管有希思、台湾、中共以及贝文等事情，一切都突然失去了决定性的不祥意义。”又见以赛亚·伯林致玛丽昂·法兰克福特，1950 年 2 月 2 日；以赛亚·伯林致玛丽埃塔·特里，1949 年 7 月 16 日。

[2] 罗伊·哈罗德致以赛亚·伯林，1953 年，日期不详：“盖伊·伯吉斯向以赛亚表示问候，也就是说如果他愿意接受的话。”W. 海特致以赛亚·伯林，1951 年 6 月；诺埃尔·安南致以赛亚·伯林，1951 年 6 月；彼得·赖特，《抓间谍者》（伦敦，1987）；根据对伯林的访谈，见沃尔夫森学院亨利·哈代的伯林档案，1994 年 3 月 12 日。

话搜捕伯吉斯在高校或是官方机构内部其他的帮凶时，伯林提供了一切可能的帮助。伯吉斯的变节的确在他的英国朋友们中间引起了恐慌，尤其是30年代后期和他特别要好的葛伦威·里斯。[1]自从伯吉斯叛逃以后，里斯就生活在恐惧之中，他害怕自己会被指为间谍，而他其实不是。1956年，由于害怕伯吉斯可能会对自己进行告发和诽谤，为了洗刷自己，并给予先发制人的一击，里斯与一家热门小报《人民》合作写了一篇离谱的告发书，把外交部说成是一个同路人和间谍的巢穴。在这篇文章里，他暗示说伯林可能一直在不知不觉地为伯吉斯帮忙。[2]伯林给他写了一封冷冰冰的短信，澄清说自己从来没有"做过盖伊为之效命的任何组织当中的一员。我也从来没有被任何人派到任何一个地方去执行任何秘密的任务；我也没有对盖伊进行过任何协助"。即便是这样，虽然他很生里斯的气，最后还是跟他重归于好了；至于伯吉斯的背信弃义，伯林在1956年访问莫斯科的时候，当然没有去看望过他，不过他也从来没有对二人的友谊拒不承认。

1952年3月，当阿尔伯特·爱因斯坦在普林斯顿见到他

[1] 里斯，《多事之秋》；又见J. 里斯，《寻找无名氏先生：葛伦威·里斯的一生》（伦敦，1987）。

[2]《人民》，1956年4月；以赛亚·伯林致葛伦威·里斯，1956年4月27日；葛伦威·里斯致以赛亚·伯林，1956年4月，日期不详："盖伊现在是一个危险得可怕的人……他有能力对许多人造成许多危害，其中的一些……正是你我的朋友。"又见以赛亚·伯林致J. 里斯，1994年11月16日："让葛伦威的某些朋友感到不安的并不是1956年对伯吉斯的攻击……而是那种泛泛的语气，特别是对外交部不负责任的攻击，说它是一个信奉共产主义的同性恋者的巢穴……"

的时候，伯林对冷战中激烈的理智与感情斗争所表现出的这种超然态度给爱因斯坦留下了深刻的印象。法兰克福特曾经为两人写了一封满是肉麻恭维话的介绍信，他们俩这时十分亲切地在爱因斯坦的书房讨论起了苏联外交政策。后来，爱因斯坦写信给法兰克福特说，以赛亚在他眼中就像是“上帝这个巨大但一般来说不怎么吸引人的剧场里”的一位十分明智的“旁观者”。[1] 以赛亚对爱因斯坦的反应则有些模棱两可。他是一个天才，但是在政治事务上像个孩子。爱因斯坦似乎认为一个正直的人是不可能有来自左翼的敌人的。在心理上，他很难接近，有一种——就像以赛亚对薇拉·魏茨曼所说的那样——“孩子般的残酷无情”。[2] 伯林不知道在纯粹的抽象问题上的天才是不是必须以“亲密的个人关系”为代价才能培养出来。但是在爱因斯坦的思想当中有两个方面给他留下了无可否认的印象，或者至少是十分契合伯林本人的根本倾向的。一是其“现实感”。伯林在写到爱因斯坦的时候说，只有一个世界，这就是“人类经验的世界，只有它才是真实的”。这种现实感——世界就是它表面上的那种样子，它能够通过耐心细致的研究来加以了解——是面临意识形态麻醉时唯一有效的保证。爱因斯坦思想中深深吸引伯林的第二个方面是：他把自身始终如一的国际主义和对民族主义的憎恶同对犹太复国主义的坚定信奉统一了起来。通过他自身的存在，爱因斯坦似乎表明，你可以

[1] 阿尔伯特·爱因斯坦致菲利克斯·法兰克福特，1952 年 3 月 12 日。
[2] 以赛亚·伯林致薇拉·魏茨曼，1952 年 4 月 10 日；又见《个人印象》，66—77。

同时既是一个犹太复国主义者，又是一个世界主义者。因为伯林正在力图将他自身当中这些相反的倾向调和起来，所以爱因斯坦的例子既是对这种可能性的保证，又是对他的一种启发。

1949 年秋天，伯林在 BBC 广播电台做了一次关于“英美困境”的讲话，这次讲话的内容表现出他在美国的旅居对他的影响是何等深刻，他对英美联盟又已经是多么彻底地忠诚。他坚决认为，英国必须认识到，它的最终利益既不是和帝国也不是和欧洲而是和美国在一起。这篇文章对英国的没落和美国的霸权的接受带有某种先知色彩，却同时激怒了左右两派。比弗布鲁克勋爵以前肯定曾经因为伯林拒绝为他工作而觉得自己受到了冒犯，现在他在《标准晚报》上发表了一篇匿名文章作为报复。他在文中猛烈地攻击以赛亚对帝国所抱的失败主义言论以及对美国人的卑躬屈膝。[1] 以赛亚的这些看法在左派那里也不见得更受欢迎。哈罗德·拉斯基和以赛亚在牛津的同事 G.D.H. 科尔两人都不喜欢这种不受欢迎的想法，即向美国资本主义阵营的投靠防止了国内过多的社会主义集体主义思想。

在 1949 年伯林为丘吉尔所作的颂词发表以后，他的所谓

[1]“英美困境”，《听众》，第 42 期（1949），518—519，538；又见“伯林先生”，《标准晚报》，1949 年 10 月 3 日，4；以赛亚·伯林致乔·艾尔索普，1949 年 10 月 9 日：“这非常赫斯特式，人身攻击，很不正当。但是 B 勋爵知道什么是正当吗？”又见以赛亚·伯林致乔·艾尔索普，1949 年 10 月 21 日；以赛亚·伯林致菲利克斯·法兰克福特，1949 年 9 月 12 日：“这是一次非常乏味的美国第五纵队式的谈话，而我担心拉斯基和埃克尔斯两位先生看到了以后将感到尤其的不满呢……”

中间派立场更是显得无力。[1]《温斯顿·丘吉尔在1940年》作为创造了丘吉尔神话的文章之一，理所当然地扬名于世。这是对丘吉尔的文风所作的一篇才气横溢的详细分析（兼有反讽与钦慕）：他是如何有意识地形成了一种巴罗克式的古意盎然的散文风格，以将丘吉尔角色与英国历史的洪流密切地结合起来；他的演说是如何造出一面将人神化的镜子，在这面镜子里，英国人民看到他们最优秀的特征都被英雄化和美化了。由于以赛亚自己当时也正在自觉地形成那种古典的文风——对麦考莱和卡莱尔那种连绵宛转的华丽句子的出色个性化模仿——所以他对古典厚重修辞文体作为一种心理防卫机制所作的评论可以当成自画像性质来读。他在文中的某一处写道："因为我们主要是通过语言来进行思考的，所以语言也就必然地具有了盔甲的作用和性质。"[2] 他自己写的东西引起的是一种可以理解的对于责任、自我揭露和虚伪的不安，因此他着迷于丘吉尔的盔甲，着迷于这个人在面对外界的杂乱和内心的黑暗之时仍能产生出坚强道德信念的奇妙能力。丘吉尔试图创造出一种可信的华丽文风，而以赛亚对这种尝试表示认同，正是这一点把他的这篇文章提升到文过饰非的政治文章的水平之上。

但是他的左翼朋友们认为他无非是在写圣徒言行录之类的东西。1945年，英国有一半的人都投票表示要将丘吉尔

[1] 以赛亚·伯林，"丘吉尔先生"，《大西洋月刊》，第184期（1949年9月），3；重印时更名为"丘吉尔先生与富兰克林·罗斯福"，《柯恩希尔杂志》，第981期（1950），219—240；《个人印象》，1—23。
[2]《个人印象》，4。

赶下台，并且把他视作反动残余。1949年，人们要求进行大选。丘吉尔即将领导保守党对艾德礼发动攻击，而一个被认做自由主义者的人却在这儿为丘吉尔大唱赞歌，把他说成是“我们这个时代最伟大的人物”。领导工党的学者哈罗德·拉斯基写了两封愤怒的信攻击以赛亚，理由是他没有提到丘吉尔“缺乏宽宏大量的气度，他身上那种卑劣的放肆的力量，以及有仇必报而不在乎等待多久的耐心”，也没有提到他“粗暴的、常常称得上是邪恶的残忍”。[1] 以赛亚对此并没有十分注意：拉斯基在他眼里是一个制造神话的庸人。但是要忍受他的老朋友拉什米利耶维奇的指责就没那么容易了。“拉什”当时正在渐渐陷入一种再也没能恢复过来的意志消沉和心理病态之中，但是这并不重要。这一次他所说的话是尖锐而准确的：

> 就丘吉尔的作用作出“客观”评价不是工党党员要干的事，毕竟这不是一篇讣告，然而这篇文章在离大选还有两个月的时候把那个现在还活着、行动着的丘吉尔英雄化了。[2]

拉什米利耶维奇犯了一个错误，那就是把他的老朋友想成是工党的支持者。虽然伯林在1945年工党占压倒性优势的时候投了他们一票，但是他完全有理由因为工党顽固地拒绝允许在巴勒斯坦建立一个犹太人国家而憎恶它，而作为工党

[1] 哈罗德·拉斯基致以赛亚·伯林，1950年2月26日、3月4日；又见伊萨克·克劳尼克与B. 谢尔曼，《哈罗德·拉斯基：左翼生涯》（伦敦，1993）。
[2] S. 拉什米利耶维奇致以赛亚·伯林，1950年3月30日。

激进主义源泉和动力的“小公立学校道德观”、卫理公会的宗教热忱和技术官僚的多管闲事三者的混合物也始终让他觉得不自在。[1] 与之相比，丘吉尔显得既伟大又能给人以力量。以赛亚特别喜欢他的朋友约翰·斯帕罗告诉他的丘吉尔说过的一句话。有一次，当斯帕罗使得谈话陷入深奥复杂的学术问题的泥沼时，这位伟人打断了他的话：“年轻人，别添乱了。”[2]

过了一段时间，伯林才知道丘吉尔对他过分的赞扬所作的反应。威廉·迪金把伯林的文章放在丘吉尔的桌子上，等待他发表意见。结果他什么意见也没有听到，于是他催了催丘吉尔，那位老人便眨眨眼，咆哮着说：“好得离谱。”[3]

1949 年 12 月，伯林和丘吉尔在奥立弗·利特尔顿家里见了面。当时，欧文·伯林的故事已经变成了一个政治传说，丘吉尔点点头说，伯林先生一定知道鄙人曾经十分不幸地犯下的关于他的“失礼”举动。[4] 丘吉尔当时正迷画画，他大步从一个房间走到另一个房间，凝视每一幅画，大声评论着画的技法和笔触，后面一窝蜂地跟着一群出席宴会的紧张不安的客人。席上他说了一句话，以赛亚后来以明显十分赞成的态度又把这

[1] 以赛亚·伯林致罗兰德·布尔登–密尔，1949 年 12 月 29 日；又见 1950 年 4 月 2 日。

[2] 根据对伯林的访谈，见沃尔夫森学院亨利·哈代的伯林档案，日期不详。以赛亚·伯林关于这句话有不同的说法，有的时候是“不要给你自己的判断抹黑”。

[3] 根据对威廉·迪金的访谈，1997 年 11 月；又见以赛亚·伯林致乔·艾尔索普，1949 年 12 月 29 日：“关于温斯顿的文章引来了一份电报以及一张圣诞卡，上面的女圣徒维多利亚是他亲手画的：这幅画大胆地摹仿塞尚，画得非常之糟糕。”温斯顿·丘吉尔致以赛亚·伯林，1949 年 12 月 24 日：“我非常愉快地读到了您在美国写的文章。祝您圣诞快乐，新年快乐，温斯顿·丘吉尔。”

[4] 以赛亚·伯林关于《荒岛唱片》，BBC 四台，1992 年 4 月 19 日。

话向薇拉·魏茨曼转述了一遍。他是这样说的："别管能让你选择的东西是好还是坏；我们必须要有许许多多各种各样的选择而不是一片悲惨的灰暗。"[1]

既然——他的意思太明显了——工党就是那"一片悲惨的灰暗"，那么在1950年的大选当中，以赛亚的投票应该是预料之中的。实际上，他佩服丘吉尔，但从来没有真正地喜欢过他。就在那次宴会上，这只老狮子咆哮着说，他正盼着自己将来重新掌权，好投身于和斯大林的斗争中。他非常凶暴地说，他认为意大利和法国都可能落入共产党的控制之中，他明显十分兴奋地反复考虑着在欧洲重燃战火的可能。这让伯林又是恐慌又是反感。"他太粗暴、太残忍，我可不想让他再次上台。"因此他并没有选丘吉尔，而是投了自由党一票。[2]

在信念上，他是一个信奉自由主义的社会民主党人，但是他和保守党人交往起来又觉得更惬意。他试图在双方的争论中左右逢源，这种做法使得他被人指责为两面派。但即使是在这一点上，他也是一只渴望成为刺猬的狐狸。毕竟，他佩服丘吉尔的是其不达目的不罢休的坚定和刺猬般的一以贯之。但是，一个自由派党外人士怎么可能希望自己成为一只刺猬呢？

在这种内心的张力和这种想要找到一个核心信念的愿望驱使下——尽管它还是模棱两可的——产生了伯林迄今为止最长也是最重要的一篇文章：1950年春发表在《外交事务》上的

[1] 以赛亚·伯林致薇拉·魏茨曼，1949年12月30日；又见以赛亚·伯林致罗·布尔登–密尔，1949年12月30日。

[2] 根据对伯林的访谈，见沃尔夫森学院亨利·哈代的伯林档案，1994年11月10日。

"二十世纪的政治观念"。这篇文章可以解读为一部冷战教科书，解读为一个西方自由主义者在苏联威胁下对自由的捍卫。但是，这篇文章读起来比上述两者都还要不舒服。苏联的马克思主义和战后西方的社会民主主义都同样是20世纪理性主义幻觉的牺牲品，那就是，只要加以足够的社会管理，人类的罪恶就能够被消灭，不同的个人就可以幸福地融汇成一个亲密无间的社会统一体。诚然，苏联的马克思主义在其对民主和人权的蔑视方面更为冷酷无情；但是西方自由主义者们也不能自鸣得意。去除"选择"这一负担的人类愿望可能会导致西方将公共生活与个人生活的困境交给专家、政治家、心理治疗医生以及其他的"人类灵魂工程师"来解决。以赛亚期待着丹尼尔·贝尔所谓的"意识形态的终结"的出现，他评论说，有关政治和道德的终极目标的基本争论已经被一种关于手段和方法的技术性争论代替了。这种专家治国的政治模式只不过是转移了道德上的争论，而并没有解决它。实际上，在一种乏味的管理上的一致性掩盖之下，激烈对立的各种原则仍然处于斗争当中。在由于乏味的管理上的一致性而谴责了现代社会之后，伯林又——实在是有些自相矛盾——批评了现代社会中过度的两极分化。"喜爱个人生活"而不喜欢有组织的政治运动的"自由主义者们"受到了"我们这个时代激烈的意识形态斗争当中所有严阵以待的党派的蔑视"。[1]

[1]《自由四论》，38。又见丹尼尔·贝尔，《意识形态的终结》；以及他的《资本主义文化的矛盾》（伦敦，1979，第2版），257—261。

在这些斗争中，他属于自由主义左派的一员，但是他警告自己阵营里的人说，他们各自的目标也是相互冲突的。社会正义每赢得一次假定的胜利，自由就可能受到一次相应的损失。这种不同目标的冲突注定没法找到顺利的管理方法来加以解决。最好的可能就是达到某种“逻辑混乱的、可变通的，甚至模棱两可的妥协”。以赛亚下结论说，时代所要求的“并不是（如同别人常常告诉我们的那样）更多的信仰，更有力的领导，或更科学的组织。毋宁说是与这些相反的东西——少一些救世主式的热情，更开明的怀疑主义，对不同特性的更大忍耐”。与不义作斗争是必不可少的，但是人“并不仅仅是依靠与邪恶作斗争而活着”。他们是依靠选择自己的目标而活着——几乎永远无法预见的各种形形色色的目标，并且有时候是不可调和的。选择善或者恶是个人的自由，必须加以捍卫的是这种自由，而不是某种人类道德的终极形式。因为没有什么控制是永远正确的，没有什么控制是决定性的。他最后说，他的政治座右铭是：“surtout pas trop de zèle.”（“尤其不要有过多的热忱。”）

左派的反应可想而知。E.H. 卡尔后来在《泰晤士报》上发表文章说，一位警告人们当心坚强信念带来的危险的思想家自己很可能对任何东西都不会深切地相信。[1] 右派核心人物的反应更为激烈。《时代》杂志颇有影响的发行者亨利 · R. 卢斯和《华盛顿邮报》编辑赫伯特 · 埃利斯顿写信祝贺伯林在《外

[1]《泰晤士报》，社论，1952 年 11 月；又见以赛亚 · 伯林，“自由的命运”，《泰晤士报》，1952 年 12 月 16 日，9。卡尔实际上是在评论 1952 年 11 月所做的“自由及其背叛”的广播讲话，但他的话也同样适用于《外交事务》上的文章。

交事务》上发表文章，但两人又都表示希望西方民主主义能够更加响亮地表达出自己的信仰。[1] 当埃利斯顿写信请他替冷战中的自由主义者们申述他们的信条时，以赛亚讽刺地回答道：

> 当然，我并不认为应当用一种对立的信仰来对付共产主义，这种信仰具有与之相同的热忱和斗争精神等等；我也不认为一个人必须用魔鬼使用的武器来与魔鬼作斗争。首先，与不断重申我们正在寻找一个信仰、必须找到一个信仰、如果找不到就会迷失方向等等相比，没有什么更不可能产生出一种“信仰”来了。[2]

其他一些朋友——像俄国流亡作家尼古拉·纳博科夫——信奉的则是应当在共产主义威胁下进行一次富有战斗性的文化讨伐；当美国中央情报局开始为文化自由代表大会提供资金的时候，纳博科夫担任了该大会驻巴黎的秘书。大会的活动包括暗中资助1953年由斯蒂芬·斯彭德和欧文·克里斯托尔创立的《遭遇》杂志，由尼科罗·吉亚洛蒙特编辑的意大利的《今日》，巴黎的《证据》，以及德国的《本月新闻》。[3] 伯林当然认识这些冷战刊物出版机构中所有的主要人物，也认识类似

[1] H.R. 卢斯致以赛亚·伯林，1950年4月26日；以赛亚·伯林致H.R. 卢斯，1950年5月4日，5月25日，6月1日。
[2] 以赛亚·伯林致赫伯特·埃利斯顿，1950年12月30日。关于埃利斯顿，见格雷厄姆，《个人历史》，104，148，163，169，171—172，196，200，208。
[3] 内尔·贝里，“遭遇”，《安条克评论》(1993)，194—211；纳博科夫，《行李：一位俄国世界主义者的回忆录》(伦敦，1975)，178，208—210，214—216。

中情局活跃于欧洲的特务迈克尔·约瑟尔逊这样的人。不管是在当时还是在以后，他都完全可以认为自己是一名参与过冷战的知识分子。不过当然，他无论是和英国情报部还是和中情局都没有发生过任何正式或非正式的关系；虽然他可能听到过有关的传言，自己也可能有过一些猜测，但他也无法预知中情局正在秘密资助他供稿的这些杂志。他后来解释说："我丝毫也没有反对过美国某些机构开展这种提供资金的活动——我当时是（现在也一样）站在亲美反苏的立场上的，如果这种资金来源曾经得到过公开声明的话，我一点也不会介意……让我与其他一些和我一样的人难以释怀的是，一份反复声称自己独立的期刊原来是受雇于美国秘密情报组织的。"[1] 但这一点直到1967 年才为世人所知。伯林曾经为《遭遇》写过稿，但如果将 1954 年到 1956 年间他发表在这份杂志上的俄国知识分子研究视为意识形态斗争的一部分，未免就太牵强了。[2]

同样，他发表在《外交事务》上的那些文章也不单纯是为冷战做宣传。它们也在严肃地努力去理解在整个 20 世纪当中极权主义的诱惑。虽然这些文章带来了巨大的影响，赢得了广泛的

[1] 以赛亚·伯林致 J. 里斯，1994 年 11 月 16 日。关于中央情报局在《遭遇》中的作用为人所知时以赛亚·伯林的角色，见 M. 拉斯基致以赛亚·伯林，1967 年 4 月 13 日；以赛亚·伯林致斯蒂芬·斯彭德，1967 年 5 月 30 日；又见梅尔文·拉斯基致德怀特·麦克唐纳，1967 年 4 月 12 日；以及以赛亚·伯林致梅尔文·拉斯基，1967 年 4 月 18 日，见约瑟尔逊文件集，哈里·兰瑟姆中心，奥斯汀，得克萨斯。我感谢弗兰西斯·斯多诺·桑德斯允许我参考此资料。
[2] 以赛亚·伯林，"俄国知识阶层之诞生"，《遭遇》，卷 4，第 6 期（1955 年 6 月），27—39；"别林斯基：道德家与先知"，《遭遇》，卷 5，第 12 期（1955 年 12 月），22—43；"赫尔岑与大检察官"，《遭遇》，卷 6，第 5 期（1956 年 5 月），20—34。

读者，但是以赛亚另外有些更多卷入政治的朋友们——如查尔斯·波伦——觉得它们对共产主义的谴责力度不够。[1] 美国战后对苏联采取的遏制政策的设计者和哲学家乔治·凯南赞扬“二十世纪的政治观念”一文是“我们这一时代真正重要的声明之一”，但是他认为文末对苏联的谴责太敷衍了。[2] 他评论说，伯林之所以憎恶法西斯主义和苏联共产主义”，是由于二者在道德上的玩世不恭以及对普通人共同的蔑视。这两种主义都试图用灌输的办法让人们放弃经过自身判断得来的信仰。凯南的来信让伯林对自身的信念进行了平生最深思熟虑的一次表达。他同意凯南的说法，即他的道德观点的核心在于对否认人类道德主权的企图的强烈厌恶。斯大林和法西斯主义一样，都由于它们试图对自己的追随者进行洗脑、对自己的敌人加以彻底消灭而犯下了上述罪行。他详细地讲述了那个最暗淡的例子：纳粹刽子手们如何向犹太人保证说这些运送家畜的列车会把他们带到东方去“重新安顿”，好哄骗他们安静地走向死亡。

> 为什么这种在客观上有可能减轻受害者痛苦的欺骗会在我们的心里引起一种真正难以言说的恐怖之情呢？……这当然是因为我们无法忍受连人们最后的权利也被否定了——那就是知道事情真相的权利，至少能以前途已定的

[1] 以赛亚·伯林致汉密尔顿·费希·阿姆斯特朗，1950 年 5 月 27 日；以赛亚·伯林致玛丽昂·法兰克福特，1950 年 8 月 17 日。
[2] 乔治·凯南致以赛亚·伯林，1950 年 4 月 26 日。

人所能有的自由来行动的权利，能够选择以恐惧或是勇气来面对毁灭的权利；虽然性格不同的人作出的反应也会各不相同，但他们至少都是作为具有选择权的人来行动的。[1]

他慢慢看出，世上有人不断地否定人类有知道自身命运的权利，即使在他们走向毒气室的时候也一样。后来他的思想之所以始终以这一话题为中心并不仅仅是由于大屠杀，而是多重压力的合力使然：对马克思主义所谓的虚假意识理论以及苏联的“人类灵魂工程师”的日益强烈反感。但仅仅是反共信念还不足以说明为什么他在捍卫备受争议的个人判断的主权以及知道并且睁开眼睛去迎接自身命运的人权时会那么激烈，那么坚决，那么始终如一。在这一点上，奥斯维辛集中营在潜意识中的确发挥了作用。正是由于想到他自己的民族被人卑劣地欺骗，懵然不知地走向死亡，这个主题才变成了信念，这个观点才变成了学说。

这只狐狸已经发现自己原本就是一只刺猬。他已经找到了从此将会决定自己学术生涯的“一件大事”：自由及其背叛。1950 年到 1951 年，他疯狂地阅读着启蒙哲学家们的著作：狄德罗、爱尔维修、霍尔巴赫、拉梅特利、伏尔泰；他也第一次开始读起了德国浪漫主义哲学家们的作品：谢林、赫尔德、费希特。1952 年 2、3 月间，他在宾夕法尼亚的布林·摩尔学院做了“关于浪漫主义时代的政治观念”的玛丽·弗莱克斯纳系列讲座。这是他首次开始将自己关于启蒙运动和浪漫主义自由

[1] 以赛亚·伯林致乔治·凯南，1951 年 2 月 13 日。

理想之间的过渡的历史观组织起来。

他对布林·摩尔学院的大学生们说，按照启蒙哲学家们的设想，人类的价值观念可以从有关人类天性的事实中推演出来。他们相信，所有的人都想得到同样的一些东西，而且这些东西彼此之间并不存在冲突。整个西方的改良纲领都是从这种乐观的理性主义当中产生出来的。伯林的困难在于如何挽救启蒙运动事业中积极的东西不致转化为专横和暴虐。这些积极的方面是很明显的：对教权和教条的攻击，为赢得国家专制下的人权和自由进行的奋斗，对人类理性本身的信仰。在这些方面，以赛亚自己就是一个彻底的伏尔泰主义者。然而，他看得出，启蒙运动的理性主义是有着深刻的缺陷的。从人类天性当中不一定就能推演出人类的价值观念。这一点是浪漫主义思想家们业已明白了的。价值观念是在人类为了支配自身、人类社会和自然环境而进行的斗争当中由人创造出来的。因此，价值观念是具有历史性的，是与产生了它们的文化相关的，同时也是矛盾的，因为人类天性本身就是自相矛盾的。

启蒙运动的理性主义假设：价值观念之间的冲突是错误的教育方式或是非正义的遗产，因而也是可以消灭的，其办法便是通过理性的改革，通过使人们相信只要把全部精力都用来为所有人的共同利益服务就可以彻底实现自己的个人利益。卢梭和罗伯斯庇尔都曾经设想过这样的一个国家，在其中，自由是作为服从理性必然性的一种体验。

在布林·摩尔学院所作的四次讲座中，他初次提出了后来著名的消极自由和积极自由的区别。不过在这一时期，他分别把二者称为“自由”和“浪漫”。[1] 在卢梭之前，人们始终将自由理解为消极的自由，是思考和行动过程中一种没有障碍的状态。在卢梭及后来的浪漫派那里，自由这个概念则变成了只有当人的内在本质得以实现的时候才能够达到的一种东西。自由和个人创造以及个人表达变成了同义词。一个享有消极自由，也就是行动和思考的自由的人，完全可能缺乏积极的自由，也就是把自身的内在本质发挥到极致的能力。

伯林对于自我实现的理想显然抱着赞同的态度。危险在于这样的观念——它潜伏在启蒙运动的理性主义和浪漫主义二者当中——即由于愚昧、习俗或者不义，人类可能对自己真正的本质一无所知，因此，只能由那些对他们的主观需求比他们自己要知道得更清楚的革命者或社会工程师们来“解放”他们：

> 这是整个人类思想史上最有影响也是最危险的争论之一。让我们再来循着它的发展过程走一遍。客观的善只有通过理性的运用才能发现，把它强加在他人身上只不过是为了激发这些人身上沉睡着的理性；解放人民就是要去做那些当他们处在理性的状态下也会去做的事情，不管他们现在实际上说自己想要的是什么；因此，一些最凶暴的高压统治的形式却相当于最绝对的自由。[2]

[1] 以赛亚·伯林，“浪漫主义时期的政治观念：其兴起及对现代观念的影响”，第3章，“两种自由概念：浪漫主义的与自由主义的”，未发表，伯林档案，沃尔夫森学院。

[2] 以赛亚·伯林，“自由及其背叛”，伯林档案，沃尔夫森学院，171。

以赛亚坚决认为，解放一个人就是要把他从各种障碍——偏见、暴政、歧视——当中解脱出来，去实现他自己的自由选择，而不是告诉他怎样去运用他的自由。

在这四篇演说中几乎没有什么伯林声称是自己独创的东西。启蒙运动理性主义专横的谬误从康德开始就一直遭到人们的谴责；在他的同时代人当中，卡尔·波普尔和雅各布·塔尔蒙也曾将20世纪极权主义观念上溯到卢梭。[1] 伯林的与众不同之处在于对人的分裂性的强调：自我被相互对抗的各种冲动撕得四分五裂，人类追求的各种目标处于冲突之中。伯林使得人类内在和外在的分裂成为自由主义政体的理论基础。一个自由的社会是一个好的社会，因为它接受人类利益之间存在的冲突，同时又通过各种民主机构保持着一个让这种冲突在其中可以得到和平处理的场所。

公共和个人选择都必须在缺乏确定性的情况下进行。使得自由社会成为可行的种种妥协很少是毫无痛苦的，有时候它们还会引起真正的破坏和危害。他尖锐地提问道，是不是真的“所有的悲剧都仅仅是因为过失和谬误，所有的问题都可以得到解决，所有的罪恶在原则上都可以消灭，所有的事情最后都必然有一个圆满的结局……？”[2] 悲剧是选择本身所固有的，因为一切选择都必须承担重大的损失。

他自己几乎没有遇到过什么悲剧，但是他对于内在的分裂的

[1] 波普尔，《开放社会及其敌人》；雅各布·塔尔蒙，《极权主义民主的起源》（伦敦，1952）。
[2] 以赛亚·伯林，“自由及其背叛”，188—189。

确有很深的认识。他那些最深层的忠诚对象并不是简单地一层层铺叠，而是相互冲突的，解决冲突的过程是痛苦而又持久的。使得他对朋友来说成为一个富有魅力的伙伴的那个易变、多面的自我实际上处在激烈的分裂状态当中：一只渴望成为刺猬的狐狸；一个渴望与人交往的孤独的思想家；一个自由主义者，他的中间路线从他的左派和右派朋友们那里招致的不快常常折磨着他。这有助于说明他在集中火力攻击启蒙运动的谬误（即我们每个人身上都隐藏着一种单一的、确定的内在本性，我们的价值观念和自身利益从中都可以推演出来）时，那种独一无二的敏锐。

这是服务于哲学世界观的观念史。他的方法是高度的抽象和大量的综合。他把焦点放在启蒙运动和浪漫主义两种观念方式当中被牛津哲学家 R.G. 科林伍德称为“绝对的先决条件”的东西上面。他信奉的做法是长驱直入一位思想家的种种假设构成的堡垒之中，把握住那个起支配作用的概念，而忽略其限制条件和详尽发挥之类的土木工事。这一计划是野心勃勃的，但同时也是极端抽象的。整个启蒙运动这一复杂而又自相矛盾的现象被简单地归结为关于自由的一系列主张；浪漫主义运动也以类似的方式被简化了。以赛亚关于俄国知识分子的著作表现出的，是对不同思想家之间前后关系以及或细微或明显差别的一种准确无误的认识；他对于启蒙运动和浪漫主义观念方式之间的区别的探究，则将其对立面过分简化了。

他这种华丽而笼统的演说风格并不总能让学者们和他自己感到满意，却在广播中取得了巨大的成功。从 1946 年开始，他和安娜（“尼乌塔”）· 科林越来越要好，后者富有才华而擅长讽刺，负责广播讲话的制作工作。她带有俄国—犹太血统，在柏林的俄国移民中长大，曾是性烈如火的表现主义画家奥斯卡·科科施卡的情妇。二战期间，她一直在卡弗舍姆的BBC监听站监听俄国广播。1946年，她被吸收入广播三台，那是BBC在严肃的学术广播领域内进行的冒险尝试。她是一个富有灵感的广播讲话制作人，一个似乎将英国的公共服务观念与把知识分子当作道德权威的俄国观念结合起来的无畏的流亡者。[1] 她的职责是把一种有着极深文化底蕴的难懂的讲话带进战后的英国广播：格雷厄姆·格林、伊丽莎白·鲍恩和V.S.普里切特关于艺术家的社会角色的讨论；伯特兰·罗素和科普尔斯顿神父关于上帝存在的讨论；诺埃尔·安南关于利顿·斯特雷奇和他的批评者的讲话；以及伯林关于别林斯基的讲话。

1952年秋，在科林的催促下，他把那四篇根据主题组织起来的弗莱克斯纳讲座稿改写成了六篇关于不同思想家的讲话——从爱尔维修到德·迈斯特——好在BBC为广播三台制作的第三套节目中播出。为了维护他"关于即席演讲的崇高谎言"，他这六篇长达数十分钟的讲话都是在BBC广播楼的演播室里仅仅根据笔记即席进行的。那是一次恐怖的经历，"极其痛苦地对着机器大喊大叫"，但是，人们对这次装模作样的口头即席创作所示惊人绝技的反应却是崇拜甚至敬畏。1952年10月到11月，整整六个星期的时间，成千上万的听众收听了

[1] 汉弗莱·卡本特，对以赛亚·伯林的访谈，BBC三台，1996年1月；埃萨·布里格斯，《英国广播史》，卷5（伦敦，1995）；又见汉弗莱·卡本特，《世界的艳羡：BBC第三套节目与广播三台五十年，1946—1986》（伦敦，1996）。

这一节目，他们大多来自受过教育的中产阶级，聆听他用清晰而急促的牛津口音发表长达数十分钟的极端难懂的讲话。正是这几次讲话使得艾略特话中带刺地为他“奔放的口才”向他表示祝贺；保守派哲学家迈克尔·奥克肖特也以同样的语气赞扬他是“讲台上的帕格尼尼”。梅纳德·凯恩斯的遗孀丽迪娅·凯恩斯写信说，以赛亚的“磕磕绊绊和结结巴巴”听起来“很舒适，很恰如其分”，还有更多意味着公众对他的注意的传统标志如潮水般向他涌来：不知名的女士们给他织了红袜子；怪人们寄来了自己的手稿。[1] 当这一切平息之后，他又以典型的伯林方式三思起来，他向玛丽昂·法兰克福特忏悔说自己“在广播中讲得太多，讲得太通俗”，他为此感到羞愧。[2] 但大家的反应同时也让他感到惊喜。广播三台的负责人把他的讲话当作英国广播的里程碑来为之欢呼，当然它们同时也是伯林生活中的一个里程碑。自二战结束以来，他一直全神贯注于探索和发现自己的学术倾向。随着“自由及其背叛”的播出，这种努力终于有了结果。BBC 为他提供了一个讲台和一群新的听众。他已经成了一位著名的知识分子——兼具俄国气质和英国风格。

虽然他在广播中获得了成功，但是最重要的听众仍然是大学里的那些。1953 年 5 月在伦敦经济学院做的奥古斯都·孔德讲座中（当时卡尔·波普尔和迈克尔·奥克肖特也坐在听众席上），他对一篇题为“以历史为托词”的论文中提出的

[1] 以赛亚·伯林致爱丽丝·詹姆斯，1952 年 12 月 9 日；以赛亚·伯林致 R. 尼布尔，1952 年 10 月 30 日。
[2] 以赛亚·伯林致玛丽昂·法兰克福特，1952 年 12 月 28 日。

"历史的不可避免性"学说发动了持久的攻击。"自由及其背叛"为他赢得的声名使现场挤得水泄不通；奥克肖特对他的演说技巧绵里藏针的赞扬让他越发忐忑不安；他还荒唐可笑地做了过多的准备。他写的讲稿实在太长，不可能全部用上，于是他便开始一边讲一边删节，慌乱地把整页整页的稿子撇在一旁，努力试图保持论证思路的连贯，比以往任何时候都还要急促地尖声咕噜着。[1] 当他跌跌撞撞地讲完结论时，听众的掌声是敷衍了事的，他离开的时候难过地感觉到——这并不是他最后一次有这种感觉——他的同辈们心中正在怀疑他是不是盛名之下其实难副。

他把他在伦敦经济学院的讲稿改写成广播讲话稿，然后又最终润色成一篇题为"历史的不可避免性"的文章。这是对他最基本的信仰所作的一次令人印象深刻的声明。[2] 他承认，现代科学已经证明，那个人类在其中能够说是在运用自由的王国其实是受到限制的。生物学、行为心理学和遗传学都已经强调了人类受自然法则约束的程度。但是他坚持认为，世界各地的人们使用的道德词汇还是表达出了人类天性的某种真相。这种道德词汇假定，在所有的物种当中，唯独人类具有进行道德选择的能力。这样的假设影响了人类语言的每一项特征，如果认为这样一种无处不在的基本言语特征是基于一种终将被科学驱

[1] 根据对伯林的访谈，见沃尔夫森学院亨利·哈代的伯林档案，1989 年 4 月 29 日。
[2] 以赛亚·伯林，"历史的不可避免性"，孔德纪念基金讲座，1（伦敦，1954），见《人类的恰当研究》（伦敦，1997），亨利·哈代及罗杰·豪舍尔编，诺埃尔·安南作前言，罗杰·豪舍尔序，119—190。

散的错误观念，这未免不合情理。

人类不是提线木偶，不是巨大的非人力量的玩物；他们的行为和内心世界可能是由他们的阶级地位、种族、性别或者文化传统形成的，但是作为个体，他们保留着道德抉择的能力，在这一意义上，他们仍然享有独立于这些决定性因素的自由。这样一来，因为他们在历史上的行为而赞扬或者指责他们就没有什么不合适。那些坚持认为历史学家的作用是对过去进行理解而不是做出判断的人是错误的；正如那些认为我们对过去理解得越深，我们就越是不能将自己的道德标准用于过去种种陌生情况的主张是错误的一样。相对主义者的宪章“Tout comprendre, c'est tout pardonner”（法语：理解一切就是原宥一切）是错误的。理解历史的作用在于分辨出历史人物享有的运用策略的空间的确切大小，理解他们是如何运用以及为什么运用他们的自由的，并根据他们当时有哪些真正可能的选择这一标准来评价他们的行为。

“历史的不可避免性”一文是对知识分子作为道德家的地位的捍卫，因而也是一篇 apologia pro sua vita（拉丁语：近乎甜言蜜语的辩护书）。但它的意义还不止于此。这一争论的政治含义在于，一个由自由的个体和机构组成的社会是依靠个人责任以及自由选择的可能性而建立起来的。如果人们对自身道德力量所持的态度变成了玩世不恭或者不可知论，如果他们接受了将自己视为道德上的提线木偶、受政治操纵者们控制的傻瓜和玩物的想法，那么他们为自由社会辩护的意愿就可能渐渐遭到侵蚀。各种不同类型的决定论——历史决定论、科学决定论、心理决定论——其作用大都如此，它们是诱人的，因为它们让人觉得舒适。他告诉伦敦经济学院的听众们，决定论的魅力在于我们“希望推脱自己的责任并且不再做出判断——只要我们自己不再被人评头论足，最重要的是也不再被迫去评判他人——而这种希望则来源于这样的一种愿望，即想要逃到某种巨大的、非道德性的、非人的、铁板一块的整体那里去避难的愿望，不管这一整体是自然，或历史，或阶级，或种族，或‘我们这一时代严酷的现实’”[1]。

这种坚持应当勇敢地面对个人责任的想法绝对不是抽象而没有实际意义的。因为在他自己的生活中——随着他的学术观点逐渐成熟——他的困境正在变得异常严峻。无论是在著述上还是在生活上，他都已经到了决定性的时刻。

[1]《人类的恰当研究》，189。

十四

迟来的觉醒

1949年6月，他在哈佛度过了郁闷的四十岁生日。他坦白说，过这次生日等于是“越过了一座可怕的山峰”。他觉得要接受自己已经真的变成了一个成年人是一件很困难的事情：

> 我很难把自己想成是站在权威、评判等立场上，我听见我自己喋喋不休地说话，这么做只有一个理由，那就是一个人满脑子都是没有经过思考的念头，这些想法挤得水泄不通，以至于他没有时间去考虑，而且他本人也过于冲动，来不及料想可能的后果等等，当这个人被看成是一个老单身汉的时候，这实在是有些荒谬可笑。[1]

虽然他过着一种极为忙碌的社交生活，常常坐火车飞奔到伦敦去参加一次次宴会，但他仍然居无定所，深夜回到新学院的住处时常常是孤独一人。他告诉好友自己想要结婚，他们却觉得这个念头难以想象。他似乎对他们的孩子毫无兴趣，连最起码的家务活也不会干，而且仍然依赖着自己的父母。他和父母亲一起庆祝犹太教的重大节日，只要一回伦敦就会去汉普斯特德的荷里克罗夫特大街看望他们，甚至还和他们一起到法国的旅馆和德国的温泉区度假。

牛津各所学院一直都是永不长大的青少年的家园。在他们安全的包围当中，他完全可以一直做个没有性别的大学教授。但是他知道这样下去不是办法。他和帕特里西娅·道格拉斯的

[1] 以赛亚·伯林致谢拉·格兰特·达夫，当时名为谢拉·纽萨姆，1949年6月6日。

关系曾经在他身上点燃了强烈的（尽管是没有结果的）渴望，他知道要借助修士式的隐居生活来逃避是不可能的。战后四年时间里，她继续和他保持着那种令他恼恨又燃起爱欲的微妙关系。他在莫斯科的时候，她写来几封信，向他表达了相思之情，同时又卖弄风情地责备他用俄国的神秘把自己包裹起来；他回国的时候，发现她正深陷在某次新的罗曼史当中。他俩约好一起去参加普罗旺斯地区埃克斯的音乐节，后来她却没有露面。她飞快地在一次又一次恋爱和婚姻当中进进出出，时而在巴黎，时而又在爱尔兰，这时候他却会收到一些哀怨的信，于是她又显得不可抗拒起来。但是每当他俩在一起的时候，她很快就会跑到一个更性感的男人那儿去。这种情况变得让他无法忍受，他发现自己只有不再见她，才能够保持镇静。

这一时期他的感情状况毫不掩饰地表现在他翻译的伊凡·屠格涅夫的《初恋》当中。[1] 这部书讲的是一个男孩爱的觉醒，是由一位长者用哀伤的口吻以追忆的方式来叙述的。为了考验自己把俄语译成英语的能力，以赛亚设法获得了当时在外交部工作的一位美貌的朋友雪莉·摩根的帮助。他们两个人曾经合过影，休闲地在牛津一处河岸上，或是在一艘方头平底船上——雪莉穿着一条浅色的印花棉布裙，身材矮胖的以赛亚则很正式地穿着三件套，手里举着一块“好时”巧克力，挡住了自己的脸。与雪莉在一起的时候，以赛亚和平常一样扮演着教区牧师的角色，听她讲

[1] 以赛亚·伯林译伊凡·屠格涅夫《初恋》，与亚历克斯·布朗译《罗亭》合订，大卫·塞西尔勋爵序（伦敦，1950）；再版时更名为《初恋及其他故事》（伦敦，1994）。

她的求婚者们的事情——其中包括他曾经告诫过她要提防的弗雷迪·艾耶尔，还有最后娶了她的安格尔西侯爵。[1]

由于《初恋》是以温柔的心情对昏头昏脑的迷恋进行的研究，因此翻译此书使以赛亚有机会间接地探讨自己与帕特里西娅的感情。他问雪莉，第一次有人与你互送秋波的时候，是不是可以说你的心“倾翻过来”？或者是应该说自己的心“挣脱了缆绳”？在哈佛的时候，以赛亚曾经征求过弗拉基米尔·纳博科夫——当时他还是哈佛动物学系鳞翅目研究员——的意见，问他如何翻译这段话。纳博科夫的建议——译为“我的心扑扑地跳着”——没有给以赛亚留下任何印象。最后，他把这句话译成了“我的心在我体内狂跳”。

《初恋》讲的是一位突然间堕入爱河的少年的故事，他对一个比他年长也比他有经验的年轻女子产生了一厢情愿的热情，这种感情的力量使他猛然间变成了一个大人。随着故事情节的发展，少年发现了季娜伊达之所以拒绝对他做出他所渴望的更深一层许诺的原因——她正爱着一个年纪比她大的男人。在故事的高潮，他发现了这个男人是谁。一天晚上，他躲在阴影里，盯着待在一扇打开的窗户那儿的季娜伊达和那个男人。他俩说话的时候，少年突然发现那男人就是自己的父亲。然后他害怕地看着他父亲举起马鞭，抽打在她赤裸的胳膊上。他被惊呆了：“我只能尽力不让自己叫出声来。季娜伊达颤抖了一

[1] 根据对伯林的访谈，见沃尔夫森学院亨利·哈代的伯林档案，1994 年 11 月 10 日。关于雪莉·安格尔西，见韦登费尔德，《回忆我的好友》，155—157；雪莉·安格尔西致笔者，1998 年 7 月 1 日。

下，她默默地看着我的父亲，然后抬起手臂凑近嘴边，吻了吻那个闪动着血光的伤痕。”[1]

这是一幅令人难忘的画面，描绘了最狂热的爱情。以赛亚觉得自己仿佛就是那个旁观的少年：也有着那种仍然陷在青春期当中的窒息感，能够旁观，却不能扮演其中的角色，甚至连大人们的感情都无法完全理解。如果说《初恋》表达了他数年前在纽约宾馆里听着隔壁帕特里西娅和她的情人发出的声音之时心中所有的痛苦，这样说并不过分。1950年这部书的译本初次出版时就是题献给她的。但它其实是一份悲伤的分手礼物，因为当时他已经知道这次恋爱是没有希望的了。后来几次再版的时候，他就把“献给 P de B（帕特里西娅·德·本德恩）”的题词从扉页上删去了。

和帕特里西娅的这次感情经历本可能把他固定在了——或者说是囚禁在了——没有性别的单身汉这一角色上。然而它并不标志着他性爱生活的结束，而是这种生活的开始。因为他采用了所有可能办法当中最有效的一种来终止自己对帕特里西娅的爱情——那就是去爱别人。他令人惊讶地选中了一个他从30年代起就认识的结过婚、拖着几个孩子的女人。她是一位活泼迷人、才智超群的女子，政见坚决，二战前曾经有一段时间短暂地加入过共产党。她结婚的年头不算短，但是过得并不幸福。她的丈夫是一位富有才华、心不在焉的专注于精神世界的大学教授。她在性方面十分大胆，所以人们可能会以为是她

[1]《初恋及其他故事》，68。

在采取主动。但事实并不是这样。1950 年 7、8 月间，他因为得了感冒卧床休息，她来照顾他的时候，他把她拉到了床上。她先是大吃一惊，接着便因他表现出这样的情感而觉得感动。对他来说，这次经历仿佛是蓄积已久的洪水决堤而出。他被彻头彻尾地改变了。这时他已经四十一岁，年过不惑的他才刚刚开始成年人的性生活。他俩开始了火热的私通：在学院里他的住处，在她家里，在牛津周围的田野上和教堂墓地里，还有一次是趁他父母不在的时候在汉普斯特德二老的家里。他俩有好几次险些被人发现：同事们、孩子们还有朋友们都走到过离他们只有几英寸的地方，但是这种危险似乎反倒让以赛亚觉得津津有味。作为一个情夫，与其说他是多愁善感、富有技巧的，倒不如说他幼稚而热情，不过她发现他的身体能够十分温柔体贴。在高谈阔论的保护层下面，他有一种可能连他自己都没有料到的在亲昵行为方面的能力。

以赛亚从来没有提出要她离开她的丈夫，因为他知道她很可能会拒绝。不过很快，他下定决心把自己的感情告诉她丈夫。那一刻当然是难以忍受的：以赛亚和他是好朋友，而且那个男人简直就是体面的化身。当以赛亚脱口而出“我爱上了你的妻子”时，那个丈夫答道：“那不可能。”于是两人继续私通下去，可是以赛亚觉得自己非得再向那人坦白一次不可。这一回，那个妻子记得她丈夫回家的时候摇着头说：“以赛亚一直在发神经，他又跟我说他爱上你了。”

战前，伯林曾经苛刻地评价过朋友们的背叛和逃避。他承认自己以前在私人关系方面一直是一本正经的；现在他却变得口是心非起来，而这样的事情如果发生在别人身上，他马上就会对之进行非难和指摘。这次经历消除了他身上的一部分道学气，让他不再像以前那样迅速地对别人做出评价和加以责难；他对情感那种潮水般的力量变得更尊重了，也更明白了那些用来控制这种潮水的锁链和堤坝有多么脆弱。

两人的关系持续了几年，不过伯林的感情慢慢地转移到了另一个女人的身上。她也是他在牛津的一位同事的妻子，也已经有了孩子。艾琳·哈尔本是一个快四十岁的苗条、好动的法国贵妇人，出生在巴黎犹太社区一个门第显赫的家庭。她的父亲皮埃尔·德·京茨堡男爵出生在俄国，她的祖父则是大革命前圣彼得堡的一位著名银行家和慈善家。她的父亲在巴黎定居，娶了来自阿尔萨斯的一家靠炼油发了财的犹太人的女儿。[1] 艾琳从小在第十六区迪耶纳大街上的一所大宅子里长大。她的家庭远不像以赛亚家那样严格遵守犹太习俗。艾琳完全是像巴黎人那样长大的，她虽然清楚自己的俄国和犹太出身，在语言、文化和见解上却基本上是法国式的。

就在二战开始之前，由于她的一个姐妹、一个兄弟和她年轻的丈夫在短时间内相继去世，她风平浪静的生活突然间被砸得粉碎。当时二十四岁的她成了一个拖着幼子的寡妇。接着战争又来临了，随着法国的战败，法籍犹太人同化的整个基础也就不复存在了。1940 年，她逃到南方去躲避德国人，先后住

[1] 根据对艾琳·伯林的访谈，1989 年 10 月 11 日；菲利普·德·京茨堡，“俄国出身”，未发表的抄本，由伯林夫人收藏，海丁顿宅。

在比亚里茨和尼斯。维希政府发布反犹太人的法令后，她决心逃出法国。1941 年初，她设法带着儿子搭乘一艘从里斯本出发的船来到纽约，很快她的父母也跟来了。[1] 当时正要前往纽约任职的以赛亚也在那艘船上。他注意到了这个优雅、羞涩的高个子女人，很想知道她是谁。

二战期间，他俩在纽约又见过一次，那次两人都是应罗斯柴尔德一家的邀请到他家位于长岛汉普顿的一所宅子里去玩。她去那儿是为了和塞西尔·罗斯柴尔德一起打高尔夫球。当时伯林觉得她的身材挺好，心里不免一动。她对他的印象则远没有那么深：她不明白以赛亚说的话，猜不出他的年纪，还觉得他穿着那身皱巴巴的白西服看起来矮矮胖胖的，一点不招人喜欢。过了一段时间，他们在纽约的皮埃尔宾馆还碰见过一次，情况依然如此：她几乎没有注意到他。

1943 年，她遇见了奥地利血统的物理学家汉斯·哈尔本，他曾经参与过法国核计划，1940 年逃到美国的时候带来了关于核武器制造过程中的一项成分重水的重要信息。当时他正在为曼哈顿计划进行秘密研究。[2] 婚后他俩去了蒙特利尔，战争期间他一直在那儿领导一个研究实验室。1946 年，就在准备离开美国返回牛津的时候，以赛亚再一次遇见了艾琳。她的婚姻似乎已经把她压垮了。他在 1942 年见到的那个有才艺的时髦女郎现在一副逆来顺受的样子，而且虽然她自己只字未提，

[1] 根据对伯林的访谈，见沃尔夫森学院亨利·哈代的伯林档案，1994 年 10 月 11 日。
[2] 根据对彼得·哈尔本和菲利普·哈尔本的访谈，日期分别为 1997 年和 1998 年。

却明显并不快乐。

汉斯·哈尔本应邀来到牛津就职，当他们一家1946年搬来的时候，以赛亚成了他们生活中的一部分。他带艾琳去听音乐会，在他们家吃饭，慢慢成了哈尔本家每一个人的朋友。她和他在一起很自在；他逗她发笑，让她能够安全而不受任何指责地躲避一年难似一年的婚姻生活。

1949年他去哈佛的时候，她也坐同一艘船前去看望她的母亲，他俩在一起度过了愉快的十天，玛丽埃塔·特里和罗纳德·特里夫妇以及其他几位朋友也在那艘船上。那次旅行变成了一次冒险：船在瑟堡搁浅，他们直到十二天后才抵达纽约。就是在那艘船上，他俩成为了密不可分的好友，不过即使是在这一时期，虽然她的婚姻生活越来越不幸福，她也从来没有想过以赛亚可能会成为她的伴侣。汉斯·哈尔本显然也从来没有这样想过，1952年夏天，他让她驾车载以赛亚横穿法国，去参加埃克斯音乐节。

1953年年中，艾琳差不多每天都到以赛亚在全灵学院的住处来，和他一起进行《刺猬与狐狸》的法文翻译工作。这本书当时正在韦登费尔德和尼科尔森出版社的出版过程中。精明过人的韦登费尔德看到了以赛亚于1951年发表在《牛津斯拉夫论文集》中的一篇不出名的文章《列夫·托尔斯泰的历史怀疑主义》中隐藏着的商业价值，将之更名为《刺猬与狐狸》，请以赛亚作了增补，面向广大读者出版。他这一行动为以赛亚的公众声誉做出的贡献比其他任何一位出版商都大。这篇文章以伯林作品中最令人难忘的表现人类痛苦的景象——他对在阿斯塔波沃国营农场的托尔斯泰的描述——作结：

> 既骄傲得发疯又充满了仇恨，既无所不知又怀疑一切，既冷酷无情又极其热烈，既傲慢又谦卑，既痛苦又超脱，虽然被崇拜他的家人、忠实的追随者以及整个文明世界的景仰之情所包围，却几乎完全是孤独一人。他是那些伟大作家当中最具有悲剧性的一个，一位绝望的老人，超出了人类的帮助所能达到的范围，自欺欺人地行吟于科洛纳斯。[1]

在和以赛亚一起翻译他所有文章中最有感染力的这篇时，艾琳和他走得更近了。他行事纯任自然，头脑异常敏捷，同时又充满了热情与活力。她早年那几位亲人的死——姐妹、丈夫，还有在二战前应征入伍的年轻的兄弟——曾经令她心如死灰。而以赛亚好像能够把她心中的寒冰融化。

不过她还是看得出他俩有多么不同：虽然同为犹太血统，但她是法国巴黎人，出身贵族；而他是俄国犹太人，来自商人阶层。正如她有一次说过的那样："我是西欧；他是东欧。"[2]

他感觉得到她的退缩和她为自己筑起的那层保护壳。他管她叫"奥斯曼大帝的妃子"：这是一句模棱两可的赞美，既称

[1]《俄国思想家》，81；又见韦登费尔德，《回忆我的好友》，234。出版时名为《列夫·托尔斯泰的历史怀疑主义》，《牛津斯拉夫论文集》，2（1951），17—54。再版时更名为《刺猬与狐狸：关于托尔斯泰的历史观》（伦敦，1953）；又见W.H. 奥登的评论文章，"镜观历史"，《纽约客》，1954年9月25日；以及R.D. 海因斯，《奥登》（伦敦，1995），269。

[2] 根据对艾琳·伯林的访谈，1989年10月11日。

赏她的美貌，又表达了她那种忧伤的消极性给他造成的窘迫。他在给一位朋友的信中写道："我非常喜欢她。她受过极好的教养，魅力十足；而且在牛津……过着一种奇怪的与世隔绝的生活，她根本不属于这种生活方式，简直像是在梦游一样地活着。"[1]

1953年夏天，以赛亚的父亲被诊断为白血病。医生们向他隐瞒了他的病情，只把真相告诉了以赛亚。因为知道父亲不大可能康复了，9月，他向哈佛告了一个学期的假。以赛亚一向坚信真相需要人们承担一定的责任，垂死的人有权知道自己的真实状况。但是现在，和自己的父亲面对面地待在一起的时候，他却发现要实践这一准则是件不可能的事情。他12月到家时，父亲已经在医院里了，虽然还很活跃而且并不痛苦，但很明显是快要死了。他俩在一起待了两天，他父亲还没有完全清楚自己的情况，他问儿子是不是有来世，儿子不忍对他说自己认为这种东西是不存在的。门德尔在迎接死亡时的态度像他面对生命时一样温和、谦逊而且略带困惑。1953年12月15日，他陷入了昏迷状态，在沉睡中死去，享年七十。

犹太教的葬礼和哀悼仪式让以赛亚和他母亲忙碌了大约一个星期的时间，以赛亚还对一位朋友讲到过这个他自己并不信仰的宗教当中隐藏的智慧。但是此后，在1、2月间，强烈的失落感开始沉重地落到了他的头上。他可能并不相信那些仪式，在执行的时候却谨守规矩，并且吩咐在每年他父亲的忌日都要安排举行。整个1954年冬天，每当看见父亲的笔迹时，他很难不被悲

[1] 以赛亚·伯林致R.B.密尔，1952年12月2日。

伤和悔恨压倒。他曾经伤心地对朋友安娜·科林说，他以前一直是把父亲当作一个不谙世事的小弟弟来看待的。[1] 现在，他明白了，父亲一直保护着他，把责任都自己肩负起来，任由以赛亚始终做一个无忧无虑的少年。他第一次意识到，父亲是“在前线上”，为他的母亲负责、为自己负责，最后为他本人的生命负责。这种“不正常的没有遮蔽的状态”深深地压抑着他。[2] 总的来讲，他父亲的逝世“对他的影响远比他料想的更深刻、更有破坏性”。[3] 这是他生命中最严重的一次感情危机。整个 1954 年的冬天，他一直十分消沉。但他并没有把一切都闷在心里。他把感情倾吐在写给朋友们的信里，并且向艾琳伸出了双手。

1954 年的复活节来临之前，郁闷而痛苦的以赛亚请求艾琳顺便载他去伦敦参加一个会议，这有关如何处理他父亲的鬃毛生意。途中，他向她“表示了自己的爱意”，还碰了她的手。她自始至终一言不发，却记得当时自己心里想的是：“该死。”他碰她的手让她觉得感动，但是又十分讨厌他这一举动。她是一个结了婚的女人，有三个孩子，努力挣扎着试图维持一场陷

[1] 以赛亚·伯林致安·科林，1954 年 1 月 13 日；又见以赛亚·伯林致雪莉·安格尔西，1954 年 1 月 3 日：“我绝对全心全意地爱他，并没有完全意识到我再也见不着他了。”以赛亚·伯林致诺埃尔·安南，1954 年 1 月 13 日：“……他是一个天真、充满活力、优雅、令人愉快、有教养、性格温和、心地纯洁的人，我喜欢和他交往，我把他当作一个小弟弟来爱护。”以赛亚·伯林致欧文·辛格，1954 年 1 月 4 日：“这是一个奇特的时刻，一个人突然被提升到上一代人的位置，你必须去照顾别人，而不是被别人照顾。”以赛亚·伯林致玛丽·费希尔，1954 年 1 月 13 日：“他是如此地天真、富有青春活力，他精神上的习惯十分优雅，穿着一丝不苟，对于生与死都一无所知。”
[2] 以赛亚·伯林致 R.B. 密尔，1954 年 2 月 14 日。
[3] 以赛亚·伯林致爱丽丝·詹姆斯，1953 年 12 月 22 日。

入困境的婚姻的体面。但是极度的不幸福让她开始私下去看他了。复活节的时候，他们俩在电话上聊了好几十分钟。后来，以赛亚去了尼斯的鲁尔宾馆，和他母亲待在一起。他在那儿收到一封艾琳写来的信，信中宣布和他断绝来往。汉斯·哈尔本偷听到了他俩的谈话，威胁说要跟她离婚，而且孩子们的抚养权要归他。整整两天，以赛亚心神疲惫，卧床不起。[1]

当他回到牛津的时候，她给他打来了电话，“压低了声音”邀请他到海丁顿宅——她为她的家人买下的一座三层楼的乔治国王时代风格的豪宅——来喝几杯。和他保持友好的交往是她丈夫的主意。哈尔本似乎觉得采取高压手段迫使两人的关系破裂是一种不高明的做法。伯林和哈尔本两人都是牛津的重要人物。这件事情只能用巧妙的手段加以解决。不过当时，以赛亚已经十分讨厌他了。[2]

但是汉斯·哈尔本也非常痛苦：他曾经窃听他们的谈话；雇用私人侦探监视他俩的行踪；还有一次在多维尔海滩上，艾琳发现他正在发疯般地把一封她读过然后又撕碎了的以赛亚的信拼在一起。[3] 他的痛苦是很明显的。在那次茶宴上，艾琳露了面，她看上去精疲力竭，十分可怜；以赛亚则和她保持着距离，不停地和哈尔本做作地交谈着。

很快，艾琳又打来了电话，说自己必须见见他。她说：

[1] 以赛亚·伯林致艾琳·哈尔本，1954 年 4 月 20 日；根据对伯林的访谈，见沃尔夫森学院亨利·哈代的伯林档案，1989 年 1 月 4 日。
[2] 根据对伯林的访谈，见沃尔夫森学院亨利·哈代的伯林档案，1989 年 1 月 4 日。
[3] 根据对艾琳·伯林的访谈，1989 年 10 月 11 日。

“我是一个囚犯。你会收容我吗？”1954年夏天，他俩又开始见面了，还一起驾车去过乡下。但是有一天，伯林和她说好去全灵学院对面的正街见面，结果他过马路的时候却看见哈尔本已经知道他俩约好在这儿见面，来和他俩对质了。以赛亚继续穿过马路，向他们夫妇俩鞠了一躬，走进了正对面的药房，随便买了一些他并不需要的东西，然后回到了全灵学院的住处，觉得——他后来回忆道——“九死一生”。很快，哈尔本打来了电话，让以赛亚来海丁顿宅见见面。

根据以赛亚的回忆，当时哈尔本说：“这种局面很麻烦，让我们来谈一谈。”不过，其实说话的主要是以赛亚。他记得自己说：“瞧，你绝对是对的，正义完全站在你的一边。你娶了她，你爱她。我无话可说。我完全理解你的处境，你不需要跟我解释。我只想说一件事，让我给你提个建议，你会发现这个建议并不是完全无私的。如果你把一个人关在监狱里的话，囚犯急于出去的程度是会超过狱卒想要让她待在里面的程度的。这不会有什么好结果。如果你不让她来看我的话，这种状况也不会永远持续下去。迟早它都注定会被打破，即使我什么也不做。”

关于自由的心理分析的这次温文有礼的学术演讲似乎让哈尔本吃了一惊。他说他会考虑考虑，然后就把以赛亚带到花园里去看艾琳。她正在玫瑰花丛中走来走去，手里绞着一块手绢。正当她对以赛亚说她为她丈夫感到难过的时候，哈尔本冲进了花园，手里拿着一张纸条。上面写着：“我接受你的建议，你可以每星期见她一次。”

这是一种绝望的措施。他们的婚姻就像是一个破碎的花瓶。但以赛亚在这种压力之下也感到不支。此时此刻，他对艾琳极端渴望，但是对丈夫残存的忠实以及担心对孩子们造成的影响这两种感情仍然折磨着艾琳。深秋，以赛亚因心包炎住进了医院——这种心律不齐的疾病令他头晕目眩、呼吸困难。这明显是一种情感耗尽的症状。

1954 年底，法国政府跟汉斯·哈尔本交涉，让他回巴黎领导一间新成立的核物理实验室。当他向艾琳建议接受这一邀请的时候，她说她不能和他一起去。他们的婚姻到此为止。以赛亚正站在全灵学院的传达室里跟一个朋友说话的时候，艾琳打来电话把这个消息告诉了他。结束了，哈尔本已经动身去了巴黎，他已经同意离婚了。两周以后，在牛津的植物园里，他向她求婚。令他沮丧的是，她怀疑是否有这个必要。他坚持己见。他想要某种“可靠的、明确的”东西。她答应了他，他俩宣布订婚。

以赛亚把艾琳引见给他的母亲。在他对帕特里西娅·道格拉斯最迷恋的时候，他的母亲曾警觉到儿子可能会和一个异族人结婚，现在看到他要娶的是一个犹太女人，她惊喜万分。不管一个惯于有力地保护儿子的母亲对未来的儿媳会抱什么样的矛盾心情，它都被她为自己的家庭将与德·京茨堡家族联姻而感到的骄傲抵消了。所有的俄国犹太人都因为这个家族的慈善行为而尊敬他们。她对一个朋友说，以前她已经“训练过自己”和以赛亚分离，而婚姻是一种“更深刻的、明确得多的分离”，她希望通过进行“一种自我强制性训练”以及不去干涉他的生活的方式，能够“赢得艾琳的忠诚”。[1]

艾琳的母亲是一位精力旺盛、充满魅力的贵妇，她以前见过以赛亚，也挺喜欢他，但是当她的女儿宣布他俩即将结婚的消息时，她尖叫道：“Mais il est inépousable.”（法语：“可是他是不可能结婚的。”）[2] 以赛亚所有的朋友，不管是男是女，几乎全都表露了同样的惊讶之情。他是他们认识的人当中最不适合结婚的一个。

整个冬天加上 1955 年的春天，他俩一俟离婚手续在巴黎办妥之后就要结婚的消息在以赛亚的朋友们当中慢慢传开了。但是还有一个人对此一无所知。1955 年 6 月的荣誉学位授予仪式结束之后，在全灵学院午餐时，两年前曾经和他恋爱过的那个女人从他俩共同的一个朋友那儿偶然听到了这个消息。她感到非常震惊和失望。她来到以赛亚的住处，而他只能尽力安慰她：“哭吧，孩子，哭吧。”

由于她的不记仇和他对她的依恋（以及艾琳的容忍），以赛亚终生都把她当作密友，两人相互嘲笑对方的政见，相互坦白自己的隐私。

1955 年夏天，艾琳和以赛亚一起漫游法国南部，以夫妇的身份旅行。当时，他们俩都觉得自己这一辈子从来没有像这样爱过谁。艾琳意想不到地发现，这个中年单身汉、臭名昭著的不可能结婚的人，居然能够“融化她心中的寒冰”，恢

[1] 门・伯林致约翰・斯帕罗，1956 年 2 月 28 日。
[2] 根据对艾琳・伯林的访谈，1989 年 10 月 11 日。

复她的生气、信心以及对生命的热爱。他俩开始不断地开一个关于法国人的玩笑，艾琳为她出生的这个国家以及它的文化和文明辩护，以赛亚则抱怨说他们用顶针那么小的单位来给出感情。[1]

在阿维尼翁的时候，他俩到艺术收藏家道格拉斯·库珀位于沃克吕兹的大别墅去看望了他。他们和库珀、哲学家理查德·沃尔海姆和他的夫人安娜共进了午餐。以赛亚讲了一个长长的关于西班牙诗人洛佩·德·维加的故事。在确信自己终于快死了的时候，德·维加坦白说出了最后一个（对一位诗人而言）渎神的念头："Alors, Dante m'embête."（"噢，但丁让我觉得厌烦。"）[2] 这句话在午餐桌上招来了许多笑声。然后，库珀和沃尔海姆出发前往尼姆观看斗牛赛，库珀在那儿遇见了巴勃罗·毕加索。

艾琳和以赛亚晚上回到库珀的城堡时，发现这里灯火辉煌，仆人们匆匆忙忙地跑来跑去。前院里停着一辆庞大的梅塞德斯。在里面，他们看到了巴勃罗·毕加索，他的情妇杰奎琳和儿子保罗，让·科克托，艺术家特利亚德和他的情妇。毕加索和沃尔海姆到楼上的阁楼去看库珀刚刚买来的他的一幅早期静物画。毕加索自从画完这幅画以后就再也没有看见过它。他

[1] 以赛亚·伯林致欧文·辛格夫人，1955 年 8 月 9 日："我钦佩法国人，在他们的国家也过得很愉快。我觉得每张脸都十分机智，充满了生命力，而且各不相同，正是人类希望成为的那种样子。实际上，无论是在哲学作品还是小说中，对他们的描绘都比其他国家的人更像是真正的人类。不过我觉得要在他们当中生活是绝对不可能的。他们太缺乏主动性，太沉默寡言，总是顶针大那样一点一点地抒发自己的感情。"
[2] 根据对理查德·沃尔海姆的访谈；又见沃尔海姆致亨利·哈代，1992 年 5 月 29 日。

屈身看看那幅画，退后一步站住，然后喃喃说道："C'est bien ça, c'est quelque chose."（法语："真棒，真了不起。"）

晚餐过后，毕加索用引人发笑的口吻说起每次自己收到前往莫斯科的邀请，当提出要举办作品展的时候，这些邀请又都会被神秘地收回。[1] 天才对于以赛亚始终是有吸引力的，毕加索的人格魅力如此强烈，以至于他在整个晚餐过程中十分反常地一言未发。毕加索正要离开的时候，以赛亚向他走过去，开始向他讲起了那个关于洛佩·德·维加的临终遗言的故事。结果不啻一场灾难。以赛亚起劲地说着，毕加索的脸则由于不快而阴沉下来。在毕加索面前，死是一个严禁提起的话题；关于一位著名的西班牙人之死的故事更是糟糕；最糟的是，一位西班牙艺术家的临终遗言却在这个故事里被拿来加以显而易见的嘲笑。暴怒的毕加索冲出门外，那辆巨大的梅塞德斯咆哮着一头扎进了黑夜之中。以赛亚仍然一点也不明白自己做错了什么。他的一生中只有这一次，那种神秘的社交触角舍弃了他。

他这种反常的毫不在意应当被看作一个深陷情网的人的兴奋之情。艾琳和以赛亚继续穿越法国前往罗马，因为以赛亚要

[1] 以赛亚·伯林致阿瑟·施莱辛格，1955 年 5 月 2 日："毕加索讲起每次他应邀前往莫斯科时都会建议在当地举办一次自己的个人作品展，这么做总是使得他所受的邀请戛然而止，这实在是很可笑。他完完全全是个独立自主的人，他所信奉的共产主义实际上跟别的东西毫无关系，和他在一起是件很愉快的事情。他归根结底和卡萨尔斯、托斯卡尼尼以及——尽管他很糊涂——爱因斯坦是同一类人。他们的头脑和面容非常能打动人心，不过正如埃德蒙·威尔逊曾经严肃地对我说过的那样，我是一个崇拜英雄的人，我对那些我崇拜的人所作的评论是靠不住的。"

去那儿参加一个历史学家会议。途中，他给他母亲写了一封狂喜的信，信上说："我比从前年轻了三十岁：rien à dire（法语：无话可说）。"[1] 这种快活的心情在他俩驱车向南进入意大利时一直保持着。在给朋友们发电报或是在一块儿写的信上签名时，他们把两人的名字并成了一个：以赛琳。

在罗马，以赛亚见到了斯大林去世后第一批获准出境的苏联历史学家。赫鲁晓夫的解冻刚刚在开始，许多西方观察家都认为一个真正的新时代已经降临了。以赛亚则继续抱着怀疑的态度。伊萨克·多伊彻在《泰晤士报》上宣称"旧制度"正在变得温和起来，伯林则把这种说法看成是"聪明的垃圾"。[2] 他曾经对他母亲说过，苏联的历史学家们浑身上下洋溢着发自内心的纯朴善良，但是这一切看起来就像是在他们的党内领导们精心安排下演出的一场戏。他自己写的分析苏联政治的文章"最高统帅斯大林与统治术"描绘了苏联那种"之"字形的行为模式，为使他们的敌人保持一种不平衡状态而采取的时松时紧的高压手段。新政府的解冻只不过是那种"之"字形模式的第一画，可以肯定地说，很快就是第二画了。[3]

1955 年秋，他一直在芝加哥大学做讲座。他遇见了保守派政治哲学家利奥·施特劳斯，两人谈起了霍布斯和马基雅

[1] 以赛亚·伯林致门·伯林，1955 年 4 月 19 日。
[2] 以赛亚·伯林致汉密尔顿·费希·阿姆斯特朗，1954 年 12 月 23 日。
[3] 以赛亚·伯林致门·伯林，1955 年 5 月，日期不详；又见以赛亚·伯林，"最高统帅斯大林与统治术"，197—214。

维利。施特劳斯是那些总的来讲对伯林的学术成就和自由主义研究课题仍然表示怀疑的人当中的一个。[1] 伯林通过小阿瑟·施莱辛格认识了前伊利诺伊州州长、民主党总统候选人阿德莱·斯蒂文森。与大多数几乎把斯蒂文森当作偶像来崇拜的知识分子不同，伯林对他没有什么深刻的印象。他认为斯蒂文森既不是一个真正的知识分子，也不是一个真正的活动家，而他总是特别崇拜像杜鲁门或者魏茨曼那样富有行动力的政治家们。[2]

以赛亚现在就像一位著名男高音歌唱家那样吸引着大批的人，美国各所大学向他发出了奉承的邀请，但他并没有注意到这些。与艾琳的分离是痛苦的——她正在牛津和巴黎办理离婚手续——不过这给了他们俩时间和空间来思念对方。以赛亚对母亲坦言，1955 年是他生命中“最欢喜”的一年：“我正在幸福地恋爱着。这是一种极其惊人的感觉……活在不断上涨的十分强烈、十分宁静、十分真切的感情浪潮之中是一种我以前一无所知的奢侈的乐趣。”[3]

在写给艾琳的一封信中，他发出了关于自己即将失去独立地位的半真实半嘲讽的警告性暗示。同时他又以一种打趣的口吻评论了自己个人生活中的戏剧性事件与他的政治观念

[1] 利奥·施特劳斯，“相对主义”，见《古典政治理性主义的新生：利奥·施特劳斯思想介绍》，利奥·施特劳斯论文及演说，托马斯·L. 潘戈编（芝加哥，1989），13—26，重点在 13—18。
[2] 以赛亚·伯林致阿瑟·施莱辛格，日期不详，疑为 1955 年。
[3] 以赛亚·伯林致玛丽·伯林，1955 年 11 月 3 日，20 日。

的发展变化二者之间潜在的联系：

> 这种改变对我的生活来说远比对你的生活陌生；一直到四十五岁，我都不知道这种不可复得地失去独立性是什么感觉。我正在试着写些关于政治演说的笔记，讨论为什么人们会认为必然感就是自由。我的手脚当然已被捆上。我是不是不自由了呢？这就是对领袖们的政治性的“爱”会造成的结果吗？是不是说盲目的忠诚、狂热的爱等于自我实现呢，还是说存在着某种宁静而深刻的感情，它并不受制于“形象”，而是继续以某种平稳、神秘的方式发展下去？[1]

现在当他回顾从华盛顿回来以后的十年时可以说，这是他生命中改变最大的十年。他已经告别了分析哲学，转而以一名历史学家和伦理学家的身份来发言。他曾经勇敢地面对那些似乎要把自己作为犹太复国主义者和作为犹太人的身份分裂开来的各种相互冲突的主张，而且确立了自己作为一名散居国外的犹太人的立场。他受到过美国的诱惑，又战胜了这种诱惑。他的自由主义总是会和他们的有所不同。最后，他克服了自己在感情上的犹豫，即将开始婚姻生活。他对一个朋友开玩笑说，如果他得写一本自传的话，他会给这本书起名叫《迟来的觉醒》。[2] 不过他已经觉醒了。所有这些斗

[1] 以赛亚·伯林致艾琳·伯林，日期不详，1955 年 10—11 月。
[2] 以赛亚·伯林致玛丽昂·法兰克福特，1954 年 8 月 13 日。

争——作为一个犹太人、一名知识分子、一位自由主义者以及一个人的斗争——同时汇聚在一起，此时此刻，他带着那部将会令他扬名世界的作品和那个将和他一起度过下半生的女人一起出现在众人面前。1956 年 2 月 7 日，他和艾琳在汉普斯特德的犹太教堂举行了婚礼。三天后，他搬进了海丁顿宅，此后他一直住在那里，直到去世。

以赛亚·伯林，史蒂夫·派克摄，1990年6月14日

里加，1910年

彼得格勒，1917年，八岁

上艾迪逊花园，伦敦，1923年，十四岁

20年代摄影于伦敦。从左至右：以赛亚，伊达姨妈，伊扎克姨父，玛丽与门德尔·伯林

圣体学院，1928—1929年

以赛亚（下排最右）与朋友们在一次校庆舞会上，新学院花园，1931—1932年

THIS IS TO CERTIFY THAT
NO. 21
Mr. I. Berlin
WHOSE SIGNATURE AND PHOTOGRAPH APPEAR HEREON IS EMPLOYED BY THE
BRITISH INFORMATION SERVICES
DIRECTOR GENERAL
SIGNATURE OF HOLDER
NOT VALID UNLESS COUNTERSIGNED BY
B. C. THOMAS.
FINANCE AND ESTABLISHMENT OFFICER

英国信息处工作证

雪莉·摩根、以赛亚和好时巧克力，牛津，1946年

安娜·阿赫玛托娃，摄于以赛亚离开列宁格勒的次日，1946年

玛丽与门德尔·伯林，40年代后期

以赛亚与门德尔·伯林，威尼斯，1947年

40年代

以赛亚·伯林，赛西尔·比顿摄，1955年

50年代

以赛亚与艾琳·伯林结婚时在“玛丽女王号”上，1955—1956年

斯图尔特·汉普希尔、以赛亚和尼古拉·纳博科夫在草地上，海丁顿宅，60年代

以赛亚·伯林，克莱夫·巴达摄，60年代后期

与彼得和菲利普·哈尔本在一起，海丁顿宅，50年代

在帕拉吉洗海水浴，1958年9月

在意大利度假，80年代

以赛亚和艾琳（右）与埃琳娜·波纳和安德烈·萨哈罗夫在海丁顿宅，1989年6月，萨哈罗夫接受荣誉学位

与斯蒂芬·斯彭德在一起，90年代早期

以赛亚·伯林，博拉·埃利奥特摄，全灵学院，科德林顿图书馆，1988年1月

十五

盛名，1957—1963

1956年8月，艾琳带着她的三个儿子和以赛亚一起住进了帕拉吉的阿根廷小旅馆，那是意大利利古里亚海岸上的一个小村庄，在一个有沙滩的小海湾附近，离菲诺港只有一英里，村里有商店、旅馆和饮食店。那年夏天，艾琳拍的家庭电影是以她的孩子们为焦点的，他们像海豹一样健壮，从防波堤上跳进水里，在船舷边爬上爬下，几乎忘记了人头攒动的海滩上那堆大人的存在：斯图尔特·汉普希尔和他的儿子朱利安，大卫·塞西尔（他的裤子卷了起来），戴着阔边帽的黛安娜·库珀夫人（她刚刚从一位航运巨子的快艇上下来），还有穿着游泳裤、皮肤晒成了古铜色、简直看不出是他的以赛亚——他站在水里，正打着手势滔滔不绝地说着话。他没有游泳——因为他的左臂受过伤，没法游泳——但是他愿意待在齐腰深的水里，偶尔把全身浸到水里凉快凉快，同时不停地跟周围游泳的朋友们开玩笑、想问题。他喜欢比较来自不同国家的游泳者各自的特点。他认为，英国人看上去“就像正要接受体格检查”，而法国人“穿得太少，一举一动就像是在夜总会里”。最后，他不无遗憾地断定，只有来自一个国家的外国人才是完全悠闲自在的，那就是德国人。[1]

那年夏天，他正在尝试着做一个继父。他在家庭当中的位置是不明确的，就像是住在这儿的一位俄国大叔。他从来没有想过要一个自己的孩子，而且对自己取代了他们目前在巴黎就职的父亲这一点觉得很不舒服。不过，以赛亚的外交手段并没

[1] 以赛亚·伯林致玛丽·伯林，1958年8月。

有离他而去，他和孩子们的保姆李小姐形成了一种有利于他的同盟关系，后者为以赛亚和她照管的孩子们搞好关系出了不少力。随着孩子们逐渐长大，他帮他们进学校和大学，给他们写充满感情的信，还给他们提些理智的建议。他们逐渐发现能够在他自言自语的时候插进话去。[1]

在接下去的十年当中，他们一家差不多每年夏天都是在阿根廷小旅馆度过的。他们占了整整一层楼，每顿饭都在那儿吃。大多数早上，以赛亚都在他的房间里或是屋顶的一张躺椅上工作。虽然与艾琳的结合让他完全可以从活跃的学术生活中引退，他却从来没有想过要这样做。相反，婚后的十年是他一生中最富有创造力的时期之一。他就是在这时候开始了对维柯和赫尔德的研究，他最著名的那些演讲稿也正是在帕拉吉写成的。在 1957 年或是 1958 年夏天录制的一盘令人难忘的口述录音带上，人们能够在噼里啪啦的杂音中听见他拖长了的嘶嘶声："自由（freedom）的两种概念——不……是自由（liberty）的两种概念。"

他现在四十八岁，新婚燕尔，极其幸福，正处于高产期，马上就要取得很大的声名。但他对成功的态度却是复杂的。1957 年春天，当哈罗德·麦克米兰提出要授予他爵士身份的时候，他的第一反应就是拒绝。他在给 T.S. 艾略特的信中写道，他觉得这就像是有人让他戴上一顶滑稽的

[1] 以赛亚·伯林致彼得·哈尔本，1961 年 6 月 8 日，1962 年 10 月 5 日，25 日。

纸帽子。[1] 但当他告诉母亲他已经决定拒绝的时候，她的眼中噙满了泪水，于是他只好决定还是接受这个头衔。[2] 当他获得爵士头衔的消息公开的时候，他的旧情人帕特里西娅·道格拉斯给他写来了一封笑里藏刀的信，祝贺他为高谈阔论做出的贡献。[3] 这句伤人的话深深地刺痛了他。1957年一年间，他始终被小病小痛困扰着——比如，眼皮跳个不停、心律不齐——这些都表明了他精神上所受的痛苦。[4] 他喜欢引用在一处英国墓地里一块墓碑上读到过的一句严厉告诫："避开耻辱。"现在以赛亚**爵士**怀疑自己是不是避开了它。

他对有关自己的报道始终有些神经过敏。自罗伯特·基在《邮报画刊》上发表文章对伯林的身材和健谈大做文章之后，以赛亚便和他断绝了来往。[5]60年代，以赛亚给《纽约客》、《星期日泰晤士报》和《每日电讯》写过若干封冷冰冰的信，抱怨上面的文章虽然是在赞美他的，却让他因为没有阻止这些

[1] 以赛亚·伯林致T.S.艾略特，1957年6月21日；哈罗德·麦克米兰致以赛亚·伯林，1957年5月13日；根据对伯林的访谈，见沃尔夫森学院亨利·哈代的伯林档案，1989年4月13日，关于他母亲的反应情况。

[2] 以赛亚·伯林致玛丽·费希尔，1957年6月20日；玛丽·伯林致约翰·斯帕罗，1957年7月18日；以赛亚·伯林致莫顿·怀特，1957年7月19日："……首相正在把重要的职位指派给那些能逗他开心的人。这种说法很可能是真的，因为这种'提拔'的原因无论是我还是别人都实在不明白。"

[3] 帕特里西娅·德·本德恩致以赛亚·伯林，1957年6月，日期不详。

[4] 以赛亚·伯林致雪莉·安格尔西，1957年7月13日。

[5] 罗伯特·基，"永远的牛津"，《邮报画刊》，1950年10月25日："四十岁的他身材肥胖、性格活跃，全身上下充满了对于这个顽固的世界种种奇迹和谬论由来已久的兴奋之情，他以出自善意的恐惧和憎厌来看待我们和我们的使命。"

东西的发表而觉得羞愧。[1]

大家对他的认可在他身上造成了某种自觉意识，他开始在一篇讨论“威尔第的素朴”的文章里对这种自我意识进行探讨，他讨论的基础是席勒对“素朴的”和“感伤的”艺术家所作的区分。一个像威尔第这样的“素朴的”艺术家是不自觉的：他和意大利复兴运动时期是浑然一体的，他所有的作品都是为那个世界而作和对那个世界说话的。像瓦格纳这样的“感伤的”艺术家，其作品则是从他们自身情感上的疏离以及无法完全对自己时代或者周围环境表示认同的心态当中产生出来的。伯林本人喜欢“素朴的”艺术，尤其是威尔第，但他擅长的则是高度“感伤的”，亦即自觉的文化形式，譬如分析、批判和理论。[?]

他把这种自觉意识看成是特别犹太化的。如果是这样的话，怎样才能减轻它呢？在一篇关于狄斯累利和马克思的文章中，伯林认为狄斯累利试图通过对英国贵族和维多利亚时代君主制度的浪漫认同来逃避自己的犹太人身份。表面上和他相反的马克思则是通过对无产阶级的认同来克服犹太人的疏离性质的。贵族阶级和无产阶级二者都没有中产阶级身上的那种势利

[1] 以赛亚·伯林致韦德·梅赫塔，1963 年 1 月 17 日；以赛亚·伯林致《星期日泰晤士报》编辑，1966 年 11 月 7 日；肯尼思·罗斯致以赛亚·伯林，1964 年 11 月 20 日；威廉·肖恩致以赛亚·伯林，1965 年 1 月 4 日；又见罗伯特·克拉夫特致以赛亚·伯林，1964 年 1 月 24 日，其中同意撤回发表的日记中一条有诋毁以赛亚·伯林的言词的内容；又见韦德·梅赫塔，《苍蝇和苍蝇瓶子》（伦敦，1963）。

[2] 见以赛亚·伯林，“犹太人之被奴役与被解放”，《犹太纪事》，1951 年 9 月 21 日，28 日，10 月 5 日，12 日。

和自我意识。在伯林终生未改的对像大卫·塞西尔这样的贵族的喜爱当中，有某种类似于狄斯累利的东西。出身高贵的人们身上那种为他所赞赏的特质是伴随着一种轻松自在而来的对传统的满不在乎。但是一个犹太人怎么可能完全轻松自在呢？伯林始终坚持认为，复国主义为犹太人提供了一条逃避自我意识的道路。它许给了他们一片土地，在这里他们可以做真正的自己，安全地置身于自己人当中，再也没有人要求他们“适应”、“变化”或者调整自己以取悦于除了自己人之外的任何人。他虽然为复国主义辩护，却知道自己在以色列永远也不可能完全觉得自由自在。那么这又将他置于何地呢？

婚姻对他而言当然是有益的：他无论是在性方面还是在社交场上都已不再是一个门外汉了。艾琳已经让他找到了最终的归宿，随之而来的是朋友们在他婚后评论过的那种即使独自一人也觉得悠闲自在的感觉。不过他的学术生活本身也起了一定的作用。他依靠移情作用，以置身于自己笔下通过想象再现出的那些历史人物的困境当中的方式，克服了自我意识。他知道自己永远不可能做一个“素朴的”艺术家，但是他的好朋友们，像当时刚刚开始为《纽约书评》工作的罗伯特·西尔弗斯，却认为他的气质在本质上是艺术家型的，这种看法是对的。[1] 伯林最好的那些文章都表现出一种把自己置换成那些和他属于相反类型的人、把世界想象成他们眼中的模样的天赋。这使他能够换一种身份来对自身在义务和自我意识等方面的困

[1] 根据对罗伯特·西尔弗斯的访谈，1997 年。

境进行探讨。有时候，他会担心自己的口技表演过于逼真，以至于谁也说不出伯林的话是从哪儿开始的，赫尔岑、屠格涅夫、托尔斯泰或是狄斯累利的话又是到哪儿结束的。但是他这种天分却能让他得到逃避和保护：他看得出自己在陌生人眼中是什么模样，而这种模样一般来说总能让他放心。他完全可以说，到五十四五岁时，他已经把自己作为犹太人的自我意识这一重担卸掉了大半。他知道自己是谁，同时通过移情作用也知道自己在别人眼里是什么样子。他的朋友们开始把他看作是他们遇到过的最自由的人之一。[1] 不管是他的朋友们还是他自己都喜欢他身上那种自然随意，那种生机勃勃，以及那种无法抑制的激情。他对自己的身体、赤裸、病痛还有他那条不管用的胳膊都实实在在地觉得自然、舒服。爱他的女人们都证明他有一种献身和给予的能力，并能完全融入她们的生活当中。尽管如此，他对新闻界的注意的那种极其敏感又说明，他从来没有完全放弃过对这个异族世界的防备，他害怕这里的人们会当着他的面赞颂他的才华，却在背后对他表示怀疑。

虽然担心自己会被别人看作一个过于鲁莽的人，1957 年初，他却申请继任 G.D.H. 科尔的“社会与政治理论”齐切利教授之职。虽然以赛亚的申请受到了鼓励，他却有些担心最后能否成功。他知道，自己唯一的大部头作品就是差不多二十年前出版的关于马克思的研究。他在专门的哲学家当中虽然私下也有些名气，但在公众中的知名度则是依靠那些广播讲话建立

[1] 根据对 G.A. 科恩的访谈，1998 年。

起来的。为他的申请写推荐信的三位牛津要人盛赞了他头脑的敏捷，同时却又措辞婉转地对他的局限性表示怀疑。哲学家吉尔伯特·赖尔说，伯林曾经承认自己在哲学上并不是什么“破冰船”；另一方面，讲授关于政治观念的课程倒是比较适合发挥他的才能。伯林在全灵学院研究历史的同事理查德·佩尔斯坦白地说，自己在以赛亚的“历史的不可避免性”一文中看到的是过多的“华丽辞藻的堆积”，而他在BBC所作的那些讲话以冷静的学术标准来看简直是“太煽情了”。查尔斯·韦伯斯特评论说，伯林还没有创作出“我们满怀信心地期待着的更为伟大的综合性作品”。[1]

他们的警告也反映了他自己的想法。不过，事实将会证明，不管是他自己还是上述这些人都是错误的，因为他的讲课取得了毋庸置疑的成功。从1957年秋到1965年，他在挤得水泄不通的讲堂里给学生们上的那些课确立了他作为牛津当时最令人兴奋的教授之一的地位。那些听过他讲课的人永远也不会忘记他们的经历——他曾经怎样带着令人难忘的穿透力说道：“只要你听到一个人说起‘现实主义’，那你就总是可以确定，这是某种血腥行为的前奏。”听他讲课就像是进行一次“空中历险”，伯林像疾冲的苍鹰一样带着听众在空中飞行，掠过以往的一幕幕学术风景，等到一个小时的讲课结束之后，听众们

[1] 以赛亚·伯林致牛津大学注册主任，1957年2月5日；理查德·佩尔斯致注册主任，1957年2月14日；查尔斯·韦伯斯特致注册主任，1957年2月10日；吉尔伯特·赖尔致注册主任，1957年2月28日；注册主任致以赛亚·伯林，1957年3月12日。牛津大学档案。

鱼贯而出，来到外面的正街上，“微微感到头晕”，双脚还没有完全落到地面上。[1]

那些听过伯林讲课的人根本不相信他在讲台上的滔滔不绝竟然是以开讲前的恐惧和讲完后的郁闷为代价的。他总是像强迫症患者一样为讲课做过多的准备，无休无止地把讲稿从六十页精练为三十页，接着又缩短成十页，最后变成薄薄的一页纸上面的几个标题，而当他在讲课当中进入一种有如神灵附体的状态时，这张纸干脆就被忘记了。即便如此，紧张依然会尾随着他，于是他只好盯着蒸汽管、窗户或者听众们脑袋上面的枝形吊灯，以免某人投过来的疑问眼光让自己张口结舌。他为自己那种不可思议的口若悬河付出的代价是担心自己“只不过是在喋喋不休”，是在“把假造的珍珠扔在真正的猪猡面前”。[2]不过尽管他有上述种种怀疑，他所讲授的这门课程却促使牛津政治理论开始了辉煌的复兴。1960 年，J.L. 奥斯汀去世以后，牛津的分析哲学失去了推动力，而政治哲学以及政治理论史则开始再度流行起来。伯林在严肃政治思考——马克思主义者、黑格尔主义者、自由主义者——的一场普遍复苏中扮演了主持者的角色，而这一复兴浪潮至今仍未衰退。

1958 年 10 月 31 日，在牛津学位考试楼中，他在挤满大厅的听众们面前发表了自己担任齐切利教授的就职演说，这次

[1] 埃德蒙·艾奥恩，“以赛亚·伯林：在牛津的讲座与本科生授课，1957—1964 年”，手稿，伯林档案，沃尔夫森学院，2—3；彼得·杰伊致以赛亚·伯林，1987 年 6 月 3 日。

[2] 以赛亚·伯林致马克·雷弗，1958 年 3 月 12 日。

他演讲的就是“两种自由概念”一文。演说开始之前，他照例觉得郁闷。[1] 他已经在帕拉吉花了两个夏天的时间，一遍又一遍地口述这篇讲稿，把它从需要四小时讲完的长度缩短到合适的篇幅。他曾经给赫伯特·哈特这样的好友看过此文，他们认为这篇演讲稿只不过是以洪亮的声音讲一堆老生常谈的话而已，伯林自己也相信了这一点。[2] 而实际上，它后来却成了他有生以来发表过的最有影响力的一篇演说。

他的理论基础已经形成，而就职演说为他提供了一个机会，把这些基本原理贯穿为一个整体，一气呵成地加以表述。他彻底改变了以前对自由的两种概念（“自由主义的”和“浪漫主义的”）所作的区分，将它们变成了一对界限更为鲜明的概念——消极自由和积极自由。这就将自由主义信条与比它更为激进的社会主义以及共产主义两个表兄弟区别开来。他直率而简洁地说，自由主义者们“希望对权力本身加以约束”，而其他的那些人则“想要把权力掌握在他们自己手中”。[3] 消极自由是严格意义上的自由主义政治信条的核心，亦即只要个体的行为不妨碍他人的自由，那么他们在做自己想做的事情时就不应当受到干涉。积极自由则是从社会主义到共产主义的一切解放性政治理

[1] 以赛亚·伯林致安娜·科林，1958 年 9 月 25 日：“我和以往一样在这个你不会觉得陌生的问题上感到绝望，那就是就职演说。这一次是出自远比以前要严肃得多的学术原因，也就是说，我不再知道什么是真理，并且觉得自己以后不会再满口陈词滥调，而只会说些混乱和错误的话。”
[2] 以赛亚·伯林致理查德·沃尔海姆，1958 年 10 月 13 日。
[3]《自由四论》，166；艾尔索普，《献给巴黎的玛丽埃塔》（伦敦，1976），331，关于听演讲的情况。

论的核心，所有这类学说都意图运用政治权力来解放人类，以实现某种隐藏的、被阻拦的或是受压抑的潜能。

伯林坚持认为，欧洲启蒙运动被一个关键的矛盾一分为二，这个矛盾就是既主张人类有选择的自由，又坚持他们只应当在理性愿望的驱使下去进行自由的选择。马克思是康德真正的追随者：社会主义乌托邦意在解放个体，并且使康德当作理性生活的本质来捍卫的那种自我指导成为可能。但结果出现的是建立在“虚假意识”学说概念之上的暴政，那种学说就是：资产阶级条件下的人们可能已经对他们真正的需要和真实的自我变得十分陌生（异化），因此需要由政府对他们进行再教育，迫使他们成为自由的人。这就是“积极自由”（“做……的自由”）学说命中注定极易导致的“奇特的颠倒”：它的出发点是为求达到自我控制的自由理想，结果出现的却是斯大林的“人类灵魂工程师”。

伯林提出这番见解的道理是：一个自由主义者不会相信内在自我的等级制度（高、低、真、假），或是相信有可能用一种政治方式来解决内在的人格分裂体验。人就是人，自由主义政治学涉及的只是人们说他们想要的东西。对他们的偏好可以进行争论和说服，但是，如果以“人们在更清醒的状态下就会做出这种选择”的名义采取高压手段则永远是不合理的。普通男女显露出来的偏好必须作为所有实际政治的限制范围和裁决标准。

这篇演说是对个体自由而不是民主政府本身所作的坚定的捍卫。与其他政治制度相比，民主自治“更好地保证了”消极的自由，但这只是“总的来说”。[1] 自由主义者或许不得不为捍卫（比如说，某个少数民族的）自由而反对民主的暴政。价值观念的这种冲突内在于现代政治生活中。

随之而来的是另一种价值观念的矛盾，斗争的双方分别是隐退和参与。整个共和主义的传统始终将政治参与和公民权作为人类生活中的救赎所，尽管面对这一传统的巨大压力，伯林仍然坚定地为政治上的清静无为或者至少是那些希望不问政治之人的自由进行辩护。因此，他十分怀疑自亚里士多德以来人们就抱有的所谓人是“政治动物”的观念。参与的欲望只不过是希望得到自己群体的认同以及找到归属罢了。没有理由认为进行参与和行使公民权改善了人的品质。他坚持说，政治之所以是人类事务中一项无可逃避的要素，只不过是因为人类的各种目标是相互冲突的。政治并不是一种解放的行为，而只不过是一种必要。

“两种自由概念”一文是有意识地为一个非殖民化时代而作的，而它对于殖民地各族人民争取自由的行动所表示的态度则是高度的怀疑。他告诫人们说，那些自称是在为反抗殖民者的压迫和赢取自由而战的民族解放运动并不是真的在为自由而战，它们实际上是在争取别人对自己作为一个独特民族的认可，以及民族独立的地位。伯林不是不同情这些出自本能的行为——实际上，作为一名犹太复国主义者，他所主张的自由主义对这种要获得认可与地位的渴望是抱着异乎寻常的接纳态度的。但是把民族解放运动称作是为自由而战，其实是误解了发

[1]《人类的恰当研究》，202。

生在殖民地的这种反抗运动背后的动机。于是，一旦它们没能实现它们许诺过的那种解放，就一定会导致幻灭。

在以赛亚的哲学当中，现在又掺进了一种独具特色的心理学。它将人类视为一种分裂的生物，常常需要在个人与公众的要求之间，在理智与情感之间，而且最困难的是在相互冲突的政治价值观念之间进行选择。“两种自由概念”是对传统共和主义、马克思主义以及空想社会主义共有的信仰发起的攻击，这一信仰便是：政治能够将人类从这些内心与外在的冲突中解放出来。

他的听众中有许多左派人士将他的演讲看作是对“放任自流”的个人主义的捍卫。不过，如果“两种自由概念”真的只是为现状作辩护的话，那就无法解释它后来的强健生命了；实际上，使这篇文章具有如此巨大影响的是其中的心理学成分，即人类常常是在不但无法调和亦且没有共同尺度、不能相互比较的目标之间进行选择。

在实际的政治当中，伯林既不是一个保守主义者，也不是一个“放任自流”的个人主义者，而是一个赞同新政的自由主义者，他相信，如果个体处于贫穷、悲惨而且缺乏教育的状况下，那么他们就不可能获得自由。只有在一定程度的社会平等下享有的自由才能称得上是自由。但他又向整个战后社会民主主义传统提出了挑战，他指出，这一传统当中那些核心的价值观念——平等、自由和正义——是相互矛盾的。举例而言，或许有必要对少数人的收入增税，以实现对多数人的正义，但如果要假装任何人的自由都不会因此而受到损害，那不过是一种语言上的歪曲罢了。在清楚地表达了他最为核心的政治观念的一段话里，他写道：

> 万物都是其自身而非其他事物：自由就是自由，而不是平等或公平或正义或文化，或人类幸福或良心的安宁。如果我自己或者我的阶级、我的国家的自由建立在其他许多人的悲惨遭遇之上，那么促使这种状况形成的那一体系就是非正义的，就是不道德的。但是如果我为减少由这种不平等状态造成的羞耻而失去了自身部分或是全部自由，同时其他个体的自由又没有因此而得到相当的伸张，那么就产生了自由的绝对损失。这或许可以通过正义或幸福或和平的赢得而得到弥补，但是这种损失依然存在，如果这时候说，虽然我“作为自由主义者”的个人自由或许落空了，但其他某种形式的自由——社会的或是经济的——得到了增长，这就是一种价值观念的混淆。[1]

所有严肃的政治选择都有可能蒙受损失，不仅仅有交换或妥协，还有值得向往的目标的真正牺牲：为这么多的平等牺牲这么多的自由，或者为慈悲而牺牲正义等等。“如果，正如我所相信的那样，人们有许多目标，并不是所有这些目标在原则上都可以和谐共存，这样一来，在人类生活中，无论个人还是社会的冲突——以及悲剧——发生的可能性就永远不可能完全得到消除。”[2] 损失是不可避免的，因为价值观念互相冲突，也因为人类理性中有着不可救药的缺陷。理性能够澄清事实，然而选择本

[1]《人类的恰当研究》，197。
[2] 同上，239。

身既是一种意愿、本能和情感的行为，也是在黑暗中进行的一场赌博。

“两种自由概念”清楚地说明了自由主义反对的究竟是什么。不过它未能同样清楚地说明自由主义捍卫的又是什么——那就是，有多少社会正义是适合于消极自由的，乃至有多少正义是实际**需要**的。对积极自由所作的辩驳让伯林丢下了这些问题，也使得他对社会正义的追求未得到说明。如果他的生活是沿着另一方向发展的话，他可能还会更深入地对这一问题进行探讨。1958 年，莫顿·怀特邀请伯林前往哈佛与约翰·罗尔斯一起主持一次有关自由主义的研讨会，如果他接受了这一邀请的话，可能就会在压力之下进一步对自己的论点进行发挥。不过他并没有这样做，于是罗尔斯和伯林两人相见的后果也就不得而知了。[1]70 年代，随着罗尔斯的《正义论》一书的出版，自由主义理论在美国也开始再度流行起来，它与其说是伯林式的，不如说是罗尔斯式的。伯林区别于罗尔斯的特点在于他强调指出，各种价值观念最终是不可能和谐共存的，因此，自由选择也就带上了悲剧色彩。

他这次演说的另一个困难源于以赛亚并没有解释为什么消极自由应当优于其他的政治价值观。他不同意约翰·斯图尔特·密尔的观点，即自由是“人类才能发展的必要条件”。他从自己对阿赫玛托娃的那次拜访中认识到，个人的天赋即使是处于最不自由的逆境之下也仍可以开花。自由与其说是人类兴盛的必要条

[1] 莫顿·怀特致伯林，1958 年 3 月 17 日；以赛亚·伯林致怀特，1958 年 5 月 6 日。

件，倒不如说是偶然条件，就像知识对于人类的兴盛也只是依条件而定的。真理从来就没有赋予过人们自由，而自由也并不总是让人变得更好。[1] 伯林的主要目标是要将对自由的捍卫与任何声称它对于人类本性能够起到解放或是改善的作用的说法分别开来。

实际上，他为自由在政治上的优先性进行辩护时进行的唯一论证是从多元论角度出发的。如果各种价值观念是相互冲突的，那么自由就具有了程序上的优先性。消极自由制度是自由的社会生活所要求的公开对选择加以讨论的最好保证。但这就使得自由的正当性陷入了一个怪圈：只有有了自由，自由才成为可能。他从来不承认自己因为没能从终极原则出发来为自由进行辩护而感到烦恼。他尖刻地暗示说，那些怀疑宗教教义的世俗理性主义者们在没能为政治原理找到无懈可击的保证的情况下，开始怀念起了宗教信仰曾经给过人们的种种安慰。伯林则根本就不想寻求什么终极保证。“其持久性无法得到保证这一点丝毫无损于原理的神圣。”[2]

“两种自由概念”立刻就遭到了人们甚至包括其好友的攻击。[3] 它让人们对他自己周围环境中那种精英家长式作风发

[1] 以赛亚·伯林，“‘希望不再，恐惧不再’”，《人类的恰当研究》，91—118。

[2]《人类的恰当研究》，242。

[3] 以赛亚·伯林致斯蒂芬·斯彭德，1958 年 11 月 18 日：“与人衣食或许比解放他们更为重要，向那些衣不蔽体、食不果腹的人们大谈自由可能是轻佻而无情的，但在我看来，这一点并不能改变如下事实：自由，至少在它的一种政治意义上而言，是不受干预的自由；其他的价值观念或许比自由更为重要，而且与之不相容——例如爱、平等、友爱、友好合作或是像卢梭和 G.D.H. 科尔那样的人所信仰的（转下页）

生了怀疑。乔治·凯南写信问伯林，美国的全体选民、“在我面前的这个懒散、粗心、冷漠的国家——毫无头脑地陷入了放纵、恶习、颓废和政治上的漠然的这一亿七千五百万人”是否真的可以相信他们能够行使消极自由。难道不应该由一位精英来告诉他们，或者至少是建议如何才能最好地运用他们的自由吗？笔者没有发现伯林方面做出的回答，但是他有一个坚定不移的原则，那就是所谓的精英们（知识分子或是别的什么人）没有权利假定他们比街头的男男女女知道得更多。[1] 站在另一个极端的哲学保守派（像芝加哥的利奥·施特劳斯和艾伦·布卢姆）欢迎伯林对于极权主义诱惑的批判，但是，他对他们的观点——政治上和道义上的善并不互相矛盾，并能由芝加哥大学的那些布道者们在 ex cathedra（拉丁语：教宗训谕）中加以宣布——同样坚定的攻击也让他们觉得不舒服。[2]

左派批评家们攻击的则是伯林对于民主和政治参与的怀疑态度。当时，“参与民主”这一观念刚刚开始在 60 年代的意识形态领域出现，牛津的一位年轻教师斯蒂芬·卢克斯认为，“两种自由概念”或许应被视为对选民的冷漠所作的辩解。伯林的答复是——他对伯纳德·克里克说的也是同样的话——他跟任何一位自由主义者一样对公民的权利和义务深信不疑：他

（接上页）一切事物（他们虽然也曾大谈自由，但是对于这些热情而惬意的东西却比对自由更为喜爱，后者并不怎么热情，而且根本谈不上惬意）——这并不能使自由与它们相等同。”

[1] 凯南致以赛亚·伯林，1959 年 3 月 5 日。

[2] 布卢姆致以赛亚·伯林，1959 年 5 月 16 日。

拒绝相信的是这些权利和义务会让人们变得更好。[1] 卡尔·波普尔给伯林写信，祝贺他发表了这次演说，但同时又批评他不应当攻击康德的人类解放自身并达到自我控制的思想。[2] 伯林再一次毫不退让地坚持了自己的中心思想，将对自由的捍卫与个人的或是社会的解放分别开来。[3] 加拿大哲学家查尔斯·泰勒则为自我实现的理想进行了一番与众不同的辩护。他的论点是，伯林对积极自由的解释是漫画式的，康德的自我实现未必就会倒向极权主义的暴政。个体能够运用自己的自由通过知识和自我理解来改变他们自身。自由具有一种解放的潜力；如果这种潜力没有得到实现，那么伯林为自由所作的辩护就只不过是为放任自流所作的辩解。他对于自由为什么会对个体具有如此巨大的重要性并没有进行充分的说明。[4]

以赛亚绝不是喜欢争论的人，但他在这个问题上没有做出丝毫让步。他似乎觉得这些自我内部发生的冲突是不可避免的。用解放人类来论证自由的合理性只不过是在用诡计来应付这种困难，而不是面对面地与之斗争，因为不同的个体在解放的意义及其应当采取的形式上各有主张。将他视为一个屈服于

[1] 以赛亚·伯林致卢克斯，1963 年 4 月 4 日；以赛亚·伯林致伯纳德·克里克，1966 年，日期不详；又见以赛亚·伯林致斯蒂芬·斯彭德，1958 年 11 月 18 日。
[2] 卡尔·波普尔致以赛亚·伯林，1959 年 2 月 17 日。
[3] 以赛亚·伯林致波普尔，1958 年 3 月 26 日；波普尔致以赛亚·伯林，1959 年 3 月 21 日。
[4] 查尔斯·泰勒，“消极自由错在哪里”，见《自由观念》（牛津，1979），艾伦·赖安编，75—195；又见以赛亚·伯林，詹姆斯·图利编《多元论年代的哲学：查尔斯·泰勒哲学质疑》（剑桥，1994）序，1—3。

压力的思想家的看法是错误的：正是他的怀疑主义具有的毫不妥协性质使他的作品得以永葆学术青春。伯林并不想宣传什么温和的政治改良纲领，对于享受或者扩大自己积极的政治影响也毫无兴趣。他对权术不感兴趣。他的政治哲学中有独创性的方面在于他有关人类分裂的自我的心理学，以及他对于人类容易受到那些许诺让他们卸下道德选择这副重担的乌托邦影响这一点的洞察。在这些靠直觉把握到的核心问题上，他从来没有动摇过。

这样一来，看看他在那个时代种种争论中采取的是何等立场就变成了一件有趣的事。他始终毫不怀疑地认为自己是一个冷战战士，一个信奉自由主义的资本主义世界及其自由的捍卫者。但是他不得不进行的交际常常让他觉得不舒服，参与公开的论战也令他不自在。1956 年，考陶尔德学院院长安东尼·布朗特恳请以赛亚在一份谴责苏联入侵匈牙利的声明书上签名。[1] 布朗特说，“为了鼓动美国舆论”，进行这样的呼吁是有必要的。这一事件明显表现出了加入“正义之师”带来的所有危险。以赛亚知道布朗特的朋友兼情人盖伊·伯吉斯当时已经逃到苏联，但是他完全不知道布朗特自己也曾经是一名苏联间谍，写这份声明书是一种惊人的背信弃义。不过，伯林对于铁幕背后的那个制度的憎恶从未有丝毫减退，在后来的十年中，他不断地在为伊斯特万·比博和蒂博尔·德利那样被囚禁

[1] A. 布朗特致以赛亚·伯林，1956 年，日期不详；关于盖伊·伯吉斯对伯林的所谓“问候”，见罗伊·哈罗德致以赛亚·伯林，1958 年 4 月 1 日。

的匈牙利持不同政见者请愿的呼吁书上签名。[1]

伯林与50年代的自由主义者们不同的另一点在于他没有被赫鲁晓夫的缓和政策所欺骗。1956年夏天，他和艾琳一起去莫斯科度蜜月，这次旅行让他相信，苏联政权在本质上采取的仍然是扩张主义和高压政策。他在大使馆的一次招待会上遇见的政治局官僚们让他想起了牛津大学里的一群暴徒般的搬运工："既和蔼又残忍，既有阶级自觉又贪污腐败，既快活得可怕又充满了强烈的伤感和怀旧情绪。"[2]

在莫斯科逗留期间，伯林带艾琳去佩列杰尔基诺看望了帕斯捷尔纳克。[3] 在那儿，那位作家告诉他，他已经把《日瓦戈医生》的手稿寄给了自己的意大利出版商，决心要看到这本书的出版。伯林恳求帕斯捷尔纳克考虑一下这对他自己和他家人的后果。[4] 光荣牺牲是一种道义上的诱惑，没有什么特别之处，对它应当采取抵制的态度。帕斯捷尔纳克勃然大怒，于是以赛亚明白了要想劝他放弃是不可能的。回到英国驻莫斯科大使馆的房间后，伯林读了那份手稿——他是最先读到它的西方人之一——马上断定这是一部杰作。回国以后，在以赛亚帮助下，《日瓦戈医生》得以在英国出版。[5] 但是他曾经将阿赫

[1] 以赛亚・伯林致佚名，1962年2月22日。
[2] 以赛亚・伯林致瓦奥莱特・博纳姆・卡特，1957年1月10日。
[3] 以赛亚・伯林，"俄国文化的沉默"，《外交事务》，第36期（1957），1—24；"苏联四周行"，未发表的抄本，伯林档案，沃尔夫森学院。
[4]《个人印象》，184—187。
[5] 以赛亚・伯林致汉米西・汉密尔顿，1956年10月5日；以赛亚・伯林致斯蒂芬・斯彭德，1957年10月18日。

玛托娃置于险境的回忆始终纠缠着他。当《日瓦戈医生》于1958年秋出版时，他在牛津的同事和朋友乔治·卡特科夫在BBC的俄语广播中读了手稿的部分章节，这让伯林吓坏了。[1]这样一来，政府势必会对帕斯捷尔纳克进行惩罚。由于这件事情的发生，伯林愤怒地与卡特科夫绝交。当苏联政府强迫帕斯捷尔纳克拒绝诺贝尔奖，并且开始对他进行折磨，导致他在1960年早逝的时候，伯林觉得这证明他当初的警告是正确的。

1958年，德米特里·肖斯塔科维奇来到牛津，和法国作曲家弗朗索瓦·普朗克一起接受荣誉学位。在苏联官员们的簇拥下，肖斯塔科维奇乘坐一辆使馆专车来到了海丁顿宅。这位作曲家身材矮小，神情腼腆，看上去就像是一位“来自加拿大西部的化学家”。每当看管他的人出现在他身边的时候——他把他们称为亲爱的朋友们——一阵不安的痉挛就会从他脸上掠过。但是在亚历山德拉和休·特雷弗-罗珀家他与普朗克一起出席的一次音乐晚会上，这位俄国作曲家完全变了一个人。就在两位音乐家开始演奏他的大提琴奏鸣曲时，起先一直像一只受惊的动物一样缩在角落里的肖斯塔科维奇突然站起来，跑到乐谱前，坚持说这两位演奏者犯了个错误。结果发现他们演奏的是一份被大提琴家格雷戈尔·皮亚蒂戈尔斯基改编过的西方国家使用的乐谱。肖斯塔科维奇生气地用铅笔划掉这些改动过的地方，

[1] 以赛亚·伯林致埃德蒙·威尔逊，1957年12月17日；以赛亚·伯林致马克·博纳姆·卡特，1957年11月15日；以赛亚·伯林致大卫·阿斯托尔，1958年10月27日；以赛亚·伯林致詹姆斯·比灵顿，1958年11月25日；以赛亚·伯林致安娜·科林，1958年10月13日；以赛亚·伯林致尼·纳博科夫，1959年4月2日。

让乐谱变回了原来的样子。于是，以赛亚建议让肖斯塔科维奇坐到钢琴前去演奏。他弹了一首序曲和一首赋格曲，他天才的演奏是如此的热情，相形之下，他们听过的普朗克的每一首曲子都显得苍白而循规蹈矩。只有坐在钢琴前的那几分钟里，那种常常出现的受迫害的表情才暂时离开了肖斯塔科维奇的脸。[1]

以赛亚最后一次见到俄国知识分子当中那些伟大的人物是在1965年，当时他和莫里斯·鲍拉设法说服了校方授予安娜·阿赫玛托娃荣誉学位。1956年在莫斯科的时候，他曾经给她打过电话，她在听到他结婚的消息时报以冰冷的沉默。他们俩都认为见面是不安全的。当她于1965年6月准时出现在牛津的时候，以赛亚震惊地发现，她已经苍老了许多。他略带刻薄地觉得，发胖了的她看起来就像叶卡捷琳娜女皇。不过，她的一举一动确实像是一位女皇，在发表自己的观点时也带着君主般的力量。当她来到海丁顿宅外面，打量了一下壮观的花园、三层楼高的乔治王时代风格的房子和以赛亚的新夫人之后，她挖苦地评论说："这么说，鸟儿现在已经住在金笼子里了。"[2] 二十年前曾经在两人之间闪过的那一星火花现在熄灭了。他能做的不过是为她在西方赢得她理应得到的承认；她则只能以女王般的傲慢来向他表示感谢。当她站在谢尔顿剧院里听别人用拉丁文向她喝彩，称她为"过去的化身，安慰现在并给未来以希望"的时候，他就在她的身旁。后来，当她

[1] 以赛亚·伯林致 R.B. 密尔，1958年6月18日；又见戴克勋爵致笔者，1998年2月6日。

[2] 根据对伯林的访谈，见沃尔夫森学院亨利·哈代的伯林档案，1994年9月5日，根据对艾琳·伯林的访谈，1996年；达洛斯，《未来访客》，第6章。

在伦道夫旅馆招待那些从世界各地赶来向她献殷勤的俄国客人们的时候，他也在场。当她朗读自己的诗歌、对着录音机吟咏那些深沉而响亮的节律时，他仍然在那儿。[1] 她离开了伦敦，经巴黎回俄国，以赛亚从此再也没有见过她。她第二年就去世了。他的反共主张始终都是忠实于那一代知识分子——她是其中最后一位幸存的女英雄——的声明。她逝世后，他对一个朋友大声说，他会始终将她看作是对所有那些相信个人永远抵抗不了历史步伐者的一个“未被玷污的”“没有破损的”“在道德上毫无瑕疵的”斥责。[2]

伯林对苏联体制毫不妥协的猜疑态度导致他与大批参加了核裁军运动的牛津朋友们发生了分歧。1958 年，菲利普 · 汤因比要他发表支持单方面核裁军的声明，伯林以一种十分反常的虚张声势回答说，自由主义原则只有在一个人准备好不惜冒生命的危险来捍卫它们的时候才有意义：

> 如果你没有准备好不管发生什么事情、不管受到什么样的威胁——不仅仅是针对你本人的，也包括对其他任何一个人的——你都会为某种观点而斗争的话，那么，所有的原则都不必严格地遵守了，所有的准则都消失不见了，而所有我们为之生存下去的目标也都烟消云散了。[3]

1960 年 11 月，意大利著名的自由主义者伊尼亚齐奥 · 西

[1] 根据对哈里 · 舒克曼的访谈，1995 年；海特，《安娜 · 阿赫玛托娃》；阿纳托里 · 内曼，《回忆安娜 · 阿赫玛托娃》（伦敦，1989），98。
[2] 以赛亚 · 伯林致琼 · 弗拉德，1975 年 7 月 31 日。
[3] 以赛亚 · 伯林致菲利普 · 汤因比，1958 年 1 月 24 日。

洛内和尼科罗·吉亚洛蒙特请他在一份宣言上签名，对民族解放阵线反抗阿尔及利亚法国殖民统治的起义表示支持。[1] 伯林承认阿尔及利亚民族自决的权利，谴责了法国以暴力镇压起义的兽行，但他不赞成民族解放阵线对平民目标采取的恐怖行为。[2] 伯林始终一贯地对使用暴力感到憎恶，即使是对犹太复国主义者也是一样。当他在大卫王宾馆——1946 年，就是在这家宾馆，在贝京手下制造的爆炸事件中九十人丧生——的电梯里遇见梅纳赫姆·贝京的时候，伯林拒绝与之握手。[3]

1961 年 5 月，肯尼迪政府资助古巴流亡者向古巴发动了一场没有成功的入侵，戏剧批评家肯尼思·泰南写信给伯林，请他在一份谴责这次行动的呼吁书上签名。以赛亚拒绝了他的要求，他的理由是卡斯特罗“也许不是一个共产党人，但是我认为他对平民的自由就像列宁或者托洛茨基一样漠不关心”。泰南的答复——卡斯特罗并没有采取许多其他拉美独裁者所采取的高压政策——或许不假，但伯林还是没有理睬他。卡斯特罗可能是“进步的”，但是他的人权记录使他失去了任何获得支持的权利。[4]

[1] 以赛亚·伯林致斯蒂芬·斯彭德，1960 年 11 月 11 日：“如果一个人实际上认为，用他们的那些方法取得的成功要比哪怕是最可怕的现状还要糟糕的话，我看不出为什么他还能在一份支持亲民族解放阵线声明的文件上签名。我不可能因为列宁或是贝拉·昆或是犹太恐怖主义者的缘故而签署这一声明。”

[2] 以赛亚·伯林致斯蒂芬·斯彭德，1960 年 11 月 11 日；以赛亚·伯林致伊尼亚奇奥·西洛内，1960 年 11 月 2 日；西洛内致以赛亚·伯林，1969 年 11 月 8 日；西洛内及吉亚洛蒙特致以赛亚·伯林，1961 年 1 月 2 日。

[3] 根据对伯林的访谈，见沃尔夫森学院亨利·哈代的伯林档案，日期不详。

[4] 以赛亚·伯林致肯尼思·泰南，1961 年 5 月 1 日；泰南致以赛亚·伯林，1961 年 5 月 8 日。

在匈牙利、古巴、阿尔及利亚和核裁军问题上的这些立场是与自由主义原则相一致的，但是它们使得左派人士对伯林越来越怀疑。《新左派评论》的佩里·安德森在一篇令人难忘的文章中攻击他是那些移民英国的欧洲人当中的一个，他们干得最多的事情就是给英国勾勒出一幅沾沾自喜的画面，对他们自己想象中的自由主义的种种好处做一番描绘。[1] 伯林实在看不出有什么理由表示异议：他心里热爱英国，嘴里也这样说。

伊萨克·多伊彻事件使得左翼人士对伯林的不满达到了极点。伯林和多伊彻两人向来不和。多伊彻没有放过机会在《观察家》上发表一篇针对伯林关于历史的不可避免性的演说的尖刻评论，伯林则反感多伊彻在政治上的玩世不恭以及他对犹太复国主义的敌意。1963 年，苏塞克斯大学想让当时正在为托洛茨基作一篇纪念性传记的多伊彻担任政治学教授之职。伯林正好担任了那所大学的学术顾问委员会委员，副校长问他对委任多伊彻意下如何。伯林回答说，多伊彻是“我在自己所在的学术领域内发现的唯一在道德上无法容忍的人”，他这句话使得多伊彻的这次机会就此断送。[2] 伯林赶紧又说，他愿意对选择某个名叫 C. 赖特·米尔斯或者是埃里克·霍布斯鲍姆的人表示支持，因为他们不会把学术置于意识形态之下。

[1] 佩里·安德森，“民族文化的成分”，《新左派评论》，第 50 期（1968 年 7—8 月），3 57，重点在 25—28；以赛亚·伯林给安德逊的回信见以赛亚·伯林致安娜·科林，1969 年 4 月 1 日。

[2] 以赛亚·伯林致 J.S. 弗尔顿，1963 年 4 月 4 日；《黑色小矮人》，1969 年 2 月 14 日，以赛亚·伯林致塔玛拉·多伊彻，1969 年 6 月 2 日；以赛亚·伯林关于多伊彻的观点见以赛亚·伯林致大卫·阿斯托尔，1958 年 5 月 13 日。

1969年，当激进派杂志《黑矮星》刊出了绝密信件并指责以赛亚是一个反共的政治迫害者时，多伊彻事件突然间达到了白热化的程度。自己在这次事件中扮演的角色困扰着伯林：他坚持说，如果多伊彻被授予一个马克思主义思想的教席，他根本就不会表示反对。困难的是要假设我们可以信任多伊彻能够以一位大学教授身上必不可少的公正态度来教授非马克思主义思想。这是自由宽容标准在大学中十分公允的运用，但是以赛亚声称自己仍然是一个左翼人士，这就把事情搞得非常混乱。实际上，正如多伊彻事件表明的那样，他根本不是那个政治派别中的一员。

实际上，他是在致力于探索和扩大自由主义与社会主义之间的区别。当工党政治家理查德·克罗斯曼1963年写信给他的时候，我们就可以看出他认为这种区别有多大，克罗斯曼在信中赞扬了他的文章"政治理论还存在吗？"，但同时又责备伯林对拉斯基、托尼、林德赛和T.H.格林所代表的英国民主社会主义传统如此漠不关心。伯林尖刻地回答说，拉斯基是一个"浅薄而浮夸的演说家"，而林德赛的思想就像伦敦的公共汽车：它们刚刚在修辞的迷雾中隐隐约约地出现，很快就又消失了。只有托尼，因其政治学的道德严肃性和出色的历史知识而仍然让他尊敬。[1]

[1] R.H.克罗斯曼致以赛亚·伯林，1963年2月5日；以赛亚·伯林致克罗斯曼，1963年2月11日及4月6日。他在"两种自由概念"一文中赞同地引用了托尼的话，《人类的恰当研究》，240。

整个60年代，伯林与左翼人士的论战一直在进行着。1961年，E.H. 卡尔在剑桥所作的特里维廉系列讲座有一部分是在专门攻击伯林的“历史的不可避免性”。卡尔对伯林到底相不相信历史是有可能加以解释的表示怀疑，因为他对社会和经济因素丝毫不予考虑，并且显然相信历史学家们主要关心的问题不应当是做出解释，而应当是进行道德评价。卡尔驳斥道，毫无疑问，不会有人认真地以为一个历史学家的任务就是去操心希特勒或者克伦威尔究竟是不是坏人这样的问题。他们的任务毋宁说是去理解那些让这两人得以掌权的因素，以及在其统治下释放出的那些力量。

卡尔的演说受到了公众的高度注意，在BBC作了重播，在《听众》上进行了每周连载，最后还被整理编入了极富影响力的教科书《什么是历史?》当中。对卡尔的话做出反应是伯林无法逃避的一次挑战。在写给《听众》的一系列信件以及与卡尔本人进行的私人通信中，伯林坚持认为马克思主义理论几乎是把抽象的社会—经济因果关系作为唯一的重点来加以强调的，但是它忽视了观念、信仰以及个人意向的重要性。[1] 这种学说既歪曲了因果关系本身，又“为了一种与道德无关的客观现实”而剥夺了“历史语言在日常使用中所具有的做出评价的能

[1] 以赛亚·伯林致E.H. 卡尔，1961年7月3日：“我不知道实际上有哪位历史学家——无论出于职责或是出于无心——不做出道德评判：毕竟，你自己也会将某些势力或人物看作是进步的，其他的一些则是徒劳无益的或者极端反动的——你对列宁的评价……我并不是试图怂恿人们都来讲道学，这正如我并不是在对他们说，他们不管在什么事情上都帮不上忙一样……”

力”。[1] 不仅如此，马克思主义者的历史编纂工作中那种假想的道德客观性是虚设的。卡尔的历史是那些“进步的”势力（无产阶级和布尔什维克党）上升并最终获得胜利的故事。伯林坚持说，它们之所以被判定为“进步的”，只不过是因为它们取得了胜利。对卡尔而言，“失败者以及少数派都属于——用托洛茨基的名言来说——历史的垃圾堆”。对卡尔来说，历史学家的任务就是挑拣出那些胜利者。在给伯林的一封回信中，卡尔坦白地承认自己被“胜利者和失败者这一套搞糊涂了”。他说，如果他将来写一本板球的历史的话，他会把位置留给那个累积了上百分的击球手，而不是那个“漏接了球的漂亮的年轻人”。论战的过程中，伯林与卡尔仍然保持着友好的个人关系，但两人之间的鸿沟是无法逾越的。伯林坚持认为，“负方”的问题就像“胜方”的回答一样相关。

与马克思主义者们的论战并不是以赛亚被迫将自由主义政治原理应用于实践当中的唯一事例。有时候，他觉得自己正在不安地动摇着。1956 年，安东尼·艾登试图从纳赛尔手里夺过苏伊士运河，在这次注定要倒霉的行动的初期，伯林写信给克拉丽莎·艾登，向她的丈夫表示支持。[2] 然而，随着这一行

[1] 以赛亚·伯林，“什么是历史？”，《听众》，第 65 期（1961），877、1048—1049；E.H. 卡尔，《什么是历史？》（伦敦，1962）；以赛亚·伯林，“卡尔先生的各大军营”，评论 E.H. 卡尔，《什么是历史？》，《新政治家》，第 63 期（1962 年 1—6 月），15—16。又见以赛亚·伯林致 E.H. 卡尔，1961 年 7 月 3 日，1962 年 1 月 31 日；以赛亚·伯林致休·特雷弗·罗珀，1962 年 3 月 6 日；以赛亚·伯林致莫顿·怀特，1962 年 1 月 15 日。
[2] 以赛亚·伯林致克拉丽莎·艾登，1956 年 11 月 1 日；关于他改变主意的情况，见以赛亚·伯林致韦奥莱特·博纳姆·卡特，1957 年 1 月 10 日；又见以赛亚·伯林致米歇尔·施特劳斯，1956 年 11 月 8 日。

动的进行，他开始明白即使这次入侵行动获得成功，迫于由此激起的阿拉伯民族主义反抗运动的压力，英法两国仍将不得不进驻埃及或者至少是运河所在的地区，这种殖民主义管制行为注定是要失败的。[1] 从此以后，他转而反对艾登的苏伊士政策，但是这种一百八十度的大转弯——在他身上相对来说是比较少见的——让他觉得苦恼。他意识到，这是在任由自己的亲以色列信念和反殖民主义倾向将自己分别朝两个不同的方向拽来拽去。

他常常觉得别人叫他提出具体的政治意见是一件非常不舒服的事情。1958 年，大卫·本·古里安向包括伯林在内的五十位德高望重的人咨询，是不是已经到了就如何确认新移民以及改信犹太教者的犹太人身份一事向正统派拉比的独断发出挑战的时候。这个问题明显造成了以色列社会的分裂，并且导致了好几个政权的垮台。人们争论的是“犹太人”的定义：某些混血儿是否属于犹太人？伯林本人坚决不信教，但是他回答说，如果本·古里安现在就在这个问题上施加压力的话，那将会在不信教和信教的犹太人之间播下不必要的争论的种子。“犹太人的地位是独一无二的，是异乎寻常的，它是民族、文化、宗教等各方面因素紧紧缠绕在一起的综合体。无论是试图证实它们牢不可破的纠缠，还是试图分开它们，都会不可避免

[1] 罗伯特·罗德斯·詹姆斯，《安东尼·艾登》（伦敦，1987），552；根据对伯林的访谈，见沃尔夫森学院亨利·哈代的伯林档案，日期不详。

地导致深切而苦痛的争执。”[1] 他建议本·古里安避免与宗教团体进行“文化斗争”，但是他又托辞说像自己这样散居国外的犹太人不应当干涉以色列的事务，以避免更深地卷入这场论战当中。[2]

在完全置身政治之外、和艺术家们进行合作的时候他倒觉得更舒服些。1958 年，他通过尼古拉·纳博科夫见到了作曲家伊戈尔·斯特拉文斯基及其朋友兼秘书罗伯特·克拉夫特。[3] 他对一个朋友说，斯特拉文斯基“比任何人所想象的都要矮小得多”，而脸上“不断地流动着各种各样的表情”，这使其看起来具有强烈的吸引力。[4] 伯林非常欣赏斯特拉文斯基身上的活力，甚至连其恶毒也让他觉得喜欢。比如说，当他问起斯特拉文斯基对本杰明·布里顿的看法时，对方温和地回答说：“真是一个绝妙的伴奏者。”伯林情不自禁地喜欢上了这样一个人：在别人询问他对瓦格纳的观点时，他回答说：“如果你听听《帕西法尔》的话，”——“帕西法尔”这个词他咬得又缓慢又清楚——“你会听见许多非常讨厌的声音。”[5]

[1] 以赛亚·伯林致大卫·本·古里安，1959 年 1 月 23 日；又见以赛亚·伯林，“回忆与本·古里安的诸次简短会谈”，《犹太季刊》，第 333 期（1986）。
[2] 以赛亚·伯林致大卫·本·古里安，1959 年 1 月 23 日，本·古里安档案，以色列，比尔谢巴。
[3] 罗伯特·克拉夫特致以赛亚·伯林，1958 年 9 月 26 日，该信通知以赛亚·伯林，克拉夫特已经将以赛亚·伯林的“马克思，刺猬与狐狸，和历史的不可避免性”给了斯特拉文斯基。克拉夫特致以赛亚·伯林，1958 年 11 月 17 日；以赛亚·伯林致伊戈尔·斯特拉文斯基，1958 年 9 月 21 日。
[4] 以赛亚·伯林致 R.B. 密尔，1958 年 11 月 17 日。
[5] 以赛亚·伯林致雪莉·安格尔西，1979 年 4 月 27 日。

1961年10月，在海丁顿宅的午餐桌上，这位作曲家说以色列国请他为庆祝耶路撒冷音乐节作一首曲子，问伯林想得出什么合适的歌词。以赛亚三步并作两步地上楼去了自己的藏书室，下来的时候拿着一本希伯来文《圣经》。他把这本书匆匆地翻阅了一遍，先是建议选取《创世记》中描写创世的经文，但是斯特拉文斯基觉得这太长了："就像英国的星期天一样。"接着伯林又提议采用亚伯拉罕把以撒绑起来的那一段，当时为了服从上帝的命令，这位父亲准备把他自己的儿子作为祭品。伯林读出了几个希伯来语的音节——elim，elohim——斯特拉文斯基似乎是在专心致志地倾听着这些音节的韵律。一次合作就此开始了。[1] 伯林寄给了斯特拉文斯基一部希伯来文《圣经》全本的拼音译本，下面附有英文翻译。[2] 当作品完成的时候，伯林应邀前往耶路撒冷观看彩排和首演。他觉得亚伯拉罕和以撒的那段大合唱莫名其妙，不过斯特拉文斯基站在乐队指挥台上时的壮观场面深深地吸引住了他。这位作曲家来到指挥台上，看上去就像一个瓷娃娃一样脆弱，但是当他用微弱的声音说"Shalom"（希伯来语：您好）的时候，以色列观众疯狂地鼓起掌来。演奏过程中，观众——"白色和蓝色衬衫与乱蓬蓬的白头发组成的森林"——似乎被迷惑了，"不明白这些声音意图传达的是什么，或者究竟是不是想传达什么"，但是

[1] 以赛亚·伯林致罗伯特·克拉夫特，1961年11月7日，12月28日，1962年1月12日。

[2] 以赛亚·伯林致R.B.密尔，1961年10月20日；罗伯特·克拉夫特，《一份友情的编年史，1948—1971》（伦敦，1972），122—123，223—225。

演奏结束的时候大家仍然鼓起了掌，因为他们理解了斯特拉文斯基对犹太传统的赞美之情。至于斯特拉文斯基，他在以色列过得十分高兴，他坐在大卫王宾馆的餐厅里，喝了许多爱尔兰威士忌，对每个人都表现得慈祥而温和。当他看到伯林试图说服餐厅的乐队指挥不要在这位作曲家的面前演奏花哨的华尔兹时，甚至觉得很滑稽。[1]

整个60年代，伯林每个学期都是在美国待着，开始在哈佛，后来在他担任客座教授的纽约市立大学。对他那种哲学、伦理学与思想史三者的奇异混合而言，牛津从来就算不上什么归宿。美国才是他寻找志趣相投的学术伙伴的地方：俄国学者马丁·马利亚、亚当·乌拉姆、理查德·派普斯、马克·拉伊夫和詹姆斯·比林顿；批评家埃德蒙·威尔逊和莱昂内尔·特里林；历史学家兼民主党政治活动家小阿瑟·施莱辛格；哲学家兼观念史家莫顿·怀特。

伯林现在成了大红大紫的人物，以至于他在美国的巡回演讲就像皇室出巡一样铺排，这让埃德蒙·威尔逊十分恼火，他在日记中写道，这个老朋友现在“一举一动越来越像皇亲国戚”。[2] 别的朋友也都注意到，以赛亚已经成了一个大人物。斯蒂芬·斯彭德在日记中记下了自己和纽约一位电梯服务员的对话：

[1] 以赛亚·伯林致尼古拉·纳博科夫，1963年9月7日，1964年8月20日；以赛亚·伯林致罗伯特·克拉夫特，1964年9月10日。
[2] 埃德蒙·威尔逊，《60年代：最后的日记》（纽约，1993），L. 达布尼编，5。

"您读过《纽约时报》上面以赛亚·伯林爵士写的关于历史性过去的文章吗？""恐怕没有。""唔，以赛亚爵士说得对。你只有到死了以后才能知道过去的事情。"[1]

1962年秋，伯林独自一人在哈佛的洛厄尔学院安顿下来，开始为即将在耶鲁做的斯托尔斯讲座做准备，内容是关于政治思想的三大转折点：古希腊、马基雅维利和浪漫主义。不过周末他大都待在纽约或是华盛顿，和他光彩夺目的朋友们在一起。那是卡米洛特[2]的光荣时刻，他战时在华盛顿认识的朋友们有许多已经转而投靠了肯尼迪：阿瑟·施莱辛格正担任总统的特别顾问；沃特·罗斯托和麦克乔治·邦迪二人是白宫的顾问；菲尔·格雷厄姆和凯·格雷厄姆夫妇是《华盛顿邮报》的发行人；乔·艾尔索普是当时最有影响的专栏作家。其他一些人，像乔治·凯南和查尔斯·波伦，则是总统在外交事务方面的顾问。

1962年10月中旬，乔·艾尔索普邀请以赛亚参加一个小型的私人聚会，为即将动身前往巴黎就任美国驻法大使的奇普·波伦饯行。出席那次宴会的还有凯南和菲利普·格雷厄姆夫妇、阿瑟·施莱辛格、波伦夫妇以及法国大使和夫人。伯林目睹肯尼迪总统夫妇走进房间，巡行一周，和来宾们一一握手，当时的场面就像拿破仑接见他的元帅们一样，大家在他面前也

[1] 斯蒂芬·斯彭德，《日志，1939—1983年》（伦敦，1985），274。
[2] 英国传说中亚瑟王的宫殿所在之地，此处应指白宫。——译注

是那么紧张、顺从和钦慕，也有同样的对于坚忍不拔和冷酷无情的盲目崇拜。[1] 宴会开始之前，总统把奇普·波伦叫到外面，两人在艾尔索普家的花园里走来走去，专心致志地交谈着。

席上，总统轻快地开着棕榈滩花花公子式的玩笑，一面用怀疑的目光打量着伯林——以赛亚是这么觉得的——“就像社会活动家在面对着一个声名狼藉、难以理解甚至满口讽刺之言的知识分子时一样”。[2] 宴会结束后，他把以赛亚拉到一旁，这时他的态度变得严肃起来，一副公事公办的样子。肯尼迪想知道：为什么那些俄国人没有在柏林制造更多的麻烦？当俄国人被逼入政治死角的时候，他们的典型动作是什么？伯林尽其所能地作了回答，而肯尼迪听的时候专注得让他害怕。以赛亚后来对施莱辛格回忆说：“我以前从来没有见过像他这样仔细地倾听别人说话的人。他的眼睛略微往外突出，身子朝你凑过来，这既让你感到紧张，又让你觉得对自己说的每一个字所表达的意思都负有责任。”

肯尼迪请伯林将赫鲁晓夫的意图与斯大林的做一个比较，接着又说，应当有人写一本关于斯大林哲学的书。伯林问他：“您说的哲学是什么意思？”总统回答说，每一位伟大的政治领袖都遵循着自己一套独特的原则。伯林并不认为斯大林有一套称得上是哲学的东西，不过他没有极力坚持自己的观点。肯

[1] 阿瑟·施莱辛格，“对以赛亚·伯林的口头历史访谈”，1965 年 4 月 12 日，J.F. 肯尼迪图书馆；又见以赛亚·伯林致伯特尔·奥尔曼，1962 年 12 月 3 日；以赛亚·伯林致艾琳·伯林，1962 年 10 月 17 日。
[2] 以赛亚·伯林致艾琳·伯林，1962 年 10 月 17 日。

尼迪似乎对伟大的人物十分着迷：每当他提到斯大林、列宁或者丘吉尔的时候，“他的眼睛就闪烁出一种特别的光芒”。但是他身上丝毫没有伟大人物的那种从容自在。伯林觉察到，对总统而言，生活就是一连串需要通过巨大的内心专注和努力来跨越的障碍。同时他也不安地感觉到，他在华盛顿所有的朋友都在周围等待着，看他的表现如何，可他觉得自己的表现根本不怎么样。在对伯林严加盘问了半小时以后，总统起身重新回到人群当中去，同时用亲切而坚定的语气对他说：“你得到杰基那儿去，她想和你单独谈谈。”她的头脑比她表面上看起来要敏锐和精明。当时她正在对阿德莱·斯蒂文森大加挞伐，她似乎和她丈夫一样看不起这个人。以赛亚觉得自己为她感到难过，因为她不管说什么，话里都似乎带着丝丝缕缕的忧郁。后来他俩谈话的内容转向了她对丈夫离任之后的前途的害怕。他后来在给艾琳的信中写道，她说“她对于J. 不再当总统以后自己的未来感到恐惧。波士顿会变成一个可怕的地方（确实如此）。而他，J.，则会堕入他那些毫无价值的家庭习惯当中。坦率得奇怪”。[1]

第二天早上，总统宣布美国在古巴上空的太空探测仪发现了古巴地面上有苏联导弹。总统是在来参加艾尔索普的宴会那天早上才刚刚看到这些照片的。他在花园里跟奇普·波伦的谈话就是关于如何拿这个消息来对付俄国人。以赛亚凭着自己那种在合适时间出现在合适地点的神秘能力，在古巴导弹危机刚刚发生的头

[1] 以赛亚·伯林致艾琳·伯林，1962 年 10 月 17 日；关于肯尼迪—波伦的宴会的另一种观点，又见 S.M. 艾尔索普，《献给巴黎的玛丽埃塔》。

一个晚上就见识了舞台中心发生的事情。当他后来回想起那天晚上的情景时，总统的临危不乱和兴致勃勃使他大为吃惊。

随着这场危机的逐步发展，伯林在洛厄尔院和学生们一起观看总统的一次次电视讲话，去哈佛的桑德斯剧院参加泛滥成灾的聚会，在剧院前面有并不太有说服力的演讲者们对着黑压压的人群发表演说。以赛亚照旧对这种普遍的焦虑气氛抱着冷眼旁观的态度，当为他打扫的女工不安地问他是否会发生战争时，他对她说不会的。[1]

危机结束之后，白宫很快再次打来电话邀请他参加由肯尼迪夫人组织的一个小型庆祝会。总统"高兴得容光焕发"，不过他透露说，"古巴二号"决不会完全抹去"古巴一号"（小猪湾惨败）身上的污点。这次和总统谈话变得容易一些了，不过伯林在写给诺埃尔·安南的信中坦白地说自己"根本不擅长坐在圆桌旁边，讨论洲际弹道导弹、中程武器、印度阿萨姆邦的战略重要性，或者甚至是英国国防部长的隐私"。[2] 至于肯尼迪，伯林对他的感觉是，他正在自觉地努力要在历史当中赢得一席之地，努力要成为一个能胜任与苏联的大决战的人。他说他并不期望自己的任期风平浪静，很明显，他觉得自己在赫鲁晓夫身上发现了他的莫里亚蒂[3]。同样清楚的是，他的父亲作为一名绥靖政策提倡者的名声依然纠缠着他，而且对慕尼黑阴谋进行的类比使总统相信，

[1] 以赛亚·伯林致艾琳·伯林，1962 年 10 月 30 日。
[2] 以赛亚·伯林致诺埃尔·安南，1962 年 12 月 6 日。
[3] 福尔摩斯的主要对手、犯罪高手。——译注

对于苏联方面的任何侵犯行为“必须马上予以还击”。肯尼迪这种自我戏剧化的性格，这种将他自己视为一个受命于天的人物的观念，让伯林觉得既迷人又无趣。当他放松得竟能给总统讲一个关于列宁私生活的“十分轻薄的故事”时，总统猛地打断了他，很明显不喜欢用这样轻浮的态度来谈论历史问题。

尽管这次总统对他态度冷淡，很快他又接到了邀请，这回是在希克里山鲍比和埃塞尔·肯尼迪家里的一次非正式研讨会上发表演说。伯林知道他的对手 A.J. 艾耶尔曾经在那里作过演说，但并没有取得明显的成功；当时埃塞尔·肯尼迪本想像一个好天主教徒那样讨论托马斯·阿奎那，可是好战而反宗教的艾耶尔竟将她大肆奚落了一番，直至鲍比嘘了她一声说：“别说了，埃塞尔。”一开始伯林拒绝了这次邀请，但在英国大使的数次恳求下又答应了。总统要求将这次会议改在白宫举行。这次研讨会是在 12 月 12 日的宴会结束之后召开的，与会者包括麦克乔治·邦迪、罗伯特·麦克纳马拉、阿瑟·施莱辛格、罗伯特·肯尼迪、沃特·罗斯托以及其他政府要员及夫人。艾琳·伯林在出席会议的时候发现和极富魅力的总统在一起是件非常愉快的事情。宴会结束后，总统正坐在摇椅里专心地听着，这时，伯林站起来开始讲话。如果他是一个更有野心、更懂策略、更像一个冷战专家的人，他可能就会谨慎地选择一个总统爱听的话题。但是实际上，他讲的是 19 世纪俄国知识分子在艺术上的献身精神。在这次研讨会上，他试图解释，由于接触到了热情的俄国知识分子及其对于观念所具有的社会功能的信仰，共产主义如何从起初那种“反宗教的、理论性的抽象学说”变成了列宁主义的形式：一种“狂热的、狭隘的、半宗教式的信仰”。即使是在这样一个相对来说具有学术性的话题上，伯林仍然能感觉到总统那种来者不拒的紧张注意力所具有的强大力量。他说完以后，总统问他，大革命以后那些知识分子的命运是什么——那些合作者的命运，那些抵制者的命运，以及知识分子的反应对革命的进程有什么样的影响。[1]伯林又一次感觉到，这位总统正在对每一个人进行衡量，谁会勇敢地面对压力，谁会在什么地方中途不支，就好像这些问题也正是他不断向自己提出的。

研讨会结束以后不久，还是在那个月，伯林正和斯图尔特·汉普希尔一起站在纽约的卡莱尔宾馆的大堂里，准备上楼去看望他的岳母。这时电梯被封锁了起来，谁也不许离开大堂一步。大厅里突然被特工和警察挤得满满的，他们列队排成楔形向前走着，脚步轻快地跟在队伍后面的是总统。他一眼看见了以赛亚，走过去握了握他的手，问他在这儿做什么。伯林说自己只不过是个追星族，在等着他为自己签名。总统笑着再一次称赞了他的那次演说，还说他们一定还会见面的。然后他走到车旁，绝尘而去。

总统对伯林的注意显然让他觉得受宠若惊，但是他仍然不

[1] 根据对伯林和艾琳的访谈，见沃尔夫森学院亨利·哈代的伯林档案，1995—1996年；以赛亚·伯林致艾琳·伯林，1962年10月30日；又见以赛亚·伯林致莫里斯·鲍拉，1962年10月27日。在白宫的谈话重印时修订为“艺术的责任：一份俄国遗产”，见《现实感：观念及其历史研究》（伦敦，1996），亨利·哈代编，帕特里克·加德纳序，194—231。

像他的朋友们那样被肯尼迪明星般的魅力深深打动。权力的光芒对他没有什么吸引力。他心里并没有什么能被权贵人物利用的那种由于知识分子生活中被动、旁观者式的局限而积蓄的挫折感。他喜欢卡米洛特的壮观，但内心深处却不为所动。卡米洛特对他的兴趣代表了他在美国东海岸赢得的声望的顶点。在到白宫拜访过几次以后，他再也不会受到这样的恩遇了。他很精明，看得出英国人在华盛顿的显赫地位自从罗斯福当政的那些年以来已经一落千丈。他在给普林斯顿的高等研究院院长罗伯特·奥本海默的信中写道，对于美国的政策制定者而言，只有俄国、中国和美国自己才是完全“实在的”；在他们眼中，欧洲没有任何鲜明清晰的个性。[1] 当他于 1963 年回到牛津的时候，伯林觉得——这还是第一次——自己回到的这个国家是一个明日黄花的二等国。

1963 年 11 月，当他正要登上苏塞克斯大学的讲台发表一篇演说的时候，他获悉了总统遭人刺杀的消息。大约有十分钟的时间，他觉得自己一句话也说不出来。然后，他对这一消息没有发表半点评论或提及只言片语，而是径直走了出去，按原定的安排读起了他关于马基雅维利的演讲稿。[2]

[1] 以赛亚·伯林致罗伯特·奥本海默，1962 年 12 月 4 日。
[2] 根据对伯林和艾琳的访谈，见沃尔夫森学院亨利·哈代的伯林档案，1989 年。

十六

受困的自由主义者，1963—1971

60年代初，伯林已经赢得了一种独特的名声，既不是作为一名历史学家，也不是作为一名哲学家，而是作为一位与众不同的历史哲学家。这虽然使得他自成一派，但同时也引来了批评者们的怀疑，不明白他到底在干什么。由于他最具特色的见解都是以对他人——赫尔岑、维柯、马基雅维利——的观念进行诠释的形式来表达的，他自己的独创性并没有展露出来。然而这种方法却是适合于他的气质的。他缺乏约翰·罗尔斯或是赫伯特·哈特所具有的那种进行持久的抽象说明的能力。思考对他来说始终就像是与一位朋友或一本书所作的对话。一张白纸只会让他害怕，而一页维柯的作品却能激发起一个接一个的思想火花。幸亏他始终致力于在表面的历史相对性之下维护自由主义原则的有效性，如果不是有这种努力把他所写的文章贯穿为一个整体的话，结果只会是一堆机智却杂乱无章的东西。

60年代初期，他开始相信这个问题只是在浪漫派产生以后才在西方哲学中变得突出起来。1965年3、4月间，他在华盛顿的国家美术馆发表名为“浪漫主义的思想来源”的梅隆系列讲座——这又是一次在大批听众面前发表的经过事先准备但没有讲稿的长篇即席演说——其中提出，在浪漫派时代以前，人们根本连想都没有想过各种价值观念可能会互相冲突；这一主张引起了人们的争论。在浪漫派之前，严肃的哲学认为，任何一个真正的问题都必定有一个正确的解答，所有的人都可望理解这些真理，所有这些真正问题的真正解答都必定可以和谐共存。[1]

他知道，仅仅提出这三种理性主义的信条不免将启蒙运动那些相互矛盾的冲动简单化了。但他是有意进行这种简化的，目的是为了阐明对这些信条表示怀疑的浪漫主义运动遗传给现代的那个哲学问题。首先，由于将人类设想为一种善于表达的生物，通过劳动和艺术创造出自己的本性和特点，浪漫主义者们明确地赋予了人类天性以历史的意义。既然人类的天性并非始终不变的铁板一块，那么，同样的真理在不同的人群眼中也就不会永远相同。每一种文化都有自己的重心，赫尔德称之为“Schwerpunkt”（引力中心）。[2] 因此，相信每个人类社会都坐在一辆名叫进步的大篷车上驶向同一地平线，这种想法是难以理解的。

在 19 世纪 20 年代之前，由于浪漫主义者的存在，理性主义的三根支柱一根都没有树立起来，这就是：人类所有的问题都有一个正确的答案；对所有的人类而言真理是相同的；人类的各种价值观念永远也不会相互矛盾。从对西方理性主义假定的这种攻击中产生出了一套崭新的价值观念——真诚、真实和宽容——这些品质以前从来没有得到过人们的赞美。约翰·加尔文或是伊那爵·罗耀拉从来没有想过在宗教斗争中与自己

[1]“浪漫主义的根源”，梅隆系列讲座稿，华盛顿，国家美术馆，1965 年，未发表的抄本，伯林档案，沃尔夫森学院［《浪漫主义的根源》，亨利·哈代编（伦敦，1999）］，第二篇演说稿，28—30；演说时名为“浪漫主义的思想来源”，原因是索尔·贝娄的《赫佐格》（1964）的主人公致力于名为“浪漫主义的根源”的系列演说，不过没有成功。亨利·哈代将于 1999 年出版这次系列讲座的讲稿，届时将恢复其原有的更为响亮的名字。

[2]“浪漫主义的根源”，82。

为敌的那一方的真理可能是值得尊敬的。[1] 那都是些该死的异端。到 1820 年的时候，“真诚”本身已经变成了一种美德，而支撑“真诚”的“真实”也已经开始得到不同信仰的人们的珍视。在赫尔德之后，欧洲文化将“宽容”作为对真理和价值多元性的认可而加以接受。除此而外，浪漫主义者还引入了“文化的差异性本身是一件好事”这一观念。真诚、真实、宽容和差异，这些新的价值观念构成了现代自由主义者的个人主义的先决条件。而浪漫派对于悲剧的想法更是改变了现代政治学。在浪漫派之前，人们一直相信悲剧是由于错误或者“人孰无过”的人类天性而产生的。但是在浪漫主义者所揭示的世界中，悲剧则是不可避免的：在生命的终极目标这个问题上，人们必定会发生争执；而且这些目标本身也是冲突的。世上所有美好的事物不可能同时降临。价值观的冲突和悲剧性的损失都是不可避免的。

为什么伯林对浪漫派的悲剧思想这么感兴趣呢？尽管他已经获得了外在的成功和内心的安乐，在他心目中，60 年代的自己却是一个身陷重围的人：左派厌恶他，右派又怀疑他；由于太富于怀疑精神而难以取信于有责任感的人们，太强烈的责任感又让他在为现状进行辩护的人们中间始终觉得不自在。在众人面前，他摆出一副欢天喜地而又冷嘲热讽的态度来应付这些冲突；但是他心中常常被一种感觉困扰着，如果说这不是悲剧感的话，那必定是一种对必然性的觉察，他觉得自己一旦承

[1]《浪漫主义的根源》，182—187。

担起自身的义务，就会不可避免地失去一位亲爱的人或是一件心爱的东西。他内心的矛盾不仅仅和政治上的同盟有关；它们其实主要同他的学术道德有关。他那些讲座的形式——在普通听众面前做的那种全景式的概括——让他心中产生了深深的不安。在梅隆讲座之前，他的继子菲利普·哈尔本记得，伯林的心情焦虑得简直可笑，他坐立不安，毫不怀疑他的讲座会是一场可怕的失败。[1] 但是实际上，这些讲座取得的成功让他名闻遐迩，1966 年 8 月和 9 月，这六次讲座全都在 BBC 广播电台中播出，并且听众们的回应几乎全是赞美之词。[2] 但人们的喝彩声永远掩盖不了他自己内心的声音。在 1963 年 1 月写给理查德·克罗斯曼的一封信中，他透露出心中隐藏的对于自身想法之合法性的怀疑：

> 至于我自己，是陷入了四面八方的重围之中：你觉得我是一个小心而敏感的逃避问题的人；别的人几乎全都谴责我在论战当中不够温柔敦厚，进行概括的时候太过轻率，对精密分析既不够谨慎也不很重视，而且缺乏学术上的中立性。所以我这样做该死，那样做还是该死。[3]

伯林曾经对整个六七十年代始终是他最好的朋友之一的纳

[1] 根据对菲利普·哈尔本的访谈，1998 年 3 月。
[2] 亨利·哈代，“以赛亚·伯林的广播讲话稿”，伯林档案，沃尔夫森学院，第 33 条。
[3] 以赛亚·伯林致 R.H. 克罗斯曼，1963 年 1 月 31 日。

菲尔德学院社会学家琼·弗拉德承认，他内心的分裂远比表面上看起来要严重，他对于不同道德目标的冲突的认识是从他自身的内心体验中产生出来的：

> 我觉得，我自己发现的唯一一条真理，就是不同目标发生冲突的必然性。因此有了反18世纪、反赫伯特［·哈特］、反实证主义、浪漫主义以及诸如此类。关于人类事务的所有核心信念都源于个人困境：柏拉图是如此（我敢肯定），康德、休谟、斯宾诺莎、弗洛伊德、马克思等也无不如此。……我兴高采烈而又漫无目的的外表与我心中始终不肯平静的焦虑不安之间的差距实在是太奇怪了。[1]

让他的思想具有共鸣力的是对他自身内在分裂的这种认识，虽然伯林从来没有在他的学术作品中进行过明确的自我描述，它却始终在暗处发挥着作用，促使他去强调当人们被迫在自身天性的不同方面之间做出选择时发生悲剧的潜在可能。

这种悲剧感深化了他的思想，并且将他的作品引向他从来没有力量去面对的那些问题。直到这个时候为止，他还很少提及本民族遭到的大屠杀，他的学术重心是落在苏联的而不是纳粹的极权主义上面。自50年代末以来，他开始了对法西斯主义的严肃思考，将纳粹主义的观念渊源远溯到浪漫派。浪漫主

[1] 以赛亚·伯林致琼·弗拉德，1968年7月5日；又见伯林致琼·弗拉德，1967年8月：“……我总是想让每个人都感到满意，就像那句俄国谚语说的那样，既想让狼吃饱肚子，又想让羊群安然无恙；我敢说，在这个世界上不可能有这样的事情……”

义者们对于德国文化与众不同特性的强调无法弥补地粉碎了欧洲文化的和谐一致：

> 如果我是一个德国人的话，我就会去寻找德国的长处，我会去写德国的音乐，去对古代日耳曼法进行再发现，我会去培养自己身上每一样能够让我成为一个尽可能丰富、长于表达、多才多艺的完完全全的德国人的东西……那就是浪漫主义的最高理想。那些古老的预设在一夜之间统统消失了。生活的共同理想是什么？这一想法本身已经失去了它的恰当性。[1]

浪漫派遗留给后人的是身份政治的暴政：对一种不受其他种族、宗教、性别或国籍污染或侵犯的，可以辨别的个人身份的着迷发挥。一位不得不为自己制造一个身份的流亡者竟能对浪漫派自我创造的理想持这样的怀疑态度，这是意味深长的。在自由的状况下，自我创造可以是无害的，偶尔还可以是高尚的，但是在拿破仑或希特勒的手里，它就可能发生质变，蜕化成了为按自己恶魔般的意愿来塑造他人的行径进行辩护的理由。浪漫主义不仅为世界贡献过像贝多芬这样住在小阁楼上的英雄人物，也造就过希特勒这样的一个民族的艺术家：

> 就像艺术家把不同的颜色、作曲家把不同的音调混合

[1]《扭曲的人性之材》（伦敦，1990），亨利·哈代编，191。

> 在一起那样，自居为造物主的政治家也将自己的意志强加于他的原料之上——普通的、缺乏才能的人，大多对于自己体内沉睡的各种可能性懵然无知——并将他们塑造为一件灿烂的艺术品：一个国家或是一支军队或者某种伟大的政治、军事、宗教、法律结构。这种做法可能会需要有人受苦；但是就像音乐当中的不谐和音一样，这对于整体的和谐和效果是必不可少的。这些伟大的创造活动的受害者们必须从这样一种觉悟中得到安慰并且感到得意，那就是，他们由此被提升到了凭其自己较为低劣的本性之力永远也不可能达到的高度。[1]

浪漫主义对于20世纪的政治非理性主义的贡献是将领袖美化为艺术家一般的造物者。同时，它也促进了那种认为人类只是一个单一的物种，其中所有成员都有权得到相同形式的道德考虑的观念之粉碎：

> 将人分为两类——严格意义上的人以及其他某些较为低劣的生物、劣等种族、劣等文化、低于人类的造物、受到历史谴责的民族或阶级——这样的做法在人类历史上还是一种新鲜事。它是对普遍人性的否定——而那正是以前所有宗教的和世俗的人道主义成立的前提。[2]

[1]《扭曲的人性之材》（伦敦，1990），亨利·哈代编，193—194。
[2] 同上，179—180。

伯林认为，20世纪的灾难在于它的两大乌托邦——斯大林的和希特勒的——否定了人类不可分割的整体性。一个共产主义的虔诚信徒根本不会试着去说服一个资产阶级或贵族相信共产主义原则的真实性：他们是阶级敌人，要么接受再教育，要么被处理掉。同样，法西斯分子也不会屈尊去与犹太人、吉卜赛人或其他种族敌人讲道理。他们将被像害虫那样消灭掉。浪漫主义否认世界各地所有的人都是一样的，而这最终将会导致对其中一部分人生存权的否定。

在他关于另一位法西斯主义先驱约瑟夫·德·迈斯特的一篇长文中，伯林把重点放在对暴力的浪漫化上。德·迈斯特把人理解成一个暴烈的艺术家，在他的身上，牺牲自我的愿望就“像（他）寻求自我保护和幸福的愿望一样根本”。[1] 当浪漫主义者们开始赞美冲突、然后颂扬动荡和压力、最后是暴力的时候，他们就为纳粹主义的生根发芽提供了观念土壤。伯林并不清楚这些东西是如何对纳粹意识形态发生影响的。在哪种历史意义上才能说德·迈斯特是法西斯主义的“先驱”呢？希特勒从来没有听说过他的名字。但实际上伯林真正考虑的并不是法西斯主义的历史谱系。他的问题是哲学上的：他试图理解启蒙运动对于道德普遍性的信仰是如何被改换成浪漫主义对于人类天性中所有非理性成分的赞扬的。[2]

[1]《扭曲的人性之材》，121。

[2] 根据对伯林的访谈，见沃尔夫森学院亨利·哈代的伯林档案，1990年1月1日；又见以赛亚·伯林致笔者，1991年6月7日：“我并不认为纳粹的行为——在你我的意义上——有什么越轨之处；或许他们当中的一部分是这样，但是（转下页）

使得伯林与众不同的是，他有意识地超出了前人划定的学院自由主义的范围——约翰·罗尔斯、赫伯特·哈特和罗纳德·德沃金在此领域中将康德和密尔的文化遗产加以改造，使之适应于现代社会——投入了现代非理性主义黑暗的灌木丛中。伯林是这样做的唯一一个真正重要的自由主义思想家：他不辞辛劳地闯入了与自由主义不共戴天的敌人的精神世界中。

而这又会将他置于何地呢？他最终能够从浪漫派对其自身前提的攻击中抢救出什么来呢？这里关键的一篇文章是“欧洲的统一及其变迁”，这是他1959年在阿姆斯特丹欧洲文化基金会发表的一篇格调低沉的演说。它的根本目的在于理解是哪些价值观念在希特勒和斯大林的手中得以完整地保全其正统性。他列出的单子上只有为数极少的一两项，不过却十分中肯：首先是一种叫作“人类天性”的东西，因为我们所有的人都有着同样的“生理、心理和神经结构”，同样的身体以及同样的感受痛苦的能力。[1] 其次，我们都是道德生物：如果缺少了哪怕是错误的或者不充分的道德考虑的话，我们就不配称为人。从这一共同的基础——相同的身体和共同的道德言语——出发，

（接上页）一般的纳粹、道德白痴、病态的杀人凶手、斯大林和希特勒的某些手下要么是要么会成为的那种病态施虐狂，却都不是这样。但是如你所说，我将他们视为被一种普遍存在的感情坑害了的人，那就是民族主义，他们被它驱使到了病态的极点；但还并不是灭绝人性的；他们从来自经验的胡说——不过是可以理解的胡说——当中吸取营养，这些谬论表明了普遍存在的对于生活的误解——但并不是灭绝人性的。”见笔者，“理解法西斯主义”，见A. 与E. 马加利特编，《以赛亚·伯林》，135—146。

[1]《扭曲的人性之材》，203。

我们在遇到非人类的生物时就能够辨别它们。至于为什么曾经通过歌德和席勒接受了欧洲共通文化熏陶的男男女女竟能把自己的同伴们当成这样的害虫来看待，他并没有就此举出令人信服的理由。他只能说，将人类视为害虫是从可以证明其为错误的前提出发进行的推理。但是为什么这样的推理竟然曾让一个大国的整个政界以及欧洲上百万的支持者们信服，他却说不出来。可那时候又有谁能说得出来呢？

以赛亚可以断言的是，20世纪发生的丑恶行径使得欧洲的良心重新觉醒了。“因为这些准则受到了藐视，我们就被迫意识到了它们。”自第二次世界大战以来，曾经发生了一次向“古代自然法概念”的回归——这一次维系它的是对人类的恐惧而不是信心。[1] 他坚持认为，种族优越性观念对于人类普遍性的否认最终将通向何处现在已经很清楚了。人类终于已经进行过所有必要的实验：现在再也不可能否认，人类只能要么尊重自身物种的一致性，要么就干脆灭绝。除了这些支离破碎的暗示之外，他并没有进一步探讨对道德普遍性的信仰如何可以得到巩固。他厌恶喋喋不休的说教。他最多是说，任何政体“首要的公共责任”就是“避免采用那些会造成痛苦的极端手段”。[2]

这些闯入黑暗的冒险行动又将他置于何地呢？一度就学于伯林的拉里·希登托普曾经评论说，他的老师喜欢趁着白天闯进浪漫主义的非理性领域，但是一到夜幕降临又总是会回到启

[1]《扭曲的人性之材》，204。
[2] 以赛亚·伯林，“理想的追求”，见《扭曲的人性之材》，17。

蒙运动这里来。[1]这确实道出了五六十年代伯林学术历程的不确定性。但是到最后，他在欧洲浪漫派那个受人赞颂的黑暗世界中进行的历险，使得他再也不可能完完全全地回到启蒙运动宁静的古典光辉中来了。他相信理性，但并没有走过头；他相信道德普遍性，但也知道它们并没能赢得多少狂热的信仰者。人类在为他们自己对某种东西的憎恨寻找理由的时候绝对足智多谋。他希望欧洲从这次深渊之旅中吸取教训；他深信，集中营为一种普遍的道德律之必要性提供了最确凿无疑的理由。但即使是在自己这种温和的满怀希望的主张面前，他也保持着他始终不改的态度：一个明智、警惕而且绝对现实的怀疑主义者。

1965 年发表梅隆讲座的时候，伯林已经五十五岁了。曾经为他的学术生活最惊人地富有创造力的时期提供过能量的那些冲动，现在开始以一种神秘的方式消退了。自 1949 年 1 月的哈佛之行以来，他已经写出了令他闻名于世的作品。他不得不把自己身上所有那些互不相让的身份——犹太人、俄国人和英国人——捏在一起，以达到这种异乎寻常的专心致志。一旦那种要说话的冲动耗尽，他就完结了。

到 60 年代，他几乎已经成了像谢尔顿剧院或拉德克利夫·卡梅拉图书馆一样有名的牛津一景。但他知道，做牛津的要人是一种应当避免的命运。他只要看看莫里斯·鲍拉就知道为什么了。他的老朋友现在酗酒成性，成天大喊大叫，讲关于 30 年代的乏味故事，还常常“屁股向下”——这是他用来表

[1] 根据对拉里·希登托普的访谈，1994 年。

示跌坐在地的说法。[1]

与艾琳的婚姻让伯林得以避免成为一个鲍拉式老光棍的命运，而他自己在学术上的年轻心态又使他免于变成一块化石。他从来没有刻意地去发展与青年一代的友谊，但是他们自然地被他所吸引，因为在他身上看不到那种大学者常有的傲慢。结果，他成了1960年代政治思想复兴运动的中心人物，特别是在年轻的马克思主义者们当中。虽然他不同意他那些信仰或是接近马克思主义的研究生们的见解，但是他们在道德上的急切让他想起了他所钟爱的19世纪俄国知识分子。不过，当一个名叫诺曼·伯恩鲍姆的学生声称异化（alienation）是他探索"一条走出目前不满情绪的道路"必不可少的"形而上学起点"时，伯林对这一说法毫不理会，认为这是一种典型的中欧世俗神学论点，只会混淆而不是澄清那些不管是什么样的不满情绪。"异化"这一概念"预设了某种人间天堂存在的可能性，那便是一种事物的理想状态，它是所有问题的解决之道，是一切价值观念的和谐共存"。[2] 而这正是他的自由主义所反对的东西。伯林对于1960年代马克思主义复兴中那个核心的预设——青年马克思和老年马克思之间存在着一种有意义的区别，即1840年代的人本主义者与1850年代的实证方法革命家的区别——也仍然抱怀疑态度。他在给哈佛的俄国学者理查德·派普斯的信中写道，从斯大林主义的后果当中拯救不出什

[1] 以赛亚·伯林致琼·弗拉德，1968年8月16日。
[2] 以赛亚·伯林致诺曼·伯恩鲍姆，1959年12月5日。

么信奉自由主义和人本主义的马克思；只有一个相信“迅速的打击和暴动”的青年马克思，和一个求助于较长期革命的老年马克思。[1]

伯林1960年代在美国各所大学担任客座教授的经历把他直接放进了激进派的大锅里。在1968年哥伦比亚大学发生学潮的时候，他在离警戒线如此之近的地方发表了一次演说，以至于朋友们让他把湿手帕放在嘴和眼睛上，以免受扔到他附近的催泪弹之害。他的两个信奉马克思主义的研究生伯特·奥尔曼和马歇尔·伯曼当时也在场，准备在有人诘问他的时候为他辩护，如果有必要的话甚至准备保护他免受身体上的攻击。[2]对一个自由主义哲学家而言，这一时刻不容乐观。

和他自己那一代中的许多人不同——比如说斯蒂芬·斯彭德和耶胡迪·梅纽因，他们因为自己能够与“年轻人”亲切地交谈而觉得自豪——时代的喧嚣对伯林没有什么吸引力。他将1960年代的革命视为针对战后资本主义迅速发展中的无聊、安全和缺乏生存挑战而发动的一场起义。他认为，这种愤怒“有关心理不适、伪善、缺少爱、缺少理解、缺少认同、‘异化’、阶级意识和阶级教育，而无关邪恶的或受蒙蔽的少数人对多数人的压迫”。[3]

他探讨1960年代的不满情绪的方法十分典型，那就是回

[1] 以赛亚·伯林致理查德·派普斯，1967年9月13日。
[2] 根据对伯林的访谈，见沃尔夫森学院亨利·哈代的伯林档案，1989年。
[3] 以赛亚·伯林致J.V. 史蒂文森，1963年1月21日。

溯过去，对20世纪初无政府工团主义哲学家乔治·索雷尔加以研究。在伯林的想象中，索雷尔应该能够毫不费力地理解弗朗茨·法农、黑豹党人、切·格瓦拉以及所有那些反抗帝国主义、资本主义和技术官僚统治的人。对于索雷尔和60年代那些革命党人，伯林表现出一种不无讽刺意味的同情，他同情他们对“一个由那些自身没有真正道德标准、手握日益增长的财富却深陷在粗俗和无聊之中、对崇高的事物和道德的庄严视而不见的消费者们组成的社会”所抱的憎恶之情。[1] 但是这不过是夹杂着讽刺的同情而已。在一篇号称是对索雷尔的观点进行诠释，实际上却表达了他自己内心深处的矛盾的文章中，伯林写道：“你可以说对于理性的信任是骗人的，但只有通过运用理性方法以及认识和自我认识的途径……才能发现和确认这一事实。”[2] 革命者对暴力的迷信、为反抗本身而赞美反抗以及对于理性的憎恨都是危险的、不能纵容的。

他对于1960年代哲学的反感在这十年当中与日俱增。1962年，他在哈佛遇见了赫伯特·马尔库塞，觉得那是一个和蔼的德国咖啡馆里的知识分子。当马尔库塞渐渐在学潮当中扮演起了领袖角色的时候，伯林对其也越来越不抱幻想。1969年，他在一期《遭遇》上读到了马尔库塞的一句话：“集中营里的世界并不是一个异常恐怖的社会。我们在那儿看到的是一幅——在其典型意义上而言——我们每天都深陷其中的那个地狱般的社

[1] 以赛亚·伯林，“乔治·索雷尔”，见《反潮流》，328。
[2]《反潮流》，330。

会场景。”[1] 这种说法在伯林的学术思想上引发了一场少见的怒火。在写给琼·弗拉德的一封信中，伯林大声疾呼：

> 难道你居然会相信这样的一个人吗？难道你居然会觉得他能够说真话或是有高尚的表现吗？倒真是个让人着魔的老家伙！让他们全都见鬼去吧……[2]

在他一生所写的全部书信中，只有为数不多的几封确实可以说是在大发雷霆，在其中的一封里，他又严厉地指责了产生出马尔库塞的那种环境：

> 恐怖而扭曲的中欧，在那里没有什么正直、简单、真实的东西，所有的人际关系和所有的政治态度都被这些可怕的受害者们扭曲成了可怕的形状，这些人因为自己不健全，便不承认世界上有任何纯洁无瑕的东西！

以赛亚想到的不仅仅是马尔库塞，还有汉娜·阿伦特。他第一次遇见她是在1942年，当时她正在为一个犹太复国主义解放组织工作，50年代初，当她在《党人评论》和德怀特·麦克唐纳以及玛丽·麦卡锡一起工作的时候，他们俩又见过一次。

[1] 莫里斯·克兰斯顿，“赫伯特·马尔库塞”，《遭遇》，第32期，1969年3月，38—50。
[2] 以赛亚·伯林致琼·弗拉德，1969年3月8日；又见以赛亚·伯林致格尔肖姆·肖勒姆，1972年2月18日。

第二次遇见她时，她已经宣布放弃了犹太复国主义，他则无法相信这样一个在如此根本的问题上也会改变立场的人。[1] 他也觉得她的部分思想——例如，古希腊人并不尊重工作（work）——是错误的，因而削弱了她那些备受赞誉的著作（《人的境况》等）的力量。当 1962 年她那本《艾希曼在耶路撒冷：一份关于平庸的恶的报告》出版以后，他的厌恶之情达到了顶点。以赛亚自己在艾希曼受审时也在耶路撒冷，和阿伦特一样，站在玻璃笼子里那个戴眼镜的被告那种平庸也给他留下了深刻的印象。但是她所谓欧洲犹太人原本可以更为有效地抵挡那场大屠杀的论点让他暴跳如雷。他只能把这种说法看成是一种人身攻击。他自己的人民，里加那温和、无害、并不假装自己是英雄的沃尔什沃诺克和施内尔森家族，居然因为安然无恙地待在纽约而遭人指责，说他们没有勇敢地站起来反抗纳粹党卫军，这种看法在他看来是一种怪异的道德幻想。[2] 从安全的境况中，无法对处于危险当中的人的行为进行任何道德判断。即使他们当时选择了积极的合作，也不能对其加以毫无保留的谴责。[3]

[1] 以赛亚·伯林致伯纳德·克里克，1963 年 11 月 4 日："因为 1942 年我遇见她的时候，她狂热的犹太民族主义——现在已经变成了另一个极端——在我印象当中太过分了。"

[2] 以赛亚·伯林，"在哲学与观念史之间：与斯蒂芬·卢克斯的对话"，伯林档案，沃尔夫森学院，43："在如此极端的情形之下，这些受害者们所采取的行动都不应该（请阿伦特小姐原谅不同意见）受到谴责。他们所做的一切都应当被看作是完全正当的。那些从未经历过如此骇人听闻的处境的人却来对有此经历的人之决定和行为进行评价，这是一种难以形容的傲慢。无论褒贬都不合适——正常的道德范畴在这里并不适用。我们对所有四种选择——包括英雄式的牺牲和以别人的生命为代价来挽救无辜者的性命——都只能报以掌声。"

[3] 见贾汉贝格鲁，《伯林谈话录》，81—85；又见《朋友之间：汉娜·阿伦特、玛丽·麦卡锡书信集，1949—1975》（伦敦，1995），1953 年 10 月 4 日，14。

当他审视那些闹学潮的学生时，这种对于60年代时髦知识分子——阿伦特和马尔库塞——的反感就深化成了智识上某种近乎绝望之情的东西。当武装起来的黑人学生们接管了康奈尔的校园时，伯林正在美国；哈佛的那些同事对他说，他们害怕学生们会放火烧了怀德纳图书馆里的书；他目睹了那些温和派学生对于大学改革的真诚忧虑被暴力的虚无主义所控制，这种虚无主义甚至懒得为自己的危害性寻找理由。他在1969年初从纽约给伯纳德·威廉斯的信中写道：

> 在那些拒绝对自己想要什么、试图如何来完成、有哪些原则以及如何对道德损失进行估量这些问题做出理性回答的人们身上，有什么我们真正不明白的东西吗？[1]

60年代的这种经历让他很不舒服地意识到，他没有理解浪漫主义对于真诚和真实的尊崇所带来的虚无主义后果。在纽约的校园和大街上游来荡去的那些像基督一样留着胡子的身影上，他看到的是被发展到极致的浪漫主义。[2] 在写给与他合作过的BBC的老朋友尼乌塔·科林的一封信中，以赛亚向她坦白了他与当时的浪漫派虚无分子之间感情上的距离有多么遥远：

[1] 以赛亚·伯林致伯纳德·威廉斯，1969年2月19日；又见以赛亚·伯林致格里·科恩，1969年2月10日。
[2] 以赛亚·伯林致莫里斯·鲍拉，1969年4月2日。

> 我们的年轻人当中野蛮风气——我敢说每一代人都有过这种风气——的飞速滋长让我感到压抑。我们那个时代的革命者们对知识和智力怀着某种敬意，试图向敌人学习怎样使用那些武器——不管是什么样的武器——哲学或历史学或数学或科技，以便为他们自己的目的服务。这一代人以无知为荣，用机械公式来处理任何困难或复杂的事情，总的来说他们都对历史感到憎恶，希望把过去统统扔掉（如果说这是企图回到更古老的过去当中，我还可以理解）——我们不可能回到或是利用未来，那只不过是一个空洞无物的词语罢了！那些老虚无主义者们至少还认为自己尊重科学，这些人却将粗鲁与真诚混为一谈，当别人提起文化的时候，他们真可以说是不由自主地伸出手，抓起一块石头就要扔过去。不过我不能再继续这么哀叹下去，这样听起来就像是某位从屠格涅夫那儿来的腐朽的自由主义者。[1]

在当时的重大话题——越南——上，伯林的立场让谁都不能满意，甚至包括他自己在内。60年代与他关系最亲密的一些美国人——像《纽约书评》的创立者兼编辑罗伯特·西尔弗斯——都在激烈地反战。其他像阿瑟·施莱辛格和麦克乔治·邦迪这些人则被自己在肯尼迪当政时期美国建设越南的过程中充当的角色所累；还有另一些像乔·艾尔索普那样的人是毫不妥协地支持对军事胜利的追求。伯林庆幸自己和这些彼此

[1] 以赛亚·伯林致安娜·科林，1968年10月1日。

之间几乎不共戴天的朋友们都还保持着良好的关系。[1] 但是他这种超然事外的态度激怒了那些认为这个问题生死攸关、严肃得不允许对之漠不关心的人。

1967 年，有人请他为一本名为《作家们在越南问题上的立场》的书写一篇文章，书中汇集了大西洋两岸著名学者的主战和反战声明。伯林写了一篇暧昧的短文，文中认为越南问题远比 30 年代的西班牙要模棱两可得多——当时他认为对实行共和制的西班牙应当予以支持。而在越南问题上，他认为美国人不应当进行干涉，但是由于他们为越南出过那么多力，他们也不可能突然间仓促地撤离，否则南越人就会被共产主义军队消灭殆尽。他对双方的核心意见都表示接受：美国的干涉是错误的；多米诺骨牌理论——继共产主义在越南的胜利之后，该地区其他亲西方政府很可能也会垮台——碰巧说对了。他就是不明白美国的政策怎么才能让这些多米诺骨牌维持不倒。这种立场既不能让学生当中的极端分子满意，也不能让像艾尔索普这样的保守派朋友们满意。[2]

伯林想要说服自己，左派和右派对他不约而同的蔑视证明他这种温和的立场是具有远见卓识的；但是实际上，他常常觉得自己在一种由激烈的派别斗争和被激起的热诚构成的道德气氛中茕茕孑立，暧昧可疑。他对曾在牛津攻读研究生的加拿大

[1] 以赛亚 · 伯林致琼 · 弗拉德，1969 年 3 月 28 日。
[2] 以赛亚 · 伯林在塞西尔 · 沃尔夫与约翰 · 巴古利编，《作家们在越南问题上的立场》（纽约，1967），20—21。

政治家约翰·罗伯茨开玩笑说，他现在是被“当作自由主义的一只已经灭绝的乳齿象”来对待的，人们把他当作“J.S.密尔最后的微弱回声，作为无害而可敬的老古董来加以温和的对待”。[1] 当然他是在开玩笑，但这也不完全是玩笑。

他比大多数人都更先意识到冷战正在走向结束。他在给麦克乔治·邦迪的信中写道：“我觉得文化上的冷战——两支大军的相互厮杀——似乎已经分解为双方之间以及两军内部一小团一小团的混战。”[2] 他再也分不清楚应当为哪一支军队而战了。这种新的混战的表现之一是法国和意大利出现的景象：学生们脱离了资产阶级，加入革命斗争，以共产党支配下的工会中的反动分子为彻底打击对象。以赛亚在写给意大利历史学家弗朗科·文图里的信中说：“后悔莫及的资产阶级暴动反对骑在他们头上的扬扬得意的无产阶级，是当代最奇特的现象之一。”[3]

随着60年代的过去和70年代的到来，伯林越来越对屠格涅夫感到认同，后者也是一个忍受了左派和右派的怀疑和厌恶的人物。他对他的朋友、波兰泛斯拉夫主义历史学家安杰伊·瓦利茨基坦白说：

我继续想着屠格涅夫：他陷于一种与我们不无相似

[1] 以赛亚·伯林致约翰·罗伯茨，1970年4月21日。
[2] 以赛亚·伯林致麦克乔治·邦迪，1969年10月15日。
[3] 以赛亚·伯林致弗朗科·文图里，1969年11月28日。

之处的处境中，就像他所说的那样，无法“将自己变得简单”，他不断地遭到两派的攻击，始终急于取悦年轻人，然而当危机降临的时候，他却没法彻底地——尽管他完全能够——在当局面前卑躬屈膝，这招来了赫尔岑和那些比他更左的人的愤怒。[1]

1970 年 10 月，伯林选择了屠格涅夫的作品《父与子》作为在挤满听众的牛津谢尔顿剧院发表的罗马尼斯演说的主题。这次演说是在一个激进主义年代里为自由主义的温和性质进行的辩护。[2] 他把屠格涅夫在面对 19 世纪 70 年代的激进分子们时的困惑与他自己的做了一次坦率的比较。和屠格涅夫一样，以赛亚也是一个对激进倾向感到着迷、自己却成不了一个激进主义者的人。和屠格涅夫一样，他也有一种超自然的移情禀赋，“一种能够体谅有时与自身极不相容的陌生信仰、情感和态度的能力”。[3] 和屠格涅夫一样，他对激进主义的体谅也不能够让他抛弃自己超脱、讽刺的怀疑主义。

这篇关于屠格涅夫的文章同时也是对自由主义者的气质和自由主义政体下好公民应当具备的心理状况的间接描述。在伯

[1] 以赛亚·伯林致安杰伊·瓦利茨基，1970 年 6 月 26 日；又见瓦利茨基的“以赛亚·伯林书信选集评注”，用波兰语发表于《共和国》一刊上（1995）。
[2] 以赛亚·伯林致诺埃尔·安南，1970 年 5 月 13 日：“我想把屠格涅夫作为一个在两大危险之间（一边是陀思妥耶夫斯基和他最喜欢的乡绅，另一边则是他所欣赏的留着胡子的学生和伦敦、巴黎的革命者，这些人私下也相当喜欢他）走了中间道路，因而比半便士硬币更招人踢的人来处理……”
[3] 以赛亚·伯林，“父与子：屠格涅夫与自由主义困境”，见《俄国思想家》，263。

林看来，移情是自由主义者身上核心的能力——能够在不同于自身的陌生见解、性格和感情面前持一种开放、接受而毫无恐惧的态度。移情让人离开自由主义理性本身的范围，以理解在一个由热情的信念和强烈的激进态度推动的世界中，理性所能获得的有限收获。这样的移情并不意味着相对主义的放任：它是在冷静地确认，什么可以穿越不同信念间的边界进行协商，什么不可以。其结果是造就了自由主义生活中的道德心理学，虽然不成体系，其深刻性却毫不逊于自亚当·斯密的《道德情操论》以来的自由主义信条当中的任何一样东西。[1]

屠格涅夫引出了与另一种自由主义困境更具私人性的遭遇，那就是勇气的问题。屠格涅夫自始至终都被人指为对当权者和革命者两头讨好，又没能获得任何一方的信任。就连尊敬他的文学天赋的赫尔岑也认为屠格涅夫在政治上就像是一个支吾其辞的老女仆。同样，当伯林在英国上层社会平步青云的时候，也一直能听见有人在他背后用难听的话对他进行这样的指责：说他见风使舵，说他想要别人把他看成一个左派，但实际上和右派在一起的时候觉得更舒服。所有这些缺点加起来就等于是说，他身上缺乏那种挺直身板、能够作数的存在勇气。

在伯林的一生中，懦夫的骂名始终阴魂不散。但从他的作

[1] 亚当·斯密，《道德情操论》（牛津，1976），D.D. 拉斐尔与 A.L. 麦克菲编；又见伊斯特万·洪特与笔者合编，《财富与德行：苏格兰启蒙运动中政治经济学的成形》（剑桥，1983）。

品中看不出他是那种不惜一切代价去取悦他人的人。他的自由主义理论毫不妥协地强调悲剧选择的必要性，毫不让步地赞同消极的而不是积极的自由。他这些理论主张与其说是在息事宁人，倒不如说是在进行挑衅：产生出这些主张的是一个准备好将自己的怀疑主义推向极致的头脑；在他一生与 E.H. 卡尔、伊萨克·多伊彻、T.S. 艾略特、阿瑟·库斯勒和亚当·冯·特罗特等人进行的那些关键的论战中，伯林没有做出丝毫让步。他也从来没有做过圆滑的尾巴主义者：他是根据自己的主张来确定自己的学术方向的。他舍弃了学院派哲学，走上了一条十分独特的取径于历史与哲学之间的道路，既没有良师的指引，也没有门徒的跟随。这或许不需要勇气，但显然表明了一种并不畏惧学术风险的性格。在个人生活中，他也知道如何承担风险。他挑中了一个结过婚还拖着孩子的女人做自己的爱人，最后还让她做了自己的妻子。在他承担过的所有风险当中，这是最值得的一个。

不过勇气的问题给他带来了真正的苦恼。[1] 这个问题本身是有趣的：他本应相信，智力和成就并不能弥补意志的失败。这个问题同样也折磨着他心目中的英雄屠格涅夫。在生命的最后一年，当知道自己即将死于癌症的时候，屠格涅夫口述了一篇名为《海上火灾》的故事，叙述一个乘坐一艘波罗的海渡船从

[1] 以赛亚·伯林致琼·弗拉德，1969 年 8 月 27 日："我多么希望自己并没有继承父亲那种像兔子一样胆小的天性啊！我也可以做出勇敢的举动，但是天哪，那是经过与怯懦做出了何等骇人听闻的超人般的斗争呀！"

圣彼得堡前往吕贝克的俄国青年在船起火以后的经历。屠格涅夫再现了当这位青年周围的成年人都失去了往日的镇静、全无尊严可言的时候他心中感到的恐惧。他本人在年轻的时候就曾经遇见过这样的一场大火，有人恶意地造谣说，他向一个水手许诺，如果能够救得他的性命，就把自己的财产分一半给他，这样他才得以死里逃生。因此，《海上火灾》是一个垂死的人在试图勇敢地面对纠缠了自己一生的懦夫恶名时所做的努力。屠格涅夫的故事之所以吸引伯林，似乎是因为他被前者对自己年轻时代的缺点的毫不隐瞒所打动。屠格涅夫也承认，是的，有那么一小会儿自己是有些不知所措，而且确实曾经答应过一个水手如果能救自己的命就给他钱。但是他在几秒钟之内就恢复了镇定，后来还帮助别人比自己先上了救生艇。伯林将这个故事译成英文，于1957年在BBC电台进行了朗读，随后又自己把它重新出版印行，还在前面附上了简短的序言。在序言中，他写道：屠格涅夫“将他自身的行为描述为一个单纯、困惑并且带有浪漫气息的年轻人的行为，他既不是英雄也不是懦夫，有一点玩世不恭，有一点荒诞不经，但最主要还是一个和蔼而富有同情心的性情中人”。[1] 除了对一个老人为年轻时代的自己所作的辩护的深切认同之外，伯林显然能够看出其中还涉及一个更重大的问题。这个问题就在于，为英雄品质制定的不切实际的标准是道德专制的一种形式：判断一个人是不是英雄，不应该看他愿不愿意拿自己的性命来冒险，而是应该看在别人都

[1] 以赛亚·伯林，伊凡·屠格涅夫《海上火灾》序，见《初恋及其他故事》，243。

惊慌失措的时候，他是不是能够保持镇定，不管是在道义上还是在政治上。根据这些朴实却严格的标准，两个人都通过了他们对自己的考验。

十七

沃尔夫森，1966—1975

1965年秋，以赛亚正待在普林斯顿的时候，牛津的副校长给他打来电话，提出了一个令他感到难以置信的建议：他是否愿意考虑担任伊夫利学院的第一任院长？这是一个几乎还没有成立的新学院，牛津一共建了两个这样的学院，作为那些虽然在牛津任教，但是因为所教的课程没有足够的生源，故而在现有的学院里还没有取得研究员资格的教师们的容身之所。这些教师中大约有三分之二都属于医学和自然科学院系，剩下的则任教于各个人文与社科学部，或是担任学校行政方面的职务。创建伊夫利学院的另一个目的是为了让这些学科的研究生不至于无处可去。校方曾经向一位理论化学家提出让他担任院长，但是当校方声明无力为新学院的建设筹集资金的时候，这位化学家拒绝了这一提议。学院的新研究员们接着又推举了以赛亚。[1] 但是伊夫利几乎连草创阶段的工作都还没有完成：标志着学院成立的那些塑像5月才刚获准建造；学院本身没有专用的建筑，只在班伯里路上有一座由民宅改建而成的15号楼。学校倒是曾经拨了一块相当大的地皮以供未来的学院建筑使用，但是那块地在离牛津本部很远的地方；而且虽然牛津的四大学院——默顿、全灵、基督教会和圣约翰——都分别拨款以供伊夫利在成立之初作为流动资金使用，但仍然没有足够的钱可供修建一幢新的校舍。[2]

[1] 肯尼思·惠尔致以赛亚·伯林，1965年11月6日。
[2]《沃尔夫森学院：草创之初》（牛津，1979）（沃尔夫森学院网上版）；根据对迈克尔·布罗克的访谈，1997年。

根据第一印象，伯林觉得伊夫利永远只会是一个供校方将那些在任何一所真正的学院中都找不到位子的教师寄存其中的“废纸篓”。[1] 整个 60 年代，教授自然科学的师资力量不断增强，研究生越来越多，但是牛津对这些压力没有做出足够的反应。如果不就此采取行动的话，很快就会有太多的人虽在牛津教书却找不到适合他们自己的院系。

谁也不清楚为什么伯林会觉得这个问题要紧。他对科学没什么兴趣，当然也没有和哪位科学家建立起亲密的友谊。在社会科学方面，他则长期抱着怀疑主义的态度。[2] 十二年前，他曾经拒绝担任牛津大学纳菲尔德学院院长。[3] 现在，又有人提出让他管理一所仅有一座位于班伯里路上的正面刷着灰泥的房子的碎布袋学院。表面上看起来，这个建议似乎是荒谬可笑的。

伯林说他可以考虑一下，这显然让副校长吃了一惊，而且可能也让他自己吃了一惊。他对艾琳说，他想把它变成一座正规的研究院。从美国回来的时候，由弗兰克·杰瑟普率领的一支教师代表团前来迎接他，他发现他们都属于和自己同类的人：活泼、机智、风趣，而且因为自己不见容于牛津各学院而感到义愤填膺——这没有什么不对。当他们抱怨在其他那些学院所受的待遇时，以赛亚发现自己对他们十分同情，因为他还记得自己身为一个外人的感受。这些科学家们听到的其他各

[1] 根据对伯林的访谈，见沃尔夫森学院亨利·哈代的伯林档案，1989 年 5 月 18 日。
[2] 根据对琼·弗拉德的访谈，1995 年。
[3] 根据对伯林的访谈，见沃尔夫森学院亨利·哈代的伯林档案，1989 年；又见以赛亚·伯林致约翰·斯帕罗，1953 年 11 月 21 日。

学院找的那些借口——“他们在实验室里工作，他们不常来学院……公共休息室里没有地方了”——在他听起来跟那些富国用来否认穷困的移民们享有避难权时提出的借口一模一样。[1]这次见面似乎打破了他内心的平衡。作为一个流亡国外的人，他对于归属感理解得尤其深刻：为那些没有归属的人创建一个新的集体的机会突然深深地把他吸引住了。但是伯林并不愿意待在班伯里路15号，管理这所就像是为无家可归的科学家而设的俱乐部的学院。所以他提出了一个条件：如果自己在六个月之内筹集不到资金，这件事情就算完了。[2]

听说伯林正在考虑到伊夫利当院长一事时，著名历史学家艾伦·布洛克说他简直像是“堂吉诃德”；哲学家赫伯特·哈特觉得这件工作听起来“令人反感”；莫里斯·鲍拉说他不明白为什么要离开声名显赫的全灵学院，跑到班伯里路上一座可怜的房子里去；新学院的学监威廉·海特以为伯林疯了；而巴里奥尔学院哲学研究员马库斯·迪克则发作道：“一想到你将把自己出众的才华和你的时间浪费在召开院内会议以及担任各种委员会委员上，我就觉得不寒而栗。”[3]

他有必要对此做一些解释。他抱怨说自己已经厌烦了这种教授生活：给大学生们讲课已经成了一种负担，而且他觉得自

[1] 根据对雷蒙德·霍芬伯格的访谈，1991年7月19日，伯林档案，沃尔夫森学院。
[2] 以赛亚·伯林致肯尼斯·惠尔，1965年11月19日；以赛亚·伯林致惠尔，1965年11月30日；惠尔致以赛亚·伯林，1965年11月6日。
[3] 阿伦·布洛克致以赛亚·伯林，1965年12月1日；赫伯特·哈特致以赛亚·伯林，1965年12月18日；根据对威廉·海特的访谈，1994年；威廉·海特致以赛亚·伯林，1966年7月1日；马库斯·迪克致以赛亚·伯林，1965年12月14日。

己身上历史学家的成分太多，并不适合一个以政治理论和哲学为其严格意义上的重心的职位。[1] 他说，一个政治学教授应当宣扬某种主义，而他没有什么可以宣扬的。此外，在牛津没有人对观念史感兴趣。他觉得自己孤立无援，只有在美国他才找到了对自己思想的回应。因此，如果他能够筹集到那笔钱的话，他的计划将是一边担任在伊夫利的工作，同时每六个学期中花一个学期在纽约市立大学继续任教。

他承认自己一想到要离开全灵学院，放弃自己能够俯瞰下面的方庭和拉德克利夫·卡梅拉图书馆的风景优美的屋子，就不免感到一阵强烈的悲痛。但是除此以外，他已经做好了到那儿去的准备。全灵学院上空凝滞的平庸气氛让他的幻想破灭了。当全灵学院拒绝让一位才华出众却不易相处的奥地利逻辑学家担任研究员的时候，伯林觉得学院已经牺牲了它的学术标准。[2]60 年代中期，越来越多的人攻击全灵学院没有将它的财产与校方共享，并且没有为研究生教育出过一分力。伯林认为学院早就应该进行改革了。有三种可能的选择：第一，它可以开始接收研究生，并从此致力于研究生教育工作。伯林对这个建议表示支持，但它没有取得任何结果。第二种可能是将圣安东尼学院和全灵学院合二为一，在牛津建立一个普林斯顿式的

[1] 以赛亚·伯林致莫里斯·鲍拉，1965 年 12 月 3 日；又见以赛亚·伯林致肯尼斯·惠尔，1965 年 11 月 19 日；根据对伯林的访谈，见沃尔夫森学院亨利·哈代的伯林档案，1989 年。

[2] 以赛亚·伯林致约翰·斯帕罗，1964 年 3 月 14 日；又见以赛亚·伯林致斯帕罗，1965 年 11 月 12 日；以赛亚·伯林致 H.G. 尼古拉斯，1965 年 7 月 13 日；又见约翰·洛，《学监约翰·斯帕罗肖像》（伦敦，1998），193—212。

高等研究所，这一方案遭到了这两个学院的断然拒绝。第三种选择是用提供访问研究员职位的方法开放全灵学院，这一计划获得了赞同，并于1967年开始实施。在觉察到全灵学院不会再为研究生教育多做一点点事情的时候，伯林抓住了伊夫利学院提供的机会：他因此得以凭借自己的力量建立起一个研究生学院。[1]

他的运气和平常一样好：这一时机其实是极其有利的。这时已经很清楚，弗兰克斯勋爵将在对牛津教育状况的报告中——该报告本应于1966年6月公布——建议牛津大力加强研究生特别是科学院系的研究生教育。[2] 伯林曾经和他的朋友、在弗兰克斯委员会工作的琼·弗拉德讨论过这一报告可能提出的建议。现在他发现，自己可以用为研究生和没有取得研究员资格的“非教授教员”做一点事情的方式来报答牛津。他给马库斯·迪克写信说，如果他能够为牛津做一点实实在在而且效果持久的贡献，“我对自己这一生总的感觉就会好一些，甚至比我写出三本好书来还要好”。[3] 这是他公开的说法，私下里他则坦白地承认：“我有一种秘密的愿望，想要逃离某种东西，我想——尽管我很自然地把它合理化成为最纯粹的高尚思想。”[4] 他试图逃离的可能是对浪漫主义的研究，它隐隐绰

[1] 以赛亚·伯林与斯图尔特·汉普希尔，“怀旧”；又见以赛亚·伯林致约翰·斯帕罗，1964年1月17日以及1965年12月，日期不详。

[2]《调查委员会报告》（弗兰克斯报告），卷2（牛津，1966），i.49（第96段）；根据对琼·弗拉德的访谈，1994年。

[3] 以赛亚·伯林致马库斯·迪克，1965年12月22日。

[4] 以赛亚·伯林致帕特·尤特金，1966年2月6日。

绰看不分明的轮廓现在开始显得让人气馁了。如果说有什么区别的话，那就是他对自己作为一名知识分子的自我怀疑逐年增长。他在 1963 年曾经对一位记者坦白说："我对自己写的东西一点信心也没有。这跟钱没什么两样——你自己挣来的钱看上去总是像假币。"[1] 管理一所学院则是一条可靠的逃遁之路。但是如果把接下来的十年看作是逃避或是屈服就错了。和许多知识分子一样，伯林渴望证明自己处理实际事务的能力。他前半辈子一直在有意识地躲避责任，现在他却主动地承担起责任来，而且冒着很大的风险，因为他要做的不是接管牛津的某所初具规模的学院，而是要从零开始自己建立起一所来。

头一个问题是伊夫利的校址。现有的地皮太小，而且离市里太远。如果要想吸引捐助并且让学院真正成为大学的一部分的话，就必须在离牛津近一些的地方选一个新址。这时，伯林的运气又一次发挥了作用。11 月，就在他有条件地接受了伊夫利院长职位的时候，霍尔丹家族同意将他们在牛津北边林顿路尽头的一块九英亩地皮租给学校。经过一段时间的活动以后，这块地被拨给新学院使用。[2] 霍尔丹家的房子是一座砖砌的高大建筑，一战中科学家约翰·斯各特·霍尔丹曾经在这里进行过毒气对人的呼吸之影响的实验。现在得把这座房子拆掉，在斜伸向下面的谢维尔河草地和沼泽上建起一座新的建

[1] 以赛亚·伯林致 J.V. 斯蒂芬森，1963 年 1 月 21 日。
[2] 关于伊夫利学院的报告，1965—1966 年（牛津，1966）；又见约翰·丹西，《多才多艺的沃尔特·奥克肖特》（伦敦，1995），258—259。

筑。[1] 但是这笔钱从哪儿来呢？

伯林这辈子从来没有筹集过资金。现在该是动用他的社会关系的时候了。他联系的第一个人是当时即将继任福特基金会主席的麦克乔治·邦迪。[2] 他们俩从在哈佛的时候起就认识了，邦迪在白宫的时候两人也仍然保持着联系。伯林对身为行政官员和总统顾问的邦迪十分尊敬，但是 1963 年他曾坦率地对莫里斯·鲍拉评论道："显然，他并不介意踩着别人的尸体过去。"接着伯林又补充说，这没关系，只要不是他自己的尸体就行。[3]

他对福特基金会提出的要求其实是在利用一点：美国人对步履蹒跚的英国盟友的"高尚义务"——为了防止英国最好的科学家和学者们流失，需要建立一所新的学院；牛津本身也需要进行更新。[4] 这些说法都很有说服力，但最有说服力的还是伯林本身。他的出面使得这一提议具有了值得尊重的学术价值。福特基金会后来说得很清楚，以赛亚的参与是他们决定插手此事的必备条件。[5] 这一次，伯林的时机和运气又好得不可思议：作为新任主席，邦迪和他的理事会不免也有个"蜜月"

[1]《沃尔夫森学院：草创之初》，"新建筑"，1。
[2] 以赛亚·伯林致乔·艾尔索普，1966 年 3 月 13 日。
[3] 以赛亚·伯林致莫里斯·鲍拉，1963 年 1 月 20 日；到 1966 年 4 月，他已经转而相信邦迪确实是个有德之人。见以赛亚·伯林致乔·艾尔索普，1966 年 4 月 20 日。
[4] 根据对伯林的访谈，见沃尔夫森学院亨利·哈代的伯林档案，1989 年；以赛亚·伯林对霍芬伯格的访谈，1991 年。
[5] M. 邦迪致 L. 沃尔夫森，1966 年 4 月 20 日。

时期，于是后者准许他自作主张办这件事。[1]1966年2月，邦迪已经许下了诺言：只要他们能够再想办法从一位英国施主那里拿到一笔数目差不多的捐款，福特基金会就一定会全力以赴地支持这一项目。

作为英国学术圈中最受人尊敬的犹太人，伯林知道犹太慈善家们的大门是为他敞开的。他径直跨进了最庄严的那一扇门，找到了大通百货的创建者兼现任总裁伊萨克·沃尔夫森爵士。沃尔夫森是一位精明而虔诚的格拉斯哥人，满肚子笑话，使不完的干劲，他是靠着在零售和邮购业方面出色的眼光和惊人的敏锐发家致富的。沃尔夫森基金会成立于1955年，以前就曾经数次向牛津剑桥各所学院捐助过为数可观的资金。其创始人现在已经到了想要让自己在大学里的捐款留下纪念的时候了。伊萨克·沃尔夫森给以赛亚的印象是一位中世纪的商业巨子，他的儿子伦纳德看起来则是一个现代商人，一丝不苟，尽管沉默寡言、令人费解。[2]第一次在利兹和伦纳德·沃尔夫森一起吃饭的时候，以赛亚向他展示了与美国最大的基金会联手开办一个“合资企业”的前景。沃尔夫森提出了一个条件：伊夫利必须改名为沃尔夫森学院。[3]伯林当即答应了他，他还记得自己当时说：“如果你想让你的名字传颂千古的话，那么投资于一所学院比投资于一家医院效果要好。沃尔夫森学院真的

[1] M. 邦迪致以赛亚·伯林，1966年2月18日。
[2] 根据对伯林的访谈，见沃尔夫森学院亨利·哈代的伯林档案，1989年。
[3] 以赛亚·伯林对霍芬伯格的访谈。

会永垂不朽的。”[1] 到 1966 年 2 月底，沃尔夫森父子已初步同意，但还需要经过沃尔夫森董事会的批准。

以赛亚没有高兴多久。伊萨克・沃尔夫森听人说，在工党政府中担任教育部国务大臣的安东尼・克罗斯兰德认为，钱应当花在那些新建的大学而不是牛津剑桥上。[2] 政府首席科学顾问、伯明翰大学教授兼沃尔夫森基金会委员索利・祖克曼爵士也坚持说，是应当从牛津剑桥分流一些资金出来。[3] 具有讽刺意味的是，祖克曼对牛津的憎恨可能与他自己年轻时在那里担任解剖学讲解员的时候没能获选为研究员不无关系。[4] 虽然如此，他仍然极力反对这项意在补救他觉得自己曾经身受过的不公的计划。他的反对令人生畏，特别是当整个牛津正在对当时的平等主义精神采取守势的时候。以赛亚毫不掩饰自己的愤怒，他对一位朋友坦白地说：

> 不可能让美国人完全明白现任工党政府对牛津和剑桥的偏见之深——平等是一种高贵的观念——牛津和剑桥正是为此才要求改革——但是当对社会正义的要求采取了情

[1] 根据对伯林的访谈，见沃尔夫森学院亨利・哈代的伯林档案，1989 年 5 月 18 日。
[2] L. 沃尔夫森致以赛亚・伯林，1966 年 5 月 4 日；关于克罗斯兰德的态度，又见《泰晤士报高等教育增刊》，1997 年 1 月 3 日。
[3] 以赛亚・伯林致乔・艾尔索普，1966 年 4 月 20 日：“索利就像是剧中的反面人物：对于现有体制极端仇恨，对牛津和剑桥所持的反对态度激烈得近乎病态，对我并不特别喜欢。”
[4] 根据对迈克尔・布罗克的访谈，1998 年；索利・祖克曼，“从猿猴到军阀(1978)，第 5 章”(伦敦，1988)。

绪化报复的形式时，这就导致了压制和无缘无故的破坏，而不是改革。[1]

以赛亚给当时正在写关于学校的报告的弗兰克斯爵士写信说："现在的时髦是平等主义——但是在这儿它完全有可能造成致命的后果。"[2] 伯林说，人们提议修建的这所学院将像考文特花园一样成为国家精英集会的中心，但是就像所有这样的中心一样，它肯定会激起某一类奉行平等主义的社会民主主义者的怒火。实际上，伯林的这些计划本身就是平等主义的：不设高桌；配偶享有进公共休息室的权利；建立一个托儿所和一些家庭住宅区；以及真正采用民主方式来授予研究员资格。

但是到1966年冬天为止，这些都还只是美好的愿望而已。危险在于沃尔夫森基金会将完全退出这项计划。为了挽救学院，伯林不得不使出了他的朋友们从来没想过他居然会有的政治手腕。他动员了牛津所有学院的院长以及两位获得过诺贝尔奖的科学家——剑桥的约翰·科克罗夫特爵士和女王学院的院长弗洛里勋爵——来支持学院的建立；接着他又找到克罗斯兰德，成功地说服他改变了主意。[3] 最后，因为他知道如果听说哈罗德·威尔逊首相本人也赞成这项计划的话，对沃尔夫森父子会有多大的影响，伯林又联系了威尔逊的首席经济顾问托马

[1] 以赛亚·伯林致雷·冯·霍夫曼斯塔尔，1966年4月16日。
[2] 以赛亚·伯林致奥立弗·弗兰克斯，1966年5月9日。
[3] 以赛亚·伯林致弗洛里院长，1966年4月19日；根据对伯林的访谈，见沃尔夫森学院亨利·哈代的伯林档案，1989年。

斯·巴洛格，请他美言几句。

几天以后，伊萨克·沃尔夫森给伯林打电话抱怨说有个匈牙利共产党人给他打过电话。这个人就是巴洛格。接着巴洛格也打来电话，同样怒气冲冲地说伊萨克·沃尔夫森竟敢对**他**无礼。伯林就像抓住了救命稻草一样，荒谬地对巴洛格说沃尔夫森一定是把他错当成了马克斯·贝洛夫，并且请求他再试一次。巴洛格果真十分守信地又打了一个电话。当沃尔夫森质问他会不会把他**自己**的钱花在学院上的时候，巴洛格说他当然会这样做。这样能“把质量和民主结合在一起”。[1] 就是伯林自己也不可能找出更恰当的措辞了。很快，沃尔夫森又接到了首相打来的电话，首相声明了自己对学院的支持，让他放心——不过后来威尔逊在遇见伯林的时候向他发牢骚，说自己承受了多少压力才使事情进展到这个地步。确实是这样，好在学院终于又重新走上了正轨。

现在还必须筹划让这项提案通过定于1966年6月举行的沃尔夫森基金委员会全体会议。当得了流感的伯林从耶路撒冷飞回时，麦克乔治·邦迪也从纽约坐飞机赶到了。沃尔夫森父子俩沉默不语地看着双方争论。仍然坚持表示反对的一个主要人物就是祖克曼。邦迪以前见到祖克曼的时候就不喜欢他，后来也始终如此，这一点有助于事情的进展。邦迪和祖克曼两人都曾经参加过1962年肯尼迪总统和麦克米伦首相两人之间的

[1] 根据对伯林的访谈，见沃尔夫森学院亨利·哈代的伯林档案，1989年5月18日；以赛亚·伯林对霍芬伯格的访谈，1991年。

巴哈马会谈，邦迪在会谈结束的时候已经肯定祖克曼是个不值得信任的人。[1] 祖克曼内心中压抑的对牛津的所有仇恨现在全都显露出来，他恶毒地攻击牛津，辱骂它是英国科学的墓地。约翰·科克罗夫特听他说完以后，在桌子的另一头低声说："索利，你太过分了。"[2] 这句话一点也没错。轮到邦迪的时候，他根本没有理睬祖克曼，坚决声明福特基金会给予支持。然后他又转过头问伦纳德·沃尔夫森是否也表示赞成。伯林兴高采烈地回忆道，当沃尔夫森作出了肯定的回答时，祖克曼收拾起他的那些纸夺门而出，就像一部情节剧里蓄着八字胡的反面角色一样。被流感折磨得半死不活的伯林自始至终一言未发。

他成功了。福特基金会拿出了四百五十万美元，沃尔夫森这边则是一百五十万英镑。这是福特在欧洲数目最大的一笔捐款，也是自从纳菲尔德学院建立以来牛津获得的最大一笔捐赠。来自朋友们的一封封惊异甚至是嫉羡的祝贺信雪片般飞来。[3] 数年来一直在想方设法获得福特捐助的其他各所学院——尤其是圣安东尼学院——则因为伯林的成功感到十分狼狈。为了不出乱子，伯林向邦迪说了句好话。这也是圣安东尼学院最后终于从福特基金会手中拿到三百万美元的原因

[1] 以赛亚·伯林致乔·艾尔索普，1966 年 4 月 20 日。

[2] 根据对伯林的访谈，见沃尔夫森学院亨利·哈代的伯林档案，1989 年 5 月 18 日；以赛亚·伯林对霍芬伯格的访谈，1991 年。

[3] 关于伊夫利学院的报告，1965—1966 年；休·特雷弗·罗珀致以赛亚·伯林，1966 年 6 月 26 日；以赛亚·伯林致安东尼·克罗斯兰德，1966 年 6 月 13 日；莫里斯·鲍拉致以赛亚·伯林，1966 年 5 月 18 日；以赛亚·伯林致 H.G. 尼古拉斯，1966 年 7 月 25 日。

之一。[1]

1966 年 7 月，伊夫利学院更名为沃尔夫森学院，伯林接受了院长一职。同年秋，刚刚成立的学院搬进了班伯里路上的临时落脚点。当时条件十分艰难：一共有三十六位教师，这座楼却只有六个不大的房间，他们不可能在这儿找到自己的栖身之所，不过地下室被改造成了一间公共休息室。这种窘迫的处境反而带来了一种特别的同志式的友情和忠诚。

钱已经有了，现在伯林必须招募一支队伍。他罗致了一批第一流的理事——伦纳德·沃尔夫森，两位获得过诺贝尔奖的科学家弗洛里勋爵和彼得·梅达沃，以及萨默维尔的珍妮特·沃恩夫人。同时他又找来了两个跟自己交情最老的朋友，用这两个处世圆滑的人充当委员会的压舱物。这两个人分别是威斯敏斯特国家银行副总裁西尔维斯特·盖茨和来自全灵学院的老同事兼良师益友、国会议员约翰·福斯特爵士。[2] 伯林头脑很清醒，他知道自己做不来行政官员，因此他选中了圣体学院的历史学家迈克尔·布罗克来做自己的得力助手，让其担任副院长兼财务主任之职。伯林其实是知人善任的，因为布罗克为人讲求精确、井井有条、勤勉忠诚并且通晓了大学政治中错综复杂的那一套。

既然队伍已经选齐，他们目前最迫切的任务就是要找到一

[1] 感谢圣安东尼学院的波利·弗莱德霍夫为我提供这项信息，时间为 1998 年 5 月 20 日。

[2] 以赛亚·伯林致西尔维斯特·盖茨，1966 年 7 月 25 日；《沃尔夫森学院：草创之初》。

位建筑师。60年代，因为政府规定的经费限额太低，英国大学的多数建筑都建得不成模样。伯林决心要建起一座出色的大楼，让它在新近成立的各大学如此之多造价低廉、迅速坍坏的建筑中鹤立鸡群。他和学院的教师们认真承担起了寻找建筑师的责任。他们要找的是一个能够以现代风格来诠释牛津大学这所学院的人。有人提到了一些大名鼎鼎的建筑家——贝聿铭、戈登·邦沙夫特和菲利普·约翰逊[1]——但是伯林告诫大家，不要误选了一个自以为是米开朗琪罗，而把沃尔夫森的教师们看作是教皇之极其低劣变种的人。[2] 他和一群教师一起坐着公共汽车到处参观，见过许多惨不忍睹的现代建筑，他们到过的地方除了英国之外，还远至芬兰和荷兰。

给他们印象最深的是剑桥圣约翰学院的克里普斯楼。这座建筑风格典雅，选址谨慎，而且似乎是出自对大学生活的真正理解。当伯林在楼里四处参观的时候，他对于细节的注意是富于启发性的：他询问隔音的情况，检查学生们的住房、盥洗室设备的情况和学习的空间，还动手把房子外部的石灰华表面抚摸了一遍。[3] 因为是由一位私人捐助者和剑桥一所有钱的学院合资修建起来的，克里普斯楼具有伯林正在寻觅的那种精工建造、毫不招摇的恢宏完美。1967年5月，沃尔夫森学院的教

[1] 以赛亚·伯林致菲利普·约翰逊，1967年6月7日；沃尔夫森学院档案，1992—1993年，“选自档案：为新学院寻找建筑师，1967年”，43—63。

[2] 迈克尔·布罗克，“与以赛亚·伯林共处的九年”，《牛津杂志》，1997年米迦勒节，第8周，13。

[3] 沃尔夫森学院档案，1992—1993年；以赛亚·伯林，“剑桥之行备忘录”，1967年2月27日。

师和理事们选定了设计圣约翰楼的两位建筑师菲利普·鲍威尔和伊达尔戈·莫亚。这两个人十分热心：不是每天都会有人来请一位建筑师设计整个学术村的。一份选址图获得了批准，上面绘出了各个方庭，两翼的自习室—寝室，图书馆，以及最令人难忘的一个特色——供停靠方头平底船的港口式小船坞，这样做并不是把大楼靠近了小河，而是把小河引向了大楼。霍尔丹家阴郁的高楼已经拆除完毕，1968 年 5 月，伯林和沃尔夫森父子亲眼看着女王陛下为新楼铺下了奠基石。

伯林以一丝不苟的态度热心过问了建筑计划的细节。特别让他烦心的是 B 楼"弯弯曲曲的形状"。整个 1968 年夏天，当建筑师们在办公室里进行最后方案的设计时，伯林从他们夫妇俩在帕拉吉的夏季别墅里流水般地给鲍威尔和莫亚寄去了无数的明信片。每一张明信片都有一张附近的菲诺港的空中俯瞰图，伯林不断地让他们注意港口附近的建筑群形成的柔和弧线。他在寄给心存怀疑的建筑师们的明信片上写道："你们看到了吧，这就是正确的方法。"为什么不仿效港口这种文艺复兴风格的弯曲呢？与强行在建筑上使用"精确的直线"相比，这样做对于谢维尔河的"乡村景致"要适合得多。这些明信片是伯林说服别人的方式的有趣例证——幽默、风趣但不屈不挠。最后，两位建筑师让步了，这座大楼在谢维尔河岸上建了起来，它的外观是一种柔和的弧形。学院里的人传说，它将被命名为"伯林墙"。[1] 艾琳也用她自己朴素却坚决的审美观来

[1] 沃尔夫森学院档案，1992—1993 年，56—58。

为他们提建议，仔细地查看这些图纸，温和地向两位建筑师指出上面的某些柱子实在太细了。这些柱子仍旧照着设计的样子建了起来，但是二十年后，当鲍威尔回来观看这座楼的时候，他承认她以前的说法是对的。[1]

1968年夏，学院从15号搬进了班伯里路北头的60号，并在同年秋天招收了第一批共计二十五名研究生。学院现在有了一间餐厅、一个公共休息室和供委员会使用的几间屋子，由于伯林和罗纳德·赛姆爵士的捐赠而有了一个初具雏形的图书馆，甚至还有了一块可以在上面玩槌球游戏的草坪。[2]但是学院没有学生宿舍，为了满足这一需求，院方专门在林顿路上买了几间房子。

这所由牛津北面一堆杂乱砖房组成的学院与全灵学院那种皇家的典雅截然不同，但是以赛亚和艾琳似乎都很热爱在班伯里路上所谓“旮旯里的那些年头”。[3]一位学院初期的学生还记得自己走进公共休息室，一眼看见一个穿着黑衣服的人正以闪电般的速度在报纸架上翻来翻去。他自我介绍道：“我叫斯蒂芬·格朗兹，来自伯明翰。”那个人转过身说：“我叫以赛亚·伯林，来自里加。”然后，伯林就以他那种令人眩晕的方式和这位学生攀谈起来。[4]

这种在牛津各学院里十分少见的不同寻常的亲密气氛使得

[1] 沃尔夫森学院档案，1992—1993年，60。
[2]《沃尔夫森学院：草创之初》。
[3] 以赛亚·伯林，“关于沃尔夫森学院创建情况的记录”，《利西达斯》（沃尔夫森学院院刊），第1期（1973），2—4。
[4] 罗杰·豪舍尔，“关于早期沃尔夫森情况的一些回忆”，沃尔夫森学院档案，1991—1992年，36—44。

60 年代的学生运动基本上没有波及班伯里路。研究生们能够和教师们一起参加学院召开的大会，研究生代表也在管理机构中服务。用伯林的话来说，这个地方将会变得“气象一新，无拘无束，没有森严的等级制度”。如他所愿，存在于牛津其他各所学院中的师生之间的那些障碍被粉碎了：没有设高桌；公共休息室对所有人开放；只有在特殊场合才穿着正式的礼服。此外还即将修建一个托儿所和一处家属宿舍。[1]

与此同时，在林顿路的尽头，新的教学楼正在谢维尔河畔慢慢地升起。迈克尔·布罗克拼命将建筑师和工程队所需的费用控制在预算范围之内，并且力争按期竣工。他们虽然是在尽力而为，那几年英国高度的通货膨胀却在与他们作对。到 1971 年初，大家已经很清楚，这项工程无论是在经费上还是在时间上都会超出原来的预算。[2] 不过尽管费用上升，工期拖长，伯林和布罗克仍然和以前一样热心，坚持学院的设施不可简陋，而且收尾阶段的铺设——家具、地毯、壁脚——也应当像样。让他俩可以松口气的是，自从承担起这项责任之后，无论是福特还是沃尔夫森都从未动摇过。伊萨克爵士主动提出让沃尔夫森基金会捐赠白色卡拉拉大理石，为餐厅的入口平添了雅致的光泽；伦纳德·沃尔夫森则主动支付了一笔额外的经费，以保证所有的建筑都能使用硬木贴面。竣工时，沃尔夫森基金会捐助的款项已经远远超出了他们当初许诺的数目。[3]

[1] 根据对以赛亚·伯林的访谈，见《泰晤士报高等教育增刊》，1972 年 7 月 14 日。
[2] 以赛亚·伯林致伦纳德·沃尔夫森，1971 年 5 月 3 日。
[3] 根据对迈克尔·布罗克的访谈，1997 年 12 月。

在许多日子里，伯林觉得自己的生活已经被关于家具、预算、工程延期、大理石的供应和硬木贴面的种种考虑吞没了。他这段时期的信件充斥着悔恨的哀叹，但他的口气是自我解嘲的，而不是真正的后悔：

> 我成了一个官僚，一切都完了。智慧、想象力、对艺术的热爱、愉快的心情、朋友，所有这些全都被那个管理的世界吸干了，而我们已经成了它的一部分。这么说可能稍微有点夸张。[1]

尽管被细节的洪流所淹没，外加每六个学期中有一个学期的时间待在纽约，他还是设法形成了学院的学术个性，吸引了越来越多极为出色的教师加盟，其中包括后来于1973年因为对动物行为的研究而获得诺贝尔奖的尼可・廷伯根。以赛亚本人则逐渐吸引了那些学习政治哲学和观念史的研究生们。到1970年，学院共有五十多位教师和七十名研究生，班伯里路上总是有各种各样的活动：学生社团、研讨会、委员会会议和选举。索利・祖克曼来学院参观的时候提出要看看教师名单，在仔细地看了很久以后，他宣称伯林建起的这支教师队伍是牛津和剑桥两校中给人留下印象最为深刻的之一。[2] 就连他最后也改变了自己的想法。

[1] 以赛亚・伯林致佚名通信者，1966年9月13日。
[2] 根据对伯林的访谈，见沃尔夫森学院亨利・哈代的伯林档案，1989年。

朋友们担心伯林是在把自己的学术生命浪费在行政管理上面，但是实际上沃尔夫森学院给了以赛亚一次富有希望的新生。他对于学校始终有一种强烈的感情。现在他得到了一个创建自己的群体的机会，他因此而觉得扬扬得意。作为院长，他表现出一种企业家的眼力、领导才能以及连他自己可能也没有想到的政治狡诈。在那些紧密地配合他工作的人（迈克尔·布罗克、塞西利娅·迪克、出纳员和秘书处职员）的印象中，在班伯里路上的时候，大家都是兴高采烈的。比如，伯林曾经开玩笑地提议说，沃尔夫森的座右铭应该是那句阴郁的、愤世嫉俗的终场词："Homo homini lupus.——他人是狼。"布罗克记得特别清楚的是他在办公室里用根德机口述信件，把录音键一会儿开一会儿关，口述的时候还不时和屋子里的人说说笑笑。他的苏格兰秘书用打字机打出这些磁带上录下的话时，偶尔会造成滑稽的结果。在一封放在他面前等他签字的信上有这样一句话："因此，我不得不以最深切的歉意（嘀嘀）拒绝您让我感到十分荣幸的邀请。"[1] 他不敢设想收信人在收到这样的一封回信时会是什么反应。

让艾琳的朋友们十分吃惊的是，她在沃尔夫森的那些年里也过得极为愉快：她经常邀请教师和学生们来海丁顿宅参加花园聚会和招待会，而且她感到教授们对她都抱着接受的态度，这是她在全灵学院从来没有的感觉。[2]

[1] 布罗克，"与以赛亚·伯林共处的九年"，13。

[2] 根据对艾琳·伯林的访谈，1995 年；根据对迈克尔·布罗克的访谈，1996 年 6 月 26 日。又见 M. 阿盖尔，"以赛亚·伯林与沃尔夫森学院的创立"，未发表的讲话稿，沃尔夫森学院，1998 年 6 月 20 日。

在沃尔夫森，伯林的学术创造力降低了，但是他仍然写作不辍——关于乔治·索雷尔的数篇文章，对狄斯累利和马克思二人所作的著名比较，以及有关屠格涅夫的罗马尼斯演说稿全都出自他担任院长的这一时期。各种荣誉仍旧不断地降临到他的身上，1971 年，他获得了其中最重要的一项——荣誉勋章。这项奖章由女王亲自颁发，专门奖给二十四位为国家增光添彩的杰出人士。和往常一样，这次的荣誉又一次让他大为尴尬，并且带着艾琳一起逃到了国外。[1] 他觉得，大家对他才华的一贯高估向来令人难以置信，而荣誉勋章则代表着这种过高的评价已经达到了顶点。但是当这一消息传到班伯里路 60 号的时候，那里的人们马上自发地举行了一个宴会，在迈克尔·布罗克的印象中，那是他有生以来参加过的最混乱也是最开心的一次庆祝活动。

伯林有很强烈的叙事剧感觉：他把沃尔夫森的创立比作是一场障碍赛马，有的骑手从马上摔了下来，另外一些正在跨栏——有的很轻松，其余几位则差一点没跳过去。又有些时候，他觉得自己像是一位枪林弹雨当中的指挥官，累得上气不接下气的传令兵不断地把消息从战场上——施工现场、委员会的会议室、沃尔夫森基金会——传给自己。这些比喻半是幽默，但也说明了他在整个过程中投入得有多深。到 1974 年冬，几座大楼已基本竣工。迁往林顿路的长征就此结束。[2]

[1] 以赛亚·伯林致雪莉·安格尔西，1971 年 6 月 6 日；以赛亚·伯林致诺埃尔·安南，1971 年 6 月 3 日："我完全明白，我真的是完全明白，我所做的贡献被人家高估得太多了……"；以赛亚·伯林致阿瑟·卡尔德-马歇尔，1971 年 6 月 7 日。
[2] 见以赛亚·伯林，"关于沃尔夫森学院创建情况的记录"，2—4。

沃尔夫森学院的建立对牛津十分重要。60 年代中期以前，牛津面临着沦为英国知识生活中的萨拉曼卡的危险——它有可能像西班牙那所古老的中世纪大学一样被人忽视。[1] 沃尔夫森是弗兰克斯报告所象征的一个规模更大的更新过程当中的一部分，这使得牛津免受萨拉曼卡综合征之害。沃尔夫森的创建为自然科学和社会科学提供了一个属于它们自己的崭新的学院团体，这有助于巩固牛津在这些领域中的名望。当然，沃尔夫森良好的教学质量吸引了来自世界各地的优秀研究生，学院的教师队伍成了牛津体系中外籍人员最多的一支。

沃尔夫森的创立对伯林也有很大意义，因为这给了他一个报答牛津的机会，消灭了他心中对于自己是否有能力办实事的怀疑；也因为学院本身——那些新建的大楼于 1974 年开放使用——带有他的信念和个性的烙印。除了可以称他为 20 世纪最具有历史头脑的自由主义哲学家和哲学倾向最强烈的观念史家之外，还应当加上第三点：那就是唯一留下了一所按照自己的理想建立起来的学校的哲学家。

整个这一时期，其实可以说是自从他父亲去世以来，他特别注意每月到汉普斯特德的荷里克罗夫特大街去看望他母亲一次。她的护照上有一张 60 年代去以色列时拍的照片，上面的那位小个子女人满头白发，眼睛特别黑，脸上带着浅浅的微笑，她身上有那种年纪虽老却仍然充满了幽默感和个性力量的

[1] 根据对迈克尔·布罗克的访谈，1996 年。

人才有的温和与从容。每次逾越节家宴都是在她这里庆祝的：以赛亚朗读希伯来文《圣经》，艾琳伴和，然后波兰女仆端上逾越节圣餐。他所有的好朋友她都见过，其中有些人她称之为可以接受的，对另一些人则有所保留；她热心地听人闲谈；她在以赛亚允许的范围内尽可能地参与他繁忙的生活，然后当他不得不离开这里返回牛津的时候一边盼着他回来一边责备他。母子关系是他生活当中开始得最早也是最基本的一项，只是在最后的几年里，也就是她九十岁出头的时候，她的健康状况恶化并且需要有人不停护理以后，这种关系才开始渐渐减退。[1] 最后，当她卧床不起、时昏时醒的时候，坐在她床边的艾琳和以赛亚突然听见她用俄语唱起了《马赛曲》。以赛亚的心猛跳了一下——他知道，必定是关于大革命时代的彼得格勒的某些深藏已久的记忆，一支回荡在空气中的歌曲的片段，现在又浮现在她脑海中了。但是她再也没有哼过这支歌。[2]1974 年 2 月中旬的一个早晨，她的护士给他打电话说，她没有醒过来。这一年，她九十四岁。

老朋友们一齐来安慰他。他向赫伯特·哈特和琼·弗拉德坦白说，他觉得就像给自己挡风遮雨的屋顶被刮跑了一样。[3] 他反复想到的一个词是 Zerrissenheit，意思是“被撕成了碎

[1] 以赛亚·伯林致汉密尔顿·费希·阿姆斯特朗，1972 年 6 月 13 日：“她已届九十三岁高龄，得了中风，现在正处于大夫们十分冷淡地称为‘临终期’的状态中。简而言之，她只认识我、艾琳、大夫和一个护士。”

[2] 根据对伯林的访谈，见沃尔夫森学院亨利·哈代的伯林档案，1988—1989 年；以赛亚·伯林致约翰·斯帕罗，1974 年 2 月 16 日。

[3] 以赛亚·伯林致琼·弗拉德，1974 年 2 月 16 日；以赛亚·伯林致赫伯特·哈特，1974 年 2 月 15 日。

片”。大约有一个星期的时间，他一直处于深深的悲痛之中，估量着自己的损失，回想着以前和她一起走过的路。他突然感到了一种可怕的孤独。生活似乎已经不再有情节可言，他自身的存在似乎变成了一种偶然。他与自己所忠诚的对象当中最亲密的一个的联系已经被猛然一下子扯断了。她是他的赫尔德式信仰——对于犹太人身份、归属感以及根的必要性的信仰——不为人知的真正来源。[1] 她赋予了他那种必不可少的确信，那种对自己所作的判断的信心，这让他得以真正地去过自己的生活，而不是像他父亲那样仅仅是过日子。他对一位朋友说，随着她的逝世，支撑起他的生活的那些柱子业已出现了裂痕；虽然这些裂痕很快就会被临时找来对付的灰泥糊上，柱子却再也不会像以前那样坚固了。[2] 为丘吉尔立传的马丁·吉尔伯特知道以赛亚的损失有多大，他写道：“她一定曾经为你从里加出发以后在那条漫长的道路上取得的所有成就感到极其骄傲。”[3]1974 年 2 月 14 日，以赛亚把她葬在了威尔斯登·格林犹太墓地里，他父亲的身旁。

[1] 以赛亚·伯林致斯图尔特·汉普希尔，1974 年 2 月 23 日；又见以赛亚·伯林致谢拉·索科洛夫·格兰特，1974 年 2 月 19 日。

[2] 以赛亚·伯林致诺埃尔·安南，1974 年 2 月 21 日：“但是，一个人只是为自己而感到伤心：现在无法运用某些词语、隐喻与玩笑——这是现在谁也不会明白的（毫无疑问这就是孤独——也就是没有人知道你想要说什么）——在我来说，一个巨大的俄国—犹太世界业已消失——这座桥梁已经被毁掉了——它是可见的，我却看不见它……”

[3] 马丁·吉尔伯特致以赛亚·伯林，1974 年 2 月 13—14 日。

十八

回首，1975—1977

母亲的葬礼过后不到一个月，伯林就已恢复了和以往一样忙乱的生活节奏，在美国做讲座，匆匆忙忙地赶到耶路撒冷出席罗斯柴尔德奖学金授奖委员会，然后去帕拉吉避暑——他和艾琳在那儿建了一座房子。1974 年秋，他终于从班伯里路搬进了自己在沃尔夫森学院的新办公室。深秋，在伊萨克和伦纳德父子的注视下，牛津校长哈罗德·麦克米伦亲自开放了新建的大楼。麦克米伦在落成仪式上的讲话中不仅颂扬了沃尔夫森父子，也赞美了学院的院长。“我只希望你们每个人都问问你们自己这个关于他本人的简单问题：当你们碰巧处于一种忧郁或是受挫的心境时，比起以赛亚·伯林，还有谁走进你的房间能让你更觉得高兴呢？”[1]

那一年秋冬两季，伯林一直留在学院，好欣赏穆斯季斯拉夫·罗斯特罗波维奇在新竣工的餐厅落成典礼上表演精彩的巴赫大提琴组曲独奏。他本来可以一直待下去，但是创造的活动已经完成，让他感到兴奋的是学院的创建过程，而不是行政管理。此外——这是他性格当中的一个核心特点——他对自己所扮演的角色总是不甚投入。他虽然对自己所做的事情全力以赴，但在精神上总是有所保留。他对自己的肯定似乎从来都不依赖于自己取得的成就，因此他才在 1975 年 3 月头也不回地轻松离开了沃尔夫森。但他存在过的痕迹仍然留在那里，既无形地留在学院的精神中，又清楚地留在沃尔夫森图书馆德里

[1] 哈罗德·麦克米伦在沃尔夫森学院成立仪式上的讲话，《利西达斯》，第 3 期 (1974—1975)，9—10。

克·希尔为他作的画像里，这幅画像如实地描绘了年近古稀的他的模样，上面的他穿着三件套，坐在椅子里，跷着二郎腿，带着一种警惕的狐狸般的神情，盯着外面的世界，显得十分敏感而多疑。[1]

让他能够轻松地离开沃尔夫森的另一个原因是他于1974年当选为不列颠学会主席，这是英国推动和认可人文社科研究的主要机构。主席不是一份全职工作，因此他在任职期间抽出时间到奥地利和日本作了两次长途旅行。但是这份职务倒的确把伯林推上了70年代英国学院政治的中心地位。和那一时期许多历史悠久的国家机构一样，学会的所在地——离皮卡迪利大道不远的伯灵顿院，就在伯林家阿尔巴尼的公寓隔壁——也十分宏伟，但是学会的资金、人手和办公场地都长期处于短缺状态。出任学会主席一职时，他面临着英国的相对经济衰退及其对英国大学文化造成的灾难性影响。在参观过巴伐利亚的一所兄弟学会之后，伯林评论说，这里几条走廊占的地方比伯灵顿院所有的办公室加起来都要大。[2]与德国对马克斯·普朗克研究所以及法国对国家科研中心的慷慨支持相比，不列颠学会要算是欧洲学术研究中的灰姑娘了。70年代对于英国学术生活而言是一个特别不利的时期。通货膨胀正在侵蚀着英镑的价值，也削弱了学会支持海外各研究所的工作以及资助国外学者搞研究的能力。在国内，政府给学会的拨款根本不足以维持学

[1] 见以赛亚·伯林，《德里克·希尔：肖像》（伦敦，1978）序。
[2] 以赛亚·伯林，主席讲话，《不列颠学会公报》，第61期（1975），78—79。

术期刊、学者社团以及对人文学科研究进行的补助。对伯林而言，这次经历让他更深地感觉到自己是生活在一个正处于后帝国主义时期的衰落社会中。但是像往常一样，他对困难抱着藐视的态度。1975 年，在他首次发表的主席讲话中，他先是承认了学会必须缩减拨给研究项目的款项，接着他又说："资金短缺大大提高了我们在……不同的项目……之间进行评审的能力，让我们辨别清楚哪些项目闪现出真正的生命力，哪些又步履拖沓，根本无法看出会有什么结果。"[1] 他尽力鼓励前者而摒弃后者。

和在沃尔夫森的时候一样，他在政治上的精明和对于实务的热情让他的同僚们感到震惊。他从教育与科学部赢得了一笔多得出乎意料的拨款；说服了首相詹姆斯·卡拉汉前来参加年度聚餐；还说服了沃尔夫森基金会捐赠一笔钱，资助一批访问学者，其中包括外国来访学者和想要出国访学的英国研究人员。整整四年，伯林一直以宁静安详的态度指引着学会，并于 1978 年年末将主席一职转交给肯尼思·多弗爵士。他在告别演说中说，泰国的兄弟学会里那些资深成员们被称为"百万年寿龟"。他说，这是一个"我自己也打算加入的"阶层。[2]

现在，他已年近七十，真可以称得上是一只百万年寿龟了。除了考文特花园董事会成员和国家美术馆理事两个职位以外，他已经辞去了其他所有的公职。他在担任考文特花园董事

[1] 以赛亚·伯林，主席讲话，77。
[2] 以赛亚·伯林，主席讲话，《不列颠学会公报》，第 64 期（1978），3。

会成员时和往常一样活跃，推荐歌手、保留曲目和指挥，自己也专心致志地观看演出，但是除了音乐会之外，在他的活动日程上现在几乎没有任何固定的安排了。[1]

他还面临着一个重要的挑战。曾经有人批评他说，他从来没有写出过一部有权威性的大部头作品，这种说法刺痛了他，现在，他要着手纠正这种不负责任的说法。他告诉朋友们，自己准备花时间看一些关于德国浪漫派的书，并且对自己以前写的关于浪漫主义本质的梅隆讲稿进行修改。于是便产生了一条固定的路线：周末在海丁顿宅，平时在阿尔巴尼，早上待在大英图书馆，午饭在两个俱乐部——雅典娜神庙或是布鲁克斯——或是在他最喜欢的杰明街上的卡萨尔·弗朗科饭店临街窗户旁的那张桌子上和朋友们一起吃。有几年的时间，他一直埋头于大英图书馆。那些忙于准备论文的研究生们会惊讶地看见，一位可敬的欧洲绅士正穿着一身完美的三件套，坐在北馆一张堆满了书的桌子旁边，神色严肃，一本接一本地读着。他对记者们说，自己被埋在尘封的德国故纸堆中，快乐地读着，为自己庞大的笔记库添砖加瓦。[2]

后来，由于某些神秘的原因，他退缩了。被他称作是“关于浪漫主义的七零八碎的笔记”让他害怕起来。这些笔记“不具可读性，缺乏系统，虽然并不愚蠢（绝大部分），但是和真

[1] 以赛亚·伯林，“难忘的演出——不那么难忘”，《歌剧》，第 26 期（1975），116—120。他参与考文特花园的情况，例见以赛亚·伯林致克莱夫·普里斯特利，1983 年 7 月 10 日。
[2] 以赛亚·伯林致佚名通信者，1984 年 11 月 20 日。

正的思想家相比只不过是尘土而已”。[1] 他对理查德·派普斯说，他对于工作的憎恨正在日益增长，他之所以没有停下来“是出于单纯的羞耻心以及继承自所有那些严肃的、受迫害的祖先身上某种古已有之的责任感”。[2] 到 80 年代初，他已经不再到北馆去了，他那项计划陷入了停滞状态。内心深处的某种障碍阻止了他完成他的计划。他无法忍受把以前的讲稿再写一遍，当他试图从笔记中综合出一个新的结论时，他对自己“鲁莽的陈词滥调”感到绝望，觉得有一百种例外的情况或是限制条件正在与他的学术良知拔河，迫使他做出使原本鲜明的轮廓变得拖泥带水的种种修正，也使他失去了对这项计划的信心。[3]

那些读过原先的梅隆讲稿的朋友都恳求伯林允许这些文字修订之后就那样出版发行，但他拒绝了，也许是觉得它们一旦面世，自己无力完成那项更具野心的计划这一事实就会变得举世皆知。其他的朋友试图帮助他腾出更多的时间和精力来完成这项计划。曾就学于以赛亚的俄国文化史家、现任国会图书馆馆员的詹姆斯·比灵顿邀请伯林来华盛顿，在图书馆待上一个秋天，好把他的研究深入下去。那个秋天他过得十分愉快，认识了他心目中的英雄之一，也是应比灵顿之邀而来的安德烈·萨哈罗夫，但是他的浪漫主义计划却没有任何进

[1] 以赛亚·伯林致琼·弗拉德，1975 年 8 月 12 日。
[2] 以赛亚·伯林致理查德·派普斯，1970 年 11 月 24 日。
[3] 以赛亚·伯林致莫顿·怀特，1977 年 3 月 16 日。

展。[1] 这次失败让他感到羞辱。毕竟，这正是别人一直在他背后悄声议论的内容：他没有能力写出一部高度综合的作品。他不时也会挣扎着想要重新着手这项计划，但是慢慢地，他在海丁顿专门用来进行浪漫主义研究的那间屋子的门关上了，为那项计划准备的笔记就被扔在那儿，任其褪色，覆满灰尘。

他对此不免感到后悔，但或许他也知道自己始终是一个最擅长散文的作家，他既能将笔墨集中在一个自己能够自如地进入其头脑和作品中去的人物身上，又能全景式地掠过某个笼统的主题。一本大部头的多章节作品根本不适合他这种类型的头脑，如果说他感觉自己失败了的话，他也并不是一个对自身的局限性咒骂不已的人。

既然他已经把浪漫主义抛在脑后，人们可能以为他会意气消沉，就像人们在自己职业生涯的尽头通常会感到的那样。这个时候，他可能会以阴郁的目光回顾自己的一生，精力可能会衰退，可能因为自己遭人冷落而心怀愤懑，还可能对不断膨胀的这个世界上发生的事件感到迷惑不解。如果说这是人到老年的通常状态的话，却并不适用于他。如果说他和别人有什么不同的话，那就是，他生命中的最后二十年是他生平最快乐的时光。[2] 他避开了老年生活中可能遇到的大部分暗礁——如果不是全部的话。时代足资为证：他的高寿使他得以迎接苏联共产

[1] 以赛亚·伯林致詹姆斯·比灵顿，1988 年 12 月 20 日；国会图书馆，《信息公告》，1988 年 11 月 28 日，1989 年 2 月 13 日。
[2] 以赛亚·伯林致莫顿·怀特，1986 年 10 月 1 日。

主义的垮台。他不属于那种得意扬扬地欢庆胜利的人，当时事评论员暗示说，现在他的自由主义成了唯一活过了这个世纪的意识形态，其合理性完好无损的时候，他觉得这种观点夸张得有点荒谬。但是得知阿赫玛托娃和帕斯捷尔纳克这一方，对光辉灿烂的未来说“不”的这一方最终获得了胜利，这让他感到了深切而宁静的满足。

在个人生活上，他的婚姻已经逐渐发展成了深深的相互依赖。他开玩笑说，他和艾琳真可算是“和和美美的老两口”、家庭幸福的模范。有四十多年的时间，他俩形影不离：去音乐会，逗留在两人心爱的萨尔兹堡和佩萨罗音乐节上，每年一度前往耶路撒冷和纽约，度假，举办巡回讲座；他俩还一起分享海丁顿宅的宁静，听音乐，在楼下的起居室里读书。这间起居室里摆放着几只舒服的沙发，坐在上面能够透过法国式落地窗看到外面的花园，室内挂着出自列昂尼德·帕斯捷尔纳克之手的 19 世纪晚期人物的群像，画面一律采用黑色和深棕色，画中的俄国作曲家和作家们——以赛亚真正的灵魂伙伴——正在专心致志地讨论着什么。两人单独待在海丁顿宅那些静谧的书房和起居室里的时候是他们最平静的时候。他俩都变成了顽固的电视迷，特别喜欢看歌剧、音乐会和深夜讨论节目，尤其是有知识分子参与的讨论。以赛亚虽然觉得这些场面多半是滑稽可笑的——他还坐在安乐椅里嘲弄地跟他们一唱一和——但他还是喜欢与最新的思想潮流保持联系，不管它们有多么荒谬。他也不再费力气去读那些结构主义、后结构主义和解构主义文本，而只读那些其要旨确实经过了系统性诘问的文章。

他不是一个自私的或者只顾自己的人，但他对于别人为他圆满的社交生活所提供的无形支持——多半来自艾琳——常常惊人地毫不在意。正是她经常以他俩的名义举行娱乐活动，因此在海丁顿宅里，他才总是被一大群老朋友所包围。一直到快九十岁的时候，他们俩的社交活动仍然无休无止并且错综复杂得令人惊异，常常接连出席至少三个不同城市的音乐会、宴会和招待会，简直让人头晕目眩。有时候他对于社交活动的兴致会让她觉得厌烦，这时他俩就会待在海丁顿家里将养体力，为下一次出动做好准备。以赛亚对宴会有着无穷无尽的兴趣：他喜欢待在人们全都兴高采烈地交谈着轻松有趣的话题的地方。这是他个性中一个基本的特色。他具有机敏的社交本能，但并不是个城府很深的人，他的机敏更多的是出于纯粹的活力而不是社交场上的野心。艾琳的个性则更为腼腆，她对他的社交兴致温和的约束是有益于他的。这让他回过头来在家中进行思考、澄心静虑。70年代后期，她的孩子们都已长大成人，建立了自己的家庭；他们一起愉快地在帕拉吉海滩旁边的山上自己修建的别墅中避暑。在炎热的八月下午，以赛亚会跑到下面的沙滩上，和平常一样站在齐腰深的水中，和围在他四周的朋友们说说笑笑。快到八十岁的时候，人们会看见他穿着一条怪模怪样的宽松咔叽布短裤，一件T恤衫，一双休闲鞋，从山上的别墅里出来，沿着羊肠小道悠闲地下山到圣玛格丽塔小镇去，索尼随身听的耳机里播放着某首他心爱的海顿的弦乐四重奏。他总是会跟路上遇见的农夫们说话，他们招呼他的时候则称他为“il Professore”（意大利语：教授）。在自己生命的尽头获得了圣玛格丽塔的荣誉市民身份，这让他很高兴。

同样为他提供了必不可少的支持的还有70年代后期艾琳请来照看海丁顿宅的一对夫妇，来自葡萄牙的卡西米罗和克劳迪娜·博特略。克劳迪娜容貌秀美，烹饪手段高超，出自她手中的一日三餐成了客人们对海丁顿宅心向往之的原因之一；卡西米罗则成了以赛亚的勤务兵和忠诚而热心的朋友，留心他的每项需求，开车送他赴各种约会，来往于伦敦和牛津之间。他俩变得非常亲密，当“卡兹”后来回忆起两人相处的情形时甚至不免感到惊讶：他想不起以赛亚对自己讲过的任何一句话是用命令的语气说出来的。

这些关系使以赛亚的自尊心得以免于老年人可能受到的最轻微的伤害。实际上，他得到了精心的照顾。在这样的环境里，要想镇定和愉快地生活相对来说就比较容易了。此外，在患临终致命的那场病之前，他的体质还算不错。1979年，心房纤维性颤动让他感到紧张；1981年，他的一条声带嘶哑了，使他有四个月的时间说不出话来。[1] 纽约的一位专家告诉他声带能够恢复，但是以后他的声音变得比以前更低沉，介于吼叫和耳语之间。[2] 但他还能用平静的颤音唱他最心爱的曲子。就连说不出话也成了一种解放，因为他可以以此为借口不再发表演讲。如果有人暗示说他对于衰老有着哲学式的见解，那么他

[1] 以赛亚·伯林致伯纳德·克里克，1979年11月1日；以赛亚·伯林致乔·艾尔索普，1981年2月2日，3月3日。
[2] 以赛亚·伯林致乔·艾尔索普，1981年2月2日。

会怀疑在衰老当中到底有什么东西可以对之抱以所谓哲学式的见解。无论如何，他从来没有相信过哲学的慰藉。他始终是一个休谟主义者，即使到了晚年，他也仍然坚持对形而上学以及终极探索所持的怀疑论观点。就像巴特勒主教说过的那样，万物都是其自身而非他物，那么我们为什么还要自欺欺人呢？如果说历史没有脚本的话，为什么一个普通人的生活就应当有呢？他既受不了那些埋怨老年的人，也受不了那些武断地认为智慧随着年龄的增长而增长的装模作样的人。当记者们向他写信询问关于“生活的意义”之类的问题时，他会极其轻快地回答：

> 至于生活的意义，我不相信生活具有任何意义。我根本就不会去问生活的意义是什么，不过我怀疑它根本就没有意义，这给我带来一种巨大的安慰。我们按照自己的方式来理解生活。相信我，那些寻求某种深刻的包涵了整个宇宙的……脚本或是上帝的人是犯了个可怜的错误。[1]

三四十岁的他独自一人的时候经常显得不自在而且心情沉重。现在过了七十岁以后，他则给人以安详的印象，就像一个得到了自己应得的东西的人。他沿着牛津的正街或是伦敦市中心的杰明街信步游荡，头戴棕色浅顶软呢帽，身穿头等料子做成的洛登外套，一边还低声吹着柔和的口哨，整个人显得十分出众，甚至可以称得上是器宇不凡。当然，以他的条件要做到

[1] 以赛亚·伯林致佚名通信者，1984 年 11 月 20 日。

安详并不困难。他受人爱戴，无忧无虑，身体健康。实际上，由于一位年轻编辑的功劳，人们对他的喝彩声现在正日益响亮。

1974年初，沃尔夫森学院一位名叫亨利·哈代的哲学系研究生向伯林提出，愿意收集、整理并重新出版他的文章。哈代是在1972年考入沃尔夫森的，认识了伯林并且钦佩他的作品，但是对其当然并不熟。哈代知道，这些已经出版的文章分散在数十部纪念文集、专题论丛、学术期刊、小册子和结集出版的讲座稿中。他已经有充足的编辑经验，“因而具备了这种类型的编辑工作所需的优秀鉴别力，否则是不可能出版这本书的”。[1] 伯林并没有记录下自己的生活轨迹，也不再记得自己写过什么东西，更别提在哪儿出版的了。他似乎很高兴看到自己的某部作品正在逐渐湮没无闻，并且很担心重见天日的它会是什么样子。尽管他已经将《自由四论》和《维柯与赫尔德》编订完毕，他却似乎很愿意让其余的那些就此被人遗忘。更深一层想，把他的作品搜集到一起这种念头暗含着某种寿限已近的意味。他开玩笑说，哈代想要把他的作品在他“死后”加以出版；这虽然是一个笑话，但也说明了他对整个计划确实抱着一种抵制心理。或许这也是因为一想到这项计划可能会涉及的那些工作，他的心就一沉。但是，人们悄悄地议论说，他是一个几乎没有出版任何作品的沙龙里的空谈家，这种说法又让他十分生气。像莫里斯·鲍拉这样的好朋友会嘲弄地说：“就像上帝和苏格拉底一样，他出版的东西并不多。”伯林看得出

[1]“标题和脚注”，《英国图书新闻》，1978年1月，15。

这位热心的年轻编辑或许能够证明这种不确切的说法是错误的。[1] 因此，1974 年，他同意了哈代的建议，后来改变了伯林声誉的长达二十三年的编辑关系就此开始。

他们两人身上都有着一种能够超脱彼此之间的区别的品德。这位编辑身上有着伯林从来没能迫使自己具备的一切特点：他曾经愉快地承认自己是个井井有条甚至于迂腐的人；一只追踪着出处不明或是不准确的引文而去的不屈不挠的猎狗。在伯林的文章中，这样的引文随处可见，他从来都不是一个严密的学者：伯林的许多所谓“引文”都只不过是以更精炼的形式对原文所作的解释，虽然他对于所引用的字句有着惊人的记忆力，但他常常忘记自己是在什么地方看见它们的。[2] 无论如何，他的大部分作品都是用口述的方式写成的，在全速写作的时候，他几乎从来不愿意停下来作脚注。他的文章都像是些精巧而又错综复杂的思想城堡，不过，当哈代遇到它们的时候，它们脚下并没有太多的基础。哈代就像把钢梁插到老房子下面一样，用所有这些学术上的证据支撑起了伯林的文章。

后来，哈代喜欢上了伯林，并且很珍视他们之间的关系，但他同时又是独立的，从来不想成为别人的门徒；而不论何时，门徒都会让伯林觉得不舒服。他们两人从来没有成为特别好的朋友，而且虽然他们住在同一座城市里，哈代却十分小心

[1] 莫里斯·鲍拉致诺埃尔·安南，1971 年；见诺埃尔·安南，“我热爱的一个人”，见《莫里斯·鲍拉：庆典》（伦敦，1974），H. 劳埃德-琼斯编，53。
[2] 见以赛亚·伯林，《浪漫主义的根源》（伦敦，1999），编者前言。

地不去占用伯林的时间。在需要得到澄清和征求意见的时候，他更愿意写信，而不是打电话或是直接见面。他们俩的判断也并不总是一致：总的来说，哈代相信所有尚未出版的、达到了某一标准的作品迟早都应当出版，伯林则担心出版过多的作品会影响自己的声誉。有时，哈代搜集到的伯林的某篇文章的手稿得扔在伯林的桌子上一年或是更久的时间以后，他才能够鼓起勇气来读它。

他俩的关系虽然偶尔会让两人都觉得难受，却是极富创造性的。哈代从各种学术刊物中挖掘伯林的作品，很快就写出了一部包括一千三百多项内容的书目提要，其中既有伯林在大学时代发表的最早几篇作品，也有 1976 年的《维柯与赫尔德》。1978 年，经哈代搜集成的第一部书《俄国思想家》（与俄国学者艾琳·凯利共同编辑）面世了，集中了伯林关于赫尔岑、别林斯基、屠格涅夫和托尔斯泰的文章。紧接着出版的是他的哲学论文集《概念与范畴》，以及关于观念史的文集《反潮流》，后者包括了像对狄斯累利和马克思进行的比较这样的经典文章。在对著名当代人物进行赞颂的《个人印象》中，伯林增补了关于与阿赫玛托娃和帕斯捷尔纳克见面情景的文章。后来这些作品的出版让伯林在退休之后仍然始终保持着有力的公众影响。虽然有些怀有敌意的批评家仍旧认为他只不过是一个沙龙学者，哈代的工作开始改变了他的名声。对大多数批评家而言，他显然是一位十分重要的、具备哲学态度的思想家，他那种历史、道德和政治相结合的研究方式使他自成一家。没有一个人和他有些许相似，在英国当然更是如此。

70年代中期开始这项计划以后，只要其余各项任务允许，哈代就抽空进行这方面的工作。1977年，他开始担任牛津大学出版社的编辑，他特意关照出版社把伯林作品用平装本再版。开始他以为“伯林计划”只需要将其已经出版过的作品重新加以编辑和整理。到1988年末，当伯林请他参与自己著作的遗嘱执行工作时，哈代问是否还有未出版的手稿。伯林说可能还有，于是哈代把海丁顿宅从上到下翻了个遍。他发现了一堆杂乱得惊人的信件和未完成的手稿，有的塞在从荷里克罗夫特大街带来的旧衣柜里，有的扔在伯林50年代从新学院搬出以及60年代从全灵学院搬出时塞东西的箱子里。“自由及其背叛”的所有讲稿、关于浪漫主义的梅隆讲稿和在耶鲁发表的施托尔讲稿都在那儿；也有关于18世纪德国反理性主义者约翰·格奥尔格·哈曼的未完成的手稿，圣保罗学校的报告卡，以及伯林的母亲保存的家庭照片；最重要的是还有与当时最负盛名的一些人维持了六十年之久的通信。哈代估计，总共有超过一百万字的未发表的演讲稿和文章，外加数百万字的信件。很快他就明白，把所有这些材料整理成为可供出版的文字将会需要自己付出毕生的精力。在牛津大学图书馆档案员们的帮助下，他开始按照时间顺序将这些材料进行排列，并将手稿集中起来。1990年，艾伦·布洛克替他弄到了沃尔夫森基金会以及其他一些经济来源的支持，沃尔夫森还授予了他无薪研究员的职位；于是他开始建立伯林档案，并负责将之尽数出版。

出版这些材料的准备工作需要极大的坚韧和创造力——例如，用一种紫外线滤光器可以让一页被阳光晒得字迹模糊、无法辨认的打字稿变得清楚。[1] 关于哈曼的那篇四万字的文章写于 60 年代初，后来没有完成就被扔掉，在把它拼合起来的时候，哈代发现主要一章的部分关键内容不见了。在海丁顿的地下室里，他发现了原来口述时用的那些录音带，但是没有可以用来播放的机器。在国家音响档案馆和国家科学博物馆的帮助下，他找到了一台这种机器残留的样品，用它播放了那些口述录音带，在噼啪声和嘶嘶声之外，能够清楚地听到伯林口述的那部分不见了的内容，一共约有四千字。哈代用打字机打出了这部分材料，在进一步的编辑整理之后，1993 年，手稿终于完整无缺地出版了，书名为《北方的巫师》。[2]

伯林原本是带着困惑，以超脱的心境来看待哈代的修复工作的，偶尔也会生这人的气，但是后来他的感激和骄傲之情与日俱增。他见了谁都说哈代已经改变了他在世人心目中的形象。这些讲稿和文章多数写于 1952—1966 年之间的那段黄金时期，现在以赛亚才看出自己曾经也是极富创造力的。有人会问，为什么伯林对自己写的东西这么漠不关心呢？为什么他写完了关于德·迈斯特和哈曼的专题文章，然后又把它们像没有完成的断片一样弃之不理呢？为什么他写了不下七个系列讲座稿，却连一个也没能出版呢？不管他是打算就此将它们扔掉，还是想要藏之高阁以待后人，如果没有哈代坚持不懈的修复工

[1] 亨利·哈代，“以赛亚·伯林文稿计划：进度总结，1991 年 9 月—1992 年 7 月”，2。
[2] 亨利·哈代，“以赛亚·伯林文稿计划：进度总结，1990 年 11 月—1991 年 8 月”，3。

作的话，它们永远也不会有得见天日的时候。

哈代并不是唯一对伯林的地位进行重新评价的人。他的学生、朋友和崇拜者们曾经为他出过两本纪念文集：一本是为他的七十岁生日，由亨利·哈代倡议，艾伦·赖安编辑，这本书奠定了他作为自由主义哲学家的中心地位；第二本则是为他的八十寿诞，由阿维赛和埃德娜·马加利特编辑，探讨了他有关道德多元论哲学的著作。[1] 除了这些来自最亲近的朋友们的认可标志之外，以赛亚还获得了哈佛、耶鲁、牛津、剑桥、雅典、博洛尼亚、多伦多以及许多其他大学授予的荣誉博士学位。到70年代后期，尽管他几乎没有出任什么公职，并且尽力避免惹人注意，他还是成了英国知识分子当中最出名的公众人物。当白金汉宫和唐宁街想要邀请以色列的显要人物或是一位知识界人士的时候，就会请他和艾琳。在撒切尔夫人担任首相期间，他在唐宁街做客时被引见给了米哈伊尔·戈尔巴乔夫，后者在与他握手时说了一句典型戈式风格的半戏谑半威胁的话："我们知道关于您的一切。"伯林并不像他许多信奉自由主义的朋友们那样迷戈尔巴乔夫，因为他相信任何试图复活列宁主义理想、拯救共产主义体制的努力都是注定要失败的。[2] 他亲眼看到历史证实了他的想法。

让他的左翼朋友们感到恼火的是，伯林不但接受了唐宁街

[1]《自由的观念：以赛亚·伯林纪念文集》（牛津，1979），艾伦·赖安编；《以赛亚·伯林：生日庆典》，A. 与 E. 马加利特编。
[2] 根据对伯林的访谈，见沃尔夫森学院亨利·哈代的伯林档案，1989 年。

的每一次邀请，并且颇为喜欢和撒切尔夫人在一起。每次见到撒切尔夫人的时候，她都会问他最近在忙些什么，当他回答说不怎么忙时，她就会竖起一只手指，对他摇晃着，假装责备地说："你必须工作，以赛亚，得工作啊。"他则会恭敬地回答："是，夫人。"[1]

1979 年，他被授予了以色列最负盛名的文学奖——耶路撒冷奖；1983 年，他和其他几个人一起获得了伊拉斯谟奖；1988 年，他因对进步社会的道德理解做出的贡献而被授予阿涅利奖。他承认最后这一奖项让他觉得不解，因为他说自己从来没有写过关于这个问题的东西。他既对这种认可的表示心存感激，又担心别人对自己评价过高，同时还十分喜欢颂扬场合中包含的喜剧成分。比如，阿涅利奖是在都灵歌剧院当着一千人的面颁发的，其中包括德国前总理赫尔穆特·施密特、美国银行家兼金融家菲利克斯·罗赫廷，以及他的老朋友、出版商韦登费尔特勋爵。伯林坐在菲亚特汽车巨头乔万尼·阿涅利身旁，在穿插播放贝多芬的《皇帝协奏曲》和柴可夫斯基的《第五交响曲》的时候，他一直坐立不安。伯林看到自己的施主对所有这些高级的文化和精彩讲话感到厌倦，于是便建议阿涅利想想高兴的事情来打发这乏味的时间。阿涅利精神一振，悄悄对伯林说，他要把自己认识的所有倾国倾城的美女在脑子里面慢慢地意淫一遍。他压低嗓子说，这么做至少要花上三刻钟甚至一个小时。他露出一副极乐的神情，忘了音乐和讲话，沉浸

[1] 根据对伯林的访谈，见沃尔夫森学院亨利·哈代的伯林档案，1989 年。

于自己的“美梦”之中。[1]

伯林喜欢这种场合下的玩笑和轻薄，但这同样也是让他清点自己存货的时刻。这么做并不容易，因为他对自己的学术纲领向来缺乏强烈的意识。实际上，只有到了70年代后期和80年代，当其他人开始接受他的观点的时候，他才开始明白它们隐含着多少逻辑上的一致性。现在他可以回过头去看看自己所走的这条道路。在阿涅利奖的颁奖仪式上，他试着说出他这只刺猬一直都知道的那件大事。他写的那篇题为“理想的追求”的文章作为演说词实在太长，这不单单是为阿涅利先生写的，也是为都灵歌剧院其他那些听众而作的，因此，当时伯林的意大利语出版商只念了经过大量删节以后的版本（之所以没有由伯林本人来读既是因为他的嗓子坏了，也是因为他的意大利语太差）。“理想的追求”阐明的是：关于马基雅维利、维柯、赫尔德、赫尔岑和托尔斯泰的所有那些互不相同的研究并不是毫无联系的，它们共同构成了对人类价值观念史持续不断的哲学探索。[2] 他说，这些研究让他认识到，价值观念体系——例如，基督教的慈悲与罗马人的刚勇——都是自足的，它们与其他时代的不同体系不能以同一尺度来加以比较。科学和技术可能会进步，在道德领域却没有这样的脚本。近现代的道德和价值观念与中世纪相比既没有改善，也没有败坏：因为它们彼此之间并没有共同的尺度。

[1] 以赛亚·伯林致乔·艾尔索普，1988年4月18日。
[2] 以赛亚·伯林，“理想的追求”，见《扭曲的人性之材》。

这样的观点很容易走向相对主义，转变为所谓人类行为只能依据内在的、可变的或是与环境有关的标准来加以判断的主张。伯林的朋友兼同事阿诺尔多·莫米利亚诺曾经在1976年为《维柯与赫尔德》写的一篇书评中作过这样的暗示。[1] 如果是这样的话，伯林的自由主义宽容精神就不过是建立在一种动荡不安的放任自流之上。

伯林坚持认为，莫米利亚诺是把相对主义和多元论混淆了。不管各种价值体系彼此之间有多大的区别，要成其为人类的价值体系，它们就必须用可以得到承认的方式提及人类的需要和目的。“各人的生活方式不同，追求的目标和遵循的道德原则也不一样。但这并不是说有无限多的可能：它们必须落在人性的范围之内。”[2] 由于这种共同的范围，所以某些终极的、非相对主义的评价标准才能够得到所有人类文化的公认。但是，虽然可以说所有的文化都公认某些罪恶，它们对德行的看法却存在着分歧。认为这些区别可以归结于迷信和无知是一种理性主义的傲慢态度。多样性，包括道德多样性，是人类的内在特性。只要它们是在人性范围之内，这样的区别就应当得到尊重，并且应该由一种自由的政体来加以保证。

此外，价值体系并不具有内在的一致性。不同价值观念的冲突——自由与平等、正义与慈悲、宽容与秩序、自由与社会

[1] 阿诺尔多·莫米利亚诺，“沿着先驱的足迹”，《纽约书评》，1976年11月11日；又见以赛亚·伯林，“18世纪欧洲思想中所谓的相对主义”，见《扭曲的人性之材》。
[2]《扭曲的人性之材》，11—12。

正义以及反抗与审慎——是内在于人类生活中的。他说，自由应当具有某种优先性，因为如果连一点自由都没有的话，“就失去了选择的可能性，因而也就不可能保持我们所理解的人类特性”，但即使是自由也必须受社会正义的制约。[1] 伯林本人是最缺乏政治手腕的，在“理想的追求”一文中，他却为政治的必要性进行辩护；他本人是最不好冲突的，却坚持认为道德冲突是不可避免的；他本人是最不具有悲剧色彩的，却在教导人们悲剧性选择的必要性。“有一些伟大的德行是不可能共存的。这是一个概念性的真理。我们注定要做出选择，而每一次选择可能都必须承受无法弥补的损失。”[2] 造成20世纪罪恶的——他现在把自己亲历的这一个世纪看作是有史以来最糟糕的一个——是相信世上的问题有根本的解决之道，因此也就不甘心人类理性的局限以及损失与错误的必然性。[3]

这些实际上就是他的核心信仰——相信道德多元论、自由主义以及这二者互为因果。伯林提出多元论以后，便有大量有关文献随之面世，其原因曾经让他觉得困惑，现在回顾起来却显得十分清楚。[4] 后帝国主义世界中，各种各样的文化世界观——宗教的、世俗的、西方的、东方的、基督教的以及伊斯

[1]《扭曲的人性之材》，12。

[2] 同上，13。

[3] 见埃里克·霍布斯鲍姆，《极端的年代》（伦敦，1994），前言，书首引用的以赛亚·伯林的话。又根据对伯林的访谈，见沃尔夫森学院亨利·哈代的伯林档案，“晚间节目”，BBC 广播二台，1997 年 11 月。

[4] 见亨利·哈代，“关于以赛亚·伯林的作品”，未发表的手写目录，伯林档案，沃尔夫森学院，1994 年 11 月 24 日。

兰教的——在日益平等的条件下争取着自己的追随者。研究这些道德世界观如何能够在同一政治空间内存在，使道德多元论问题变得特别突出。西方价值观念本身就存在着分裂。当以往受压制的或是没有公民权的群体（妇女、儿童和同性恋者）赢得了政治发言权的时候，自由主义政体当中再度出现了道德争议。这些全都促使伯林的问题——如何调解相互对抗的道德世界之间的矛盾——成了近现代政治学的中心议题。伯林本人对于近代西方社会的这些特点从来没有太多地思考过。实际上，他论点的要旨在于道德冲突是人类处境的一项特征，而不仅仅限于现代。他从来没有努力想让自己的作品更为“中肯”，现在它却突然变成了对他的时代的责备——他本人从来没有刻意追求过这一目标。

伯林从未声称自己是第一个提出多元论的人。[1] 但是他完全有理由认为自己是第一个提出多元论需要自由主义的人，也就是说，如果人类关于终极目标的意见发生分歧，能够让他们对这些冲突做出判断的最好的政治体系是一个赋予自由以特权的体系，因为只有在自由的状况下，他们才能在不同的价值观念之间达成必要的妥协，以维持自由的社会生活。这种说法除了具有明显的循环性之外，正如约翰·格雷曾经指出的，其真正的困难在于，一个多元论者在逻辑上不可能将自由放在第

[1] 见詹姆斯·菲茨詹姆斯·斯蒂芬，《自由、平等、友爱》(1873)（印第安纳波利斯，1993），93ff.，118，169，172，174，180，206，225。（参考书目由亨利·哈代编订。）

一位。[1] 自由只不过是必须与其他价值观念达成和解的众多价值观当中的一种，并非最后的王牌。既然如此，为什么自由社会就应当高于一切呢？伯林后来的作品对这些问题进行了回答——尽管没能给出令人满意的答案。同时，他作品的这种不完整性增强了其中的启发性，直到他生命的尽头，他的作品仍然备受争议。[2] 记者们写来请他澄清自己思想的信多如雪片，以至于只要一有人提起“多元论”，他的秘书帕特·尤特金就会呻吟起来，因为这个词带来的必定是一个痛苦的上午：为再一次试图解释清楚自己观点的伯林记录下他口述的极其冗长、极其晦涩又极其难懂的话。[3]

他或许不愿承认这点，但是现在他确实正在对自己的一生进行回顾，试图辨认出那些将他的生活连为一体的隐秘线索。在写给玛丽·费希尔（贝内特）——自从她父亲担任新学院的学监以来，她就一直是他忠实的朋友——的一封充满了强烈怀旧情绪的信中，伯林说他发现自己的生活被“分割成了几个不同的部分”，这让他觉得很苦恼：

[1] 格雷，《伯林》，第 6 章。

[2] 见哈代，“关于以赛亚·伯林的作品”，1994 年 11 月 24 日。特别参看克劳德·加里珀，《以赛亚·伯林的自由主义》（牛津，1994）；又见 J. 斯坦伯格，“以赛亚·伯林和理查德·罗蒂政治思想中的后启蒙运动哲学与泛自由主义”，未发表的博士论文，牛津大学，1998 年。

[3] 根据对帕特·尤特金的访谈；又见以赛亚·伯林致 H.R. 赫丁克，1983 年 6 月 15 日；以赛亚·伯林致贝阿塔·波兰诺夫斯卡-塞古尔斯卡，1997 年 7 月 17 日，1986 年 2 月 24 日。

> 连接（这几个部分）的东西就像车厢间的挂钩，你**能够**在上面走，但是得费点劲；它们彼此互不连续——俄国、预备学校、圣保罗、战前的牛津、华盛顿、战后的牛津+伦敦（对后者我已经受够了）、结婚与海丁顿——这一切并不是完全被封闭隔离，而是被许多条鸿沟分割开来，并被挂钩连接在一起——不是“有机的”，也不完全是我自己的——我**痛恨**改变、裂痕和墙壁，却似乎命中注定必须如此……[1]

他之所以夸大自己生活中的不连续性，是因为自从大战以来他就几乎没有见过玛丽·贝内特，这让他觉得不好意思，因此他想要强调自己对她的忽视是有代表性的。但是他和自己的老朋友们依然保持着不可思议的亲密关系——莫里斯·鲍拉、大卫·塞西尔、谢拉·索科洛夫·格兰特、斯蒂芬·斯彭德、尼古拉·纳博科夫、诺埃尔·安南，以及和他关系最好的斯图尔特·汉普希尔。他也继续待在那几个给他以归属感的地方：全灵学院、海丁顿、阿尔巴尼和帕拉吉。他生活中的这种连续性而不是非连续性给人留下了很深的印象，它必定帮助了他确切地知道自己是谁，并且毫不怀疑自己目前的处境令人满意。当他步入人生的秋季和冬季之时，每一个人都注意到了这一点。

他最早的朋友们还活在这个世界上陪伴着他，在这一点上

[1] 以赛亚·伯林致玛丽·贝内特，1974 年 8 月 9 日。

他也是很幸运的。斯蒂芬·斯彭德和斯图尔特·汉普希尔是他最早也是最亲密的两位朋友，这两个已是满头白发的英国名人，两人都机智诙谐、气度不凡，都不改30年代根深蒂固的世故与信念。临终之时，斯彭德给他的老朋友寄来一首9世纪中国诗人的诗作[1]，这是为他们终生不变的友谊而发的一支挽歌：

眼涩夜先卧，头慵朝未梳。
有时扶杖出，近日闭门居。
懒照新磨镜，休看小字书。
情于故人重，迹共少年疏。
唯是闲谈兴，相逢尚有余。[2]

斯彭德于1993年逝世，伯林写信给娜塔莎·斯彭德，悲伤地回忆起他俩以前是多么喜欢一同去听阿图尔·施纳贝尔的音乐；斯图尔特·汉普希尔有一次跟他谈起斯蒂芬的时候是如何钦佩地说“在他和对象之间没有丝毫距离”；自己又是如何连想也不敢想从此以后再也见不到他了。[3] 在他八十几岁的时候，由同性老友织成的连绵的生活之网开始慢慢地脱丝。这时，鲍拉、塞西尔和斯彭德都已去世了。他和谢拉·索科洛夫·格兰特、玛丽·费希尔和琼·弗拉德这些朋友也不像以

[1] 白居易，《咏老赠梦得》，载《全唐诗》卷455。——译注
[2] 斯蒂芬·斯彭德致以赛亚·伯林，1993年7月14日；此诗后来重印于《周日电讯》，1993年7月18日。
[3] 以赛亚·伯林致娜塔莎·斯彭德，1995年8月1日。

前那样经常见面了。他一次又一次地参加葬礼，为他的朋友们写纪念文章，给他们的家人寄去一封封充满深情的信——信中总是强调说用言语是不足以表达自己的感情——并且时时浏览报上的讣闻，寻找着自己的同辈逝世的消息。这些告别仪式只会让他意识到自己也是寿限将近了。有一次，在从由安南勋爵致辞的古德曼勋爵纪念仪式上出来的时候，伯林把安南拉到一边，对他眨眨眼，悄声说："我想预定由你来为我的纪念仪式致辞。"[1]

这种幽默感源于他生命力，有助于他控制住自己夜里不去想到死。他在开自己长寿的玩笑时，回忆起了一个即将寿终正寝的西西里强盗在神父要他原谅敌人时所说的话："神父，我一个敌人也没有，因为我已经把他们都杀了。"但是几个朋友让伯林非常想念，而且他开始意识到，随着年岁的增长，自己对他人的不幸的同情实际上不是减轻而是加深了。他对莫顿·怀特说过：

> 那种认为一个人活得越久，对包围自己或是自己最亲爱的人的种种病害就越是漠不关心的想法是完全错误的；我为此而受的痛苦比以前要强烈得多，而且我现在意识到，一定曾经有很长一段时期，我对他人的不幸——不管是多么亲近的人，当然也包括我的朋友们——（与现在相比而

[1] 根据对诺埃尔·安南的访谈，1998 年。

言）太不敏感……[1]

虽然他失去了最早的那些朋友，年逾古稀的他却又交了一些比他年轻得多的新朋友。其中最重要的是与布伦德尔一家的交情，也就是与钢琴家阿尔弗雷德、他的妻子丽妮和他们的三个孩子。让他们走到一起的是对于舒伯特、贝多芬和莫扎特共同的热情，但是很快他们就开始探讨和争论各种各样的话题了。布伦德尔是在二战期间法西斯统治下的克罗地亚长大的，他觉得伯林对民族主义的肯定是一种令人困惑的偏好，这一点他只能归因于伯林的犹太复国主义。作为一名在世界音乐舞台上谋生的流亡钢琴家，他却没有类似的找到归属的渴望。[2] 但是他们的一致之处比分歧要多得多，例如，他们俩都一致顽固地讨厌"噪音、香烟烟雾和盲目崇拜者"的"三重奏"。他们俩对于可笑的事物都有着强烈的感受，在汉普斯特德的布伦德尔家，他们常常因为某个只有他俩知道的笑话一起发笑，布伦德尔的双眼闪动着恶魔般的光芒，以赛亚则抖动着肩膀，悄没声息地笑着。

布伦德尔是一个深沉而富于文化修养的人，他的演奏风格去浮艳而少取巧，没有矫揉造作的多愁善感。他的表演呈现出一种确定的感情基调，一种对于音乐中的高贵和悲怆的哲学理

[1] 以赛亚·伯林致莫顿·怀特，1991 年 5 月 21 日。
[2] 关于民族主义，见对以赛亚·伯林的访谈，沃尔夫森学院亨利·哈代的伯林档案，"后期表演"，BBC 二台，1992 年 2 月 5 日；以赛亚·伯林，"民族主义：往昔的被忽视与今日的威力"，见《反潮流》，333—356。

解。伯林也很钦佩他极其强烈的献身精神。在他练习室里那些李斯特的照片旁边有一行显眼的德文："艺术是美的，但是需要大量的艰苦劳动。"布伦德尔则被伯林对远至30年代的演奏作品和保留剧目的出色记忆所折服，尽管以赛亚读不懂乐谱，他俩还是为有关音乐的对话想出了一种两人熟悉的速记方法，那就是，有时候伯林哼出或是用手指在膝盖上敲出某些旋律，由布伦德尔分辨出来，然后迅速设想出这些主题各种可能的演奏方式。丽妮·布伦德尔成了以赛亚晚年主要的几个知心异性朋友之一，她几乎每天都给他打电话，并且在她繁忙的生活允许的范围内尽可能频繁地看望他。曾经有过一长串轻快活泼而又富于才智的女性被他的活力所吸引，并且她们的"生活之乐"在他心中又重新燃起了这种乐趣，她成了她们当中的最后一个。

虽然以赛亚或许不愿承认，他其实也在向经过精心挑选的对象挥手作别。1988年3月下旬，以赛亚回到了圣彼得堡和莫斯科，当时布伦德尔在这两个城市分别举办了个人演奏会。他最后一次穿过圣彼得堡雨中的街道，经过喷泉屋和阿赫玛托娃的公寓。[1] 他在告别童年的这座城市以及给他的生活带来最深刻改变的那次约会时，眼中无泪，也并不感伤。

[1] 根据对阿尔弗雷德和丽妮·布伦德尔的访谈，1998年。

十九

后　记

他从来没有写过日记，也不愿意考虑自传的问题。他觉得专注于自身是一种无聊的行为。他的座右铭是“在我身后任凭洪水滔天”。但这并没有妨碍他努力把自己的生活安排得井井有条。我是在 1987 年作为他的传记作者进入他的生活的，我的职责是在他回忆往昔的时候对他加以协助。一开始他保持着小心翼翼的态度，只是用老套的办法讲着那些老故事，几年之后，他才脱离了那些陈腐的习惯，开始进入他始终埋藏在自己内心深处的一些话题。在阿尔巴尼他的房间里那些漫长的录音过程中，我曾经向他提出了关于他的生活与作品的关系这一中心问题：一个并没有体验过生活悲剧的人怎么会如此强调悲剧性选择，又怎么会对那些深受内在矛盾折磨的人们表现出如此惊人的移情能力。他的回答十分轻快：“我的生活与我的观点是相反的……我相信所有的选择都是痛苦的，而不是说选择对我个人而言是痛苦的。”[1] 如果真是这样的话，那么他的作品所显示的东西就不应当归功于他的生活，而应当归功于他对他人生活的想象力。

当我问起他平静、神秘的幸福生活时，他镇定而淡然地回答说，他之所以幸福是因为他是一个肤浅的人。“我的生活方式比别人想象的要浅薄得多。”因此，他想让我明白，他的生活证明了活得轻松的好处。

他为自己在七十大寿前获得的耶路撒冷奖所写的文章，结

[1] 根据对伯林的访谈，见沃尔夫森学院亨利·哈代的伯林档案，1990 年 11 月 1 日，12。

果成了他在广义的学术自传方面所做的唯一一次大胆尝试，这篇文章详细地描述了拧成他的生活之绳的三条主线——俄国的、英国的和犹太的——他将这三者融为一体，形成了他独特的身份。[1] 他所热爱的俄国思想家赫尔岑和屠格涅夫使他对观念产生了强烈的兴趣，并且让他感受到他们身上那种毫不逊色于自然或是社会制度的征服力量。同样来自俄国传统的还有对知识分子本质上所具备的劝诫和道德功能的认识。[2] 他从英国方面获得的则是经验主义，亦即深信世界就是我们的感官认为它所是的那种样子。那些对英国托管有着痛苦记忆的耶路撒冷听众对此或许会觉得不高兴——他同时又将自身政治信仰的全部内容归因于英国对他的影响：宽容、自由讨论以及对他人意见的尊重。至于第三条也是最后一条主线，他对他的耶路撒冷听众们说，他的自由主义为人类寻求归属的需要提供了如此广阔的空间，这一点应当归功于犹太教。启蒙哲学家们认为人们可以按照抽象的原则、放之四海而皆准的价值观念以及他称之为“理想但空洞的教条国际主义”来生活的想法是错误的。他接着说：

> 对于自然形成的关系的否定在我看来虽然高贵，却是不正确的。当人们抱怨自己孤独时，他们的意思是说没有人明白他们在说些什么：理解需要有着共同的过去、共同的感受和语言、共同的设想和进行亲密交流的可能性——

[1] 以赛亚·伯林，“我生命中的三条主线”，见《个人印象》，255—261。
[2]《扭曲的人性之材》，2。

简而言之，就是要具有共同的生活方式。

他说，做一个犹太人就意味着对这种孤独有着一种特殊的理解，同时也意味着了解人们是多么深切地需要属于世界上的某一个地方。归属不仅仅是对于土地和国家政权的占有；它其实是被人理解这一状态本身。

他对获益于本民族的东西进行了理所应当的颂扬，但是他知道自己在以色列未必就会比在别的任何一个地方得到更真切的理解；甚至他本人未必就能特别理解以色列。在他生命的最后二十年中，他的犹太复国主义梦想遭遇的一切让他的心情越来越困惑、愤怒和沮丧。自从1937年的皮尔委员会成立以来，他就一直相信分治是有利的，到临终时，他把自己看作一个两国制复国主义者，既承担着对以色列国的责任，又致力于与巴勒斯坦人共享土地。实际上，这种状况恰恰体现了他本人的哲学观点：相互竞争的善之间的冲突是道德生活中无法避免的。在双方具有同等效力的自决权的冲突中，除了以色列将被占领土的相当大一部分割让给巴勒斯坦政府以外，他想不出什么其他的办法。这种始终如一的信念让他站到了反对贝京和沙米尔政府一边。在采访中，在写给以色列朋友们的信里，他温和地表示赞成“目前的平静”，但是采取激烈的公开立场并非他的天性，而且无论如何，他都始终相信凡是来自外界的意见，哪怕是由一个犹太人提出来，也必定会遭到拒绝。[1] 尽管如此，

[1] 以赛亚·伯林致奇曼·阿布拉姆斯基，1978年7月5日；以赛亚·伯林（转下页）

觉得自己并没有明确表示立场的想法仍然让他感到问心有愧。

在重新思考自己与以色列的关系时，他对犹太教也作了一番新的思索。他并没有改变原先的信仰，但清楚地阐述了许多原本没有明说的内容。在信仰问题上，他仍然是一个——如他的朋友杰里·科恩所谓的——“证实主义无神论者”，忠实于30年代牛津逻辑实证主义的反形而上学信念。[1] 但与其说他是一个异教徒，倒不如说他是一个怀疑主义者，而他在表达这种极端怀疑主义的时候态度却是温和的，他对前大拉比伊曼纽尔·雅各波维茨保证说，自己当然愿意相信上帝和来世，只不过根本就没有证据来证明世界上存在着这样的东西。[2] 不过在他身上，对宗教的怀疑态度与对宗教习惯的遵守是和谐共存的。每到赎罪日，不管是在世界上的哪一个地方，他都会注意斋戒并且记着上犹太教堂。他母亲在世之日，他每年都在她家庆祝逾越节。她逝世以后，庆祝仪式要么在海丁顿宅举行，要么在彼得·奥本海默在牛津的家中举行。奥本海默是一位经济学教授，也是牛津正统派团体中的领袖人物，与在牛津的帕斯捷尔纳克家结成了姻亲，因此他和伯林之间有着犹太和俄国的双重联系。逾越节有时候会成为盛大的社交场合，罗斯柴尔德勋爵、古德曼勋爵、画家R.B.基塔伊和钢琴家穆雷·佩拉西亚都会来参加。[3] 其余的时候气氛则更为亲切，只有奥本海默

（接上页）致沃尔特·埃坦，1980年4月11日：“……（我觉得）几乎没有哪个地方的异族人、也没有多少犹太人（至少在这个国家）还能为现政府统治下的以色列提供无条件援助。”

[1] 根据对杰里·科恩的访谈，1998年。

[2] 以赛亚·伯林致I. 雅各波维茨，1996年7月27日。

[3] 根据对彼得·奥本海默的访谈，1998年。

一家以及艾琳的儿孙们在场。大家用希伯来文诵读和吟唱着，伯林在其中扮演着十分重要的角色，时时向小孩子们解释仪式中某些特征的重要性。作为犹太传统中为自由而举行的庆典，逾越节对他具有十分重要的意义，他从来没有错过一个这样的节日。犹太新年也是如此。如果是在耶路撒冷，他就会和他的朋友阿维赛·马加利特、埃德娜·马加利特以及他们的孩子一起庆祝新年。

伯林从来没有将他的犹太教引向改革的方向，这让他的许多犹太朋友都感到很惊讶。[1] 人们认为改革运动将会除去犹太教中过时的古老成分，让它的伦理教义适应于现代社会。伯林则坚定地认为，如果要遵守宗教习惯的话，就应该遵守一种尽可能真实、传统并且接近古代信仰的宗教习惯。他开玩笑说："正统犹太教堂我从来不进。"但是他实际上每年要进两次，并且这些庆祝活动是他的年历中必不可少的部分，仪式让他回到自己的始源，对他而言远不仅仅是祖先崇拜。尽管他怀疑一切，他对于仪式中宗教内容的尊重却是真诚的。伏尔泰式启蒙中幼稚的反教权主义让他觉得反感，他将 20 世纪的大部分罪恶的根源归结于对世俗理性的偶像崇拜。他曾经写道："像石头一样冰冷的无神论者不会明白人是靠什么活下去的。"[2] 他之所以尊重犹太传统——而且总体而言也尊重宗教感情——正是因为它使人们认识到了理性的局限。在 1981 年写的一封评论

[1] 根据对克劳斯·莫塞的访谈，1997 年。
[2] 以赛亚·伯林致弗雷德·沃姆斯，1992 年 2 月 24 日。

彼得·奥本海默在牛津犹太教堂所作的关于犹太新年的“布道”的信中，伯林写道：

> 我认为，一种宗教的有效性不应由其道德含义来决定：它是超验的、绝对的，它安排了那些按照人类的想法可能是恐怖（就像在《旧约》里的杀戮行为中频频出现的那样）、却是真正宗教态度的本质的东西……[1]

回头看来，就可以清楚地发现，当伊戈尔·斯特拉文斯基要他为一首宗教主题的大合唱提供蓝本的时候，伯林为什么马上就想到了以撒的受缚。这是宗教法则最专横也最不人道的时刻，然而也正是这一点赢得了伯林的尊敬。他好像亲眼看见亚伯拉罕把自己的儿子带到石山上献祭的地点。在这里，在犹太传统的核心当中，存在着的是 terribilità（骇人），是最高贵的音乐中他所崇仰的那种令人敬畏的、无可改变的必然性，是会让那些停留在“人”这个层面上的人们相形见绌的宏伟和庄严。诚然，亚伯拉罕盲目的服从以及这个命令本身的残酷性都让他反感——但是要产生这类感情是容易的。与以往对极端陌生的思想感情产生的强烈兴趣一样，人类服从一种超出本身理解力的命令的能力也同样深深吸引了他。[2]

[1] 以赛亚·伯林致彼得·奥本海默，1981 年 10 月 13 日。

[2] 以赛亚·伯林致弗雷德·沃姆斯，1992 年 12 月 3 日：“我相信，亚伯拉罕完全坚信，如果需要的话，他就必须牺牲自己的儿子，而这就是这次‘考验’的整个意义所在——必须执行上帝的命令，不管这命令是多么深刻地违反了自然（转下页）

可能正是这种对于必然性——对于生命中那些只能作为命令或是命运来体验的方面——的深刻理解使他免于对迟暮之年感到恼怒。确切地说，这并不是一种宗教态度，但其中的确包含着接受甚至是顺从，如果他是一个更理性的人，要做到这一点很可能会更困难。

他越来越多地想到死，还十分困惑地和好朋友们谈起死，就像是在欣赏远处的景物或是一幅费解的画。[1] 他的确承认过自己怕死，却觉得害怕死亡本身是没有道理的。八十六岁那年，他曾经对一位记者引用了伊壁鸠鲁的话："为什么要怕死呢？你活着的时候，你还没有死。当死来临的时候，你已经不在了。那么你怕的是什么呢？"他坚持说，死——他经常引用维特根斯坦的一句话——"并不是生命中的事件。"[2]

他觉得，认为自己的生活是计划或者命运的安排、自己只不过是在让原本潜伏着的方向或目标变得明了起来是一种荒谬的念头。这种表面上似乎存在的生活秩序只有在被人实现以后才会显现出来。尚未到来的生活并没有任何固定的形状。它的形状是在生活的过程中形成的。与往常的情况一样，在他临近生命终点时，他应一位中国学者的要求写了一篇文章，以将他的著作说明收入中国某部英美哲学导读。这时这些思想才得以

（接上页）伦理。"我感谢莱昂·维泽尔蒂尔指出伯林对于艺术上的 terribilità（骇人）审美式的尊重态度以及他对于宗教命令的本质尊敬。

[1] 以赛亚·伯林致乔·艾尔索普，1981 年 9 月 30 日；根据对伯林的访谈，见沃尔夫森学院亨利·哈代的伯林档案，1989—1990 年。

[2] 安娜·霍华德，《打破禁忌》（伦敦，1996），31—37。

通过题外话的形式表达出来。想到自己的作品影响远及中国，这让伯林觉得很高兴。在这篇文章里，他引用了自己热爱的赫尔岑，写下了他一生中最像是个人信条的一番话：

> “在你唱出一支歌以前，它在哪里？”真的，在哪儿呢？答案是“哪儿也不在”——是唱歌和作曲的行为使这支歌得以产生。因此，生命也一样，是由那些活着的人自己一步一步活出来的。

直到生命的最后一刻，歌曲依然吸引着他的注意。他最喜爱的仪式之一是在海丁顿宅楼上的书房里由他的秘书帕特·尤特金举行的尽量提前预订音乐会入场券的“仪式”。已经八十六岁高龄的时候，他还在计划两年后的格林德包恩、萨尔茨堡或佩萨罗音乐节之行，这简直是在跟自己的寿限打赌，但是当他指示过帕特·尤特金，并且认真地按实际情况填写好日记之后，他就会往椅背上一靠，满意地叹口气。有一次，她从他身边走开让他一个人待着的时候，回头一看，发现他坐在摇椅里，用一种既悲哀又充满欢乐的声音低声地喃喃自语：“我实在是太喜欢音乐了。”[1]

1996年，国家肖像馆委派给吕西安·弗洛伊德一项公开的任务，让他自由地选择一个人来为之画像。他问能不能画以赛亚。他们两人第一次见面是1938年10月，在梅尔斯菲尔德

[1] 根据对帕特·尤特金的访谈，1997年。

花园，当时他俩在花园里跟吕西安的父亲西格蒙德·弗洛伊德一起喝茶。在吃威尼斯蛋糕的时候，吕西安告诉西格蒙德，他将会看到《罗密欧与朱丽叶》。老人笑了："我还以为你就是你自己的罗密欧呢。"现在，在肯辛顿教堂街上一座房子的画室里，七十四岁的吕西安和八十六岁的以赛亚又见面了。为了这幅画像，他俩约见的次数不下十二次，而且都是在早上最好的那段时光。以赛亚坐在一张破旧的扶手椅中，弗洛伊德先是用铅笔为他勾出素描，然后开始用颜料着色。他俩先是聊天，接着又陷入了沉默，时间就这样过去，只有炭条落在纸上以及颜料涂在帆布上的声音打破周围的寂静。弗洛伊德工作的时候，以赛亚时睡时醒。在大约 8×10 英寸的炭画像上，以赛亚的眼睛是闭着的，他的头靠在扶手椅的椅背上，闭着嘴，上唇的曲线和光光的前额以及由于年寿已高而凹陷下去的双颊的形状都把握得极为完美。在不比一张普通的纸大多少的油画像中，以赛亚向后靠着，头倚在破旧的扶手椅背上。和铅笔素描不同的是，他的眼睛是睁着的。他正充满忧伤地望着左边我们看不见的地方。这幅像始终没有画完。[1]

1997 年 7 月 17 日凌晨一两点钟的时候，他进了艾琳的房间。他一直在呕吐，呼吸很困难。家人叫来救护车把他送进了医院，医生们努力想办法让他恢复呼吸，并为他清除吸入肺里

[1] 根据对伯林的访谈，见沃尔夫森学院亨利·哈代的伯林档案，1989 年 10 月 11 日，6；弗洛伊德为伯林所作的未完成的画像现为艾琳·伯林所藏。

的呕吐物。他以前也曾经呕吐过，但是这一次他得了肺炎。他在医院里待了一个月，除了艾琳和一两个最亲近的朋友之外谁也不能见。食道剧烈的收缩使吞咽变得既痛苦又危险，因为他有可能会窒息，并把更多的液体咽到肺里去。这场病使他的体重开始减轻，心脏也因时时发作的噎气而衰弱下去。他最好的朋友们第一次发现他变得郁郁寡欢了。当帕特·尤特金温和地对他说除了龇牙咧嘴地忍受之外别无选择的时候，他说，自己确实是在忍受，然而要龇牙咧嘴却是不可能的。不过他心中还残存着一星亮光。伯纳德·威廉斯有一次来看以赛亚的时候发现他在房间里睡着了，丽妮·布伦德尔刚从乡下回来，还穿着骑马装，她正在看报纸，等着以赛亚醒过来。他俩在伯林睡着的时候聊了好一会儿关于他的事情。片刻之后，他们轻轻地叫醒了他。他听见他们说的话了吗？他微笑着回答："一字不漏。"[1]

8 月份回到海丁顿宅的时候，他身体不但还很虚弱，而且极其不舒服，不能读书，除了交情最老的老朋友以外谁也不能见。在卡西米罗和克劳迪娜·博特略的帮助下，艾琳和他的朋友们现在试图让他重新振作起来。他们尽了全力，但是他的情绪十分低落，他对继他之后担任政治学理论齐切利教授的格里·科恩说，生活已经变得淡然无味。他的精力日渐衰弱。但他还在努力活下去，决心坚持以前那些提神的老习惯。帕特·尤特金早上还是会来继续口述仪式，而且直到 10 月末，

[1] 根据对伯纳德·威廉斯的访谈，1998 年；丽妮·布伦德尔，1998 年。

他还在坚持回信。

在他生命的最后几个星期，那些经久不变的热情和话题又一次出现在他的生活中。他收到了一封来自阿赫玛托娃的朋友兼传记作者阿纳托里·内曼的信，其中附有关于阿赫玛托娃对但丁的热爱的思考。伯林对内曼和60年代的那一代俄国人有种特别的感情，因为他们如此勇敢地忠于大革命前的俄国传统中最优秀的部分，因此他写给内曼的遗信——也是他写的最后一封信——有一种十分明显的特别的温柔。[1]

但是还有一些告别比这还要痛苦。自己几乎没有为那些仍然赞同割地求和的遭人围攻的以色列自由主义者做一点点事情，这让他深感苦恼。他的英雄屠格涅夫即将死于肺癌的时候，在波琳·维亚多的帮助下用口述的方式写成了《海上火灾》，为自己洗脱懦夫的骂名；像前者一样，伯林也口述了一份公开呼吁书，希望在以色列能够达成政治妥协。1997年10月16日，他自己——没有受任何人指使——写下了一份声明，恳请以色列人民接受与巴勒斯坦人进行永久性土地分割。耶路撒冷必须继续作为犹太国的首都，但他同时又敦促以色列人同意联合国制定的一份国际保证书，以保障穆斯林进入耶路撒冷圣地的权利以及巴勒斯坦人在耶路撒冷的居住权。他告诫他们，如果不这样做，只会带来双方坚持本民族第一的恐怖分子无休无止的恐怖活动以及野蛮的战争。他把这份呼吁书寄给了

[1] 以赛亚·伯林致阿纳托里·内曼，1997年10月31日；又见他的《回忆安娜·阿赫玛托娃》。

与他关系最好的以色列朋友阿维赛和埃德娜·马加利特夫妇。他这样做等于是在对自己的生活做一番整理，与自己的良心言归于好。[1]

1997年10月23日，首相托尼·布莱尔给伯林写了一封关于欧洲左翼党派的未来的信。早在1991年，史蒂文·卢克斯就曾采访过他，当时伯林对于左翼党派本身到底有没有未来都深表怀疑，不过那次采访的情况只出现在《展望》杂志上，后来又于1997年9月被《周日电讯》摘录。他问道，新观念都在哪儿呢？[2] 自由主义和社会主义向来就既是兄弟又是仇敌。伯林的消极自由主义学说是针对哪怕有最好初衷的社会主义家长制为自由进行的抗辩。布莱尔在这一点上想要提出异议。首相想知道，难道不正是西方社会中“消极自由的局限性”促使一代又一代的人们去寻找某种高于“放任自流”的社会模式吗？他指出，毫无疑问，“积极自由”也有其合理性，“不管它在苏联模式下产生了什么样的破坏作用”。[3] 伯林的思想仍然保持着挑衅的力量，但是现在他病得太厉害，以至于他连给首相写回信的力气都没有了。

10月的最后一周，以赛亚提出要见见我。他坐在海丁顿宅楼下书房门边的一张安乐椅里，左边的桌子上凌乱地放着几

[1] 根据对阿维赛和埃德娜·马加利特的访谈，1997年。1997年10月16日的声明“以色列和巴勒斯坦人”于1997年11月5日由以赛亚·伯林同意发表，并于1997年11月7日发表在以色列报纸上。
[2] 见以赛亚·伯林同史蒂文·卢克斯的访谈，《周日电讯》，1997年9月21日，又见《展望》，1997年10月。
[3] 托尼·布莱尔致以赛亚·伯林，1997年10月23日。

本还没有读的书刊。他瘦削而苍白，无可挑剔的花呢西服松垮地披在身上。谈话间，我帮坐在椅中的他挪挪位置，把他扶起来的时候，我十分震惊地碰到了他西服下突出的肋骨。他的身体虽然虚弱，头脑却很清醒，他身上那种强烈的兴奋是我以前与他在一起的时候从来没有见过的。他谈了谈自己面前那几种多少有些残酷的选择。医生说，他食道的收缩和体重的减轻让他们除了在他的胃里插进一根营养管之外别无他法。这种办法令他觉得郁闷，不过他采取的是听天由命的态度：他轻轻耸了耸肩说，已经没剩下什么可行的好办法了。但他真正想说的并不是这个。我把椅子拉到他面前，我们俩的膝盖几乎碰在了一块儿。他倾过身来，兴奋地低声讲着，在自己广阔的人生场景中回环往复，纠正着关于某个细节可能发生的误解，担心我会曲解他的某些忏悔之言或题外话。想到他一直在担心自己传记的真实性，我觉得很难过。他应当把所有的精力集中起来，放在更重要的事情上。但是我没法让他改换话题。他想让关于自己的记载尽可能忠实。这一点也很伤脑筋，因为这并不符合他的性格。以前他一直说自己并不介意我是如何理解他的生活的。这样，我们俩就都比较轻松。对我的工作，他小心翼翼地养成了毫不在乎的态度，这其实是一种大度的表现，一种试图为我们两人的友谊减轻压力的努力。但是现在，我们俩都面临着最后那一刻，这时语言突然呈现出一种前所未有的紧迫性。在过去的那么多个下午，时间在我们面前大步前进，壁炉架上的闹钟每到整点的时候就会敲响，他漫无边际地讲着自己一生中发生过的一切——现在，时间却短得让人害怕。我眼睁睁地看着他的精力潮水般消退下去。他剩下的力气只够他再谈一个想法。他用只比耳语稍稍大一点的声音对我说，他有多爱艾琳，她又如何始终是他生活的中心。这是他最想让我明白的一点。我说，我明白。这时，我握住他的手，想让他放心，我一定会尽力。虽然我并没有说出来，但我的意思是，我会尽力不违背他的原意。我会报答他十年前如此宽容、如此毫不计较地对我表示的信任。直至今日，我仍然在想，他到底知不知道我想说的是什么。离开的时候，我在他椅子前俯下身子，像往常一样先吻了他的双颊，然后又吻了一次。艾琳送我出来之后，我沿着车道走去，经过楼下书房的窗外，最后一次看见他坐在那儿，头垂在胸前，睡着了。

11 月 4 日下午，他来到医院接受营养管插入手术。第二天傍晚，正处于术后恢复过程中的他再次窒息，随即与世长辞。11 月 7 日星期五——也就是当英国每一家报纸以及北美和欧洲的多数报纸都登出了他的讣闻，而以色列各报纷纷刊载他最后的那份和平呼吁书的时候——他被葬在牛津沃尔弗柯特墓地的犹太葬区。家人和朋友铲起湿土撒在他的墓穴中，接着大拉比用希伯来语和英语祝祷：

> 愿他的灵魂居于永生之域。愿我们对他的怀念永为祝福。

他逝世后数天内，大西洋两岸的各家报刊均在通常用于刊登政治家讣闻的专版上给了他位置。多数讣闻的语气是反思与尊敬的，不过也有来自左右两派的一些恶毒之词，这些攻击文章进一步证实了他本人始终相信的一点：尽管他取得了如此巨大的成功，他的立场一直比多数人以为的要狭隘，而他的自由主义也始终是身陷重围的。[1] 但同样明显的是，他一直受到大家的爱戴，特别是在他的第二故乡英国的人民当中。他在全灵学院的同事威廉·沃迪格雷夫在《周日电讯》上的一篇文章中说："如果你一定要知道我所说的理想的英国人特点是什么样子，我想请你看一看由拉脱维亚、犹太、德国以及意大利几种欧洲文化混合而成的一个人。我想请你看看以赛亚·伯林。"[2]

在汉普斯特德犹太教堂、牛津的谢尔顿剧院和英国驻华盛顿大使馆分别举行的纪念仪式上，他最亲近的朋友们试图说明他对他们的意义，并且纷纷回想起他身上的与众不同之处。在华盛顿，凯瑟琳·格雷厄姆回忆道，当别人要求他放慢说话速度好让美国人听明白他的意思时，他回答说："对，我知道，我知道，我知道。但是如果我真那么做的话，就会变成一个大不相同的人，一个大不相同的人。"[3] 在牛津，他来自耶路撒冷的朋友阿维赛·马加利特认为以赛亚是"流亡者中的王子"。诺埃尔·安南说，以赛亚让他学会了"更清晰地思考、更深刻地感受、满怀希望并且相信生命"。[4] 当已是白发苍苍的斯图

[1] 关于右派的反应，见保罗·约翰逊，"低风险哲学家"，《纽约时报》，1997 年 11 月 12 日；左派的反应见克里斯托弗·希钦斯，"告别伯林"，《国家》，1997 年 11 月 19 日。

[2]《每日电讯》，1997 年 11 月 10 日。

[3] 凯瑟琳·格雷厄姆在华盛顿英国大使馆，1998 年 1 月 28 日。

[4] 诺埃尔·安南，"在汉普斯特德犹太教堂的讲话"，1998 年 1 月 14 日。

尔特·汉普希尔倚在一根拐杖上，赞美他这位“给自己带来新生的朋友”的时候，他的声音突然哽咽了。伯纳德·威廉斯说，他永远都不会忘记以赛亚听音乐的样子，“身体略微前倾，歪着脑袋，倾听着，超出任何言语、任何争论、任何历史之上”。[1]

在遗体告别仪式上播放的音乐是从他过去听过的各种各样乐曲中选出来的，唱诗班领唱者的挽歌、伊萨克·斯特恩演奏的一首巴赫的萨拉班德舞曲、选自贝多芬的四重奏（作品第130号）的行板以及阿尔弗雷德·布伦德尔在寂静的汉普斯特德犹太教堂演奏的舒伯特B小调奏鸣曲里的中速行板。钢琴家对这位他曾经希望是自己父亲的人的赞美饱含着那些爱他的人们在对他的哀悼中无法表达的一切。当余音袅袅散去，教堂里的人们鱼贯走上北伦敦冬日的大街时，许多人的心都被一种共同的不祥之感攫住了——没有以赛亚对他们所作的评价，这样的事件就永远不会变得完整。我们在离开一个重大场合的时候，第一次享受不到过去在这类场合结束时必不可少的听到他的耳语声的乐趣。做出所有那些重要评判的那个人已经与世长辞了。

以赛亚八十五岁那年，我曾经问过他，生活中什么事情最让他感到吃惊。“在这么多的恐怖当中，我居然如此平静而幸

[1] 伯纳德·威廉斯，阿维赛·马加利特与斯图尔特·汉普希尔，谢尔顿剧院，1998年3月21日。

福地活过来了，这一点是最让我吃惊的。”[1] 身为幸存者的罪恶感始终是他幸福生活中的阴影。他怎么能够忘掉黑暗呢？它就是他自身的一部分。这是“有史以来最糟糕的一个世纪”，在这个世纪里，野蛮破坏了无辜者的生活，杀人犯的疯狂行为披上了理性的外衣。正是对包围着他的黑暗的这种认识赋予了他最好的作品以一种带着忧郁感的雄辩，并且使他对自己的学术生涯充满热情。但是他并没有允许这个时代对自己的天性发号施令。传记是独一无二的人的艺术，而他绝对是独一无二的：他的声音和头脑以及这两者的戏谑和顽皮，他生存方式的轻松还有他最优秀的那些思想的严肃，都是那么与众不同。在一个黑暗的世纪里，他向我们展示了一个有才智的人的生活应该是什么样子：充满怀疑精神与讽刺意味，不偏不倚，并且无拘无束。

[1] 根据对伯林的访谈，见沃尔夫森学院亨利·哈代的伯林档案，BBC 二台，1997 年 11 月 24 日。